U0720395

教育是什么

沈 思\著

绘就全新教育蓝图——**三维九方图**

原创全新教育理论——**三维九方论**

阐述一个核心论点——**环境教育人**

WHAT IS EDUCATION

江苏人民出版社

图书在版编目(CIP)数据

教育是什么/沈思著.--南京:江苏人民出版社,2020.4(2022.8重印)

ISBN 978-7-214-23978-5

Ⅰ.①教… Ⅱ.①沈… Ⅲ.①教育研究-中国 Ⅳ.①G52

中国版本图书馆CIP数据核字(2019)第218807号

书　　名　教育是什么
著　　者　沈　思
责任编辑　戴亦梁
装帧设计　徐立权
责任监制　王　娟
出版发行　江苏人民出版社
地　　址　南京市湖南路1号A楼,邮编:210009
照　　排　江苏凤凰制版有限公司
印　　刷　江苏凤凰通达印刷有限公司
开　　本　718毫米×1000毫米　1/16
印　　张　24　插页 2
字　　数　368千字
版　　次　2020年4月第1版
印　　次　2022年8月第3次印刷
标准书号　ISBN 978-7-214-23978-5
定　　价　60.00元

序言 1

柳胜先生的邮件

有幸看到了书稿，尽管我自己目前在做管理工作，也读过一些关于人才培养的文章，但读完书稿后，还是被深深地震撼了！

关于人的欲望、情感与思想，这个理论基础非常好，尤其是和现在流行的“空心病”的说法联系起来思考会产生很大价值。

我一直很想明白，我们到底缺少了什么。 现在，不管是科技界，还是社会伦理，都缺少与时代发展相适应的操作系统层面的基础理论建设，如同大楼建在沙滩上。 书里提到的有能力洞察、有勇气否定、有热情引领，等等，这些正是属于操作系统层面的思想力。 有了这个法宝，它会在社会各个角落里体现，决不会只在教育、科技界开花结果。

中国经历了社会主义的基础建设阶段、改革开放阶段，又接受了全球化经济和文化的冲击与洗礼。 在国家经济日益增进的时候，也是人们各种意识、观念、想法的碎片交杂的时期，社会上有了很多名词，“精致的利己主义者”“泛滥式自由”，等等，无不是种种价值观的外化。 人的社会协作需要很紧密，但人的心却仍然相距很远。

《教育是什么》是我所见到的国内第一本试图系统地阐述人以及人的思想体系、认知力体系、知识体系等的书。几百页文字讲“教育是什么”，却字字透着对人的爱；理论融通古今中外，却处处结合国内课堂实践。更让人惊喜的地方是，不仅有理论框架，更有实现路径，对社会的“空心病”“创新无力症”都能找到根源、病灶，并能开出药方。

这本书提供了一种重塑国人 common belief（共识）的方法——从课堂开始。

教育是每个父母牵挂的心事，是每个公民应该考虑的公事，是国家发展民族兴旺的大事。

教育是人的教育，应该顺乎人性的规律，让学生快乐学习。

感谢作者在这个纷繁浮躁时代的深度思考，尤其是对人的爱。

甲骨文中国研发中心软件高级开发经理　柳胜

2018 年 5 月 5 日

作者注：柳胜先生从我们尝试创新教育之初就一直是我们课堂的教学顾问，他经常到课堂讲课，并且指导学生在软件企业的实习。

序言 2

四位“90 后”的邮件

一、一位年届九旬的“90 后”老先生发往校园网的推荐信

各位老师及校院系各位领导：

我有幸最近读到一本好书《教育是什么》，忍不住抢先向您推荐。如果作者在书中所表述的思想理念能为您所认同，并在自己工作中付诸实践的话，我相信，三江的教育教学工作将会有质的变化，三江的办学水平将会飞跃提升！ 我深深地期待着……

老三江人　90 后　丁承懋

2018 年 5 月 14 日

作者注：作者请丁老先生帮助写一个序，丁老先生看了书稿以后给作者打了一个电话，老人家在电话里和作者说了三点意见。

1. 他已经 90 岁，没有精力写序了，他想把该书电子稿发布在三江学院校园网上，同时写一封推荐信。

2. 他认为该书在理论上有重大创新，特别是书中的几幅图给他留下深刻印象。

3. 他说看了书稿以后让他想起了陶行知和陈鹤琴两位教育家，陶行知知名度比较高，陈鹤琴创办了中国最早的幼儿教育实验中心——南京鼓楼幼稚园。他们都有自己的实验学校，建议作者也要有自己的实验学校。

作者问，是否可以把他电话里的建议写在书里。丁老先生回答，只要作者认为合适，可以以他的名义写作者想写的任何一句话。当然，作者不会这样做，只会写丁老先生说过的话。

百度上介绍：丁承懋先生1929年出生，1952年毕业于南京大学教育系，也就是说他入学时就读的是原中央大学教育系。曾任南京大学教务处长，在南京大学从事教学管理工作40年，1989年获首届全国普通高校优秀教学成果特等奖。此前曾获教育部、人事部、全国总工会共同颁发的“全国先进教育工作者”称号。20世纪90年代初从南京大学退休后，参与创办江苏省第一所民办高校——三江学院。丁老先生终其一生从事教育事业，经历过新旧中国、“文化大革命”前后、改革开放后的教育。

二、一位年轻的“90后”的邮件

老师，您好！

出于对您和您著作的尊重，不允许我敷衍了事，我反复阅读了三遍后，才开始惶恐动笔，拙劣之见，仅供参考。

俗话说，人生有三层境界：第一层是见山是山，第二层是见山不是山，第三层是见山还是山。虽然以我的资历还不够格称得上是经历了人生三境界，但是有幸认识了老师您，总算是得以管中窥豹，别有一番体会。

第一次接触到“三维九方课堂”“心力”这些概念的时候，认识您还没多久，虽然觉得您讲得挺有意思，但仍觉得这些无非是课堂形式的改变，是传统课堂的简单创新，并没有外面所传的特别过人之处。慢慢地，我在您的课堂里逐渐成长，我见证了同学们是如何逐步从不愿意上课，到不愿意离开课堂；从一听到上课铃声就开始玩手机，到主动上台发言汇报；从老师与学生之间的“势同水火”到吃饭都在一起的“形影不离”……老师在课堂中的权威在淡化，可是，同学们对老师却是更加尊敬了。或许，这正如《课堂的革命》一书的书名，这当真是课堂的革命了。

当我有幸阅读老师您的新书《教育是什么》的书稿时，我已经离开了象牙塔，步入了社会职场，却对“体力、脑力、心力”有了更深的感悟，更是极为认同书中“身体、大脑与心灵三位一体构成人”“精神形态人”等理论。我认为，书中的理论不单单适用于学校课堂，更适用于社会职场，因为现在乃至未来的职场，越来越需要“主动”而不是“被动”的人。一个会思想的、有主见的人，其价值远胜于一群只会按部就班的员工。

前不久看到一篇讲国外教育的文章，文中提到英国未来职业侧重的十大技能依次为“判断与决策、思维流畅性、积极态度、学习策略、创造性、系统评估、演绎推理、解决复杂问题、系统分析、监测”，而美国的则依次是“学习策略、心理学、指导、社会洞察力、社会学与人类学、教育与培训、协调性、创造性、思维流畅性、积极学习”。由此可见，未来对于人才的需求，越来越偏向于人本身的主观能动性。试问，没有“思想”教育的教育，哪里还称得上是教育？哪里还符合当今时代发展的主流？正如书中提到的“大道归一”，现代人类文明已是“体育、智育、德育”全面发展、“体力、脑力、心力”全部释放的新时代。如果说体育和智育教人立地，而德育教人顶天，那么《课堂的革命》和《教育是什么》就是教人如何顶天立地的最佳之选。

刘海明

2018年7月9日

注：刘海明是我们课堂第五期学生，2017年毕业。

三、两位年轻的“90后”的邮件

老师，您好！

非常有幸能够读到您的书稿，看完之后非常震撼！

我们是从您课堂走出来的学生，四年大学生活让我们改变最大、对我们影响最深的就是在您课堂上的四个月。您对教育的深刻认识，通过课堂软环境的转变，让我们一批同学从中受益，非常感谢您！

您的新书，仿佛又一次将我们带入了您的课堂，不过这次的课程又让我们有了新的认知和升华。“精神形态人”、“课堂软环境”和“环境教育人”这些概念，期初在课堂上刚接触的时候只是一颗种子，在我们毕业之后的两年多的时间里生根发芽，直到在现在的工作和生活中都在不断指引我们如何做人、怎么做事。

《教育是什么》这本新书对教育全面的论述，必将影响更多教育和管理方面的从业者，同时，会给社会上成千上万的年轻人指引方向。

书中的教育理念与方法将被越来越多的人认可,这是必然的。 因为凡是科学的、美好的事物必定会被接受，这是历史的规律。

我们现在从事的是音乐教育工作，在日常工作中接触太多家长对教育问题的困惑和求助，而问题的根源在于家长不知道怎么教育孩子，对教育是什么没有客观的认识，相信您的这本书的出版会给千千万万的家长解决疑惑，推动教育事业的发展。 当然，重要的是改变老师的思想，这样才能改变越来越多的孩子和家长。

您做的是一件利在当代、功在千秋的事业，向您致敬！ 期待您新书的出版！！

范浩飞　陆亚娟

2018 年 7 月 4 日

作者注：范浩飞和陆亚娟是我们课堂第四期学生，2016 年毕业。

作者点评：一位终生从事教育工作的“90 后”老教育人，三位刚刚大学毕业的“90 后”受教育者，如此高度一致地欣然接受同一本书里阐述的同一种思想理念，是不是因为该书描述的是老人、年轻人与作者的心灵深处都有的一种共性的存在即人性？ 因为无论男女老少，什么派别，什么人种，虽然大脑里的知识与经验各不相同，但是蕴藏于心灵的人性都是相通的。 是不是因为本书阐述的是大道？ 因为只有大道能够至简，简得不管什么人都能一听就懂；因为只有大道才能归一，自然而然地贯通每一个人的心灵。

序言 3

胡陈勇先生的邮件

我是一个软件企业的管理者，我很关注大学生的就业状况。 大学生毕业后找不到合适工作的问题已经变得越来越严峻，而社会、学校、家长有时会条件反射式地将问题归结到学生身上。 我知道，问题反映在学生身上，但问题的原因在于学生接受的教育。《教育是什么》这本书证明我的判断是成立的——学生是好的，学生接受的教育需要改善。 这本书有助于从根本上改善学生所接受的教育。

我是一个父亲，我有一个正在读小学的女儿。 我注意到一个现象：在上学之前， 我们的小孩大部分都是那么天真、活泼，好像无所不能。 而通过多年的课堂教育长大之后，我们的孩子却变得愈加不自信，愈加被动，碰到问题只能往后躲。 这种现象是不是也在一定程度上说明我们的教育出了问题？《教育是什么》告诉我们，孩子从入学前的天真、活泼、自信到入学后的世故、木讷、自卑的改变，意味着人的成长方向反了——负向的成长。

幸运的是，越来越多的有识之士已经意识到问题的存在，并在积极地呼吁。 越来越多的人意识到，教育在于唤醒，在于人的成长，而不是知识的灌输。《教育是什么》是一本唤醒人、促进人的正向成长的书。

在工作中，我对员工的职业培养一直是在朝这个方向践行；在家庭中，我对孩子的教育也在这样践行。

这本书不仅适合教育工作者，也适合企业管理者，更适合为人父母者，因为教育无处不在。

通过这样一本书，能让更多关心教育的人深入思考教育的问题，这本书的问世本身也算是一件幸事。

这本书需要静下心来慢慢品味，每读一遍都能让我对教育有更加深刻的认知。

北京中科卓信软件测评技术中心总经理　胡陈勇

2019年2月1日

作者注：胡陈勇先生是开始于2011年的创新教育尝试的发起人、推动者、组织者之一。胡先生当时在中国科学院软件研究所工作。作者的前一本书《课堂的革命》第197页收录了胡先生在第一期班毕业典礼上的发言，题目是：把书桌当办公桌，把办公桌当书桌。

目　录

前　言

一、2 本书

2014 年 2 月作者的第一本书《课堂的革命——师生平等对话录》出版，这本《教育是什么》与第一本书是姊妹篇，第一本是实践篇，这一本是理论篇。

学生是教育的地，面向学生提供服务是脚踏实地的教育，《课堂的革命》是关于怎样为学生提供服务的教育的“地书”。

思想是教育的天，转变思想、释放人性是仰望星空的教育，《教育是什么》是关于怎样转变思想、释放人性的教育的“天书”。

梁启超认为教育的使命是培育学生成长为顶天立地的人，两本书尝试说明：体育和智育教人立地，德育教人顶天。

这两本书是从 2011 年作者在课堂上给学生的课堂日报写点评开始的，不知不觉写了十个年头，几乎每天都在写。 说实话，如果一开始就知道会连续不停地写上九个年头，可能就不写了。

本书阐述的“三维九方”教育理论体系，不是书上抄来的，也不是国外进口的，是百分之百国产的，产地是南京三江学院与东南大学部分学生和教师群体的心灵，生产时间是公元 21 世纪初。

任何事情，自主是必要条件，外援是充分条件。没有自主即没有自我，没有自我，外援援助谁？ 教育之事更是如此。

任何事情都需要各方共同的努力，创新教育需要作为学习主体的学生的参与，创新教育需要教师和学生共同的努力。

谋事在己，成事在众。作者在写书过程中得到了来自学生、教师、企业家等众多朋友与家人的许多鼓励与帮助，作者在这里表示感谢。作者特别感谢本书编辑戴亦梁女士，如果不是遇到有较高认知能力又有明确社会责任感的戴编辑，很难说在我们这个普遍迷信权威、习惯按身份界定事理的环境里，由作者这样一个默默无闻的小人物写的，既是作为下里巴人的大众也是作为阳春白雪的小众共同关心的大话题的书，能够顺利出版。作者还要感谢湖北荆门海慧中学刘克耘老师，刘老师像给他的学生改作文一样，一个字、一个标点符号地认真修改书稿，并且就书中的一些观点从正反两个方面坦率地提出自己的看法，给出了很好的建议。

二、6 幅图

本书的 6 幅图概括性地展示了全书的内容。

1.一位来自加拿大学校的校长对图的评价

2018 年 8 月 7 日，作者接待来自加拿大 Northmount School 的副校长 Anthony 先生。Anthony 原本是新加坡华人。作者把书里的几幅图给 Anthony 先生看，他看了以后用惊讶的语气说——这是教育蓝图。接着又说：“这是可以造福人的图，我回国后就把它翻译成英文用来培训我们学校的教师。”Anthony 先生还告诉作者，在北美，能做到把“育人”贯穿于“知识与技能的教学”的全过程的学校与教师也不是很多。这些图有助于提高人们对教育本质的认知，有助于教师掌握把“育人”贯穿于“知识与技能的教学”全过程的具体方法。坦率地说，对“人的教育”与“知识与技能的教学”这两个虽紧密相关但有所不同的概念在认知上如此清晰的人，Anthony 先生是作者到目前为止遇见的第一人。Anthony 先生对这几幅图有如此评价是作者万万没有想到的，但是真正的教育普遍适用于世界上所有的人，是作者在书里旗帜鲜明提出的观点。

2.图是怎么产生的?

图产生于参与东南大学生物科学与医学工程学院创新教育的实践之中。

2012年某日，教育部高等学校生物医学工程专业教学指导委员会主任委员、东南大学万遂人教授邀请作者在他家附近的茶社喝茶。万教授一见面就问:“你是怎么办教育的?”作者反问:“简单回答还是复杂回答?”万教授说:“简单回答。”作者用一句话回答:“把您习惯的教育头脚颠倒一下。”在谈话结束时，万教授建议作者把课堂上发生的事情写出来。2014年2月《课堂的革命》出版后作者给万教授送了几本。

2014年5月的一天，作者突然接到万教授的电话，在电话里万教授说，他正和东南大学生物科学与医学工程学院的一个考察团在东北大学与荷兰合作的“中荷生物医学与信息工程学院”考察，发现该学院的教学模式和《课堂的革命》一书里写的一模一样，他们准备在自己的学院里搞创新教育实验，邀请作者参加。此时作者恍然大悟——有比较才有认知。万教授及其同事在实地考察了“中荷生物医学与信息工程学院”的课堂之后，才真正认可了作者书里的教育理论与实践。

东南大学生物科学与医学工程学院于2014年6月12日至14日在学院行政楼会议室举办了一场为期三天的“国际教育交流研讨会”，参会人员以生物科学与医学工程学院参加创新教育实验的部分教师为主。会议的主题是邀请“中荷生物医学与信息工程学院”中文名叫高汉的Han J.W.van Triest博士介绍DCL课程。DCL是designed centered learning的缩写，直译成中文意思是“以设计的案例为中心展开的学习”。在作者看来，荷兰人所谓的DCL课程正是我们中国的“教学与生产劳动相结合”的教育思想在课堂上的实际应用。

作者在这次会议上的作用是担任高汉先生的翻译，不是把高汉先生讲的英文翻译成中文的外语翻译，而是解释高汉先生在DCL课程展开的过程中为什么要采取那些教学方法。坦率地说，三天国际研讨会下来，作者发现参会的教师们对DCL课程还是没有找到感觉。不知怎么的，作者灵机一动，画了一张图做成PPT。在荷兰的高汉博士离开之后继续进行的研讨会上，作者向教师们照着这张图把DCL课程用作者习惯的说话方式重新讲解了一遍，教师们眼睛一亮，纷纷提出要拷贝这张图。教师们的这一反应给了作者一个明确的信号——通过“看图识事”老师们搞明白了 DCL 课程是怎么一回事。那张原创于 2014 年 6 月的第一幅草图就是本书 6 幅图的种子图。或者说，本书的 6 幅图是在第一幅图的基础上，经过许多年无数次修改与完善，一生二，二生三…… 最后派生出 6 幅图。

三、人是什么的问题是教育的首要问题

原本作者写作的关注点集中在“课堂软环境”上。2016 年某日，作者收到苏州工业园区外国语学校创始人张永红女士的一封邮件，邀请作者办一个有关教育的讲座。作者欣然接受邀请，但是建议不要用讲座的形式。教育的话题太抽象，抽象的话题不适合采用唱独角戏的讲课方式，讲课的效果远不如有问有答的互动方式。张女士欣然接受建议，在学校的由学生经营的咖啡馆里举办了一场别开生面的冷餐会。作者准备了几幅（盛放精神食物的）展板，摆放在咖啡馆靠墙的一边，教师们一边随心地享用着餐盘中有形的美味佳肴一边随意地浏览着展板，作者随时回答教师们提出的问题。在十几幅展板中，作者发现在“个体人被文化而文明成长规律图”（以下简称“人图”）的展板前逗留的教师最多，而且教师停留的时间最长、提出的问题也最多。教师们的反应启发作者意识到——人是什么的问题是教育的首要问题。从那次苏州之行开始，作者把写作重点放在了阐述“人是什么”的论点之上。

2018 年 9 月 14 日的《参考消息》转载了比尔·盖茨评《今日简史》的一篇题为“21 世纪我们最该担心什么”的文章。文中写道，“哈拉里应对的另一个担心是：在一个日益复杂的世界里，我们所有人怎么才能拥有足够的信息来做出有知识素养的决定？我们很想求助于专家，但你怎么知道他们不是在人云亦云？他写道：‘群体思想和个人无知的问题不仅困扰着普通选民和客户，也困扰着总统和首席执行官们。’我从微软的经历到盖茨基金会的经历都印证了这一点。……哈拉里认为我们应该如何应对这一切？……他的伟大想法归结为一点，那就是冥想。当然，他并不是说，如果我们中有足够多的人开始坐成莲花坐和唱诵，世界的问题就会消失。但他坚持认为，21 世纪的生活需要内观——更好地了解自己……”

希腊古城德尔斐的阿波罗神殿上刻有七句名言，其中流传最广、影响最

深以至被认为点燃了希腊文明火花的却只有一句，那就是：“人啊，认识你自己”。古希腊著名哲学家苏格拉底把“认识你自己”作为自己哲学研究的核心命题。中国古人言，天时不如地利，地利不如人和。也可以说，知天不如知地，知地不如知人。中国古人还言，人贵有自知之明。法国思想家蒙田说，世界上最重要的事情就是认识自我。可见，从古代的希腊和中国，到近代的法国，再到现代的哈拉里与盖茨，空间跨度从东方到西方有上万公里，时间跨度有2000多年，“人啊，认识你自己”这一亲切而深刻的呼唤仍然在人们的心灵里萦绕着。“人是什么”的问题也是本书的核心命题。读完这本书您有可能会说——人啊，我终于认识你了！毕竟人类尝试认识自己的努力已经持续了2000多年，还不该认识自己吗？！人认识了自己，也就认识了为人服务的教育是什么。

四、45个基本问题

本书将回答以下45个基本问题，这些问题不是作者在写作之初事先拟定的，而是在写作过程中不知不觉间逐步涉及的，是在写作的后期从书稿里挑出来集中于此的。实际上不止45个。

1. 人是什么？ 2. 物质形态人是什么？ 3. 精神形态人是什么？ 4. 身体与体力是什么？ 5. 大脑与脑力是什么？ 6. 心灵与心力是什么？ 7. 欲望是什么？ 8. 求知欲是什么？ 9. 情感是什么？ 10. 思想体系是什么？ 11. 思想观念是什么？ 12. 思想方法是什么？ 13. 思想力是什么？ 14. 思商是什么？ 15. 智力是什么？ 16. 非智力因素是什么？ 17. 意志力是什么？ 18. 规则意识是什么？ 19. 智慧是什么？ 20. 至善是什么？ 21. 认知体系是什么？ 22. 认知力体系是什么？ 23. 认知工具体系是什么？ 24. 知识体系是什么？ 25. 课堂软环境是什么？ 26. 课堂文化是什么？ 27. 教学模式是什么？ 28. 教学内容是什么？ 29. 体育是什么？ 30. 智育是什么？ 31. 德育是什么？ 32. 体育、智育和德育的关系是什么？ 33. 教育是什么？ 34. 灵魂是什么？ 35. 人文素质是什么？ 36. 迷信思想是什么？ 37. 自由思想是什么？ 38. 艺术是什么？ 39. 科学是什么？ 40. 技术是什么？ 41. 技能是什么？ 42. 上德是什么？ 43. 下德是什么？ 44. 人性是什么？ 45. 文化是什么？

五、40 个三位一体的复合概念

1. 身体、大脑与心灵三位一体生成人。

2. 体力、脑力与心力三位一体生成人的力量。

3. 记忆力、分析力与归纳力三位一体生成思考力即智力。

4. 欲望、情感与思想三位一体生成心力。

5. 食欲、色欲与求知欲三位一体生成欲望。

6. 吃、爱与说三项技能三位一体生成人生存的基本技能体系。

7. 吃、爱与说的三项权利三位一体生成人的基本人权体系。

8. 感知力、思考力与感悟力三位一体生成认知力体系。

9. 存在、本质与概念三位一体生成认知过程体系。

10. 正义、真相与真理三位一体生成道理或大道体系。

11. 知其然、知其所以然与知之所以“知其所以然”三位一体生成认知对象体系。

12. 思想观念、思想方法与思想力三位一体生成思想体系。

13. 意志力、规则意识与智慧三位一体生成思想力体系。

14. 求知欲、情感与思想力三位一体生成人性。

15. 思想观念（做人大道）、“三观”（做人中道）与消费观等（做人小道）三位一体生成做人观念体系即做人之道。

16. 思想方法（做事大道）、思考方法（做事中道）与做事方法（做事小道）三位一体生成做事方法体系即做事之道。

17. 基础知识、中间知识与应用知识三位一体生成知识体系。

18. 书本知识、大脑概念与事物本质三位一体生成真的知识。

19. 师生关系、学生关系与教学目的三位一体生成课堂文化。

20. 怎么教、怎么学与教和学的关系三位一体生成教学模式。

21. 文字、知识与道理三位一体生成教学内容即认知工具。

22. 象形文字、拼音文字与数字三位一体生成文字体系。

23. 客观、相对与全面三位一体生成实事求是认知特点。

24. 主观、绝对与片面三位一体生成迷信权威认知特点。

25. 说、读与写三位一体生成语言技能体系。

26. 睡眠、饮食与运动三位一体生成体育。

27. 体育、智育与德育三位一体生成教育。

28. 剪脐带、断乳与青春期心理断奶是成长的三个节点。

29. 亲情、友情与爱情三位一体生成基础德育体系。

30. 音乐、美术与劳动三位一体生成中级德育体系。

31. 师生关系、学生关系与教学目的三位一体生成高级德育体系。

32. 自然科学、社会科学与认知科学三位一体生成科学体系。

33. 科学人才、技术人才与艺术（技能）人才三位一体生成劳力体系。

34. 原始、早期与现代文明三位一体生成人类文明进化体系。

35. 认知主体即人、认知力体系与认知工具体系三位一体生成三维九方认知体系。

36. 课堂文化、教学模式与教学内容三位一体生成三维九方课堂软环境。

37. 基础德育、中级德育与高级德育三位一体生成三维九方德育体系。

38. 思想（道）、教育（传道之术）与制度（治国重器）三位一体生成群体的文明体系即社会软环境。

39. 智商、情商与思商三位一体生成度量人才标准体系。

40. 道、术、器三位一体生成古人的标准认知工具体系。

三位一体，关键在一体，你中有我，我中有你，不可或缺。

以上 40 个三位一体都可以用中国古人发明的高度抽象的道、术、器三位一体标准认知工具来表述，它告诉人们，对事物宜从道、术、器的宏观、中观与微观三个方面立体地全方位地认知。

以上 40 个三位一体的复合概念，以及由三个“三维九方”三位一体组成的三维九方教育理论，作者在写作之初并没有想到，而是在持续数年的基于教学实践的写作过程中，不知不觉间一个又一个连续不断出现的。这些三位一体的相互关联的复合概念，在写作过程中自然而然、连续不断地鱼贯而出的现象，只能让作者得出一个结论：可能发现了客观存在的教育的内在本质，继而发明了合乎教育内在本质的教育理论——有助于释放体力、智力与人性，从而提高认知正义、真相与真理的认知能力的科学的教育理论。因为凡是能够反映事物本质的科学理论，都会展现其自身内在逻辑秩序的美。

能够欣赏抽象的正义、真相与真理的“美”，能够认知并且乐于接受正义、真相与真理的“理”，是上天赋予人类的独有的能力。

六、三维九方理论

老祖宗说，工欲善其事，必先利其器。本书创建的三维九方认知体系理论、三维九方课堂软环境理论与三维九方德育体系理论三位一体生成的三维九方理论，是解释教育、推动教育转型升级之利器，也是解释文明、推动文明转型升级之利器。

地球上的每个现代文明人群体，必有自己的思想家、教育家、政治家、企业家、科学家、艺术家、医生、律师、技师等各种各样各有所长的人才，缺一不可。成长在依据三维九方理论搭建的三维九方 B 型课堂软环境里的、有着各种各样潜能的学生，可以个个成人、人尽其才——能够充分释放各自的潜能，成长为现代社会所需要的各种各样各有所长的人才。

2019 年第 19 期《求是》杂志发表的习近平总书记重要文章《推进党的建设新的伟大工程要一以贯之》中指出：“党面临的精神懈怠危险、能力不足危险、消极腐败危险将是尖锐的、严峻的。”惩治腐败可以靠法治，提升精神、提高能力、转变消极为积极只能靠思想和教育转型升级。三维九方理论作为有助于思想和教育转型升级之利器，有可能为这一新的伟大工程添砖加瓦——解释精神是什么、能力是什么、消极腐败的内因是什么，提出提升精神、提高能力、内外兼治腐败、转消极为积极的参考方案。

七、智商、情商与思商

人们用智商度量智力，用情商度量情感，本书创造了一个用来度量思想力的新概念——思商，并且提出了提高思商的方法。

人们认为情商比智商重要，本书将说明思商又比情商重要。创造型人才，需要高智商，也需要高情商，更需要高思商。

八、任正非之忧

中美贸易争端把华为公司推向风口浪尖，华为公司总裁任正非把教育话题推向风口浪尖。2019 年 5 月 21 日，任正非先生接受了央视《面对面》记者董倩的独家专访，只谈教育不谈其他是任正非提出的接受专访的前提条件。作者引述专访部分内容并点评如下：

1. 任正非说，民族复兴、国家强盛，人才最重要。

本书观点，关注“成长”，才能“成才”；忽视“成长”，不能“成才”。只关注大脑、重视智育，不能成才；还要关注身体、重视体育，更要关注心灵、重视德育，才能成才。

2. 任正非说，国家的强盛，是在小学教师的讲台上完成的。

本书观点，国家的强盛在母爱滋养下、小学教师讲台上完成。

3. 任正非说，可以参观我们的生产线，基本没有人，20 秒钟一部手机，工人的机会都不存在。这个社会最终要走向人工智能。

本书观点，工业化是体力劳动机械化，智能化是脑力劳动机械化。人工智能时代的教育应该怎么办？本书的三维九方教育理论可以提出切实可行的解决方案。

4. 任正非说，一个国家强大的基础是什么？有硬件基础，比如铁路、公路等，但是硬件没有灵魂。灵魂在于文化、哲学、教育。

灵魂、文化、哲学与教育是什么，都是本书尝试回答的问题。

5. 任正非说，芯片问题光砸钱不行，要砸数学家和物理学家。

本书观点：芯片问题光砸钱不行，砸数学家和物理学家也不行！要砸碎旧的思想方法，建立新的思想方法才行。思想方法如何破旧立新、转型升级？本书的三维九方教育理论给出了解决方案。

6. 任正非说，中国要踏踏实实在数学、物理、化学、神经学、脑科学……各方面努力去改变，我们可能在这个世界上能站起来。

本书观点，任正非先生所说的这些都得要，但是作者更赞成黑格尔说的，人是靠思想站立起来的。数理化、神经学、脑科学等知识都是会思想的人创造的。

7. 任正非说，中国和美国竞赛，唯有提高教育，没有其他路。

本书观点，芯片问题，光砸钱不行；提高教育，光砸钱更不行！ 要提高教育，需要知道“教育是什么”，需要进行“课堂的革命”，有谁能把自己不知道是什么的存在提高？ 诞生于科举时代的传统课堂已经光荣地完成其历史使命，需要通过革命转型升级。 作者欣喜地在媒体上看到报道，2017 年 9 月，教育部陈宝生部长在《人民日报》撰文，吹响了“课堂革命”的号角。

作者几十年来在农村、工厂、机关、学校里和社会各阶层人士接触的经历，特别是近几年在教学实践中与众多学生朝夕相处的经历，让作者深信：鉴于中国人群体原本就是个内生型的文明人群体，有着不低的平均天赋以及无与伦比的勤奋好学、勤劳刻苦以及有待释放的潜在的巨大的创造力，前一本《课堂的革命》与这一本《教育是什么》，可答“钱学森之问”，可解“任正非之忧”，可助力课堂革命获得成功，可促进蕴藏于中国人群体心灵的创造力的释放，从而拉平中国与教育先进国家的差距，使得中国和世界上所有国家能更加平等友好地合作，为世界经济的繁荣、人类文明的进步做出应有的更大的贡献。

九、昆明之行的收获

2019 年 8 月作者到昆明旅行，参观西南联大博物馆时，看到习近平主席的题词，作者当时就拍照并将其收录于书中，因为彼时本书虽然定稿但尚未印刷，因为作者发现本书对人类文明、精神动力即思想力等的阐述和习近平主席题词指引的方向恰好一致，这不是巧合，而是客观必然，是道之所在。习近平主席题词：

每一种文明都延续着一个国家和民族的精神血脉，既要薪火相传、代代守护，更需要与时俱进、勇于创新。中国人民在实现中国梦的进程中，将按照时代的新进步，推动中华文明创造性转化和创新性发展，激活其生命力，把跨越时空、超越国度、富有永恒魅力、具有当代价值的文化精神弘扬起来，让收藏在博物馆里的文物、陈列在广阔大地上的遗产、书写在古籍里的文字都活起来，让中华文明同世界各国人民创造的丰富多彩的文明一道，为人类提供正确的精神指引和强大的精神动力。

第一篇　人

爱因斯坦说，“学校的目标始终应当是：青年人在离开学校时，是作为一个和谐的人，而不是作为一个专家。照我的见解，即使对技术学校来说，这也是正确的。”

英国著名教育家怀特海在《教育的目的》一书里写道：“学生是有血有肉的人，教育的根本目的是人。学校一切工作的出发点和立足点都应该是为了促进每一个学生作为人的自我发展。”

马克思说：“理论只要说服人，就能掌握群众；而理论只要彻底，就能说服人。所谓彻底，就是抓住事物的根本。人的根本就是人本身。”

2018 年 6 月 22 日《扬子晚报》报道，教育部部长陈宝生 21 日在成都表示，中国教育“玩命的中学、快乐的大学”的现象应该扭转。报道中写道：“在当天四川成都举行的新时代全国高等学校本科教育工作会议上，陈宝生指出，要推进本科教育回归常识、回归本分、回归初心、回归梦想，把‘培养人’作为根本任务。”

综上所述，可以归纳为一点——教育的服务对象是人。所以，要想知道教育是什么，不能不先知道人是什么。

本篇的全部内容都是作者对人是什么的探索。

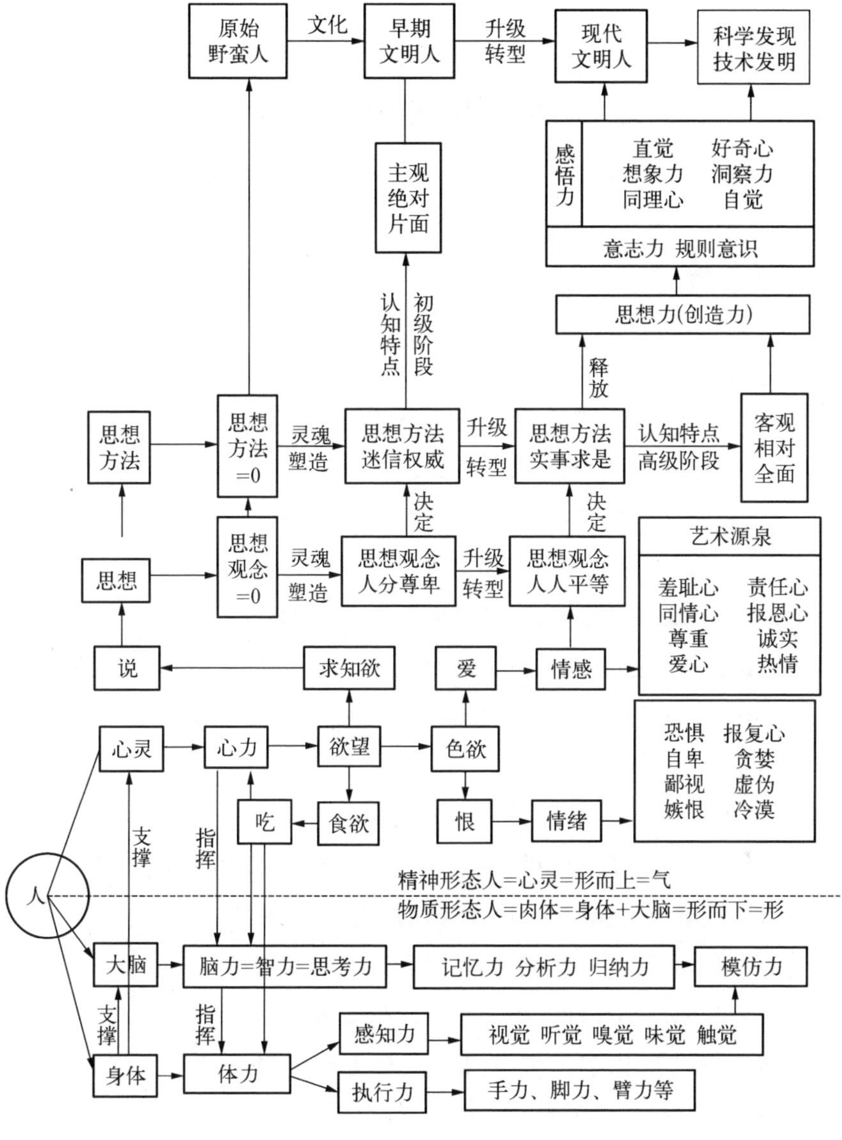

图 1　个体人被文化 * 而文明成长规律图(人图)

人是什么？亚里士多德说："人，在最完美的时候是动物中的佼佼者，但是，当他与正义、法律和道德隔绝以后，他便是动物中最坏的东西。"

图 1 展示了人向着最完美成长的路径——文化欲望为情感，文化情感为思想，从而释放人性即求知欲、情感与思想力。意志力、规则意识归属于思想力。

* 在汉语中，"文化"的本义就是"以文教化"，它表示对人的性情的陶冶、品德的教养，即使人由自然原始状态转化为文明状态，属精神领域之范畴。本书中的"文化"多用此意。

第一节　肉体与体力

一、身体与体力

1. 身体是肉体，体力是机械力

身体是肉体，是占有三维空间的形而下的物质形态的存在。

体力可以被分解成两个部分来认知：感知力与执行力。

感知力= 视觉+ 听觉+ 嗅觉+ 味觉+ 触觉。

执行力= 手力+ 脚力+ 臂力+ 腿力等。

体力是来自肉体的物质之力，是机械之力，是硬实力。

雷达之力是人视力的延伸，车床之力是人手力的延伸，机器是人的身体的仿品。 机器可以减轻体力劳动的强度，体力劳动强度减轻有助于人把更多自身能量用于脑力与心力。

2. 身体与体力的属性

人有兽性或物性，也有人性或神性（人的生命的高端发展和存在形式）。

人有个体属性或自然属性，也有群体属性或社会属性。

身体与体力归属兽性，身体结构与哺乳动物基本相同。

身体与体力归属自然属性，离开社会，身体照样成长。

身体与体力归属个体属性，一人锻炼，体力也会增强。

体力强不一定文化程度就高。

3. 体力有大小没有正负

体力有大小之分，没有正负、善恶之分。

体力被用来做恶事、做善事以及做事效率由脑力决定。

设定一个人理论上可能的身体体力的最大值为 1，那么，在一个人的一生中，其体力在 0 与 1 之间变动：0< 体力< 1，死亡时为 0，最大值为 1。

4. 个体体力最大值

每个人身体的体力在理论上存在一个潜在的可能的最大值，但这个最大值都不会完全一样。

一个人身体的高度与体力的大小受到两个因素的影响：一个是先天遗传因素（内因）的影响即父母的影响，其中母亲的影响更大；另一个是后天获得因素（外因）的影响，诸如睡眠、饮食与运动等。先天无法干预，后天事在人为。后天不足会让体力达不到潜在的可能的最大值，后天再足也不可能让体力大得超出潜在的可能的最大值，否则谁都有可能经过训练参加奥运会争夺奖牌。

在现代社会，一个人体力再强也有很多事一个人做不了，想做事必须合作。一旦学会合作，体力弱一点也没有关系——好汉不敌双拳。

二、大脑与脑力

1. 大脑是肉体，脑力是机械力

大脑是肉体，是占有三维空间的形而下的物质形态的存在。

脑力可以被分解成三个部分来认知：记忆力、分析力与归纳力。

脑力是来自肉体的物质之力，是机械之力，是硬实力。电脑是人大脑的仿品，电脑可以减轻脑力劳动的强度，脑力劳动强度减轻有助于人把更多自身能量用于心力。

脑力= 智力= 思考力。

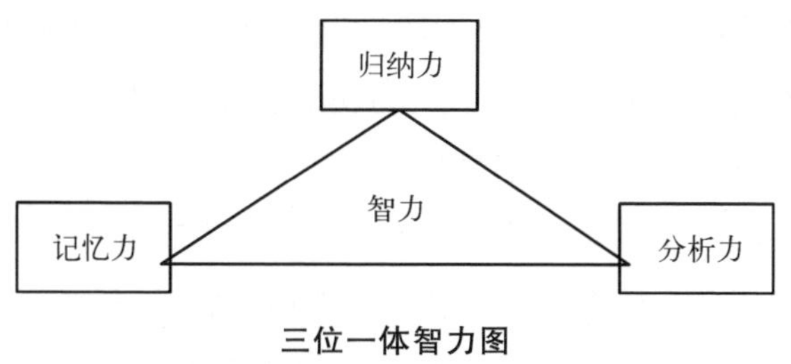

三位一体智力图

智力= 记忆力+ 分析力+ 归纳力。

记忆力、分析力与归纳力三位一体生成智力。

2. 大脑与脑力的属性

人的大脑与脑力归属兽性，大脑基本结构与哺乳动物类似。

大脑与脑力归属自然属性，离开社会，大脑照样成长。

大脑与脑力归属个体属性，一人学习，脑力也会增强。

3. 脑力有大小没有正负

脑力有大小之分，没有正负、善恶之分。

脑力被用来做恶事、做善事以及做事效率由心力决定。

设定一个人理论上可能的脑力强度的最大值为 1，那么，一个人的一生其脑力强度在 0 与 1 之间变动：0< 脑力< 1，死亡时为 0，最大值为 1。

卷面考试是度量脑力的手段，但是卷面考试只是在度量记忆力时比较准确，在度量分析力与归纳力时误差却较大。 分析力与归纳力的强弱只有在使用知识解决问题时也就是在做事的过程中才能完全显现——是骡子是马拉出来遛遛。

4. 个体脑力最大值

每个人大脑的脑力在理论上存在一个潜在的可能的最大值，但这个最大值都不会完全一样。

一个人的脑力的强弱受到两个因素的影响，一个是先天遗传因素（内因）的影响，即父母脑力的影响，其中母亲的影响更大一些；另一个是后天获得因素（外因）的影响，诸如睡眠、饮食、运动、阅读、见闻、劳动与所接受的相关训练等。 先天无法干预，后天事在人为。 后天不足会让脑力达不到潜在的可能的最大值，后天再足也不可能让脑力大得超出潜在的可能的最大值。

实际上，人们都知道每个人大脑潜在的脑力在理论上存在一个可能的最大值，否则就不会有各个学校抢生源的现象出现。 人们知道，不是随便招一个学生就能被学校训练得考出高分的。

需要特别指出的是，如果教学过度，试图追求超出先天给定的潜在的大脑脑力可能的最大值，只会事与愿违，反而让大脑遭受伤害。

需要再次提醒的是，睡眠、饮食与运动不仅直接关乎肉体的身体的发育，而且关乎同样作为肉体的大脑的成长，所以，智育是在体育的基础之上再增加知识与技能的教学。 不是以体育为基础的智育，其释放出来的智力强度达不到发明创造所需要的程度，发明创造比较多的美国的教育对体育的重视程度应该可以证明此论点。

一群学生接受同样的教育，个体智力的强弱由先天遗传决定。

一个学生接受不同的教育，智力的释放程度与后天教育相关。

现代社会，一个人脑力再强也有很多事一个人做不了，要想做事必须合作。一旦学会合作，脑力弱一点也没关系，两个脑袋总比一个脑袋强。

5. 体力与脑力都是肉体之体力

身体之力是肉体之力，大脑之力也是肉体之力。一个人体力强不一定意味着文化程度高，智力强也不一定意味着文化程度高。

第二节　心灵与心力

人是什么，是教育的首要问题；心灵是什么，是人的首要问题。

一、人们对心灵与心力的存在普遍缺乏认知

1. 对心灵与心力在主观上认知是零

在本书前言里提到的2016年的苏州工业园区外国语学校的交流会上，该校教务处长谢琪老师指着“人图”坦率地和作者说：“我们知道身体与体力的存在，但是我们轻视身体与体力；我们知道大脑与脑力的存在，我们重视大脑与脑力；我们不知道心灵与心力的存在，我们对心灵与心力在认知上是零。”

当然，对心灵与心力在主观上认知是零，不代表心灵与心力在客观上就不存在，也不代表在客观上自己大脑的思考模式与身体的行为模式就不受心灵与心力的影响。当作者和该校创始人张永红女士在办公室里交流时，恰逢学生放学的时间，张女士办公室的窗户面对着学校的大门，张女士邀请作者站在窗户旁边观看学生家长接学生的场景。她告诉作者，她经常会在上午上学的时间段，站在窗前看着家长把孩子一个个送到学校；在下午放学的时间段，看着家长把孩子一个个接走的场景。她很享受这样的场景。此时，作者问她：人的双手听什么的？她不假思索地回答：听大脑的。作者又问：大脑听什么的？她同样不假思索地回答：听心灵的。作者说，好了，关于教育的话题我们已经无须再继续讨论了。没爱心可以教学知识，

有爱心才能兴办教育。您对学生有爱心，您是在用心办教育，您想把学校办成全国一流学校的愿望一定可以实现，因为对学生有爱心可以说是教育的根本，比较而言，其他的都是细枝末节。有了爱心，碰到问题就会自觉想办法去解决；有了爱心，碰到问题就会有办法去解决；有了爱心，解决问题时学生会用心配合。哪个老师有爱心、哪个老师没爱心，学生的直觉会告诉他。老师爱学生，学生爱学习。学生爱学习，就会乐此不疲。学生爱学习，学习不仅能训练他们的大脑充分释放智力，而且能滋养他们的心灵释放智慧；如果学生讨厌学习而不得不学习，虽然也能在一定程度上训练他们的大脑释放智力，但是会伤害学生心灵从而遏制智慧释放。小学生是这样，中学生是这样，大学生也是这样。

二、心灵是精神形态人

肉体＝物质形态人＝身体＋大脑。心灵＝精神形态人。

作为肉体的身体与大脑是占有三维空间的有形的物质形态的存在。

心灵是不占有三维空间的无形的精神形态的存在。

三、心灵与心脏

心脏是物质形态人的关键，心灵是精神形态人的关键。

心脏不跳动，人即死亡；心灵不活动，人如行尸走肉。

哀莫大于心死，这句话里的心，不是指心脏，而是指心灵；乐莫大于希望，希望不在身体不在大脑不在心脏，而在心灵。

作者同事商莉老师的丈夫王朔韬先生罹患心脏衰竭，他在一边治疗一边等待换心的过程中，竟然写了四本关于软件的书，由清华大学出版社出版。这四本书是《软件是这样“炼”成的：从软件需求分析到软件架构设计》《软件是这样“炼”成的：软件过程管理与软件测试》《软件是这样“炼”成的：软件架构设计实现》《软件是这样“炼”成的：Java 学习全演练》。可见，王先生心脏的生物力量衰弱不堪，但是心灵的精神力量十分强大，令人敬佩！

四、心灵、大脑与身体

想不想做，在心，排第一；怎么做，在脑，排第二；具体做，在手，排第三。审视自己，是不是有这样的先后顺序？

教育，第一要关注的是学生想不想学的问题，第二要关注的是怎么学的问题，第三要关注的是学什么的问题。如果学生想不想学的问题被忽视，则人的教育是负的，知识的教学效率是低的。

心灵释放智慧，智慧确定方向；大脑释放智力，智力拿出方法；身体释放体力，体力具体执行。

教育首先要关注的是学生心灵的成长，否则学生会失去人生的方向感，感觉不到生命存在的意义而陷于迷茫。

五、心之力

1. 治癌先要治心

2017 年 9 月 27 日《报刊文摘》报道：今年 77 岁的著名消化科专家和肿瘤治疗专家徐克成，精神矍铄。2001 年，他以 61 岁高龄创办广州复大肿瘤医院。2006 年，他 66 岁时体检发现自己患上肝癌。如今 11 年过去了，癌症没有复发。他在接受采访时和在不同场合说了五句大实话：第一句话，很多癌症是吃出来的。第二句话，术后化疗不见得都有用。第三句话，癌症不能一切了之。第四句话，看病不能信广告。第五句话，治癌先要治心。

2. 著名企业家曹德旺和他的父亲关于心的对话

父亲问过曹德旺："做事要用心，有多少心就能办多少事。你数一数，有多少个心啊？"

"用心、真心、爱心、决心、专心、恒心、耐心、怜悯心……"曹德旺掰着手指，有那么多心吗？"当然有。"父亲说。"以后我的确知道了。随着我事业的发展，我能数出来的心，已经不是一双手能够容得下的了。"很多年之后，曹德旺在他的自传体著作《心若菩提》中这样写道。

3. 心力与方向

个人的内心喜欢什么，就是个人的成长方向。 国民的内心向往什么，就是国家的发展方向。 地球上所有人内心共同的向往，就是人类文明的进化方向。

六、心力是什么?

心力可以被分解成三个部分来认知：欲望、情感、思想。

心力= 欲望+ 情感+ 思想。

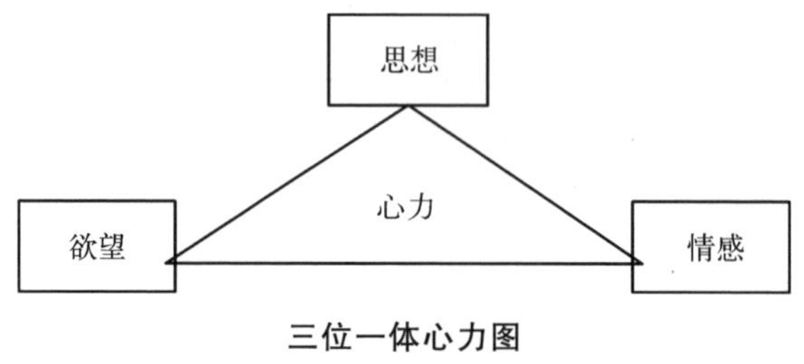

三位一体心力图

欲望、情感与思想三位一体生成心力。

欲望是初级心力，情感是中级心力，思想是高级心力。

本书以下的内容将会和读者分享作者的发现：

欲望可文化为情感，情感可文化为思想，人因思想而文明。

欲望是精神之根，情感是精神之花，思想是精神之果。

欲望之根能固，情感之花盛开，方可结累累思想硕果。

第三节　欲望

教育是什么？ 教育是让受教育者学会管理自己的欲望，不让欲望任性无序野蛮地泛滥，而让欲望有序文明充分地释放，尤其是要让求知欲自由地充分地释放。 可见，要想知道教育是什么，不能不先知道欲望是什么。

一、欲望是什么？

欲望是心力，是原始形态的心力，是充满势能的力量。

欲望可以被分解成三个部分来认知：食欲、色欲、求知欲。

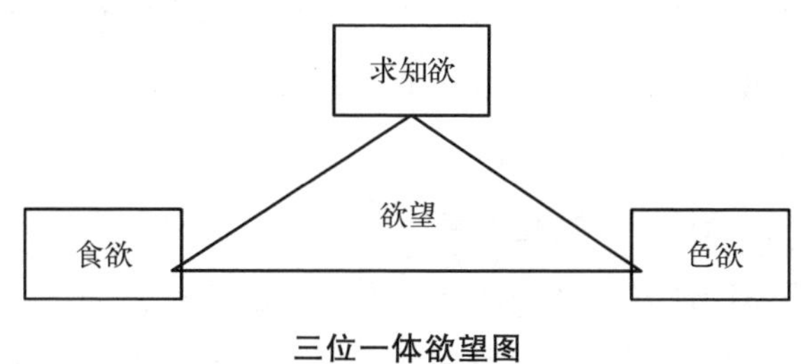

三位一体欲望图

食欲、色欲和求知欲三位一体生成欲望。

食欲是初级欲望，色欲是中级欲望，求知欲是高级欲望。

二、欲望从哪里来？

人一生下来就需要吃，食欲先天就有。人一生下来就需要爱，色欲先天就有。人一会说话就会问，求知欲先天就有。

三、欲望的性质

欲望作为一种自然力量本身只有强弱之分，没有好坏、美丑、善恶、高尚低俗、野蛮文明之别。但人类赋予欲望的释放方式即满足欲望的方式有好坏、美丑、善恶、高尚低俗、野蛮文明之别。

我们知道，欲望越强，生命力越旺盛。所以，对人而言，无论食欲、色欲还是求知欲，越强越好。话说回来，如果没有欲望，也就不存在满足欲望的方式；如果没有满足欲望的方式，也就没有人类文明。所以，食欲、色欲和求知欲实乃生命之根、文明之源。

四、欲望的属性

1. 食欲的属性

人的食欲归属兽性，动物也有食欲。

人的食欲归属个体属性，因为一个人脱离群体依然有食欲。

人的食欲归属自然属性，因为一个人离开社会一样要吃饭。

2. 色欲的属性

人的色欲归属兽性，动物也有色欲。

人的色欲归属群体属性，因为一个人独居色欲就会消退。

人的色欲归属社会属性，因为一个人离开社会很难满足色欲。

3. 求知欲的属性

人的求知欲归属神性或人性，因为动物没有求知欲。

人的求知欲归属群体属性，一人独处，连一个问的人都没有；脱离群体，求知欲功能会丧失。

人的求知欲归属社会属性，离开社会，求知何益？ 离开社会，求知欲会被湮灭。

离群索居关门读书，远离社会闭门办学，不利于求知欲的释放。

五、欲望是第一内在源动力

人做任何事情都是由源自内心欲望的势能之力与来自环境的外部压力两种力量推动的。“逼上梁山”即来自环境的外部压力。

对于个体人来说，食欲是生存的第一内在源动力，色欲是繁衍的第一内在源动力，求知欲是认知的第一内在源动力。

对于群体人来说，食欲是经济活动的第一内在源动力，色欲是艺术活动的第一内在源动力，求知欲是科学活动的第一内在源动力。

六、求知欲是什么?

1. 求知欲是先天就有的势能之力

亚里士多德在《形而上学》中的第一句话是:“每个人在本性上都想求知。”有带过孩子经历的成年人都知道，孩子刚刚能够开口说话的时候，这是什么、那是什么、为什么会是这样、为什么会是那样，总是问个不停。

2. 求知欲=科学技术

求知欲是什么? 求知欲是天生的、蕴藏于人的心灵的，想知道是什么(真相)、为什么(正义与真理)、怎么办(技术)的原始的势能之力。求知欲=是什么+为什么+怎么办。

科学是什么? 科学是发现事物本质(“是什么”与“为什么”)的专门劳动。科学=是什么+为什么。

技术是什么? 技术是发明利用科学知识的方法(“怎么办”)的专门劳动。技术=怎么办。

科学与技术=是什么+为什么+怎么办=求知欲。

是什么、为什么与怎么办三位一体生成科学技术即求知欲。

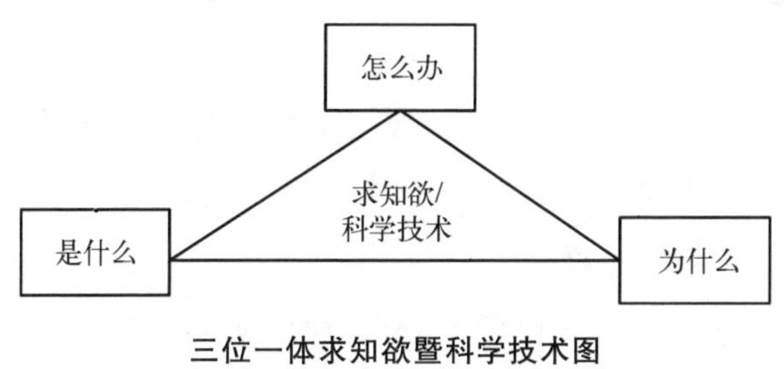

三位一体求知欲暨科学技术图

七、和一位教授的对话

一次和一位著名高校的博导、教授朋友聊天。

教授:现在的学生都不喜欢学习，无论本科生还是研究生，我只好拿分数吓唬他们。你是怎么让学生喜欢上学习的?

作者：你想把学生教成什么样的人？

教授：教成科学技术人才啊。

作者：你想过科学技术是什么的问题吗？

教授：从来没有想过这个问题。

从来就没有想过科学技术是什么，也就意味着不知道科学技术是什么；不知道科学技术是什么，又怎么能把与科学技术相关的知识和道理讲清楚呢？讲的人不能讲清楚，听的人怎能听得懂？听不懂怎么会喜欢呢？从来没有想过科学技术是什么的问题，怎么能够把学生教成科学技术人才呢？

这位教授朋友之所以没有想过自己终生从事的工作是什么，是因为在学生时代所接受的求知欲被忽视的教育使然，是因为在工作岗位上有可供模仿的对象。如果有强烈的求知欲，如果没有可供模仿的对象，就不得不多问问是什么、为什么、怎么办的问题了。

八、求知欲和教学模式

到马戏团观察一下可以知道，动物虽然没有求知欲，但是驯兽师可以通过奖励、惩罚和恐吓手段强迫动物学习。人们把驯兽师训练动物的这种模式叫驯化。

到某些学校观察一下可以知道，学生如果没有学习愿望，教师可以通过奖励、惩罚和恐吓的方法推动学生学习。几乎没有人意识到这样的教学模式和驯兽师的驯化模式一样。

而到我们的课堂观察一下可以看到，学生如果没有学习愿望，教师首先想到的是激发学生的学习热情，设法促进学生求知欲的释放，使得学生在求知欲的推动下不知疲倦地自觉地学习。

驯兽师用奖惩的手段强迫动物学习可以理解，因为动物没有内在的求知欲，驯兽师别无选择只能采取外部施压的方式教学。而作为人的学生和动物不一样，正如亚里士多德说的“每个人在本性上都想求知”，所以，教师在教学模式上有选择的空间：可以选择无视学生内在的认知源动力即求知欲，用奖励或惩罚的外部压力促使学生被动学习；也可以选择重视学生内在的认知源动力即求知欲，激发学生求知欲的释放，引导学生自觉学习、主动学习。

在微信上流传的周其仁先生题为“到以色列游学，让我深受刺激”的公开课里，周先生所描述的以色列的学校教育就是注重激发学生的求知欲、引导学生自觉主动学习的教育。周先生说，在以色列，孩子放学回家，父母不会问孩子今天学到了多少知识、考了多少分，而是问孩子今天在课堂上有没有向老师提问题、提了多少个问题。只有 800 多万人口、地盘只有一个半北京那么大、地处沙漠的以色列，就是靠着这样的教育成为世界上公认的科技强国。

作者在一届又一届学生的身上发现，就我们中国学生的潜能而言，如果我们的学校也能重视激发学生的求知欲，一定可以为社会供应比以色列多得多的创造型人才。

九、欲望与发展

一个群体把吃喝放在人生的首位，说明这个群体的发展处在没有满足食欲或刚刚满足食欲的初级阶段。

一个群体雷锋精神盛行，说明这个群体的发展已经跨越满足食欲的初级阶段，进入通过爱的行为追求满足色欲的中级阶段。

一个群体如果发明创造层出不穷，说明这个群体的发展已经跨越满足食欲和色欲的阶段，进入追求满足求知欲的高级阶段。在这个阶段，人们有时间有能力探索是什么、为什么、怎么办的问题。

从欲望的角度观察，就人类整体而言，满足所有人食欲的问题仍然在努力解决之中。就某个群体而言，刚刚“吃”饱、满足食欲、进入小康的群体，有着学会“爱”以满足色欲、感受心灵的快乐，以及学会“想”以满足求知欲、感受人生幸福的巨大的发展空间。

十、欲望与教育

食欲、色欲和求知欲是共生矿，教育是开采、分离、提炼欲望使之文化为发展动力的产业。

第四节　情感

一、情感与欲望

常识告诉我们，一个人有欲望不一定有情感，有情感一定有欲望。情感是欲望被文化后的产物，情感源自欲望，高于欲望。

二、情感与情绪

情感是心力，情感有强弱，有正负或善恶。

正向的情感通常被称为情感——在欲望得到满足时显现出来的和谐的行为模式。负向的情感通常被称为情绪——在欲望不能满足时显现出来的过激的行为模式。动物在欲望得不到满足时会以龇牙咧嘴咆哮的方式发泄情绪，婴儿在欲望得不到满足时会以哭闹发泄情绪，成人在欲望得不到满足时会发脾气、骂人甚至打人，文人在欲望得不到满足时会写文章发牢骚。

人们通常把满怀情感显现爱心的行为模式称为善行，把充满情绪显示嫉恨的行为模式称为恶行。

情感＝爱心＋热情＋尊重＋诚实＋报恩心＋羞耻心＋同情心＋责任心。

情绪＝嫉恨＋冷漠＋鄙视＋虚伪＋自卑＋贪婪＋畏惧＋报复心。

三、情感与情绪的属性

1. 情绪的属性

情绪归属兽性，因为动物也会发情绪。情绪归属群体，因为无论动物还是人，情绪的发泄对象基本都是以本群的同类为主。

2. 情感的属性

情感归属人性，因为只有人才会有超出血缘关系的情感。情感归属群体属性，一人独处，哪来情感？ 情感归属社会属性，脱离社会，何谈情感？ 情感的属性决定了，一个人情感的发育程度与其所接受的知识与技能的教学无关，而与其和人交往的社会化程度相关。 社会交往的范围越广、融入社会的程度越高，情感发育的程度就越高。 反之，社会交往的范围越窄、融入社会的程度越低，情感发育的程度就越低。 情感发育程度越低，情绪化程度就会越高，离人类就会越远，离兽类就会越近。 所以，离群索居闭门读书、脱离社会关门办学，不是转化欲望为情感的文化野蛮人为文明人的正向的教育，而是反文化的负向的教育。

判断一个人情感发育的程度有一个简单的方法——看一看其和家人关系的密切程度，数一数其所属社会各阶层的朋友有多少。

四、非爱即恨

人不可能没有欲望，人的欲望不可能不释放出来。 一个人的欲望，要么以情绪的形式释放出来，要么以情感的形式释放出来，不可能不释放，否则很可能会不同程度地罹患精神疾病，弗洛伊德的学说就是基于对这一现象的发现。

一个人，要么爱，要么恨，不可能是零。 如果教育不是在主观上有意识地教会学生爱，客观上就是在无意识地教会学生恨。

五、数理化知识、考分与情感

数理化知识的教学和人的情感发育没有关系，数理化知识装在情感成熟、满怀爱心的人的大脑里可以用来做善事，装在情感发育不良、充满嫉恨的人的大脑里可以用来做恶事。 比如 2013 年上海复旦大学研究生林森浩投毒杀害室友黄洋，2019 年媒体报道涉嫌弑母的北大学子吴谢宇在重庆落网，以及众多高学历、有知识的贪官的案例。

卷面考试只能比较考生所掌握的知识的多少，不能比较考生的情绪化程度和情感程度，而情绪化程度和情感程度更能反映一个人被文化而文明的程度。 所以，数理化学得好，考试分数高，不代表文化程度高。

六、唯一牢靠的工作将是需要大量情感的工作

2017 年 12 月 17 日《参考消息》报道，《纽约时报》畅销书《机器人崛起》的作者福特发出警告说，随着机器人技术方面取得进展，许多就业岗位不久将会丢失。 这位专家最后总结说：“未来对于人类来说，那些真正需要深厚人际关系和情感的角色或工作可能相对牢靠，而且是亮点职业之一。”

机器人时代，闭门读书、关门办学的应试教育面临巨大挑战。

第五节　思想

教育是什么？ 韩愈说，师者，所以传道受（授）业解惑也。 道= 思想，传道= 传播思想= 教育；授业= 和职业相关的知识与技能的教学。 可见，教育主要是传播某种思想，其次是知识与技能的教学。 所以，要想知道教育是什么，不能不先知道思想是什么。 要想创新教育，不能不先转变思想。

黑格尔说，人靠思想站立起来。 爱因斯坦说，思想变了，世界就变了。 毛泽东说，思想路线是决定一切的。 巴尔扎克说，一个能思想的人才是一个力量无边的人。

法国思想家卢梭说：“无论就男性或女性来说，我认为实际上只能划分为两类人：有思想的人和没有思想的人，其所以有这两种人，差不多完全归因于教育。” 作者认为，文明人都有思想，否则就是野蛮人。 有思想的文明人可以划分为两类人：思想先进的人和思想落后的人。 文明人也可以划分为这样两类人：能清醒地认知思想客观存在的觉悟了的人，没有意识到思想客观存在的有待觉悟的人。 其所以有先进与落后、清醒与无意识之分，完全归因于教育。

思想是什么？ 为什么人靠思想站立起来？ 为什么思想变了世界就变了？ 为什么思想路线是决定一切的？ 为什么一个能思想的人会是一个力量

无边的人？ 只须看一眼前文中的“人图”，就可以找到这些问题的答案。不过本节仍然尝试更为详细地回答这些问题。

植物学家钟扬在离世前刚刚做了一次讲座，他说：一个基因可以拯救一个国家，一粒种子可以造福万千苍生！ 作者认为：一个精神的基因可以拯救人类的灵魂，一粒思想的种子可以照亮万千苍生的心灵。 俗话说，心明眼亮。 更多心明眼亮的人能发现更多物质的种子与精神的基因。

萌芽于地球上任何一个群体心灵里的任何一粒思想的种子盛开的思想之花，都属于全人类共同的精神财富。

一、思想是什么？

思想，是动词，也是名词，也可以认为是一个体系。

思想，作动词解，是思想活动，是意识活动，是精神活动，是认知活动，说法不一，意思只有一个——高级形态的心灵活动。

黑格尔说：“人之所以异于禽兽在于他能思想。”请注意，黑格尔在这句话里的“思想”就是动词。 我们的老祖宗也早就有“心之官则思”的明确论断，虽然至今仍然很少人认可老祖宗所作的这一明确的论断，但并不影响这个论断作为客观真理的存在。 爱因斯坦当初预言的引力波也是多少年之后才被证明成立的，何况心灵与思想更是远比“引力波”更古老、更现代、更精细、更宏大、更浅显、更深奥的承载着精神世界客观真理的最基本的抽象概念。

思想作名词解，指思想观念，指思想方法，也指思想力。

思想体系= 思想观念+ 思想方法+ 思想力。

思想观念、思想方法与思想力三位一体构成思想体系。

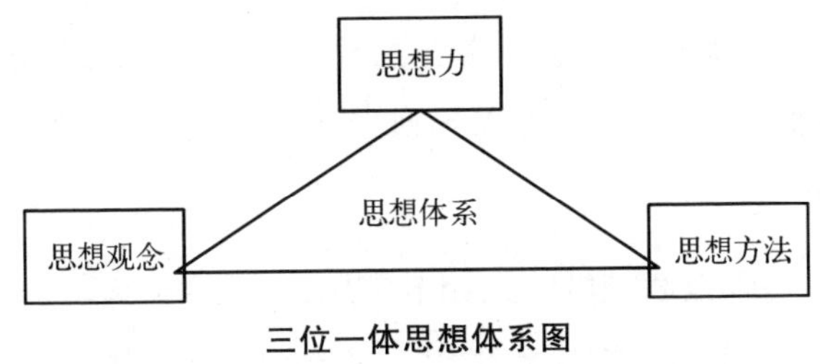

三位一体思想体系图

二、思想观念

1. 思想观念从哪里来？

思想观念原本存在于人类的心灵，被称为先知的人率先发现，然后创造了一套学说，孜孜不倦地与众人分享他的发现。

2. 思想观念有三种形态

人类被文化而文明的历史可以认为是思想发展的历史，思想发展的历史可以认为是思想观念从无到有、从低级到高级发展的历史——从思想观念为零到人分尊卑思想观念的形成，到转化为人人平等思想观念的历史。迄今为止，在人类思想发展的过程中存在着三种思想观念：

第一种：思想观念= 0，人类原始野蛮时期。

第二种：人分尊卑思想观念，早期文明人群体。

第三种：人人平等思想观念，现代文明人群体。

3. 思想观念是人的灵魂

心脏是物质形态人的开关，观念是精神形态人的灵魂。肉体没有心脏，人不能存活；心灵没有观念，人只剩躯壳。

4. 思想观念的形成

思想观念的形成，有先天遗传因素，也有后天环境影响因素。

2017 年 12 月 10 日《参考消息》报道，题为“专家认为：白人儿童 5 岁起就有种族偏见”。摘录如下：

> 加拿大约克大学的研究人员对 359 名年龄在 5 岁至 12 岁的白人儿童进行了 3 次不同的实验研究，并将研究结果发表在《儿童成长》最新一期期刊上。研究显示，从 5 岁开始，如果在白人孩子面前展示白人和黑人的照片，那么部分孩子会不由自主地对白人表现出偏好。研究人员指出，此项实验的结果表明，可以通过设计一些方案来预防或减轻童年时期的种族偏见。

作者认为，这则报道提供给人如下信息：

（1）种族偏见即种族歧视会遗传。实际上，阶层歧视、学历歧视等也会遗传，也就是说思想观念会遗传。

（2）遗传的思想观念可以通过后天干预纠正。比如立法规定种族歧视、性别歧视、学历歧视等行为违法，就是后天通过法律手段强行纠正人分尊卑思想观念的努力。比如电影《摔跤吧，爸爸》就是通过艺术手段委婉地转变男尊女卑思想观念为男女平等的努力。

5. 普及人人平等思想观念是方向

如果我们每个人静下心来审视自己的内心，不难发现，几乎每个人的心灵都被人分尊卑的思想观念所统治。

如果我们每个人再往心灵深处仔细观察一下，可以发现，每个人的内心深处都渴望被平等相待——不管古今中外，无论什么人种、什么阶层，男女老少的心灵深处天生就有这一共同的精神需求。

渴望被平等相待是人性。转变人分尊卑思想观念为人人平等，是人类社会文明进化的不可抗拒的大势。

四、思想方法

人类被文化而文明的历史可以认为是思想发展的历史，思想发展的历史可以认为是思想方法从无到有、从低级到高级发展的历史——从思想方法为零到迷信权威思想方法的形成，到转化为实事求是思想方法的历史。所以说，迄今为止，在人类思想发展的过程中存在着三种思想方法：

第一种：思想方法= 0，原始野蛮人。

第二种：迷信权威思想方法，早期文明人群体。

对鬼、神、皇帝、名人、书本等的迷信，都是迷信权威思想方法在社会生活中的具体显现。

第三种：实事求是思想方法，现代文明人群体。

用现代人的眼光看，人分尊卑非人道，迷信权威似可笑。但是，和人类处于原始状态时的野蛮残忍混乱的丛林比较，人分尊卑的思想观念以及与之对应的迷信权威的思想方法，为结束丛林的野蛮残忍混乱状态，从而确立文明、建立秩序奠定了初步的思想基础。

五、实事求是即自由思想

美国前副总统拜登在宾夕法尼亚大学的一次毕业典礼上说，不必担心中国人，因为中国人不会自由思想。 自由思想是什么？

1. 实事求是＝自由思想

关于自由思想，作者在微信群里和微友之间有一段对话：

> 作者：尊敬权威而不迷信权威，喜欢读书而不迷信书本，有经验而不受经验限制，有理论而不为教条约束，不会守株待兔，不会刻舟求剑，不会墨守成规，能实事求是地想问题，即自由思想也。
>
> 微友琅琊问道：这段话无非是表达一个概念即“适度”，适度与自由显然不是一回事。
>
> 作者：自由不能无度，有度方能自由。度是相对的，不是绝对的。掌握了无论烧什么菜的油盐糖的度，可得烹饪自由。

西方人崇尚的自由思想= 中国人崇尚的实事求是。

实事求是思想方法的三大特点：客观、相对、全面。

关于客观。 佛说万物全在一念，就是提醒人们，在人的认知过程中主观意念的作用很大。 只有能够区分主观与客观，才能认清事物。

关于相对。 处长和厅长比，处长小；处长和科长比，处长大。 你说处长是大还是小？ 绝对没有大小，相对有大小。 作者参加过很多考试，每次一拿到卷子，如果发现题目难度大，第一反应就是，每个考生都一样难。所以，从来没有哪一次因为卷面题目难度大而焦虑过。 因为考得好不好，是所有考生之间相对而言。

关于全面。 盲人摸象的谚语，就是提醒人们要全面地看问题。

2. 中国人早就会自由思想

实事求是，出自《汉书·河间献王刘德传》：“修学好古，实事求是。”《汉书》的创作年代是公元 80 年。 毛泽东在《改造我们的学习》一文中指出：“实事”就是客观存在着的一切事物，“是”就是客观事物的内部联系，即规律性，“求”就是我们去研究。 邓小平说：“毛泽东同志在延安为中央党校题了‘实事求是’四个大字，毛泽东思想的精髓就是这四个字。毛泽东同志所以伟大，能把中国革命引导到胜利，归根到底，就是靠这个。”科学劳动者要想有所发现、有所发明、有所创造也得靠这个。

从群体的角度观察，我们中国人早在约2000年前就已经知道实事求是的思想方法，就会自由思想。从个体的角度观察，我们中国人真正能够实事求是地自由思想的人不多，汉朝的“罢黜百家、独尊儒术”是原因之一。

六、迷信思想

迷信思想是自由思想的反义词。迷信思想就是迷信权威的思想方法，具体地表述就是：对鬼、神、王以及大大小小名人权威的迷信，对经验的迷信即经验主义，对理论的迷信即教条主义，对书本的迷信即本本主义，等等。人一旦迷信权威，精神不能独立、思想不能自由，只能模仿不能创造。

迷信权威思想方法的三大特点：主观、绝对、片面。

七、思想观念与思想方法是孪生兄弟

思想观念人分尊卑，思想方法必然迷信权威，思想不能自由。

思想观念人人平等，思想方法可以实事求是，思想才能自由。

八、思想观念与思想方法的属性

思想观念与思想方法归属人性即神性。思想观念与思想方法除了能对人起作用，对其他任何物种都不起作用。

思想观念与思想方法归属群体属性即社会属性，没有社会，也就不会有思想观念与思想方法的存在。

离群索居关门读书，脱离社会闭门办学，就是不要思想。

九、思想观念与思想方法都只能二选一

人与人之间相处的形态即做人之道，要么遵循人分尊卑的思想观念，要么遵循人人平等的思想观念，不可能是零；人观察事物的思想方法即做事之道，要么遵循迷信权威的思想方法，要么遵循实事求是的思想方法，不可能是零。

学校教育如果不是在主观上有意识地塑造学生人人平等的思想观念，就一定是在客观上无意识地塑造学生人分尊卑的思想观念；学校教育如果不是在主观上有意识地培养学生实事求是的思想方法，就一定是在客观上无意识地培养学生迷信权威的思想方法。

十、思想力是什么?

思想力＝意志力＋规则意识＋感悟力。

意志力＝自信＋勇敢＋节制。

规则意识＝契约精神＝道德意识＋法治意识。

感悟力＝智慧＝直觉＋好奇心＋想象力＋洞察力＋同理心＋自觉。

十一、意志力

自信、勇敢与节制的人是意志力强的人；自卑、畏惧与贪婪的人是意志力弱的人。意志力是美德。训练意志力是德育的题中应有之义。

机器没有意志力，电脑没有意志力，意志力不是体力、不是智力。动物没有意志力，意志力只有人有。意志力不是人的欲望之力，也不是人的情感之力，意志力是人的思想之力。儿童没有意志力，心理幼稚的成年人难有意志力，只有心灵成熟的成年人才有可能修得意志力这一宝贵的高级精神之力。所以，在“教育图”（参见本书第三篇）里，意志力的养成排在亲情、友情与爱情以及音乐、美术与劳动课程之后。

1. 自信

自信，既不是体力也不是智力，但是有没有自信关乎体力与智力的释

放。自信是心力，有没有自信关乎智慧能否释放。自信是创造型人才必需的人文素养，自卑的人智力再强也只能模仿。

面对同一个有形的物体，自信的人与自卑的人会有相同的认知；面对同一个无形的事理，自信的人与自卑的人可能会有相同的认知，也可能会有不同的认知。所以，自信或自卑关乎人的认知。

2017年8月7日《参考消息》刊登一篇文章，题为："自信非天生，后天可努力"。摘录如下：

> 我们为什么如此痴迷于自信这个想法？许多文化——尤其是美国文化——认为，外向、个人魅力和社交技能是非常可取的品质。毕竟，如果你打算追求人生、自由和幸福，你就要相信自己。研究结果也显示，外向的人对我们吸引力更大。我们自动地把自信的外在表现和能力等同起来。
>
> 二战后受青年文化、财富和消费主义崛起的影响，自信在美国文化中呈现出一种强大的神秘感。这促成上世纪80和90年代的自尊运动。有人提出，自信是成功人生的关键。
>
> 整个咨询服务业流行兜售20分钟或更短时间内通过反复说肯定自我的话来提高人们自信的简单方法。佛兰肯在美国喜剧《周末夜生活》中饰演的角色斯莫利反复说的一句话——"我够好，够聪明，真是该死，大家都这么喜欢我"——非常接近当时的现实。正如演员卡林所说的，如果我们知道自信不是天生的，那我们都能做得更好。

作者点评：帮助学生找回失去的自信是我们课堂教学重要的任务之一。学生在我们课堂上成长的过程就是从自卑转为自信的过程。前一本《课堂的革命》收录的学生写的课堂日报详实地描述了学生们在我们的课堂上一天天、一点点地从自卑转为自信的过程。我们的课堂供给企业的学生一个比一个自信，是软件企业对我们学生的评价，也是软件企业青睐我们学生的因素之一。

孙中山在《建国方略·自序》中说："吾心信其可行，则移山填海之难，终有成功之日；吾心信其不可行，则反掌折枝之易，亦无收效之期也。"一个人自信，会显得神清气爽强大有力；一个人自卑，会显得萎靡不振有气无力。一个国家有足够数量自信的国民，这个国家一定富强；一个国家有太多数量自卑的国民，这个国家即便富也不会强。富而不强，富难以稳固持续。

一个人，要么自信，要么自卑，二者必居其一，不可能是零。如果学校教育不是在主观上有意识地养成学生自信，就一定是在客观上无意识地养成学生自卑。

2. 勇敢

（1）勇敢是心力

勇敢不是体力，不是脑力，而是心力，是精神之力。

（2）勇敢是美德

勇敢是美德。一个人无论左中右派、不管白道黑道，只要勇敢，都会受到众人的尊重。勇敢对一个人来说太重要了，勇敢既关乎肉体的健康，也关乎精神的健全。勇敢关乎体力与智力能否正常发挥作用，勇敢关乎人性能否充分释放。勇敢是道德的上品，培养勇敢是德育，让人畏惧是缺德之育。勇敢是十分宝贵的人文素质，畏惧是十分糟糕的人格缺陷，所有可能导致学生畏惧的教育方式都必须尽量避免。

（3）畏惧妨碍体力和智力正常发挥

畏惧会妨碍智力正常发挥。2016年1月22日《作家文摘》刊登了一篇题为“高知人群成大额诈骗重灾区”的文章，文中写道：“近日，全国首个反信息诈骗联盟——天下无贼反信息诈骗联盟在成立两周年之际，发布了《2015年反信息诈骗大数据报告》，首次对诈骗产业链进行解剖，并对诈骗与被骗人群进行了精准画像。数据分析显示，信息诈骗越来越精准，‘高知人群’已成为大额诈骗的重灾区，‘智商低才被骗’是一种认识误区。被骗人群向‘高知人群’转向，比如公检法类诈骗，被骗人群往往都是‘高知人群’。”

古代同样也有畏惧妨碍体力与智力正常发挥作用的案例。列御寇，就是那个御风而行的列子，为伯昏无人表演射箭。他射的时候，志满意得，拉满弓弦，然后在自己的胳膊肘上放了满满一杯水，弯弓射箭，连发三箭，箭箭命中，手臂上那杯水纹丝不动。伯昏无人不以为然，说：你这种箭术，只能算是有心射箭的射术，而不是无心射箭的射术。我现在要邀请你一同去“登高山，履危石，临百仞之渊”，看看你射得如何？伯昏无人走上山冈，身临百丈深渊，然后将自己的脚掌悬在悬崖之外。伯昏无人请列御寇上来射箭。此时，列御寇只能趴在地上，汗都流到脚后跟了。

作者点评：我们的老祖宗早有明论，“无畏生慧，有畏生愚。”20 世纪英国的著名哲学家、数学家罗素说：“畏惧是迷信的根源，也是造成残忍的主要原因之一。 智慧始于征服畏惧。”可见，畏惧不仅妨碍体力与脑力正常发挥，也妨碍智慧的释放。

（4）当下的课堂是在教育勇敢还是畏惧？

勇敢不属于知识的教学范畴，而属于人的教育范畴。 我们当下的教育是在教育学生勇敢还是畏惧？ 请看下面几个真实的案例。

案例 1：幼儿园教育

一次走亲戚，侄子让其上幼儿园中班的女儿学老师怎么上课。 女儿把一个小板凳搬到一把椅子后面，一本正经地端坐下来，举起小手往椅子上一拍，嘴里大声喊道：“坐好了！ 不许说话！”这样的情景让人联想到古装戏里县太爷在县衙门里升堂时的情景。 侄子的女儿上的还是所在城市人们趋之若鹜的被认为一流的幼儿园。

案例 2：女儿和父亲的对话

某日，在作者姐姐家里，外甥女婿在辅导他读二年级的女儿。

爸爸：老师讲话你就听，爸爸讲话你就不听。

女儿：当然啦，我怕老师。

案例 3：作者与小学生的对话

时间：2014 年 6 月 22 日。 地点：小区健身会馆蒸汽屋。 人物：作者与二年级小男生。

作者问：几年级了？ 小男生答：二年级。

作者问：喜欢你们的老师吗？ 小男生答：老师有点凶。

作者问：那你怎么办？ 小男生答：老师喜欢考试成绩好的学生，我争取把成绩考好一些。

案例 4：大学生与老师的对话

2015 年 10 月 9 日，朱玉东老师告诉作者，他中午和一位学生一起吃饭，学生和他讲，你们几位老师平易近人，和你们在一起一点也不紧张。以前的老师虽然也会笑着和我们讲话，我们总会有畏惧感。 学生说的是大实话。 作者的夫人是大学教师，她常说，大多数学生见到老师连话都不敢说，挺可怜的。 一个学生是这样，是一个人的可怜；大多数学生都是这样，是一个群体的悲哀。

案例 5：关于畏惧的对话

一次，作者在学校食堂吃饭，和担任辅导员的 Y 老师坐一起。Y 老师说，我就是要让学生畏惧我，这样才能让他们懂规矩。

学生们对 Y 老师的评价是，对工作很认真，对学生很负责，但是学生们对 Y 老师敬而远之。一次 Y 老师看到有学生买了奶茶送给我们的朱老师喝，Y 老师对朱老师感慨地说，我陪学生九年，没有一个学生给我送过奶茶喝，你才和学生在一起几个月。

作者知道 Y 老师是一个很好的人，是一位负责任的教师，只是对学生负责的方式方法学生们很难接受。Y 老师做错了什么吗？Y 老师没有做错什么，Y 老师只是在按照祖祖辈辈包括她本人接受的教育模式教育她的学生。

学生因为畏惧老师，所以，为讨好老师而学习的目的就这样在不知不觉间形成了，学习目的就这样在不知不觉间偏离了有利于心灵的精神形态人健康成长的方向。学生畏惧权威的心理习惯以及迷信权威的思想方法就这样从幼儿园到大学在不知不觉间被养成了。这样的教育模式教育出来的人，虽有智力，但没有智慧；虽有知识，但没有独立精神、不会自由思想；只能模仿，不能创造；只能就业，不能创业。

在过去的以皇帝为中心的封建国度里，这样的学校教育无可非议，这样的教育模式教育出来的人能够满足过去社会的需求。在现在的以人民为中心的社会主义社会，这样的学校教育就落后了，这样的教育模式教育出来的人不能满足当下社会的需求。

当然，这不是教师的错。之所以会这样，东南大学张熠同学在给作者的邮件里回答了这个问题，“中国的学生苦啊，心苦。没有办法，我们的父母和老师都是接受这样的教育长大的。”

知识和技能的教学是一回事，人的教育又是一回事。知识和技能的教学进步比较快，已经进入科学时代；人的教育进步比较慢，还停留在科举时代。人们一旦能够清晰地区分知识和技能的教学与人的教育，一定能够让人的教育跟上知识和技能教学进步的步伐。

（5）比较

有比较才有认知。作者的同学在英国一所大学里当教授，去年回国，作者询问英国大学的情况，这位教授同学说，英国大学和中国大学不一样，在英国我们当教师的怕学生。每一堂课上下来，学生都要给教师的教课水平给予评价，学校教务部门有专门的教师收集学生的评价，学校教务部门每半个月会把学生的评价汇总后反馈给教师。这还不算最厉害的，最厉害的是每学期考试结束后，学生会对教师一个学期的教课情况作一个总的评价，这一次总的评价是最尖锐的，因为考试已经结束，学生不用再担心教师报复。

我们中国学校与英国学校比较，相同的是知识和技能的教学，相反的是人的教育。

（6）消除畏惧，点火发动

可以说，消除学生对教师的畏惧心理是创新教育的前提。为什么？因为我们这个群体习惯天地君亲师的排序已经几千年了，官员畏惧皇帝，民众畏惧官员，孩子畏惧父母，学生畏惧教师，是我们这个群体里的个体一代又一代遗传下来的心理特质。当然，在人类普遍处于早期文明阶段时，地球上的每个群体的个体或多或少都有这样的畏惧威权的心理特质，程度不同而已。

2011 年到 2017 年，我们的课堂已经办了八期班。每一期班开课的第一个月，我们老师的全部工作就是和学生们近距离接触，找机会和学生们一起吃饭、聊天、活动，目的是消除学生对老师的畏惧、拉近学生和老师的距离。一旦有学生能够主动找老师交谈了，即便面无表情略有紧张，说明工作初见成效。一旦学生们能够用轻松的口吻和老师有说有笑了，说明学生对老师的畏惧感基本消除，心灵之门也就开启，教育机器就正式点火发动了。“在这个课堂上，老师就像朋友一样，我们丝毫没有恐惧感。”这是我们课堂二期班的学生刘丽媛写在 2011 年 11 月 7 日课堂日报里的一句话。

教育如果不是在主观上有意识地养成学生的勇敢美德，就是在客观上无意识地养成学生的畏惧心理，二者必居其一。学生对教师的畏惧不消除，一切教育创新的设想都是空话。学生的内心对教师的畏惧一旦消除而爆发出来的学习热情、释放出来的智慧令人难以想象！我们的学生在对教师的畏惧消除之后爆发出来的学习热情、释放出来的智慧都被收录在《课堂的革命——师生平等对话录》一书里。

古今中外的贤人评价勇敢

佛教的三个布施：财布施，无畏布施，法布施。

孔子说：知者不惑，仁者不忧，勇者不惧。

有“德国的孔子”之称的歌德说：你若失去了财产——你只失去了一点儿；你若失去了荣誉——你就丢掉了许多；你若失去了勇敢——你就把一切都失掉了！

诸葛亮初出茅庐，曹操命夏侯惇率兵十万进攻刘备，刘备问诸葛亮有何良策。诸葛亮说，主公有多大胆略，亮有多大谋略。

3. 节制

一个人有节制的美德，就会受到来自朋友和敌人的尊重。

节制的反义词是任性与贪婪。 节制是美德，贪婪是缺德。

节制不是体力，不是智力，是处于思想层级的心力即意志力。 任性与贪婪，是处于欲望层级的心力。 被欲望控制的人做不到节制，有意志力的人才能自我节制。

人不可能没有食欲和色欲，也不可能没有情感与情绪，但是，人不能由着食欲和色欲泛滥而不加节制，也不能由着情感流淌和情绪发泄而不加节制，否则不利自己、危害社会。

一个人有吃一斤的饭量吃八两，可保身体健康；一个人有赚一块的本事赚八毛，可保一生平安。 这就是节制的好处。 一个人有吃一斤的饭量吃一斤半，会撑坏身体；一个人有赚一块的本事想赚两块，灾祸可能临头。 这就是贪婪的坏处。

教育如果不是在主观上有意识地养成学生的节制美德，就是在客观上无意识地养成学生的任性或贪婪恶习，二者必居其一。

十二、规则意识

规则意识= 契约精神= 法治意识+ 道德意识。

规则意识是美德。 一个人无论左中右派、不管白道黑道，只要有规则意识即有道，其个人会受到其所在群体的尊重。

1. 规则与规则意识

规则是一个概念，遵守规则的思想即规则意识是另外一个概念。

规则是写在纸上的、记在脑子里的，规则意识则是刻在心里的。

规则意识是指一个人自觉遵守规则的思想意识，而不是指一个人在某一个时刻在外力的作用下被迫遵守规则的行为模式。

判断一个人的文明程度，不是看他记忆在大脑里的道德教条与法律条文有多少，也不是看他伦理课程或法律课程的考试分数有多高，而是看在他的心灵里有没有遵守道德与法律的思想意识。

判断一个群体是否文明，不是看这个群体有没有规则即有没有道德教条与法律条文，而是看这个群体的人遵守规则的思想意识的普及程度。

有口头约定就应该遵守是规则；如果因为某种原因而说话不算话，不等别人指摘自己的内心就充满愧疚，这就是有规则意识。

有书面合同就应该遵守是规则；不管出现什么样的困难都自觉地设法克服以履行合同约定的条款，这就是规则意识。

我们的老祖宗早在2000多年前就对规则与规则意识是两个相关但不同的概念有明确的认知。照孟子的说法，遵守规则的意识是“迹”，被遵守的规则是“形”；不变的是“迹”即规则意识，会变的是“形”即规则；宝贵的是“迹”不是“形”。“形”即规则可以照搬照抄，“迹”即规则意识就不是照搬照抄那么简单的了。

用今天的表达方式说，宝贵的是遵守规则的思想意识，不变的是遵守规则的思想意识，规则可以有也必须有与时俱进的变化。比如，一事一议的商业合同经常会变，遵守合同的诚信意识不能变；法律条文与道德教条会随着人类精神的成长、社会的进步而变，遵守法律与道德的思想意识不能变。

2. 学生群体有明确的规则意识，只是规则要变

大合唱与集体舞是我们课堂每一期班的必修课，目的是培育心灵、提升勇气、促进情感发育。但是，刚刚开始的时候，总会有一部分学生因为害羞不愿意参加，此时老师就会动员，动员多了学生就不高兴了，开始给老师提意见，认为老师即便为学生好也不该强迫学生参加。学生们的意见倒逼

老师改变动员学生的思路。老师和学生们商量，一个群体总得有规则，是否可以用全班表决的方式决定是否开大合唱与集体舞的课程？学生们同意。全班表决结果大多数学生同意开大合唱与集体舞的课程，此时那些原本很不愿意参加的学生表态服从表决结果。

作者从中发现：我们的学生有着明确的规则意识，只不过当今的学生已经不愿意遵守无条件地接受教师权威的旧规则，但是他们很愿意遵守少数服从多数的民主议事的新规则。

以此类推，我们中国人群体是一个有着明确的规则意识的文明人群体，我们中国人的规则意识从2000多年前的周朝就开始逐步地形成了，2000多年形成的规则意识想取消都难。当然，在2000多年的时间里所遵守的，基于人分尊卑思想观念、迷信权威思想方法的，按天地君亲师排序的，无条件服从威权的周礼，已经不能满足现代社会的需求了。

一旦有了汽车，人们就不再会选择马车；一旦有了新的基于人人平等思想观念与实事求是思想方法之上的新规则，人们就不再会选择基于人分尊卑思想观念、迷信权威思想方法之上的旧规则。

3. 规则意识是思想力

规则是抽象存在，身体的感知力与大脑的智力不能认知规则。规则意识不是欲望与情感之力，欲望是破坏规则之力，情感会影响规则执行；规则意识是管控欲望与情感的思想力。本书第三篇中的“教育图”之所以把规则意识排在意志力之后，是因为管控欲望与情感从而遵守规则需要一定的意志力。

未成年人有欲望也有情感，但没有遵守规则的思想力，所以未成年人的社会行为要由父母负责。心理幼稚的成年人也难有规则意识，所以，修身以养成规则意识基于情感发育之上。

十三、感悟力

人们总是隐隐约约地认为除了身体五官的感知力之外还有第六感官，这个第六感官就是心灵的感悟力。古人所谓“心之官则思”就是指心灵是有感悟力的第六感官。黑格尔说，心灵的功能是认知真理。能认知高度抽象的正义、真相与真理的认知力，主要是来自心灵的无形的不可度量的感悟力。

1. 直觉

（1） 直觉是一种天生就有的来自心灵的认知力

印度电影《小萝莉的猴神大叔》里的小萝莉在和母亲走失后流落印度街头时，偶遇猴神，就认定猴神是一个值得信赖的人，然后就一直跟着他走。凭什么？ 凭的就是她的直觉。 在我们中国民间一直也有这样的说法，孩子一看就喜欢的人是好人。

（2） 直觉是很重要的高级认知力之一

古今中外的思想家对直觉在人的认知过程中的作用有着相同的关注。贺麟先生翻译的黑格尔的《小逻辑》的第 3 页里写有这样一段与直觉相关的内容：

> 贺麟先生一生的最大的两个成就之一是沟通中西主流思想的方法论，由此而为中国古代思想，特别是儒家，找到一条新路。
>
> 在西方一边，他自斯宾诺莎那里获得理性观照的直觉法、自黑格尔那里得到辩证法的提示，并力求打通两者。
>
> 在中国一边，他揭示了宋明儒的直觉法，既言及陆王的“不读书”、“回复本心”、“致良知”的直觉法，也阐发朱熹那“虚心涵泳，切己体察”的直觉法。
>
> 至于辩证法与直觉法的关系，可以简略说成，辩证法需要直觉法的引导，而直觉体验则需要辩证法的曲折往复的磨练和展开。
>
> 在这个数理化、技术化、商品化的时代，能在“理”中不失“心”源，或以新鲜的方式体会出“心即理也”者，当有蓬勃的活力和未来。

（3） 直觉与知识

《小萝莉的猴神大叔》里的小萝莉不会说话也不识字，也就是说小萝莉没有学过任何知识，但这一点也不影响她来自心灵的直觉，而且她的直觉十分的敏锐。 直觉与知识毫无关系。 直觉是人的十分重要的认知力之一。古今中外的各个领域的杰出人物的传记里通常都会提到传主拥有很强的直觉，无论是政治家、军事家还是科学家、企业家等。 预感也是直觉。

人的直觉与知识无关，但却与创造知识有关。发现事物的本质在先，用文字把被发现的本质写在书上创造知识在后。

2. 好奇心

（1）好奇心是推动发现之原动力

好奇心是推动发现未知存在的第一原始动力。可以想象，人如果没有好奇心怎么可能会有所发现?

（2）好奇心从哪里来?

好奇心源自求知欲。好奇心是人内在的求知欲的外在显现。

亚里士多德在《形而上学》中有一句话:“哲学起源于闲暇与诧异。”诧异就是“好奇心”。亚里士多德解释说，人出于本性的求知是为知而知、为智慧求智慧的思想活动，不服从于任何物质利益和外在目的，因此是最自由的学问。

（3）好奇心归属人性

好奇心归属人性。扼杀好奇心的教学是对人性的扼杀，激发好奇心的教学是释放人性的教育。

（4）好奇心归属心灵的感悟力

我们知道，机器没有好奇心，电脑没有好奇心；据此可以推断，身体没有好奇心，大脑没有好奇心。所以，好奇心不归属身体的感知力，也不归属大脑的思考力，而归属心灵的感悟力。

（5）提问与好奇心

好奇心是构成人的感悟力的高级认知力之一。在教学知识的过程中保护好学生天生的好奇心，是教育工作者需要关注的。

看课堂上学生提问的活跃程度，就可以知道这个学校的教育工作者是否知道好奇心的客观存在及其重要的认知功能，就可以知道这个学校能否供给社会以创造型人才。

记得 2014 年在参与东南大学生物科学与医学工程学院创新教育实验的过程中，一位来自荷兰的教师告诉作者，在荷兰有许多中国留学生，他发现中国留学生卷面考试成绩都很好但是在课堂上很少提问，而荷兰学生卷面成绩往往不那么高但是在课堂上提问十分活跃。

记得一位在软件企业担任总经理的朋友告诉作者，他的女儿在读苏州的西交利物浦大学。一次他应邀去学校参观，接待他的校长告诉他一件事。西交利物浦有一个学生准备到国外读研究生，想请一位任课的外籍老师给他写一封推荐信，这个老师不同意写。这个学生就到校长那里告状。校长询问老师为什么不愿意给这个学生写推荐信，老师的理由是，这个学生虽然卷面考试成绩不低，但是上课从来不提问，所以他不认为这个学生适合读研究生。

如果人们不知道卷面考试成绩只能反映大脑的智力，不知道从事科学研究需要大脑的智力更需要包括好奇心在内的心灵的感悟力，不知道好奇心是发现的第一原始动力，不知道能否积极提问反映好奇心的强弱，就会支持那位想考研究生的学生。反之，就会支持那位不同意学生报考研究生的教师。

在教学中学生能不能自由地提问，能不能养成学生提问的习惯，从现象上看似乎是个小事，从根本上看这是关系到能否培养创造性人才的大事。

鼓励学生提问、养成学生提问的习惯，其实并不难，在我们的课堂上就做得很好。好奇心毕竟是每个人天生就有的人性，提问毕竟是释放好奇心的最有效的方式，释放人性的过程毕竟是人感受快乐的过程，只要课堂软环境适宜，学生很快就会回归自己的人性，张开嘴巴提问，释放自己的好奇心，满足自己的求知欲。《课堂的革命——师生平等对话录》的副标题就可以证明，在我们的课堂上学生自由提问是家常便饭。

（6）提问、好奇心与精神健康

一个人的食欲得不到满足，肉体即物质形态人长不大；一个人的求知欲得不到满足，心灵即精神形态人长不高。

经验告诉我们，在强调学生听话、不准学生说话、不准学生质疑、学生求知欲不能满足的课堂上，学生的精神形态人可能长成侏儒。所以，要想办法激发学生的求知欲，小心地呵护学生的好奇心。在课堂上要鼓励学生多提问，不断地问“是什么”“为什么”，科学就是这样问出来的；不断地问“怎么办”，技术就是这样问出来的。

（7）保持好奇心！

媒体报道，2018 年 3 月 14 日，在爱因斯坦诞辰之日，英国剑桥大学物理学家斯蒂芬·霍金因病去世，享年 76 岁。霍金可能是继爱因斯坦之后社会影响力最大的科学家。霍金非常喜欢中国。去世之前，他的最后一条微博回复王俊凯：保持好奇心！

3. 想象力

（1）想象力是推动发明之原动力

想象力是推动发明的第一原始动力。如果没有想象力，人类能发明文字吗？能发明各种各样的工具和机器吗？发明的过程就是充分地释放想象力的过程，没有想象力就不会有发明。

（2）想象力从哪里来？

机器没有想象力，电脑没有想象力，可以推论身体与大脑没有想象力，只有心灵才有想象力，虽然心灵在动用想象力时也需要大脑的思考力与身体的感知力的支持。

“想象力”这个词的构成本身也能告诉人们，“想象力”不是用身体的“身象力”，不是用大脑的“脑象力”，而是用心“想”的“想象力”。汉字的魅力就在这里——不仅表达有形的具象存在很直观，而且表达无形的抽象概念也很直观。“想象力”这个词本身还可以告诉人们，老祖宗在造字构词的时代就已经知道想象力来自心灵。

（3）想象力归属人性

动物没有想象力，只有人有想象力，想象力归属人性。所以，激发想象力的教学是释放人性、培养创造力的教育，扼杀想象力的教学是扼杀人性和创造力的教育。连语文都有标准答案的应试教育，是扼杀想象力的负的教育。

（4）美术课与想象力

美术课程的设立，既有助于提高学生的表达能力，也有助于释放学生的想象力。美术课程可以被认为是释放人的想象力的课程。绘画不要苛求画得像不像，只要画的是自己心里想象的就行。

（5）情感、见识与想象力

动物没有想象力，机器人没有想象力，因为它们没有情感；人有想象力，是因为人有情感。常识告诉我们，一个人的想象力，内与情感发育成正比，外与见识多寡成正比。所以，离群索居关门读书、脱离自然与社会闭门办学的学校，不可能供给社会需要的有极其丰富想象力的创造性人才。

（6）想象力与应试教育

应试教育扼杀学生的想象力。为什么？应试教育主要依赖卷面考试的分数评价教学，而保证考试评分最公平最简单的方法就是设置标准答案，扼杀学生想象力的正是对标准答案的依赖。如果一所学校连语文课也有标准答案，可以断言这样的学校提供给学生的是彻底窒息学生想象力、扼杀学生创造力的教学。

（7）“我们想要的是有想象力的人”

2017年12月8日《报刊文摘》刊登一篇文章，题为“丁肇中纵论教育，诺贝尔奖获得者很少考第一名”。《财经》第27期刊登对1976年诺贝尔物理学奖获得者丁肇中的专访文章。摘录如下：

> 记者：在你看来，中国教育和美国教育有哪些不同？丁肇中：我只能说一下自己的教育经历。我中学班级毕业的时候是第十一名。以后到了美国，我就注意到，成绩特别优秀、每门课都优秀的学生，不保证以后都是很有成绩的。这么多年来拿诺贝尔奖的人，多数我都认识，很少是考第一名的。
>
> 记者：你觉得原因可能是什么？丁肇中：可能他们对某一个领域很有兴趣，有天才，这不代表他们对所有事情都了解。
>
> 记者：就在获得诺贝尔奖的第二年，1977年你到大陆去，当时邓小平复出了。丁肇中：是的。1977年8月17日，邓小平先生在人民大会堂请我吃饭。他说，我想派一个团队到你那里工作，派100个人来。我说，邓主席，训练物理学家和练兵是两回事。他说，那我最少派10个人，我说，可以，但是我希望你能答应，我跟他们每一个人谈一谈。
>
> 记者：这是为什么呢？丁肇中：我们想要的是有想象力的人。真正从事实验物理的，会背书是没有用的。
>
> 记者：许多可以装进脑子里的知识，人工智能可以轻易做到。现在人工智能的发展对教育的影响非常大，你注意到了吗？丁肇中：我猜想，人工智能不可能发现相对论，不可能发现量子力学，也不可能发现暗物质。人工智能可以帮助人减少计算等工作，想象力、创造性应该还是人的优势。

作者点评：本书中的认知力体系理论可以解释丁肇中所说的“这么多年来拿诺贝尔奖的人，多数我都认识，很少是考第一名的”现象。 卷面考试第一名只能说明大脑的思考力强，而科学发现第一需要心灵的感悟力，第二需要大脑的思考力，第三需要身体的感知力。 在当今时代，感知力不足可以借助仪器，思考力不足可以借助电脑，感悟力只能看自己先天的天赋以及后天成长于其中的家庭、学校与社会环境。

4. 洞察力

（1） 洞察力是什么力?

洞察力，是一种能够透过现象看本质、穿越书本看事实、穿过有形看无形、洞穿现在看未来的高级认知力，一种只有人类才有的天生的精神之力。

（2） 洞察力从哪里来?

机器没有洞察力，电脑没有洞察力，所以，洞察力既不是身体的感知力，也不是大脑的思考力，而是心灵的感悟力。

（3） 洞察力归属人性

动物没有洞察力，只有人有洞察力，洞察力归属人性。

（4） 洞察力与知识无关

洞察力与直觉一样，与知识的多少无关，在人对事物本质的认知过程中起着十分重要的作用。

牛津词典对 specialist（专家）有这样一种定义： 受过专门知识与技能训练的人。 在这个定义里没有把知识与洞察力相提并论。 牛津词典对 intellectual（知识分子）有这样一种定义：有洞察力、有主见的人。 在这个定义里把洞察力与主见相提并论。

毛泽东曾经评价明朝开国皇帝朱元璋大字不识一个，却是一个很有作为的皇帝。 常识告诉我们，如果没有超强的洞察人的本性和事物本质的能力，如果没有相当的主见，是当不了开国皇帝的。

在实际社会生活中我们也不难发现，有不少学历不高、书本知识不多的人事业很成功。 通常这些人都是有主见、有洞察力的人。

（5） 洞察力是创造之力、展望未来之力

人的洞察力与知识多少无关，但却与创造知识有关。

洞察力与知识的关系不是“先有鸡还是先有蛋的关系”，肯定是先有洞察力而后有知识。包含洞察力在内的认知力发现事物的本质在先，用文字把被发现的本质写在书上创造知识在后。

个体如果没有洞察力，只能模仿不能创造。群体如果没有拥有洞察力的领袖，就会失去方向。

（6）在教学知识的过程中要注意保护学生的好奇心、直觉与洞察力

耶鲁大学的一位校长在一次开学典礼的讲话中向学生们保证，在耶鲁学习知识的过程中，学生们的好奇心、直觉与洞察力将会受到保护。反过来看，耶鲁校长的这个保证说明，如果教学方法不当，会抑制学生好奇心、直觉与洞察力的释放。

（7）英雄所见略同

中国有句俗语，“英雄所见略同”。大凡人物传记里描述的杰出人物，无论是政治家、军事家还是商界巨子等，无不具有透过现象看本质、洞穿现实看未来的洞察力，而纷繁复杂现象背后的本质只有一个，大千世界发展的趋势也只有一个，所以“英雄所见略同”。

5. **同理心**

（1）同理心是什么?

同理心或公理心或公心，都是一个意思。同理心是人天生就有的蕴藏于心灵的，认知正义与邪恶、是与非、真理与谬误的不可或缺的高级认知力之一。

俗话说，老百姓的心里都有一杆秤。这杆秤就是——同理心。俗话说，公道自在人心。这个在人心的公道就是——同理心。

英美法系里的陪审团制度的建立就是基于这样一个前提：群众的眼睛是雪亮的，人人都有同理心。

作者有从事企业管理的经历。按照当时的企业管理规定，每年年底都要由职工代表会评议干部。作者发现，尽管平时会有对干部这样那样的或对或错、或公平或不公平的议论，只要年底参加评议的职工代表人数足够多，就可以排除少数和被评议干部有情感瓜葛、利害冲突的人的不公正的评议，就可以做到客观公正地评议每个干部。之所以会这样，是因为人人都有同理心。

同样的道理，一个教师，师德如何，教学水平高低，学生心里清清楚

楚，只要参与评价的学生人数足够多，就一定会给教师客观公平的评价，因为作为人的学生都有同理心。

无论古今中外，不管什么朝代、什么党派，偷盗抢劫、贪污受贿都被认为是犯罪，同理心使然也。

同理心，动物没有，只有人有，是每个人天生就有的人性。

同理心不是身体的体力，也不是大脑的脑力，而是心灵的心力。

（2）同理心与心灵发育

为什么有些人身体强壮体力很强、大脑发达智力很高，但是文明程度并不高？ 因为其心灵欠成熟而同理心没能释放，从而降低了认知正义与邪恶、是与非、真理与谬误的能力。

（3）同理心与人的创造力成正比

为什么有些人身体的感知力、大脑的思考力都不低，但是没有创造力？因为其心灵欠成熟而同理心没能释放，从而降低了认知正义、真相与真理从而创造知识的能力。

（4）同理心与社会共识

依据我们的常识或者逻辑本身可以推断出来这样一个结论：如果人的心灵之中没有趋向同一个基本道理的同理心为参照系的话，人与人之间任何形式的互相说服都不会有最终的结果，也就很难形成一个社会所必需的共识。

（5）民主、法治意识和同理心

民主与法治意识是天上掉下来的？ 不是。 是地里长出来的？ 不是。民主与法治意识是从人的同理心中长出来的。 换句话说，民主与法治意识是人的同理心在社会生活中的显现。 可以想象，如果民主与法治意识不是出自每个人的同一颗同理心，民主与法治怎么可能为全人类所接受？

（6）自动寻的功能

同理心拥有类似巡航导弹的自动寻的功能。 巡航导弹有按照被安装的软件自动寻找攻击目的物的功能，人的同理心先天就有自动寻的功能，同理心自动寻找的目的物是正义、真相与真理。 一旦有不止一种声音，人们会自动识别哪个声音更接近正义、真相与真理，除非只有一个声音。

（7）邪不压正的原因

俗话说，邪不压正。因为即便是被认为邪的人，其内心深处也有同理心，在面对有正气即精神力量强大的人时，邪的人内心的底气即精神力量就相对弱了。

（8）科学实验证明人类天生就有同理心

2019年6月22日《参考消息》一篇题为“调查发现：多数捡钱包者选择物归原主”的文章可以证明人类天生就有同理心。文中写道：

> 一个经济学家团队在40个国家和地区开展了涉及1.7万次“丢”钱包事件的大规模社会实验，让毫无戒备的公众经历考验。
>
> 他们发现，大多数人都归还了钱包。这一结果与专业经济学家和2500名被调查者的预期不符，他们预测人们会做出自私的举动。
>
> 总体来看，在捡到装有少量钱的钱包的人中，有51%物归原主。当钱包中有大量钱时，物归原主的比率达到72%。钱包里的东西越值钱，被归还的可能性越大，世界各地普遍如此。

可见，世界各地人的心灵里都有捡到钱包要归还的同理心。

6. 自觉

费孝通晚年说过这样一句话：“自觉就是知道自己要做什么事情。这个不容易。我担心很多知识分子不自觉，跟着外国人走。他也想问题，不是不想，但他跳不出人家的想法。”

自觉是人类能够认知自我的最高级的认知力。

要想实现古希腊人说的“认识你自己”，靠自觉。中国古人说“人贵有自知之明”，换句话说就是“人贵在自觉”。《圣经》记载，耶稣临死前告诫门徒要宽恕敌人，因为“They don’t know what they do.”（“他们不知道自己在干什么。”）他们之所以不知道自己在干什么，是因为他们还没有“自觉”到自己是作为一个人的存在。

知识是为人所用的工具，人则为思想所控制。对前者，几乎人人都能够认知；对后者，只有少数“自觉”的、感悟力得以充分释放的人才能够有所认知。

耶鲁大学莱文校长所说的“时时刻刻地保持自我觉察（自觉）”以及毛

泽东所说的“有觉悟（自觉）的有文化的劳动者”，都需要通过释放学生的“自觉”来实现。

动物没有自觉，机器与电脑也没有自觉。自觉不是身体的感知力，不是大脑的智力，而是心灵的最高智慧。

释放学生蕴藏于心灵的自觉，实乃教育的最高境界。我们的课堂不考勤，为的就是助力释放蕴藏于学生心灵的自觉。

7. 出勤方式与自觉意识

（1）学生的课堂日报与老师的点评

> 学生的课堂日报：制定班规的时候，出勤自由的说法，这种课堂模式更让我惊讶，当然为了自己为了日后，没有特别原因的还是会出勤的，但却从心理上很大地释放了往日课堂上的那种压抑。
>
> 老师点评：“从心理上很大地释放了往日课堂上的那种压抑。”国超同学，谢谢您！您的这个心理上对“出勤自由”的感受，正是我们老师建议把“出勤自由”纳入班规的目的所在。大学生涯四年，学生的心灵在四年的时间里处在“压抑”之中。物质形态人如果长期处在重负之下会长成什么样的体格？精神形态人如果长期处于压抑之中会长成什么样的人格？当下社会对大学生的人格的评价众人皆知。如果学校能够为学生创建一个使他们的心灵能够处在不“压抑”的自由状态的课堂软环境，四年的时间学生会长成一个什么样的人格？一定会长成热情、勇敢、自信、自觉的人格。这一结论绝不是事前的推理，而是事后的总结。前三期班100多学生，当他们走出这个“出勤自由”的课堂时，就是这样的。他们所工作的单位，喜欢他们的也正是他们身上焕发出的这些人格特质——热情、勇敢、自信、自觉。他们也只是享有了三个月左右的“出勤自由”，精神状态就大大变化了、人格素质就大大优化了。你们这个班将在这个属于你们自己的“出勤自由”的课堂上一年时间，对你们来说将意味着什么？

以上内容是2015年3月11日第四期班开课的第一天，全班师生共同讨论制定班规，邱国超同学在当日的课堂日报里的最后一段话与老师对该课堂日报的点评。

（2）签到出勤的课堂

一次在英国某大学任教的同学回国，作者与他对话如下。

问：英国大学上课是否考勤？答：考勤。

问：怎么考勤？答：不是老师点名，而是学生自己签到。

问：如果学生不来上课怎么办？

答：我们教师无权干预。上不上课的权利是学生自己的。

问：课堂管理怎么进行？不会对学生没有一点约束吧？

答：如果学生考试过关，能拿满学分，出勤多少没有关系。如果学生考试欠佳，出勤率高的学生和老师有商量的余地，出勤率低的学生和老师没有商量的空间。

（3）点名出勤、签到出勤与自觉意识

点名出勤是强制出勤，签到出勤是自觉出勤。点名出勤的课堂会在不知不觉间窒息人的自觉意识，签到出勤的课堂会在不知不觉间释放人的自觉意识。

人们只须根据常识好好想一想就可以得出这样的结论：从点名出勤、被动学习的课堂走出来的学生有自觉意识不合逻辑，从签名出勤、自主学习的课堂走出来的学生有自觉意识才有可能。

点名出勤的课堂上绝无可能培养出耶鲁大学校长莱文所说的具有“自由的精神、公民的责任、远大的志向，批判性的独立思想、时时刻刻的自我觉知、终身学习的习惯、获得幸福的能力”的学生，即毛泽东所说的“有社会主义觉悟有文化的劳动者”。

人们不妨到世界上走一走看一看，被认为是世界一流的大学有几所是点名出勤的，有几所是签到出勤的。

“礼闻来学，不闻往教。”这是出自古代中国的《诗经》里的一段话，翻译成今天的白话的意思是：“依礼，只有主动来学习的，没有主动去教人的。”我们的老祖宗在千百年前明白的道理，在英国的学校里普遍得到了实现，在我们的课堂上也实行得相当好。

自觉，可以被认为是最宝贵的思想力。无论东西方的宗教，都把修成一颗自觉的心置于最高境界。

自觉，是从事教师、医生、律师、科学家、公务员、软件工程师等职业的人必不可少的人文素质，没有自觉，干不好这些职业。

（4）出勤自由课堂上的两篇学生课堂日报与老师的点评

如果不是亲身经历不会有人相信，虽然我们的课堂出勤自由，但是学生们几乎没有不来上课的，无故缺席的人次是零。甚至到中午吃饭时间，老师要提醒同学们吃饭时间到了，而且还会提醒同学们晚上至少要睡足八个小时。别忘了，我们中国人群体可是一个信奉了千百年的“万般皆下品唯有读书高”的文明人群体。要知道，没有一个人不喜欢待在个人意志被尊重的环境里。

> 常如龙同学2011年10月24日课堂日报：新的一天的学习又结束了，这一天精彩而又充实。今天早上，我发现了一个奇怪的现象，早上8:30上课，但是8:00的时候大部分同学都已经到了。这是我大学四年从来没有见过的现象，以前同学都是踩着铃声进教室的。同学的积极性如此之高确实是意料之外的。我也会继续努力，争取不落后。
>
> 老师点评：同学们学习态度的转变，是主动的，是自觉的，不是被强迫的。你可以做到强迫改变一个人身体的姿态，你做不到强迫改变一个人“心”的状态——态度。很显然，同学们感觉到这是一个属于他们自己的课堂，是一个他们自己说了算的课堂，因为一个人只有感觉到自己是主人时，才会有主动性和自觉性。
>
> 王骏鹏同学2011年10月30日课堂日报：今天不知怎么的感觉非常的累，在中午去食堂吃饭的时候，我曾一度想吃完饭就回宿舍去，想玩就玩，想睡就睡。但是不知道为什么，等我把饭吃完的时候，却不自觉地往教学楼走去。为什么我没有像以前一样，轻易地放弃，轻易地逃课？我想这里面肯定有我还不知道的东西决定我走向了教学楼。
>
> 老师点评：今天是10月30日，第二期班开课第八天，骏鹏同学，你仔细回忆一下这八天是怎样度过的。读你这些天的日报就可以知道，在这些天里，你的身体、你的大脑还有你的心，全部都投入到学习之中。实际上，每一个同学都有着和你一样的感觉——很累。一期班的35个同学在开课的第一周之后，也有过和你一样的感觉。我建议他们每天晚上的睡

眠不得少于八小时,每天中午午睡一小时。也供你参考。

“为什么我没有像以前一样,轻易地放弃,轻易地逃课?我想这里面肯定有我还不知道的东西决定我走向了教学楼。”骏鹏同学,过去只有宿舍是属于你自己的,现在这个课堂也属于你自己的了。在这个课堂上,你不是学习的奴隶,不会有任何人以任何方式强迫你学习;在这个课堂上,你是学习的主人,学与不学,学什么,怎么学,都是你自己说了算。骏鹏同学,我说的这些是不是决定你不由自主地走向教学楼的那些“还不知道的东西”?

十四、思商

智商是用来度量作为肉体的大脑的智力强度的专门词汇。情商是用来度量心灵的情感发育程度的专门词汇。思商是作者创造的、用来度量心灵的思想力强度的专门词汇。

根据以上对生成思想力的意志力、规则意识与智慧的分析,不难得出这样一个结论:思商比智商与情商重要得多。

艺术家,是智商与情商都比较高的人。思想家、教育家、政治家、企业家、科学家等是智商、情商与思商都比较高的人。

十五、思想的力量

延安首先是个思想工厂。

高自立与南汉宸管理着延安根据地的当地政府。“根据地”在我看来,是指后勤基地,即安全地区,武器、物资、食物和支援都会从这里送往前线。但他俩直截了当地告诉我,延安根据地并不往前线运输任何东西。一切战区都是自给自足的。延安唯一向外输送的是人——可以传播思想的“党政干部”。

有一天,早上7点我就被叫醒了,来人告诉我,如果我想见主席,就得马上准备一下,去和他共进早餐。他给我留下深刻印象的不是他的外表，而是他那种自然而然的强大气场（精神之力的磁场——引者注）。

他说，外国人现在也许只看到了延安简陋的条件，这很像过去外国人看到华盛顿位于福吉谷的总部时，只看到了简陋，却没有意识到华盛顿的思想会带领他成为战争最终的赢家。

在延安的那几周我见了毛泽东好几面，一年后，在重庆又见到了他。只是那些都是正式会面。真正令我难忘的还是我们初见时他给我留下的印象——有思想，能拿枪。

——摘自2017年12月12日《作家文摘》白修德笔下的延安

延安生产的思想：官兵平等思想观念，实事求是思想方法，民主集中制决策方式。坚定正确的政治方向，艰苦朴素的工作作风，灵活机动的战略战术。理论联系实际，密切联系群众，批评与自我批评，等等。当年的延安战胜南京，主要靠的是上述思想武器，其次是小米加步枪。

十六、思想的初级产品、中间产品与终端产品

思想=道。道有大道、中道、小道之分，换句话说，思想产品有初级产品、中间产品、终端产品之别。

释迦牟尼、耶稣与老子是大道的发现者、初级思想产品的生产者——从0到1的原创人。

中国春秋时期的诸子百家、明代的王阳明等以及西方的苏格拉底、康德、黑格尔等，是对初级思想产品进行再加工从而生产出中间思想产品——哲学、语言、逻辑、数学等。

科学家和社会学家是对思想中间产品进行再加工从而生产出有实用功能的终端思想产品——物理、化学、经济学等知识。

与社会正义相关的思想的终端产品即社会科学理论可用于改善社会环境，提升人们的精神生活品质，让人们生活得更加心情舒畅。

与自然真理相关的思想的终端产品即自然科学知识可以通过技术转变成物品，提升人们的物质生活水平，让人们生活得更加舒适。

政治家是熟练掌握使用思想产品技能的服务社会的人，企业家是熟练掌

握使用思想产品技能的管理企业的人。

十七、思想的生产者与推销者

真理往往为少数人所掌握，力量永远在大多数人手中，真理只有为大多数人所掌握才能转化为提升社会文明、推动经济发展所需要的动力。因此，社会需要思想的生产者，也需要思想的推销者。福泽谕吉是日本第一大新思想的进口商，康有为、梁启超是中国著名的新思想的进口商与使用者。

最早进口洋物品的人率先发财，最早进口洋思想的人率先出名。时至今日，物品自己生产的越来越多；从长远看，思想也得由自己生产为好。

十八、思想家与教育家

发现道的是思想家，比如发现了正确的思想方法的老子。现代的科学家无不有意无意地遵循老子的思想方法。比如发明了礼即做人之道的周公是思想家。

传道的是教育家，比如孔子。孔子传的是周公发明的基于人分尊卑思想观念、迷信权威思想方法之上的礼。当然，礼更符合那个时代的社会需求，也能够与那个时代的人的认知力水平对接。

苏格拉底说："教师只是学生自己思想的助产士。"发现教师神圣使命的苏格拉底是思想家，发明能为学生的思想接生的方法的是教育家。

十九、教育家、教学行政管理者与职业培训师

中国古人韩愈说，师者，所以传道受（授）业解惑也。

道= 思想，传道= 传播思想= 教育。作为一个教育者，首先要知道思想是什么，其次要选择其所处时代需要的思想，最后要确定怎么传。能够将这三者做到出神入化程度的教育者，可称其为教育家。

人们很容易把不具备以上三点的某个知名大学的负责任的校长称呼为

教育家，实际上称其为杰出的教学行政管理者更为恰当。

授业= 知识与技能的教学= 职业训练。 有些擅长教学专门知识与技能的人也不能算教育家，只能算熟练的授业者或职业培训师即业师。 当然，社会需要能教育人的人师，也需要业师。

二十、思想、脑袋与心灵

网上有这么一种说法：“世界上有两件事最难：一是把自己的思想装进别人的脑袋，二是把别人的钱装进自己的口袋。 前者成功了叫老师，后者成功了叫老板。”前者在认知上有误区，思想不是装在脑袋里的，思想只能装在心灵里。“思想”两个字都是以心为底，思想的传递只能是心灵与心灵的对接，传递的方法只能是以情感人、以理服人。 大脑的功能是把思想转化成心灵与心灵对接所需要的语言。 硬往大脑里猛灌思想行不通。

二十一、两种思想体系

1. A 型思想体系——低思商

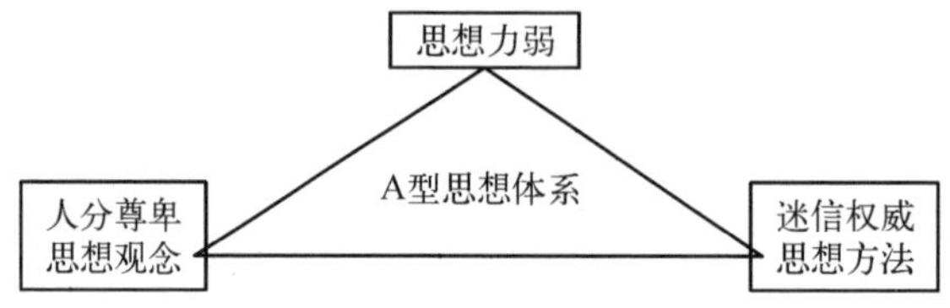

生存在流行 A 型思想体系的群体里的个体，会在不知不觉间潜移默化成 A 型思想体系。 A 型思想体系是早期文明人的精神内核。 封闭僵化是基于 A 型思想体系的思维特点。 拥有 A 型思想体系的个体思商低，只能模仿不能创造；拥有 A 型思想体系的群体，把嗓子喊破都喊不来“德先生”和“赛先生”。 一旦实现如下的思想转变，“德先生”与“赛先生”会不请自到。

2. B型思想体系——高思商

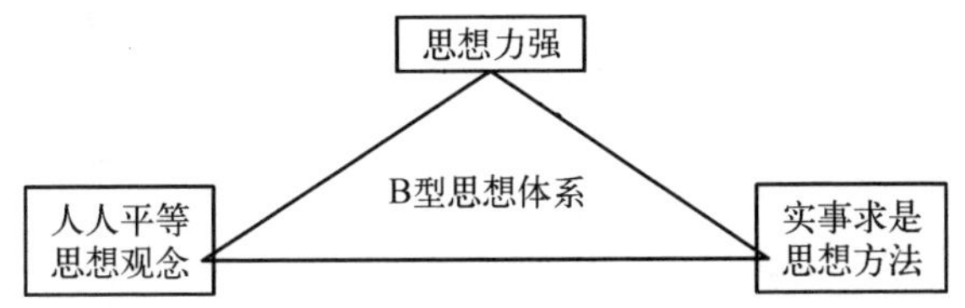

生存在流行B型思想体系的群体里的个体人会在不知不觉间潜移默化成B型思想体系。B型思想体系是现代文明人的精神内核。开放发展是B型思想体系的思维特点。拥有B型思想体系的人思商高，不仅能模仿也可能创造。

3. 两点说明

当面对同一个有形的具象事物时，拥有A、B不同思想体系的人容易取得一致看法；而当面对同一个无形的抽象事理时，拥有A、B不同思想体系的人很难进行有效沟通。所以，道不同，不相为谋。

人类文化的进步、文明的升级，通过转化思想实现。B型思想体系是在A型思想体系的基础之上转化而来的，当下这个转化正在全世界范围内既轰轰烈烈又不知不觉地进行着。帮助加快完成这样的思想转变从而培养学生成长为现代文明人，正是现代教育的神圣使命所在。

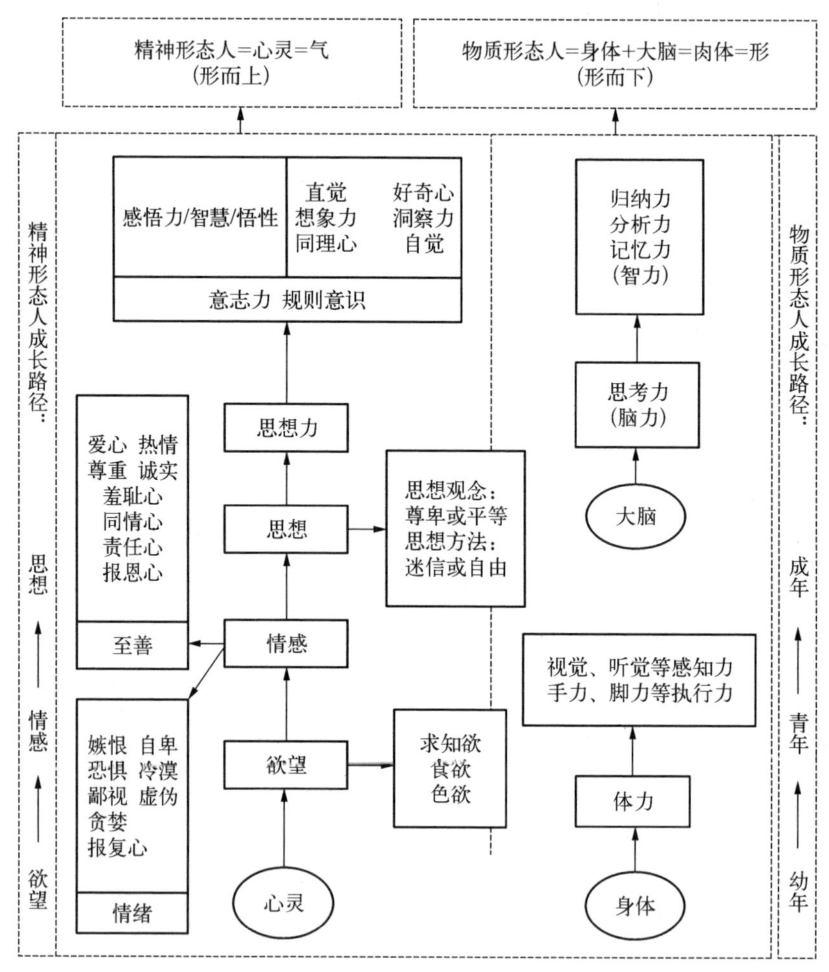

图 1-1 心灵精神形态人与肉体物质形态人成长规律图

柏拉图主张，存在着一个物质世界，同时，还存在着一个精神世界。作者发现，存在着一个肉体的物质形态人，同时，还存在着一个心灵的精神形态人。比照图 1 和图 1-1 不难发现，心灵的精神形态人成长的过程正是自然人被文化为文明人的过程。

身体素质、体格、体魄、智力、模仿力等，都和肉体的物质形态人的成长状态相关。

人文素质、人格、魂魄、气场、情感、思想、平等、友善、自由、民主、法治、爱国、敬业、是非观、荣辱观、智慧、创造力等，都和心灵的精神形态人的成长状态相关。

肉体的成长离不开自然，关门读书妨碍肉体成长；心灵的成长离不开社会，闭门办学影响精神成长。

第六节　心灵的精神形态人与肉体的物质形态人

教育的道理千头万绪，归根结底就是一句话：为作为人的学生的成长提供服务。

人有两次诞生：一次是脱离母体的肉体物质形态人的诞生，一次是觉醒之后的心灵精神形态人的诞生。

人有两种成长：一种是肉体物质形态人的成长，一种是心灵精神形态人的成长。

教育要为物质形态人的成长提供服务，更要为精神形态人的成长提供服务。因此，办教育需要知道物质形态人的成长规律是什么，更要知道精神形态人的成长规律是什么，以保证学生的身心按照季节、遵循规律茁壮成长。图 1－1 大致展示了肉体物质形态人与心灵精神形态人的成长规律。

一、精神形态人客观存在

2018 年 5 月 8 日《作家文摘》刊登了一篇题为“毛泽东说孟子”的文章。文中写道，“宋儒程颐认为‘孟子有功于圣门’的一个突出贡献是：‘仲尼只说一个志，孟子便说许多养气出来。’孟子重视‘养浩然之气’，认为‘浩然之气’‘至大至刚’，‘塞于天地之间’，其养法是‘配义与道’。孟子的‘浩然之气’即后人说的‘正气’‘骨气’‘气节’，是中国精神的重要组成部分。”

正气、骨气、气节是人坚持正义时显现出来的精神之力。

2000 多年前的《黄帝内经》里写着：“怒伤肝，喜伤心，悲伤肺，忧思伤脾，惊恐伤肾，百病皆生于气。”《黄帝内经》里的气和孟子说的气是同一个存在——形而上的心灵的精神形态人。

我们中国古人把他们肉眼看得见的占有三维空间的有形的东西统一说

成“形”，把肉眼看不见的不占有三维空间的无形的但是认为一定存在着的东西统一说成“气”。

现代中国人不再说“形”了，而是说“形而下”了；不再说“气”了，而是说“形而上”了。“形而下”与“形而上”是清朝末年从日本引进的日语词汇，而这两个日语词汇是当时的日本人用中国的汉字符号翻译的西方的概念。可见，明治维新时的日本人用文字工具把地球上西方的现代文明与东方的古老文明对接上了。

梁启超在《医学善会叙》里写道：“保种之道有二：一曰学以保其心灵，二曰医以保其躯壳。”毛泽东在《纪念白求恩》一文里这样描述白求恩：“一个高尚的人，一个纯粹的人，一个脱离了低级趣味的人。”这段话里连用了三个“人”字，这三个“人”都不是指物质形态人（形）的白求恩，而是指精神形态人（气）的白求恩。

综上所述，只想阐述一个论点——古今中外的圣贤哲人都不约而同地发现心灵的精神形态人客观存在。

二、物质形态人与精神形态人对应的三种存在形态

物质形态人的三种存在形态：幼年、青年、成年。

精神形态人的三种存在形态：欲望、情感、思想。

三、物质形态人与精神形态人对应的两个成长阶段

物质形态人的两个成长阶段：由幼年成长为青年的阶段，由青年成长为成年的阶段。

幼年⟶青年⟶成年。

精神形态人的两个成长阶段：欲望被文化为情感的阶段，情感被文化为思想的阶段。

欲望⟶情感⟶思想。

四、学校与电厂

1. 煤炭与欲望、热量与情感、电力与思想

如果把欲望比作煤炭，那么情感是热量，思想是电力。

煤炭是热量的原料，热量是电力的原料；欲望是情感的原料，情感是思想的原料。

煤炭→热量→电力，欲望→情感→思想力。

有多少煤炭就能转化为多少热量，有多少热量就能转化为多少电力；有多少欲望就能转化为多少情感，有多少情感就能转化为多少思想。

电力可以提供照明，让人们的眼睛看清世界的表面现象；思想可以提高认知，让人们的心灵认知表象背后的世界。

2. 学校与电厂

电厂是把煤炭转化为热量、把热量转化为电力的地方，学校是把欲望文化为情感、把情感文化为思想的场所。

电厂不能直接把煤炭转化为电力，要经过把煤炭转化为热量的中间阶段；学校不能直接把欲望文化为思想，要经过把欲望文化为情感的中间阶段。

怎么样提高煤炭转化为热量、热量转化为电力的效率，从而为市场供应更多的优质电力，是电厂劳动者需要考虑的问题。怎么样提高欲望文化为情感、情感文化为思想的效率，为社会供应更多能思想的现代文明人，是教育劳动者需要考虑的问题。

发热才能发电，是科学道理。通情才能达理，是生活常识。善良与智慧同在，是客观存在。

3. 知识与水

水是发电过程中不可或缺的介质，水在帮助煤炭转变成电力后还是水。知识是教学过程中不可或缺的道具，知识在帮助学生成长后还是知识。知识是脑力劳动者不可或缺的工具，知识在帮助人们劳动后还是知识。

知识在教学过程中扮演的角色，相当于水在发电过程中扮演的角色。

4. 温差与不同意见

不同温度的蒸汽产生的蒸汽压差推动汽轮机转动，从而带动发电机发出能够照亮空间的电力。不同观点产生思想压差，从而推动心灵活动，释放出能照亮正义、真相与真理的感悟力。教会学生说话、养成学生接纳不同意见的胸怀，就教会了学生掌握释放心中感悟力的方法。

五、人成长的两个阶段不可或缺、不能逾越

发芽⟶开花⟶结果，是植物生长的规律。植物的生长没有从发芽到开花的阶段，就不会有从开花到结果的阶段。植物的生长不会越过开花的阶段直接结出果实。

幼年⟶青年⟶成年，是物质形态人成长的规律。物质形态人的成长没有从幼年到青年的成长阶段，就不会有从青年到成年的阶段。物质形态人的成长不会越过青年的阶段直接长成成年人。

欲望⟶情感⟶思想，是精神形态人成长的规律。精神形态人的成长没有从欲望到情感的转化阶段，就不会有从情感到思想的转化阶段。精神形态人的成长不会越过情感的阶段直接转化为思想。

如果一个人的物质形态人不能按照自然节律从幼年长到青年、从青年长到成年，可能会长成侏儒。原因可能是营养不良，也可能是疾病使然。

如果一个人的精神形态人不能按照自然节律从欲望长到情感、从情感长到思想，可能会长成精神侏儒——罹患心理幼稚病或其他精神疾病。原因可能是营养不良，也可能是落后教育使然。

六、精神形态人成长的四个高度（参考“人图”）

1. 欲望高度——儿童。
2. 情感高度——青年。
3. 思想观念人分尊卑、思想方法迷信权威高度——成人。

4. 思想观念人人平等、思想方法实事求是高度——真人*。

七、精神形态人与人格

2017年12月22日《报刊文摘》报道，题为“人格权有望单独成编入民法典”。报道中写道：“最高人民法院有意在民法典的编纂中提出立法建议，‘将人格权单独成编规定在民法分则中。’”

一个人的“体格权”不容侵犯，即一个人的肉体不容伤害；一个人的“人格权”不容侵犯，即一个人的心灵不容伤害。

一个人的“体格权”得不到保护，肉体容易受到伤害引发疼痛；一个人的“人格权”得不到保护，心灵容易受到伤害造成痛苦。

体格被侵害即肉体被伤害造成的疼痛，每个人都一样。因为物质形态人的结构都是一样的血肉之躯。

人格被侵害即心灵被伤害造成的痛苦，每个人不相同。因为精神形态人感受痛苦的程度和他的情感发育程度成正比，越是情感成熟的人情感越细腻，在遭受侵害时感受痛苦的程度越高。当然，如果精神形态人成长到巅峰的高度即圣人的高度，就能超越痛苦而无人能让其痛苦。比如中国的庄子就是精神形态人长到巅峰高度的一个人，有鼓盆而歌的典故为证。

心灵的痛苦感与肉体的疼痛感相比较，前者对人的伤害程度远大于后者。俗话说，伤筋动骨120天，也就是说达到伤筋动骨程度的肉体的伤害通常有120天就可以恢复。俗话还说，一朝被蛇咬，十年怕井绳，也就是说，心灵一旦为畏惧所伤害，十年都难以恢复。

同样的道理，过去流行于学校教学过程中的体罚即侵犯肉体的暴力已经越来越不为人们所接受，但是，如何提高对精神形态人客观存在的认知，防止教学过程中无意识侵害学生心灵的精神暴力，还有很长一段路要走，还有大量工作需要做。

要把“伤筋动骨120天”“一朝被蛇咬，十年怕井绳”作为每一个教

* 古代道家将洞悉宇宙和人生本原，真真正正觉醒、觉悟的人称为真人。作者在本书中采用道家的这一称呼来指心灵精神形态人成长在人人平等思想观念、实事求是思想方法高度的人，以区别于心灵精神形态人成长在人分尊卑思想观念、迷信权威思想方法高度的成人。

育工作者的座右铭，因为精神暴力对学生成人成才的负面影响怎么强调都不为过。强迫学习、粗暴批评、学霸学渣的称呼、按分数高低公开排名、错 1 题罚做 100 题，等等，都是恶劣的精神暴力。

人格权有望单独成编入民法典，作为人的学生的人格的成长权是否应该单独被纳入教育工作者关注的对象？

八、体格与走路、人格与思想

物质形态人如果没能充分发育健康成长，则体格不能独立；体格不独立则不会自己自由行走；如果自己自由行走，步伐不可能不乱，步伐乱的人行走时需要搀扶。这是显性存在的现象，人人看得见。

精神形态人如果没能充分发育健康成长，则人格不能独立；人格不独立则不会自己自由思想；如果自己自由思想，思维不可能不乱，思维乱的人做事时必需有一个模板供其模仿。这是隐性存在的现象，并非人人都能看得见。

思想观念人分尊卑，则人人难有独立人格，无人能够自由思想。没有独立人格、不能自由思想，则心灵的智慧不能释放。没有智慧，无论四肢多么勤劳、大脑怎么发达，只能模仿不能创造。

思想观念人人平等，则人人都有独立人格，无人不能自由思想。拥有独立人格、能够自由思想，则心灵的智慧得以释放。四肢勤劳、大脑发达，又有智慧，就有可能创新不断。

九、精神形态人与贪腐

习近平主席说："现在条件这么好了，还要去贪，那是良心大大的坏了。"良心之所以坏了，是因为心灵发育不良，心灵发育不良是因为心灵的发育在接受教育的过程中没有得到足够的重视。

欲望、情感与思想三位一体构成精神形态人。

一个人，如果其欲望所占的比例大，其贪腐的概率就会大。谁都知道，内在的强烈的欲望驱动是贪腐的内因。

一个人，如果其情感所占的比例大，其贪腐的概率会小一些。谁都知道，情感丰富的人羞耻心比较强，知耻会不太敢贪。

一个人，如果其思想所占的比例大，其贪腐的概率会更小。谁都知道，思想成熟的人理性程度高，如果贪腐则自己内心的节制、规则意识、同理心与自觉这几关都不一定能过，再加上对贪腐后果清醒的认知，所以就不想贪。

综上所述，简而言之：欲望，催人贪；情感知耻，不敢贪；思想明理，不想贪。

怎么样做到“不能腐、不敢腐、不想腐”？内，完善教育促进人性释放；外，健全制度完善法治。

十、好人与坏人

人与人相比，相同的是利己，不同的是利他。

君子固其本，利己不是坏人，利他是好人，损人利己是坏人，损人不利己是蠢人。

利他行为，内在的原因是情感高于群体平均值，外在的原因是社会环境鼓励利他。

损人行为，内在的原因是欲望高于群体平均值，外在的原因是社会法制有待健全。

十一、精神形态人役使物质形态人

常识告诉我们：双手听大脑的，大脑听心灵的。古人告诉我们：劳心者治人，劳力（体力与脑力）者治于人。换句话说：精神形态人役使物质形态人。

对个体而言：精神形态人管理物质形态人。对群体而言：高个子精神形态人管理矮个子精神形态人。对地球而言：有精神的人类统治无精神的动物。

据此，不必担心机器人统治人类，那是不可能的。教育也要把为精神形态人的成长提供服务放在第一位， 否则学校就不能为社会供给精神形态人长得高大的， 愿意服务民众、 善于宏观管理的人。

十二、精神形态非正即负

人的成长， 主要是心灵精神形态人的成长， 要么是正的成长， 要么是负的成长， 不可能不成长。 如果教育不是在主观上有意识地促进学生的心灵在正确的方向上正向成长， 就是在客观上无意识地推动学生的心灵在错误的方向上负向成长。 作者几十年的人生经验告诉自己： 正向成长让人开心， 有助于心灵释放智慧； 负向成长让人忧郁， 遏制心灵释放智慧。

十三、肉体、心灵与网络

地球是肉体的物质形态人居住的世界， 网络是心灵的精神形态人居住的世界。 肉体的物质形态人的居民有各不相同的国籍， 心灵的精神形态人的网民有一个相同的球籍。

比尔·盖茨说， 人们高估了网络对当下的影响， 低估了网络对未来的影响。 网络世界是精神形态人的没有海关的地球村， 网络世界是人不分尊卑、 事没有贵贱、 不迷信权威、 人人都有同等话语权的平等世界。 网络技术让地球上的每个人都可以随时随地、 随心所欲地和自己地球上的人类同胞进行平等自由的沟通。 网络扩大了人类交流的空间， 加快了人类交流的速度， 促进了人性的释放， 加快了大同世界实现的步伐。

十四、十大“奢侈品”与精神

在媒体上看到一则关于十大“奢侈品” 的报道： 1. 生命的觉悟与开悟。 2. 一颗自由、 喜悦与充满爱的心。 3. 走遍天下的气魄。 4. 回归自然。 5. 安稳而平和的睡眠。 6. 享受真正属于自己的空间与时间。 7. 彼此深爱的灵魂伴侣。 8. 任何时候都有真正懂你的人。 9. 身体健康、 内心富有。 10. 能感染并点燃他人的希望。

以上十大“奢侈品” 无一是有形的物质形态的存在， 体力与智力再强都不足以享受它们， 只有心力很强、 精神形态人足够高大的才能享受它们。

十五、触摸自己

触摸自己

泰戈尔

你靠什么谋生，我不感兴趣。
我只想知道，你渴望什么，
你是否有勇气追逐心中的渴望。

你面临怎样的挑战、困难，我不感兴趣。
我只想知道，你是怨声载道，还是视它为一次学习和成长的机会。

你的年龄，我不感兴趣。
我只想知道，你是否愿意冒险，哪怕看起来像傻瓜的危险，
为了爱，为了梦想，为了生命的奇遇。

什么星球跟你的月亮平行，我不感兴趣。
我只想知道，你是否看到你忧伤的核心；
生命的背叛，是敞开了你的心，
还是令你变得枯萎、害怕更多的伤痛。

你跟我说的是否真诚，我不感兴趣。
我只想知道，你是否能对自己真诚，哪怕这样会让别人失望。

你跟谁在一起，我不感兴趣。
我只想知道，你是否能跟自己在一起。

你是否真的喜欢做自己的伴侣，在任意空虚的时刻里。

你有怎样的过去，我不感兴趣。
我只想知道，你是怎样活在每一个当下。

你有什么成就、地位、家庭背景，我不感兴趣。
我只想知道，当所有的一切都消逝时，
是什么在你的内心，支撑着你。

愿我看到真实的你，
愿你触摸到真实的自己。

作者点评：中国古人言，人贵有自知之明。“触摸到真实的自己”即指自知之明。诗里的“真实的自己”，不是指肉体物质形态人，而是指心灵精神形态人。触摸到自己的不是双手的触觉，也不是大脑的智力，而是心灵的最高智慧——自觉。

抒发诗人情感、激发读者情感、提高读者情商的诗很多，但既抒发诗人情感又阐述诗人思想，既激发读者情感又启发读者思想，同时提高读者的情商与思商的诗极少，泰戈尔的《触摸自己》就是一首这样的诗。

十六、刘邦论“功狗”和“功人”

西汉初年，有两位有文韬武略的大臣，他俩就是先后出任开国丞相的萧何和曹参。刘邦率领诸将攻入咸阳，众将官跑入皇宫和各个高级衙署，疯狂抢劫金帛财物，唯独萧何首先进入丞相和御史两府，将两府所藏秦律令、文书、图册等档案图籍收管起来，为日后刘邦打天下、理社稷，俱知全国厄塞、户口多少、强弱之处、饥民所在，提供了极其重要的参考。

曹参能文能武，忠厚勇敢，跟刘邦出生入死，冲锋陷阵。据史籍记载，曹参共灭掉二国，生俘二王、三相、六将军，以及大莫敖、郡守、司马、侯、御史各一人，攻陷122个县乡，功劳巨大。

老哥俩多年跟随刘邦转战南北，没有死在疆场还获得了重赏，这本是极其幸运的事情，可就在加官进爵、排序位次时，产生了嫌隙。众将官认为，曹参在战争中攻城略地，身先士卒，身被七十余创，功劳最多，宜居第一。可刘邦偏向萧何，心愿是萧何第一，见众人表了态，就不便说了。这时，一位名叫鄂千秋的关内侯，悟到了刘邦的心思，站出来说道，你们的说法全错了，曹参之功，一时之事；萧何之功，万世之事；岂能让一旦之功，加万世之上?

鄂千秋这番话，正是刘邦想说的，于是刘邦发话了，大家都知道打猎吧，追杀鹿、羊、兔子等走兽，那是狗（物质形态人——引者注）的事情；去哪里追杀，何时放狗，是人（精神形态人——引者注）的职责，你们皆是“功狗”（劳力之功——引者注），萧何乃是“功人”（劳心之功——引者注）。

——摘自2018年4月6日《作家文摘》

作者点评：2000多年前的刘邦就能够清晰地区分“功狗”即肉体物质形态人立的功与“功人”即心灵精神形态人立的功，不愧是开国皇帝，也可见我们中国古人在2000年前就能把肉体之力与精神之力区分开来认知。

十七、从人类史看财富差距

2017年12月*Nature*发表了一份由Kohler等18位教授完成的大规模考古研究，看从原始社会逐步进化到半农业再到全农业以及其他类别社会的过程中，财富差距是如何变迁的，时间跨度以1.1万年以前为起点，用每户人家房屋大小的基尼系数度量一个社会的财富差距。

研究发现，随着一个社会人口增长、组织形态复杂度的提升，尤其是在形成了“国家”的社会里，财富差距最大！

在原始狩猎采集社会里，天生的体力而不是其他人力资本决定收入高低，智力与情商资本对劳动结果没太大影响。由于每个人的自然天赋在体力、智力和情商之间的配置不同，每次技术革新实际上把不同人的收入能力都进一步拉开。到今天，互联网的确完全改变了个人致富的维度和高度。

原始社会时期，没有国家，也没有其他复杂的人类组织，财富收入和社会地位的人际差别小。随着小社会往大社会演变，组织方式就必须创新，否则，社会就难以治理。然而，每次组织方式创新出现后，社会结构的等级层数就会增加，或者组织形态更复杂，缺乏情商与组织天赋的人就只能留在社会结构的底层。

——摘自 2018 年 9 月 12 日《报刊文摘》

作者点评：“缺乏情商与组织天赋的人就只能留在社会结构的底层”，这个结论值得重视。如果注意观察身边的人与事，不难发现这样的现象：能把多少员工组织起来干多大的事就是多大的老板，能把多少商品组织起来满足不同人群的不同需要就是多大的商人，能把多少民众组织起来往一个方向干同一件事就是多大的政治家。

据作者观察，组织能力= 智力+ 情感+ 思想力。情感是凝聚人心之力。思想力是辨识发展方向、告知众人事理、给人信心之力。智力是情感与思想力释放需要借助之力，也是拿出具体方法之力。

如何让有组织潜能的学生成长起来，是教育工作者不得不思考的问题。有一点可以肯定——离群索居关门读书、脱离社会闭门办学一定不能供给社会组织者而只能供给社会被组织者。

十八、欲望强烈、情感丰富、思想力强大的高个子精神形态人

1. 罗素

伯特兰·罗素，20 世纪英国哲学家、数理逻辑学家、历史学家、和平主义社会活动家。1950 年，罗素获得诺贝尔文学奖。

罗素用这样一句话总结了他的一生：有三种单纯而强烈的激情支配着我的一生，那就是，对爱情无法抑制的渴望，对知识永不停止的追求，以及对人类苦难痛彻心扉的怜悯。

罗素在1920年访问过中国，他在访问中国期间受到当时中国知识界众多名流十分热情的接待。罗素在回国以后对在中国受到的热情接待大加赞赏，但是对接待他的中国知识界名流对自己处于水深火热之中的普通大众同胞麻木不仁、毫无爱心的态度十分不解。

2. 爱因斯坦

2019年7月3日《扬子晚报》刊登了一篇介绍爱因斯坦1921年上海之行的文章，文中有这样一段话："他在饭后表示，要'仔仔细细看看人民的生活'，于是稻垣把他带出租界，带到了老城厢，也就是现在的上海城隍庙一带。由于道路狭窄，一行人只能下车步行，稻垣在日记里写道：'那可真是又脏又臭的地方，连话也没有办法说，我甚至想没必要带博士来，回去算了，但博士却说不要紧'。"一个举世闻名的大科学家主动提出要"仔仔细细看看人民的生活"而且不怕脏不嫌臭，这是何等博大的热爱人类的情感！

3. 歌德

歌德是德国著名思想家、作家、科学家。1774年，25岁的他基于自己的亲身经历创作了一部书信体小说，讲述了一位爱上"别人的未婚妻"的少年，最终在苦恋的折磨下结束了自己的生命。这部小说，就是《少年维特之烦恼》。然而49年后，当这位"少年维特"成为一位74岁的老人，在疗养胜地马林巴德过着安享晚年的日子时，出乎所有人意料的是，他再一次陷入了苦恼的恋情。而这次的对象，却是一位19岁的少女——乌尔莉克·封·莱韦措。一位年过七旬的老人怎么会爱上一个少女？喜欢的话倒不难理解，毕竟很多人都喜欢年轻小姑娘。但是爱？然而，正如《巴黎圣母院》中的克洛德神父所说：充满生命力的灵魂，即便年迈仍有爱的能力。

4. 教皇方济各

教皇方济格是个不折不扣的"文艺教皇"。一个挎着吉他飙歌的罗马教皇，你能想象吗？81岁的方济各就是这样。

自2014年登上著名摇滚杂志《滚石》的封面后，方济各真的就多了个"摇滚巨星"的身份。2015年11月，他结合古典乐和爵士两种音乐风格，发了张摇滚专辑《醒来吧》，收录了11首歌，其中还混合了多种语言的演讲和祈祷文。

他还挑战传统观念，号召所有基督教徒向遭遇不公正批评的同性恋者道歉。被公认具有颠覆者气质的方济各，从小就不是个循规蹈矩的人。小时候，他因为在求学的修道院楼梯上跳上跳下，口里还大声背诵着乘法口诀表，被修道院院长称作"小恶魔"。

12岁那年，他迷上了同岁的小姑娘阿玛丽娅，终于鼓起勇气给心上人写信："如果娶不了你，我就去做神父!"可是，阿玛丽娅的父母发现这封情书后，强烈要求两人断交。多年后，方济各真的兑现承诺，当上了教皇。

——摘自2018年1月26日《作家文摘》

5. 鲁迅

鲁迅一生在文学创作、文学批评、思想研究、文学史研究、翻译、美术理论引进、基础科学介绍和古籍校勘与研究等多个领域具有重大贡献。从鲁迅的文学作品中对与他毫无血缘关系的闰土和祥林嫂等社会弱势群体人物的描写，可以看出鲁迅对人的大爱。

6. 霍金

霍金在他的《十问：霍金沉思录》里写道："我很荣幸能够为人类对宇宙的理解做出贡献，但如果宇宙中不存在我所爱且爱我的人，那会是一个空虚的宇宙，一切奇迹都对我毫无意义。"

以上古今中外的六位人物都有两个共同的特点：一是正义感强，二是通情达理。或者说是智商、情商和思商都高的"三高"之人。

十九、欲望、情感与思想

吼叫是显性的欲望，歌声是显性的情感，语言是显性的思想。

有欲望很好，否则没有生命；欲望转化为情感更好，情感让生命美好；情感转化为思想最好，思想让生命高尚。

一个人有欲望不一定有情感，有情感一定有欲望；一个人有情感不一定有思想，有思想一定有情感。

个体有强烈欲望、炽热情感、冰清思想，会有理想人生；群体有更多这样的人，艺术会繁荣、科学会发达。

二十、精神与民主，艺术、科学与技术

一个成年人，如果精神形态人没能健康成长起来，表现在日常生活中是缺乏自我管理能力，表现在社会生活中是缺乏主见。

一个群体，如果心灵幼稚的人占比过大，就不具备实行民主的条件。因为，没有自我管理能力的人，怎么会有参与社会公共管理所需要的能力呢？没有主见的人，怎么能够对社会公共事务发表看法呢？民主请从创新教育起步，请从关注心灵发育、精神成长开始。

动物没有艺术、科学与技术，因为动物只有物质形态存在没有精神形态存在；人类有艺术、科学与技术，因为人类有物质形态存在也有精神形态存在。艺术、科学与技术属于人的精神活动范畴。

一个群体，精神形态人成长在欲望层级则不会产生艺术、科学与技术，精神形态人成长到情感层级会产生艺术，精神形态人成长到思想层级会产生科学与技术。学习模仿另当别论。

一个个体，精神成长在欲望层级，能体验到占有物质的快感；精神成长到情感层级，能体验到占有物质的快感，也能感受到艺术的形式美；精神成长到思想层级，能体验到占有物质的快感，也能感受到艺术外在的形式美，还能感悟到正义、真相与真理的美。

第七节　认知力体系

教育是什么？教育是提高人的认知能力的专门事业。换句话说，人接受教育是为了提高自己认知世界和自己的能力。

一、认知“人的认知能力”

黑格尔的《小逻辑》一书里有这样一段话:“康德的批判哲学的主要观点,即教人在进行探究上帝以及事物的本质等问题之前,先对人的认知能力本身做一番考察功夫,看人是否有达到此种认知的能力。”康德的这一关于“先对人的认知能力本身做一番考察功夫”的观点曾经引起欧洲思想界很大的敬佩和赞同。康德的这一观点和佛教里所谓的“全在一念”的说法相通,只是康德的表述更具体更清晰。康德的这一观点也与现代量子力学的“事物的特性与观察者有关”的科学理论相通。

康德的这一关于“先对人的认知能力本身做一番考察功夫”的观点,把古希腊人提出的“认识你自己”或者中国古人说的“人贵有自知之明”具体化了。

从康德提出此观点开始,人类对人自身的认知活动的认知开始逐渐地清晰起来。人类的认知活动不再局限于对人之外的事物即认知客体的认知,也开始了对人自身即认知主体的认知能力的认知。黑格尔还认为,康德所说的“认知能力”与“认知工具”可以被认为是同一个概念,对“认知能力”的考察也就意味着对“认知工具”的考察;反之,对“认知工具”的考察也就意味着对“认知能力”的考察。依据黑格尔的这一说法,我们的老祖宗早就提出过类似于黑格尔的观点——工欲善其事必先利其器。在这句话里,“事”指被认知的事物,“器”指“认知工具”或“人的认知能力”。

黑格尔的认知能力与认知工具可以被认为是同一个概念的观点不难理解,一个人对某个事物进行认知时,他的认知程度同时取决于他自己的认知能力的强或弱以及他使用的认知工具的多或少。

对“人的认知能力”,可以从认知主体即人和认知对象两个视角来认知。

二、从认知主体来认知人的认知能力——认知力体系

认知力是人的力量在认知事物时显现出认知功能的一部分力。

人的力量有两个来源， 一个来源是肉体， 另一个来源是心灵。

人的认知力也有两个来源， 一个来自肉体， 另一个来自心灵。

来自肉体的认知力有身体的感知力与大脑的思考力。

来自心灵的认知力是感悟力， 也有叫悟性、 慧眼、 智慧的。

感知力= 视觉+ 听觉+ 味觉+ 嗅觉+ 触觉。

思考力= 记忆力+ 分析力+ 归纳力。

感悟力= 直觉+ 好奇心+ 想象力+ 洞察力+ 同理心+ 自觉。

感知力、 思考力与感悟力三位一体生成人的认知力体系。

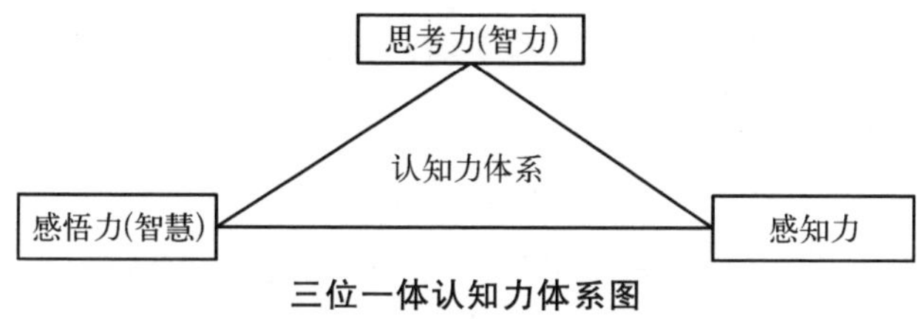

三位一体认知力体系图

认知力体系= 感知力+ 思考力+ 感悟力= 认知能力。

感知力是源自人的肉体的认知器的初级认知力——物理之力。

思考力是源自人的肉体的认知术的中级认知力——物理之力。

感悟力是源自人的心灵的认知道的高级认知力——精神之力。

人的认知能力的大小由认知力体系决定， 感知力与思考力的大小与肉体物质形态人的成长状态相关， 感悟力的大小与心灵精神形态人的成长高度相关。 人的认知能力与人的全面成长相关。

三、从认知客体即认知对象来认知人的认知能力

列子（公元前 450 年）学射

子列子常射中矣，请之于关尹子。关尹子曰："子知子之所以中

乎?”答曰:“弗知也。”关尹子曰:“未可。”退而习之三年,又请。关尹子问:“子知子之所以中乎?”子列子曰:“知之矣。”关尹子曰:“可矣,守而勿失也。”非独射也,国之存也,国之亡也,身之贤也,身之不肖也,亦皆有以。

白话: 列子学射箭, 射中了靶心, 于是列子向关尹子请教射箭。 关尹子问:“你知道你射中靶心的原因吗?” 列子回答说:“不知道。” 关尹子说:“还不可以。” 列子回去后再去练习, 三年之后, 又向关尹子请教。关尹子问: “你知道你射中靶心的原因吗?” 列子说: “知道了!” 关尹子说:“可以了, 你要牢记这个道理, 不要轻易地丢弃。 不仅学习射箭是这样, 治理国家和修身做人也都应该是这样。 所以圣人不关心存亡, 而关心为什么会这样。”

作者点评: 2000 多年前老祖宗说的这个故事告诉人们, 知道怎样做到箭箭射中靶心即知其然, 不算射术高超; 知道为什么射中的道理即知其所以然, 才算射术高超。

知道为什么射中的道理包含两层意思: 一是对射箭的“方法与过程”的认知即知其所以然, 二是对射箭人自身认知能力的认知即“之所以能知其所以然”。

常识告诉我们, 不是所有的人都能做到, 花费和列子同样的时间练习射箭, 都可以达到与列子同样的射箭水平即知其然; 不是所有的人都能做到, 再花三年的时间像列子一样能够认知为什么射中的道理即知其所以然; 不是所有的人都能做到, 按照康德所说的对自身的认知能力做一番考察功夫, 而后能够知其之所以能“知其所以然”。 据此, 可以把人的认知能力分为三个层级:

器的层级的认知能力——知其然(格物)。

术的层级的认知能力——知其所以然(格事)。

道的层级的认知能力——知其之所以能“知其所以然” 即对人自身的认知能力的认知(格人)。

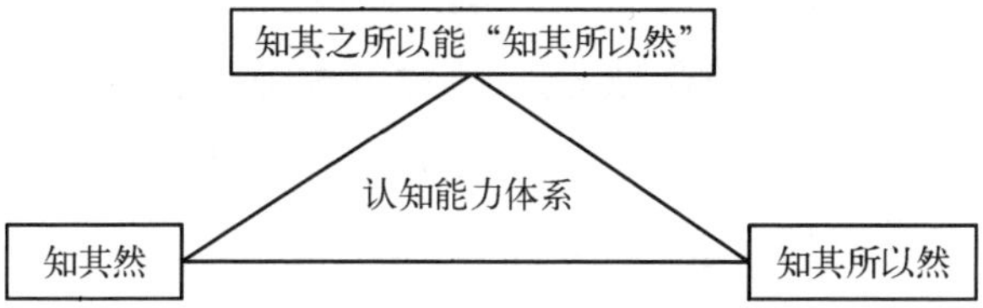

知其之所以能“知其所以然”

认知能力体系

知其然

知其所以然

人的认知能力= 知其然+ 知其所以然+ 知其之所以能“知其所以然”。

知其然与知其所以然， 需要感知力与智力。 知其之所以能“知其所以然”， 需要感知力与智力， 还需要自知之明的智慧。

四、认知力、模仿力与创造力

认知力= 感知力+ 思考力（ 智力 ） + 感悟力（ 智慧 ）。

智慧= 0， 智力= 0， 感知力> 0； 认知力> 0， 植物。

智慧= 0， 智力> 0， 感知力= 0； 认知力> 0， 电脑。

智慧= 0， 智力> 0， 感知力> 0； 认知力> 0， 动物或机器人。

智慧> 0， 智力> 0， 感知力> 0； 认知力> 0， 人类。

感知力与智力强、 智慧弱的人， 其认知道德与法律等无形的规则以及抽象存在的正义、 真相与真理的能力弱——不那么懂道理、 讲道理， 有学习模仿力， 没有创造力。

感知力、 智力与智慧都强的人， 其认知道德与法律等无形的规则以及抽象存在的正义、 真相与真理的能力强——懂道理、 讲道理， 不仅有学习模仿力， 可能还有创造力。

第八节　认知过程体系

一、舰船的认知过程

一艘舰船， 雷达是人的视力的延伸， 声呐是人的听力的延伸， 电脑是人大脑的思考力的延伸。雷达与声呐按照舰船上指战员的指令，把采集到的初始信息传递给电脑储存与运算，对经过电脑加工后的信息的真伪的辨识、取舍的决断最终还是舰船的指战员作出。影响指战员辨识与决断的因素，有大脑里存储的经验与知识，以及心灵的欲望、情感与思想。作出最终判断的最后还是人，决定战斗胜负的最终还是人。

二、人的认知过程

人对事物的认知过程是一个循环的过程：始于心灵、经过大脑、通过身体、返回大脑、回归心灵。

人对事物的认知，始于心灵的求知欲（想知道是什么、为什么、怎么办），通过大脑把特定的求知欲望转化为身体能够接受的需求信息传递给身体，身体接到经过大脑转化的心灵的需求信息后，利用自身的感知力去感知事物的存在状态。身体把感知到的事物的存在状态的物理信息转换成生物电信号经过神经网络回传给大脑，大脑把来自身体的承载着事物存在状态的生物电信号经过思考力的“初加工”后通过神经网络传递给心灵，心灵使用智慧进行由表（现象）及里（本质）、去伪（假象）存真（真相与真理）的“深加工”后形成概念。

认知过程路径图：心灵⟶大脑⟶身体⟶大脑⟶心灵。

人的认知过程是心灵、大脑与身体同步发力，智慧、智力与感知力同步做功的过程。如果一个人只有感知力与智力而缺少智慧即没有完整的认知力体系，就不能独立完成对事物完整的认知过程，不过，这样的人可以像孩子模仿大人一样模仿着做事。

三、开发脑机接口，加速思想转换，加快认知过程

【美国趣味科学网站 8 月 29 日报道】题：马斯克的“神经连接”公司获 2700 万美元融资，用于将人类与机器结合。

特斯拉汽车公司总裁马斯克可能是世界上最有名的未来主义者，他的事业就是追求那些源于科幻小说的不可思议的课题。

马斯克新创建的“神经连接”公司雄心勃勃，其任务是开发“超高带宽脑机接口”，最终实现人类与机器的真正融合。

马斯克在迪拜出席世界政府峰会时说：“随着时间的推移，我想我们将看到生物智能与数字智能更紧密的结合。”因此，他建议，通过高带宽数字接口将机器和人类大脑相接，以大脑思考的速度传输数据。他说，人类具有无限创造力，但由于人类需要把高度复杂的思想压缩为语言和文字，这种创造力受到了限制。

马斯克说：“这就是语言的本质——你的大脑执行的是一种（来自心灵的——引者注）思想或概念迁移的压缩算法。如果你有两个大脑接口你就可以不用压缩，直接与另一个人进行未压缩的思想或概念的交流。”他的设想是，让一个人与其他人的思想直接建立联系（让一个人的心灵直接与另一个人的心灵直接建立联系——引者注），甚至建立一个更大的思想互联网络（心灵互联网络——引者注），这样一来，我们就可以大大提高科学创新和创造速度。

——摘自2017年9月1日《参考消息》

作者点评：马斯克给人们带来了如下几个信息：

1. 人类具有无限创造力。

2. 创造力来自心灵的思想。

3. 大脑是实现创造的不可或缺的装置——“执行一种（来自心灵的）思想或概念迁移的压缩算法”的装置。这与本书关于心灵的思想功能通过大脑的思考功能显现、大脑的思考功能通过身体的行动功能显现的理论相一致。

基于心灵的思想功能是无形的存在，无形才能无限，无形存在的思想才可能具有无限的创造力。基于肉体的大脑的思考功能是有形的存在，有形必然有限，有形存在的大脑不可能具有无限的创造力。但是思想的创造离不开大脑的帮助，因为“思想或概念”需要通过大脑压缩运算转变成为语言和文字以便“迁移”，或“迁移”给嘴巴说出来，或“迁移”给手写出来，或如马斯克所说发明一种“超高带宽脑机接口”装置直接“迁移”给机械嘴、机械手。

作者相信马斯克的“超高带宽脑机接口”能够开发出来，确实“可以大大提高科学创新和创造速度”，但这样的“脑机接口”本身并不能直接地创新和创造，否则，我们只须把这样的“脑机接口”买回来就可以有所创造了。

人类会发明更多更好的机器来加快人类发现、发明与创造的速度，但是发现、发明与创造的主体永远只能是人类而不可能是机器。因为只有人类有心灵、有心力、能思想、有智慧。

肉体的大脑与身体的连接机制已被人类发现，马斯克正在尝试发明脑机接口装置来替代脑体连接功能。心灵与肉体的大脑的连接机制有待人类发现，心脑接口装置有待人类发明。

四、从哲学的层面看人的认知过程

黑格尔把认知过程分成三个阶段：存在⟶本质⟶概念。

作者把人的认知力分成三个部分：感知力⟶智力⟶智慧。

认知力的三个部分对应地作用于认知的三个阶段：身体的感知力感知事物的存在，大脑的智力思考事物的存在，心灵的智慧洞察存在的本质，想象出代表存在的概念，从而创造出承载概念的知识。

达尔文在好奇心的推动下，用身体的感知力感知自然的存在，用大脑的思考力思考身体感知力所感知到的自然，用心灵的洞察力透过现象洞察自然存在的本质即真相与真理，用心灵的想象力想象出能代表其所认知到的生命演变规律的进化论的概念，用文字把这些概念写出来就成为进化论的知识，便于和他人分享他的发现，免得他人要想认知进化论都得和他一样乘着军舰绕地球一周。

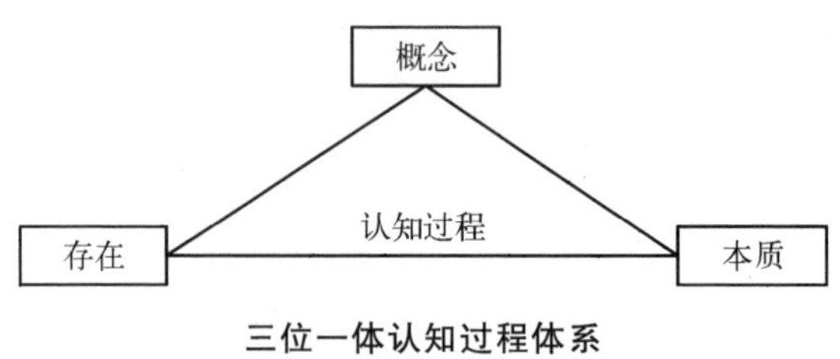

三位一体认知过程体系

五、真知与假知

探讨认知的话题，不能不知道“真知”与“假知”，不能不对“本质、知识与概念”三者以及相互关系有清晰的认知。

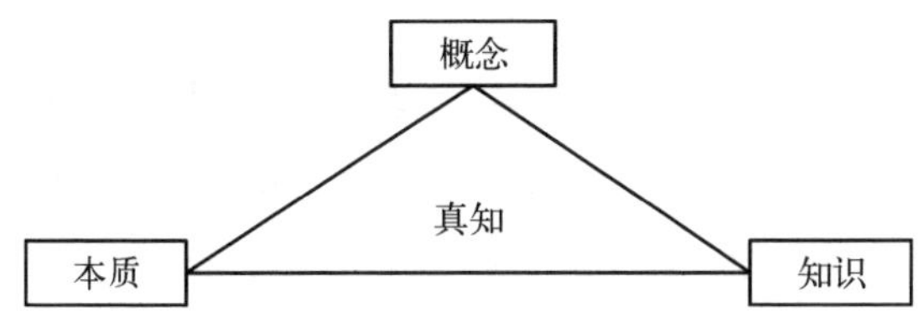

事物内在的本质，书本上的知识，大脑里的概念，三者是同一个存在的三种不同表述。反映客观存在的事物的本质，在书本上叫知识，在大脑里叫概念。事物的本质=大脑的概念=书本的知识。

一个人通过书本知识的学习在大脑里建立的概念与事物的内在本质相一致，这个人就有“真知”；一个人通过书本知识的学习在大脑里建立的概念与事物的内在本质不一致，这个人就有“假知”。

检验某人拥有多少知识用卷面考试，检验某人拥有的是“真知”还是“假知”看实践——看其是否能使用知识解决实际问题。

六、认知事物生产知识与教学知识的两个过程

1. 认知事物生产知识的科学劳动过程

观察存在——→发现本质——→创立概念——→生产知识。

2. 教学知识的教学劳动过程

书本知识——→劳动实践——→建立概念——→学习知识。

七、认知的属性

人的认知行为归属神性即人性，动物只能认知有形的具象存在，人类还能认知无形的抽象存在。

人的认知行为归属群体即社会属性，人们早已在生活实践中对此有所认识，有许多格言、俗语以及寓言故事都可以证明。比如“盲人摸象”的寓言故事说明一个人的认知难免片面，“三个臭皮匠一个诸葛亮”的格言告诉人们想问题最好三个人一起想，“一个人想，想当然；两个人想，知其然；三个人想，知其所以然”是作者在以小组为学习单元的课堂上总结出来的经验。

离群索居关门读书，脱离社会闭门办学，这样的学校教育背离人的认知行为的本质属性。共同学习、互帮互学，教育与生产劳动相结合，这样的教育符合人的认知行为的本质属性。前者让人“假知”，后者让人“真知”。

八、认知过程中显示出来的机械思维与自由思想

家里买了一台扫地机器人。每当扫地机器人电量快用完时，它就会自动地走向充电器充电。但有时它在其他房间工作到没有电时自己就不能回到充电器，得主人把它放到充电器上充电。主人发现这样一个现象：扫地机器人自己接上充电器，充电过程安安静静。如果主人把它放在充电器上固然也会亮起正在充电的信号，但是充电过程中会不断地发出滴滴声，警告主人充电位置接触得不符合标准。主人能够接受接触点不符合标准但是能够正常充电的状态，扫地机器人却只能接受在接触点标准的情况下充电的状态，因为它被安装的软件就是这样设定的。这就是机械的思维方式。

记得孩子刚刚学会走路时，一次搀着孩子下楼梯，孩子一不小心滑到了下一个台阶，此时，有趣的一幕发生了，孩子重新走回到上一个台阶，然后再走下来，在他看来，走到下一个台阶能够接受，滑到下一个台阶不能接受。儿童的思维方式也是机械的。

扫地机器人的思维方式机械，因为它本身就是机械；儿童的思维方式机械，因为他心灵幼稚。据此推理，思维方式机械的成年人因为心灵幼稚，能够自由思想的成年人心灵一定成熟。笔者通过这两个例子尝试说明：忽视心灵的发育将会教育出思维方式机械、不能实事求是自由思想的人。

第九节　认知工具体系

文字、知识与道理都是人类认知世界与自己的产物，也是人认知世界与自己的工具。文字占有二维空间，是有形的存在；知识与道理不占有空间，是无形的存在。

一、三位一体认知工具体系图

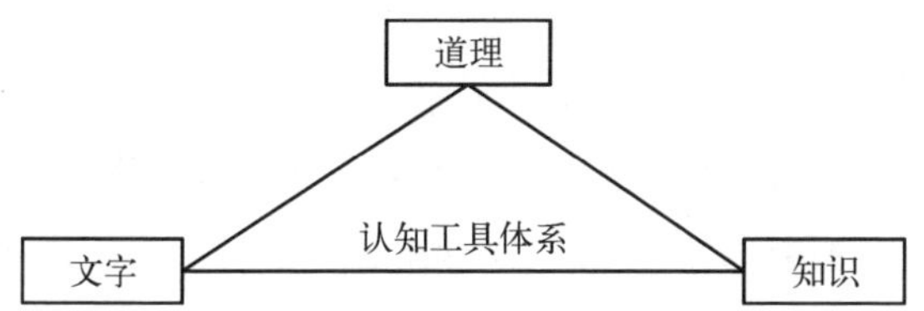

认知工具体系=文字+知识+道理。文字、知识与道理三位一体生成认知工具体系。

二、文字、知识与道理

文字是器的层级的初级认知工具，知识是术的层级的中级认知工具，道理是道的层级的高级认知工具。

文字是知识的载体，知识是道理的载体。识字多，不一定知识多；知识多，不一定懂道理。

识字是为了学知识，如果学习止于识字，识字何益?

学知识是为了懂道理，如果学习止于知识，学知识何益?

识字多、知识多，有助于考试；懂道理，有助于做人与做事。

三、不怕不识字就怕不识事

俗话说，不怕不识字，就怕不识事。展开来表述：不怕不识字，也不怕没有知识，就怕不明事理。

有些人，虽然没有什么专门知识，但是有常识、明事理，照样受人尊重。有些人，虽然有专门知识，但是缺少常识、不明事理，很难让人尊重。

作者有一位朋友是大学教师，他过去对学校里的出身工农、学历不高、没有专门知识的校领导颇多非议，认为外行不能领导内行。后来担任校领导的都是高学历的有专门知识之人，作者问他，现在是内行领导内行了，感觉如何？他不假思索地回答：不如以前。

作者在实际工作中发现，有常识、明事理的人适合做管理者，有专门知识或技能但不那么明事理的人适合做被管理者。因为管理者要为一群拥有各种不同专门知识和技能的不同性格的人服务，让每个拥有不同专门知识和技能的人在接受同一个事理的基础上分工合作。所以，有常识、明事理是管理者的必要条件。当然，有常识、明事理又有专门知识更好。离群索居关门读书、脱离社会闭门办学的学校只能供给社会拥有专门书本知识的人，很难供给社会有常识、明事理之人。因为常识与事理只能在书本之外获取。

有知识、不明事理，麻烦之人；有知识、明事理，理想之人。

四、文字

1. 三位一体文字体系图

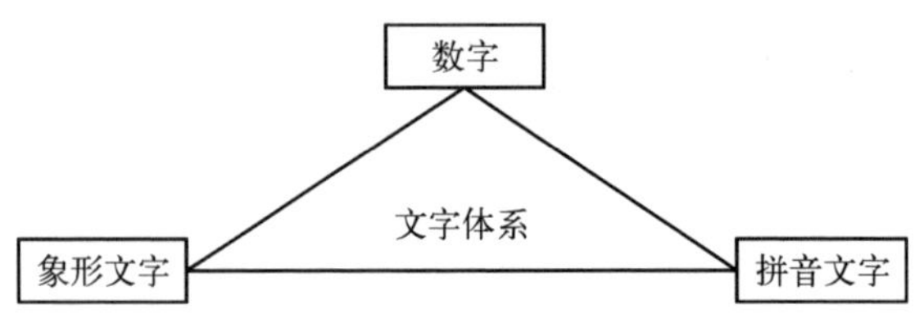

文字体系= 象形文字+ 拼音文字+ 数字。

象形文字、 拼音文字与数字三位一体生成文字体系。

无论象形还是拼音文字， 无论十进制还是二进制数字， 没有高低贵贱之分， 功能都一样， 都是承载知识的符号工具。

2. 文字与人

单个文字没有意义， 文字的意义在于组合。 0和1， 可以通过各种不同的组合， 构造成机器能读懂的语言。 拼音文字的单词与象形文字的方块字的不同组合， 构造成人与人之间交流的语言。 据此， 我们可以推断出这样的论点——个体人没有意义， 人生的意义产生于个体人之间的组合，不同的组合方式产生不同的人生意义。

五、道理

道理= 做人的道理+ 做事的道理。

1. 做人的道理

做人的道理是基于思想观念之上的做人的观念体系。

思想观念即做人的大道理，“三观” 即做人的中道理， 消费观与审美观等即做人的小道理， 三位一体生成做人观念体系。

2. 做事的道理

做事的道理是基于思想方法之上的做事的方法体系。

思想方法即做事的大道理， 思考方法即学术是做事的中道理， 技能即器是做事的小道理， 三位一体生成做事方法体系。

3. 大道理

正义、 真相与真理是大道理。

正义即社会公理， 也就是众人内心一致认可的事理。 如果人们能够排除来自欲望的利害得失， 来自情感的好恶亲疏， 以及来自人分尊卑思想观念与迷信权威思想方法的干扰， 如果人们能够拥有人人平等的思想观念与实事求是的思想方法， 如果人们能够深入当下的实际， 摆脱来自书本知识与过去经验造成的偏见与误导， 正义就可以是众人内心一致认可的事理。

真相是排除主观干扰的客观存在， 即实相。

真理是贯穿于物质存在形态与变化过程的客观规律。

六、知识

知识是人的认知活动的结果， 也是认知活动的工具。

镰刀是人创造的用来放大人的体力的有形的硬工具， 知识是人创造的用来放大人的脑力的无形的软工具。

知识在劳动中是用来提高劳动效率的劳动工具， 知识在课堂上是用来释放大脑脑力的教学道具。

人类创造的有形的劳动工具， 形形色色、 五花八门。 各种各样不同的劳动工具， 既独立存在， 又相互关联， 形成各自的系列。

人类创造的无形的劳动工具即知识， 种类繁多， 门类齐全。 各种各样不同的知识， 既独立存在， 又相互关联， 构成完整体系。

七、知识体系

迄今为止， 人类创造的知识大致可以被划分成三个层级：

基础层级知识= 语言+ 哲学。

中间层级知识= 逻辑+ 数学。

应用层级知识= 物理+ 化学+ 心理学+ 工程学等等。

三位一体知识体系图：

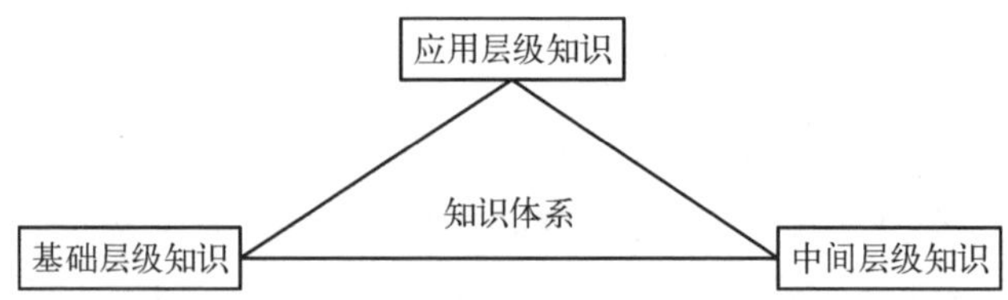

知识体系= 基础层级知识+ 中间层级知识+ 应用层级知识。

基础层级知识、 中间层级知识与应用层级知识三位一体生成知识体系。

知识体系是地球上不同文明人群体共同搭建的。不同群体为知识体系搭建所做的贡献，有的早、有的迟，有的多、有的少；无论早迟、多少，都有贡献。所以知识体系属于全人类。

人类用来承载大道理即正义、真相与真理的知识体系只有一个。文字是知识的载体，人类的不同群体用来展现知识体系的文字和用文字构造的语言各不相同。具体地说，不同群体用来展现知识体系的文字和语言不止一种，但是构成知识体系的哲学、逻辑、数学、物理、化学等知识只有一种。地球上不同群体的人，最终都会在人人平等的思想观念与实事求是的思想方法之上一致起来。所以，经济全球化与人类命运共同体是人类文明进化的必然结果。

八、语言

1. 语言、思想与人

2000 年前我们的老祖宗谷梁赤说："人之所以为人者，言也；人而不能言，何以为人？" 200 年前德国哲学家黑格尔说，人之所以为人因为人能思想。作者认为，语言是显性的思想，思想是隐性的语言。语言= 思想。所以，强调学生听话、不让学生说话，就是不准学生思想、不让学生成人。

2. 语文教学与语言教育

语文教学不能等同于语言教育，语文教学是语言教育的一部分，语文教学是为语言教育打基础。语文教学局限于书本尚可，语言教育须结合社会生活与生产劳动。光学好语文不行，学好语言才行。

3. 犹太人特别重视语言的学习

2018 年 11 月 6 日《作家文摘》刊登了一篇题为"美国犹太人光鲜背后"的文章，文中写道："犹太人也不受那些南方保守的白人基督徒的喜欢。主要原因在于：他们认为犹太人掌控了美国主流媒体、电影电视和各大高校的文科理论研究领域，正在系统地破坏传统基督教伦理和资本主义价值观。作为外来移民，犹太人重视教育，但视角不同于华裔。他们在语言方面不满足生存用的日常会话，而要达到能发表文章并影响他人思想的程度。”

可见，犹太人明白，重视语言就是重视思想，学习语言就是学会思想，学会思想才能有所发现、有所发明、有所创造。如果按人口比例算，犹太人群体是思想家、科学家最多的群体。

4. 语言是一般的通用技能

语言不仅是贯通哲学、逻辑与数学等的通用技能，也是人们在生活、生产、社会活动中必需的一般技能。对事物的认知需要通过语言表达，人们交换对事物的认知需要通过语言实现。人们不管生活在哪里，无论从事什么职业，在什么工作岗位，都需要语言。每个人表达自己的欲望、情感与思想都需要使用语言技能。学生无论学习文、理、工都必须学习语言知识，掌握语言技能。

5. 语言归属人的社会属性

一人独处不需要语言，与人相处才需要语言，与世界各国人相处需要不止一种语言，可见语言天然的社会属性。

语言不仅具备很强的社会属性而且具备很强的实践理性，关门读书、闭门办学的学校不可能让学生熟练地掌握语言技能。

6. 语言技能比语言知识重要

语法、修辞等属于语言知识，说话、阅读与书写等属于语言技能。无论什么知识的学习都是为了使用，语言知识的学习也一样。比较而言，语言技能的训练比语言知识的学习更重要。所以，语言的教学，当以语言技能的训练为主，语言知识的教学为辅。只有这样才能提高语言教学的效率，助力学生更好地掌握语言。

7. 说、读、写三位一体构成语言技能体系

三位一体语言技能体系图：

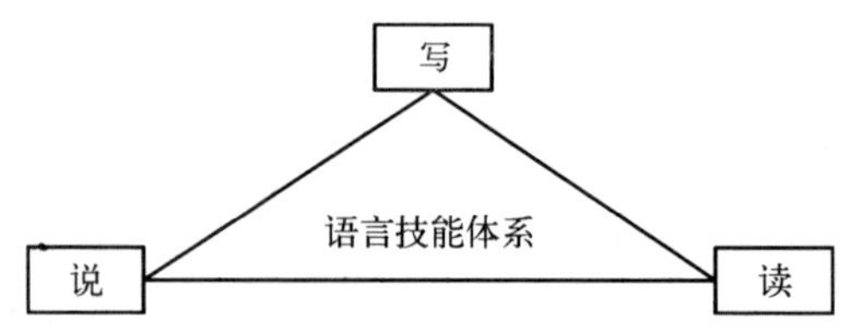

和语言相关的技能有三种:

一种是用嘴巴说的口头表达的技能——说话技能。

一种是用眼睛看的技能——阅读技能。

一种是用手写的书面表达的技能——书写技能。

语言技能体系= 说+ 读+ 写。

说话、 阅读与书写三位一体生成语言技能体系,

8. 为什么把“听”省掉了?

语文教学, 听、 说、 读、 写, 是人们熟悉的常规排序, 为什么三位一体语言技能体系把“听” 省掉了? 有三点理由: 首先, 听的技能动物也有。 其次, 有说就有听, 说在前, 听在后。 再次, 一个人如果没有把话说明白, 听的人肯定不能听明白; 一个人即便把话说明白, 听的人也不一定能听明白。 沟通的效率, 关键在说。

假定有 100 个学生, 全部被教会听话, 没有一个被教会说话, 那么这 100 个学生之间的有效沟通一次都不可能发生。 这样的情景会发生在马戏团的动物之间, 它们被教会听话, 但是动物相互间不可能说话、 进行有效沟通。

假定有 100 个学生, 全部被教会说话, 那么这 100 个学生相互间的有效沟通虽然做不到 100% , 但是可以正常进行。 学生间相互沟通、 相互学习是十分高效的学习方式。

在课堂上, 如果学生没有听懂, 首先应该检讨的是讲课的教师, 其次才是听课的学生。 如果反过来, 先追究学生原因, 教学效率一定很低。 如果只责怪学生, 不追究教师责任, 这样的课堂形同马戏团的驯化场地。

九、说

一言丧邦, 一言定国。 说、 读、 写, 说最重要。

1. 说话与听话

有说话就有听话。 说话具有主动性质, 听话具有被动性质。 说话是语言的主体功能, 听话是语言的辅助功能。 人听话的功能是说话的功能的

配套，所以，教会学生说话而不是教会学生听话，才是教会学生掌握语言技能的关键所在。

人可以被教会听话，动物也可以被教会听话，听话的功能不是人所独有的功能，所以听话的功能不能算人性。

人可以被教会说话，动物不可以被教会说话，说话的功能才是人所独有的功能，所以说话的功能才能算人性。

2. 教会学生说话比教会学生书写更重要

观察日常生活不难发现，人与人之间的口头交流远比书面交流要多得多。无论是作为自然现象观察，还是用逻辑来推理，人类掌握开口说话的技能在先，掌握动笔书写的技能在后。所以，教学说话技能在先，教学书写技能滞后，合乎语言教学的规律。训练学生的说话技能，比训练学生的书写技能更重要。

作者在课堂教学实践中发现，哪个学生在课堂上能够开口说话，哪个学生在其课后的课堂日报里就有内容写；哪个学生在课堂上开口说得越多，课堂日报里写的内容就越丰富。反之，哪个学生在课堂上不积极参加讨论、不开口说话，哪个学生的课堂日报就不会有什么内容可写。所以，掌握口头表达技能有助于掌握书面表达技能；反之，掌握书面表达技能不一定有助于掌握口头表达技能。如果我们的老师当初不能为学生创造一个有利于自由表达、畅所欲言的课堂软环境，学生们就不可能写下几百万字的课堂日报，也就不会有前一本《课堂的革命》和这一本《教育是什么》。

3. 说话与合作

不会说话则不能有效沟通，不会说话则不会互相说服，不会说话而又不能不说容易产生误会，所以，不会说话则不会合作。

4. 说者理应对说话效果负责

一个人说话的目的是把自己的思想传递给听者，即把他对事物的看法说给听者听。能否让听者听懂有两个前提条件:

第一，在于说者自己说得是否清楚。他说得是否清楚，首先在于他自己对所说的事物认知得是否清楚，认知越清楚，说得越清楚；或者他对他所传授的知识是否真正掌握，如果自己对自己所讲授的知识都没有真正掌握，就不可能把知识讲解清楚，讲自己都没有真正掌握的知识，听的人只会越听越糊涂。

我们的课堂经常会请企业的专业人员讲课。一次请北京一家软件公司的总工程师讲课，有学生在当日的课堂日报里写道："说自己做过的事情，听上去感觉就是不一样。"

第二，在于说者对听者的了解程度。对听者的了解程度越高，讲话的效果越好。佛经里说，见人说人话，见鬼说鬼话。其意就是，见到人就用人能听懂的话传教，见到鬼就用鬼能听懂的话弘法。如果传教无效，责任在传教者，不在被传教的人和鬼。

总而言之，说与听，如果听者听不懂，说者承担主要责任。同样道理，如果教学效果不好，责任在讲课的教师不在学生。

5. 说话、提问、求知欲、创造力

内在的求知欲通常以疑问的方式外显，有疑问就要表达，表达就要开口说话，所以人类独有的说话功能就是专门用来为人类独有的求知欲配套的——求知欲= 说话欲。可以说，训练说话技能就是训练提问技能，训练提问技能就是训练怎么释放求知欲，训练怎么释放求知欲就是训练怎么释放创造力。

杨振宁在他的传记里写道："我在美国留学期间，在课堂上看到教授被学生问得处于窘境是我最惬意的时刻。"《扬子晚报》曾经报道过，哈佛大学女校长德鲁·福斯特在访问中国期间的一次演讲中说，在哈佛学生可以在课堂上指着教授的鼻子挑错。《扬子晚报》也曾经报道过，南京师范大学一位千人计划引进的外籍教授，在课堂上拿出一张 100 元面值的人民币向学生们宣布，谁第一个提问，奖励 100 元，结果还是没有学生提问。

如果学生在课堂上不会说话、不敢提问，十几年课堂生涯下来，求知欲势必被阉割无疑！如果学生在课堂上学会说话、敢于质疑书本和教师，十几年课堂生涯下来，求知欲一定可以得到充分的释放从而转化为无穷的创造力。

训练学生的说话技能、鼓励学生提问、尊重学生质疑（包括书本、教师与各式各样被视为权威的人物）的权利，是释放学生的求知欲、培养创造性人才的不二法门。

如果我们中国学校的课堂也能重视训练学生的说话技能、鼓起学生质疑书本和教师的勇气，一样可以让有创造力潜能的学生成长起来，不一定非留学不可；不少像杨振宁一样的人才就有可能在我们自己的课堂上成长起来，我们毕竟是有着几千年文明史的十几亿人的群体。

按照我们的教学经验，要想做到这一点也不难，只须转变师生关系即可——转变师道尊严为师生平等。之所以说这样的转变不难，是因为在当今时代实现这样的转变实乃与时俱进的文化进步，而且对教师、对学生都好，何乐而不为呢?

到我们课堂的学生都是刚刚读完大三升入大四的学生，虽然这些学生从幼儿园到大学已经接受了十几年的被要求“听话”的教育，但是到了我们的课堂之后，只需两个月的时间，就会从沉默寡言转变为能说会道，每期学生多数这样，毕竟说话是人性。

在我们教室的墙上挂着这样两句话:

有话不说是错的，说出来的话没有对错只有不同。

有疑问不提出来是错的，提问本身只有对没有错。

综上所述，我们可以得出以下两个等式:

说话＝释放求知欲＝释放人性＝释放智慧＝释放创造力。

禁言＝禁止求知欲＝扼杀人性＝禁止智慧＝禁止创造力。

我们课堂多年的教学实践充分证明，鼓励学生开口说话有助于释放学生的求知欲，伴随着求知欲释放的是炽热的学习热情与闪耀着灵感的智慧，这些热情和智慧都被作者收录在前一本书里。

世界各国之所以都把“言论自由”纳入宪法，是因为世界各国都想满足自己公民的求知欲，从而让蕴藏在公民心灵里的智慧释放出来，用以建设富强国家、创造幸福生活。

6. 风与种子、语言与思想

来自土地的植物种子随着风飘落，飘落在石头上面，不能生根；飘落在一块贫瘠的土地上，可以生根发芽，但长不高；飘落在一块肥沃的土地上，可以生根发芽，还可以长高。

来自心灵的思想随语言传播，传播到动物身上，不能生根；传播到一颗幼稚的心灵里，可以生根发芽，但长不高；传播到一颗成熟的心灵里，可以生根发芽，还可以长高。

如果自然没有风会怎么样？如果人类没有语言会怎么样？如果学校不能教会学生说话会怎么样？

7. 说与爱

要想学会爱，请先学会说。为什么？证明如下：

谈情说爱。谈就是说，说就是谈。情是谈出来的，爱是说出来的。不会谈就没有情，不会说就没有爱。能谈才有情，会说才有爱，能谈会说才能把色欲升华为情与爱。不能谈不会说，色欲就只能停留在动物繁殖的功能水平。有“美国文化之父”之称的爱默生说过：“听一个人说话，就知道这个人的爱。”

过去，婚姻流行父母之命媒妁之言，男女双方是否会说话不影响双方的结合。现在，婚姻流行自由恋爱，男女双方如果不会说话就不会谈情说爱，不会谈情说爱也就不能产生感情从而走向婚姻殿堂。

当下男女青年婚配很难，不会说话是直接的原因之一。因为到目前为止我们的学校教育仍然和过去一样强调教会学生听话，而不是教会学生说话。因为我们学校的课堂文化和教学模式是从父母之命、媒妁之言的时代沿袭下来的，几乎没有改变。

有爱，才有话说；会说，才能激发爱；要想学会爱，请先学会说。要学会说甜言蜜语。

8. 说话是不能代替的

语言是显性的思想，思想是隐性的语言，语言= 思想。

中国古人习惯说的道就是现代人习惯说的思想，思想= 道。

翻看字典，道，也有说的意思。思想= 道= 语言= 说话。

黑格尔说，思想和饮食一样，是不能代替的。换句话说，说话和饮食一样，是不能代替的。

如果被代替饮食，肉体不成长；如果被代替说话，心灵不成长，心灵不成长则不会思想，不会思想则不懂道理，不会思想则不会创造。

父母只要求孩子听话，而不准孩子说话，就是代替孩子思想。教师只要求学生听话，而不准学生说话，就是代替学生思想。

父母鼓励孩子说话，就是鼓励孩子自由思想，唯能自由思想心灵才能快乐起来；教师鼓励学生说话，就是鼓励学生自由思想，唯能自由思想才有可能真懂道理。翻开《课堂的革命》，一个个因为被鼓励勇敢开口说话而获得思想自由，并且因为思想自由而明白事理、心灵快乐起来的学生就会跳进您的眼帘。

9. 说与文化程度

老祖宗说，君子动口，小人动手。古人把文化程度高的人称呼为君子，君子的特点是肉体与心灵同步成长，善于动口以情感人、以理服人。古人把文化程度低的人称呼为小人，小人的特点是肉体长大而心灵仍然幼小，不善于动口以情感人、以理服人，只能动用拳头代替说话。在古人眼里，是否善于用“说”的方式解决问题是衡量一个人是否君子的第一标准。在当下世界，谁会说话、掌握话语权谁就把握了主动。可见，我们老祖宗的理念已成为普世价值。

10. 说与幸福

在古汉语里，“悦”和“说”同字，我们的亲身体验告诉我们，有话就能说，内心会充满喜悦，所谓一吐为快也；有话想说但不让说，内心就会很苦闷，所谓憋屈得很。憋尿伤肾，憋话伤心。一个人会不会“说”关乎他一生的幸福与痛苦。

11. 吃与说

综上所述，求知欲的释放靠“说”，情感的释放也靠“说”，智慧的释放更靠“说”。

动物会吃不会说，人类会吃又会说。能教会动物听话，教不会动物说话。

教会学生听话是驯化，教会学生说话是文化；学会听话就只会模仿，学会说话有可能创造。

会吃——确保肉体的物质形态人健康成长的第一基本技能。会说——确保心灵的精神形态人健康成长的第一基本技能。

吃进去的是物质，说出来的是精神；吃进去的是水与食物，说出来的是情感与智慧。

吃饭不能强迫，如果强迫吃饭不利于肉体成长还会罹患胃病；说话不能阻止，如果不让说话不利于心灵成长会患精神疾病。

现代文明人的教育请从教会说话开始。

12. 美国学校重视学生说话技能的教学

他山之石可以攻玉。人们都知道，美国学校供给社会的人有着比较强的创造力，我们中国学校供给社会的人有着比较强的模仿力。比较两个国家的学校教育，你可以发现，从幼儿园、小学到大学，中国学校一直都十分注重学生听话技能的训练，美国学校则一直都十分重视学生说话技能的训练。

南方网刊登了一篇陈志武先生写的题为“美国教育的精髓在于思辨与表达”的文章，摘录如下：

> 自幼儿园开始，老师就给小孩很多说话的机会，让他们针对某个问题各抒己见，发表自己的看法、谈谈自己的经历，或者和别人辩论。美国100个人里随便挑80个人，那80个人都能把他的想法和他要卖的东西表达得清清楚楚，给你足够的说服力。

我们的课堂实践证明，我们中国学校一样可以教会学生说话，中国学生也喜欢说话，也会说话。我们是怎么教会学生说话的？学生在课堂上说了些什么话、说了多少话？请看《课堂的革命——师生平等对话录》。

13. 对牛弹琴

曾有媒体报道，在美国有些大学的学校食堂的门口常常可以看到摆着一些展示科学研究成果的展板，展板的旁边站着展板的主人——从事研究的学生，这些学生试图向过往的行人讲解他们的研究成果，无论行人是学什么专业的，只要愿意听他们都乐意讲。他们在挑战自己的语言表达技能：展板内容的布置挑战自己的书面表达技能，面对无论内行外行的讲解挑战自己的口头表达即说话技能。他们很乐意对“牛”弹“琴”，如果“琴声”不能感动“牛”，他们不会责怪“牛”听不懂，只会责怪自己“琴”弹得不好——说话技能欠佳。

对牛弹琴，在流行人分尊卑思想观念、迷信权威思想方法的群体里，被用来嘲笑听的人；在流行人人平等思想观念、实事求是思想方法的群体里，是对学习语言、练习表达的人的高标准严要求。

作者曾经发表过这样的观点：

在王权社会里，在阶层分士农工商、人分三六九等的社会里，众人认可的是非标准——无效沟通的责任人是听的人，不是说的人。

在民主社会里，在虽有分工但无尊卑的人人平等的社会里，众人认可的是非标准——无效沟通的责任人是说的人，不是听的人。

14. 对话与思想

2018年4月20日《作家文摘》刊登了一篇关于歌德与洪堡如何通过交流产生思想的文章，摘录如下：

> 1794年，洪堡暂时中断了他的科学实验和监察矿井的工作，去拜访哥哥威廉。洪堡到达后，威廉派人送信到魏玛，将歌德请到耶拿来。歌德欣然前来，在洪堡来访期间，他们天天聚会。歌德激动地回忆道，洪堡“迫使我们”讨论自然科学，从动物世界谈到火山以及植物学、化学与伽伐尼电流，“与洪堡谈话一小时，远远胜过读八天书”。
>
> 洪堡初次到访那年，歌德刚刚在耶拿大学创建了一个植物园，之前还撰写了题为《植物之变形》的论文。他在文中提出了这样一个观点：多姿多彩的植物世界实际上共享一种“原型”，或原始的形式；每一种不同的植物都是这一“原型”的一种变体。多样性的背后存在着统一性。这些想法令人兴奋，但歌德缺少一个旗鼓相当的谈话对象来进一步推演他的理论。洪堡的到来改变了一切，他们的思想碰撞出了久违的火花。有洪堡在场歌德的思维变得更加活跃。
>
> 洪堡听着歌德兴奋地讲述自己的想法，建议他将自己的理论写成一篇比较解剖学的文章发表。于是歌德开始狂热地工作，每天清晨花几小时在卧室里向助手口述。
>
> 此后几年，洪堡一有机会就拜访歌德。他们一起散步、用餐、开展科学实验，并参观耶拿的新植物园。歌德精神焕发，不停地变换话题。他对友人说，洪堡让他不断地产生新的想法。

作者点评：歌德说，“与洪堡谈话一小时，远远胜过读八天书”。托尔斯泰说，思想在人与人的对话中产生，在孤独中用大脑整理。中国有句俗语，与君一席谈，胜读十年书。可见，谈话比阅读效果好，阅读比听课效果好，是古今中外的共识。这一道理在我们的课堂上也得到了证明。

三江学院的学生徐倩在她2011年11月25日的课堂日报里写有这样一段话："在过去的四周中，我感觉收获比我的大学四年还要丰富。"东南大学学生徐韵婉在2014年10月的一篇课堂日报里写道："在一个月里，学生就可以通过每周两节课大概了解一门学科的框架，而原来的一个学期的课程最终也只是让学生了解学科框架而已。"为什么三江学院的徐倩和东南大学的徐韵婉同学都用十分夸张的语言形容她们在新的课堂上的学习效率之高呢？因为在新的课堂上，学生们是在几个人一个小组共同做一件事情的过程中学习的。请看魏婷婷同学在课堂日报里的一段话："我们每天都在不停地说、说、说，写、写、写，想、想、想。"

2019年1月26日，作者在"思政鹅湖"微信群发了一个标题为"对话"的帖子："独木不成林，一人不说话。说话是语言即思想的第一技能，对话是语言的本质属性。黑格尔说，人之所以是人因为人能思想。看一个人能否思想，看其是否善于对话。没有对话，全是空话。没有对话，都是空想。没有父母子女的平等对话，没有家庭教育。没有教师学生的平等对话，没有学校教育。没有老板员工的平等对话，没有现代企业。没有政府民众的平等对话、不是现代社会。"群里的刘新春先生@作者："独木不成林，一人不说话。语言是显性的思想，思想是隐性的语言，说话是语言即思想的第一技能，对话是语言的本质属性。没有对话，全是空话。没有对话，都是空想。"这些话是对的。

15. **深化改革、学会说话，为人类做出更大贡献**

吃——人生存的基本功能，源自人的食欲。

爱——人繁衍的基本功能，源自人的色欲。

说——人文明的基本功能，源自人的求知欲。

有了吃，才有劲说；有了爱，才有话说。没有吃，不要谈爱；没有爱，没有话说。我们这个群体改革开放40多年解决了"吃"的问题，人们见面的时候不再互相问候流行了几千年的问候语——"吃过了？"而是变成了"你好"。此实乃人类社会奇迹，亦属历史发展必然。吃饱了肚子，就有劲"说"了；吃饱了肚子，再学会"说"就容易了。继续坚持改革开放不动摇， 深化教育改革， 把教会学生“说” 作为培养现代文明人的抓手。 可以想象， 一个十几亿人的群体， 一旦吃饱了肚子又会说又会爱， 一定会释放出人类历史上从未有过的巨大的智慧， 从而为人类社会做出更大的贡献。

16. 重要的是学好母语

无论中文还是英文的学习， 都是为了学会使用文字符号构造语言来表达自己内心因环境刺激而产生的欲望、 情感与思想。 语言表达技能有两种形式， 一种是口头表达技能， 一种是书面表达技能。 前者是人都必须掌握的， 后者即便没有掌握日子也能过。 如果两个只能选一个， 宁可选前者； 如果两个技能都能熟练掌握则最好。

一个人的表达， 可以口头， 可以书面， 可以中文， 可以英文或法文或德文等； 表达所使用的文字与技能不止一个选择， 但是表达的内容只有一个——其内心真实的欲望、 情感与思想。

一个人的语言能力是由母语能力决定的。 作者高考的英语分数只有 14 分， 也没有留学经历， 但是， 作者在企业工作时通过翻译与欧美人沟通可以心领神会， 在东南大学参加国际教育交流会期间荷兰籍教师很愿意用生硬的汉语和作者交流， 三江学院吴中江校长评价作者《课堂的革命》 一书像外国人写的。 因为作者在青少年时代恰逢十年“文革”， 虽然没有在学校上多少课， 但是阅读了很多书， 而且是不为考试、 不带功利的自由阅读， 包括从俄文、 法文、 德文、 英文等翻译成中文的俄国、 法国、 德国、 英国、 美国等的书， 作者在长期的自由阅读过程中不知不觉地熟悉了外国人表达自己内心的欲望、 情感与思想的语言习惯或者说话语体系或者说思维习惯。

在道的层面， 不同文字构成的语言是相通的； 在术的层面， 不同文字构成的语言是相近的； 在器即文字的层面， 语言是不同的。 否则， 不同种族、 不同群体的人， 即便借助翻译也不可能沟通。

综上所述只想说明一点， 语言的学习， 重要的是学好自己的母语。 学好母语， 才能学好外语； 学不好母语， 一定学不好外语。

在自己的国家里学母语， 事半功倍； 在自己的国家里学外语， 需要消耗大量的时间和精力， 事倍功半。 谁能让美国人在美国学中文， 像中国人在中国学英文一样普遍、一样感到骄傲，谁就为拉平中国与美国的教育水平做出了贡献。

总而言之，文字是工具，语言是技能。母语学不好，外语一定学不好。一个群体学外语比学母语更有面子，文化人的屁股该打。

十、读

我们是一个几千年来奉行“万般皆下品唯有读书高”的理念、以书香门第为荣的群体，重视读书的思想意识已经嵌入我们精神的基因，这是我们的老祖宗为子孙后代做的一件功德无量的大好事。我们无须把时间和精力再花在强调读书的重要性上，我们只须与时俱进地重新回答好三个问题——为什么读？怎么读？读什么？

“读什么书”的问题是器的层面的问题——很重要。

“怎么读”的问题是术的层面的问题——更重要。

“为什么读”的问题是道的层面的问题——最重要。

是为功名利禄读书，还是为认知正义、真相与真理读书？是为读书而读书，还是为提高做人文明程度、提高做事效率而读书？是关门读书，还是开门读书？这些都是必须回答的问题。

1. 为考试读书与自由阅读

用高考指挥棒推动阅读，要注意防止让“为什么读”偏离读书的正道滑入歧途——为考试而读书。带有强烈的功利心、为考试而读书与没有功利心的自由阅读相比，效果大相径庭。前者有可能一旦离开学校、没有考试就不再读书，后者有可能养成终身阅读习惯；前者只能提高谋生手段，后者还能提升文明程度；前者有可能提高人的模仿力，后者有可能提高人的创造力。

一所学校，如果学生语文考试的分数很高，不能算成功；如果能养成学生的阅读习惯，才能算成功。

一个学生，如果语文考试分数很高，不一定文化程度高；如果有终身自由阅读的习惯，才能算文化程度高。

2. 书与人

人的欲望、 情感与思想是阅读的内因， 阅读的书籍是外因。

（1） 立足于书去观察读书的人

描写人的色欲的书是淫秽读物， 人读之会激发人的色欲。

描写人的爱情的书是言情小说， 人读之会激发人的情感。

描写人的思想的书是哲学著作， 人读之会启发人的思想。

（2） 立足于人去观察所读的书

心灵发育在欲望层级的人， 阅读描写欲望、 情感与思想的书， 其阅读的效果只能是欲望被激发。

心灵发育在思想层级的人， 阅读描写欲望、 情感与思想的书， 其阅读的效果会在欲望、 情感与思想三个方面同时体现出来。

（3） 阅读名著

何为名著？ 名著是心灵极其成熟的个体， 深入自然与群体、 观察自然与社会存在现象并思考其内在规律之后的比较精准的记录。 心灵幼稚的人能读懂心灵极其成熟的人写的名著吗？ 应付考试另当别论。

阅读唐诗宋词， 激发人的情感、 抒发人的心志。 如果情感未能发育， 真的能读懂吗？ 当然， 背诵没有问题。

阅读王阳明的心学、 黑格尔的哲学， 可以启发人的思想。 如果心灵发育未能到达思想层级， 真的能读懂吗？ 应付考试另当别论。

过去的科举时代强调培养善于阅读之人， 可以满足当时社会的需求。现在的科学时代如果还仅仅强调培养善于阅读名著之人， 已经远不能满足当下社会的需求， 而更要强调培养善于深入自然与群体能写出名著之人。我们不能总是一代又一代的只知道读古人的、 外国人的名著而不能写出反映当下人类生存活动的鲜活的名著吧？ 俗话说， 世事洞明皆学问， 人情练达亦文章。 实际上， 把洞明的世事写出来就是经典， 把练达的人情写出来就是名著。

作者曾经在朋友圈发过一个题为“读天、 读地、 读人、 读书” 的帖子， 收到较多点赞， 抄录于下：

把读天、读地、读人的心得写出来就是经典。哥白尼读天，创立了日心说；达尔文读地，创立了进化论；马克思读人，写了《资本论》。读书是为了更好地读天、读地、读人，读书不是为了显示自己比别人高贵。读书的过程是消耗社会资源和个人精力的过程，为读书而读书是浪费资源、浪费生命。关起门来只读书，读得越多越愚蠢。愚蠢的人无不自以为是。

3. 读进去与读出来

读进去的是知识，读出来的是考试高分，这不是读书目的。

读进去的是他人写的诗歌，读出来的是自己内心的情感，这才是读书。读进去的是他人创造的知识，读出来的是自己的求知欲、自己的被启发的思想、自己的认知力的提高，这才是读书。

就阅读技能而言，默读不如朗读，朗读不如抄一遍。

4. 学历与阅读

如果用心观察的话可以发现：酷爱阅读的人，无论学历高低，当领导者的概率大。比如中国的只读到小学四年级的曹德旺，美国的从哈佛退学的比尔·盖茨。他们阅读不是为了考试，不带功利心，是自由阅读，是生活的组成部分。学历比较高但不爱阅读的人，当雇员的概率则比较大，因为他们读书是为了考试，为了职业，带有功利心，不是自由阅读。

5. 书与人

万万不可本末倒置——只见人读的书，不见读书的人；只强调阅读书本，不关注读书人的成长；只强调经典名著，不关注写经典名著的人的成长过程与成长环境。

十一、写

在阅读学生课堂日报的过程中，有个学生在他的课堂日报里有这样一段给作者留下极其深刻印象的话——“以前我以为我不会写东西，现在我才知道没有东西可写。”这个学生在没有来我们课堂之前，其生活的全部内容几乎就是宿舍、教室两点一线，听课、作业、考试；没有师生之间、学生之间的互动，没有结合实际的案例教学，没有体育活动、唱歌、跳舞等文化人的课，生活单调，心灵空虚，所以没有东西可写。

语文的教学是教会学生使用文字构造语言以表达自己的欲望、情感与思想的技能，如果不关注学生心灵的精神形态人的发育成长，语文的教学就失去了意义，语言技能提高的程度也有限。

如果一个人的心灵发育在欲望层级，他的语言技能就会被用来表达欲望，比如用来发泄因为欲望不能满足而产生的情绪。如果一个人的心灵发育在情感层级，他的语言技能就会被用来表达情感，比如写情书。如果一个人的心灵发育在思想层级，他的语言技能就会被用来阐述思想。如果这个人的思想观念是人分尊卑、思想方法是迷信权威，其语言技能就会被用来传播违背科学的旧思想；如果这个人的思想观念是人人平等、思想方法是实事求是，其语言技能就会被用来传播合乎科学的新思想。

如果要求一个心灵发育停留在欲望层级的学生写一篇描述情感的文章，他肯定是写不出来的，除非抄袭；如果要求他写一篇阐述思想的文章，他一定连抄都不会抄。

三江学院计算机学院副院长郁政宏看着我们课堂的学生每天都在写课堂日报，而且是每个学生都在写，每个学生都在自觉地写，每个学生每天都有许多的话要写，不解地问，哪里来那么多东西写？只要学生开口说话，就有得写，说得越多写得越多；只要让学生一边做事一边学习就会有话说，只要让学生自主学习、共同学习就会有说不完的话。

古人言，读书破万卷，下笔信如神。读有助于写。

十二、文章与人

一篇文章，文字写得好不好，在人的手；文章的语言写得好不好，在人的脑；文章的内容写得好不好，在人的心。

十三、哲学

1. 世界哲学日致辞

人类渴望了解周围世界并获得行动指南的需求孕育了哲学。这种需求古已有之，经久不衰。这门学科在中国、中东和古希腊诞生已约3000年，而哲学追问的相关性和普遍性至今丝毫未减。

当今世界日益复杂，充满不确定性，社会变革和技术革命使惯常坐标模糊难辨，并且社会和政治挑战十分巨大。面对这些现象，哲学仍然是非常宝贵的资源。它既是缓冲区和减速带，也是指引我们前进的明灯。

哲学能帮助我们跳出当下的藩篱，带着必要的历史眼光和智慧高度来思考我们所面临的问题。它为我们提供了解读各个学科知识的钥匙，并用我们可以把握的语言对分解成各个学科的知识进行概括，如生物学、遗传学、计算机科学、认知科学、法律经济学和政治科学等学科知识。哲学让我们感知到的，是这些专业知识背后人的问题，即意义和规范的问题。

哲学也恰好能够帮助我们思考构建了我们集体生活的规范问题，这些问题涉及到正义、和平、伦理和道德等诸多方面。在人工智能领域取得的进步似乎重新定义人类界限的今天，这些问题非常具有现实紧迫性。

此外，哲学还意味着一种特别的行为和态度，开放对话和意见交流，愿意接纳不同与差异，勇于质疑陈规俗见并解构各种教条。

因此，哲学是共同生活以及任何自由多元社会或渴望自由多元的社会不可或缺的资源。教科文组织的职责与哲学的普世使命遥相呼应，因此一直赋予这一学科以特殊地位。所以能够于今年（2018年——引者注）11月15日和16日再次在巴黎总部庆祝世界哲学日。本组织深感荣幸。

值此世界哲学日之际，让我们以苏格拉底的名言“我所知道的就是我什么都不知道”互相激励，在浩瀚的知识海洋中共同进步。

——世界哲学日致辞

联合国教科文组织总干事奥德蕾·阿祖莱

2. 哲学是什么？

（1） 哲学是关于“想” 的学问

你在想你自己的心灵在想什么、 你自己的心灵在怎么想、 你的心灵和你的心灵所想的对象间的关系是什么，这就是哲学。

想清楚你自己的心灵在想什么，方向就有了；想清楚你自己的心灵在怎么想，方法就有了；想清楚你的心灵和心灵所想的对象间的关系是什么，人生价值就明了。这就是哲学的作用。

在正确的方向上用正确的方法想清楚你所想的对象的真相、想清楚真相背后的真理就是科学。哲学是科学的爸爸。

用计算机语言把实事求是的思想方法与过程写成机器能读懂的文章就生成操作系统软件。哲学是软件的妈妈。

想清楚学生的心灵在想什么、学生的心灵在怎么想、学生的心灵与学生心灵所想的对象间的关系，也就想清楚了教育的方向、方法和价值所在。哲学是教育的奶奶。

想清楚众人的心灵在想什么、在怎么想、众人的心灵与所想的对象间的关系，也就想清楚了政治的方向、方法与价值所在。得民心者得天下，知民心者得民心。哲学是政治的爷爷。

苏格拉底一天到晚找人说，哲学要听更要说，哲学要读更要想，想天、想地更想人。

（2）哲学是关于实事求是思想方法的学问

哲学不是关于肉体的体力的学问，不是关于肉体的智力的学问，而是关于心灵的心力的学问。

哲学不是关于心灵的欲望的学问，不是关于心灵的情感的学问，而是关于如何超越欲望与情感从而能够理性思想的学问。

哲学不是关于迷信权威的思想方法的学问，而是关于实事求是的思想方法的学问。

3. 哲学家、哲学学者、哲学知识、哲学道理

微友：看陈鼓应的关于老子的书，会逐渐明白。

作者：老子读谁的书？哲学家与哲学学者不是一个概念，不可同日而语。哲学要读书，更要读天、读地、读人，尤其要读人心。

“两耳不闻窗外事，一心只读圣贤书。”如此读哲学书，不可能读懂哲学，只会越读越愚蠢。“风声雨声读书声，声声入耳；国事家事天下事，事事关心。”如此读哲学书，才能读懂哲学，才会越读越有智慧。

媒体报道，华为的任正非邀请国内著名大学的哲学教授到华为公司给管理干部教授哲学，这位教授不解地问任正非，为什么要给企业管理干部教授哲学？任正非一定明白哲学的道理，掌握哲学阐述的实事求是的思想方法，否则不可能把企业做到如此规模和影响力；这位教授拥有丰富的哲学书本知识却未必真懂哲学道理。

4. 哲学的好处

说话= 语言= 思想= 道。

学习哲学，可让人能说会道，还可让人看清谁在胡说八道。

5. 哲理的定义

能让识字的、不识字的，社会各个阶层、不同职业的人都能听懂，能入个体人的心坎，也能贯通群体人的心灵的语言，所传递的能够经得起时间与空间检验的一般的道理，就是哲理。

6. 哲学只有一个

哲学只有一个，无分东方西方。东方哲学和西方哲学不同的，只是承载哲学知识的文字以及用文字构造的表达哲学道理的语言。

哲学阐述的道理不受时空限制。

7. 法国高考题目

> 法国高考第一天考哲学，2019 年的哲学考题如下。
>
> 理科考题：1. 是否可以逃避时代（或时间）？2. 解释艺术品有用吗？3. 针对德国思想家、哲学家黑格尔的著作《法哲学原理》的一段进行思考并做出解释。
>
> 商科考题：1. 讲道德是最好的政策吗？2. 工作是否分化了人类？3. 针对德国哲学家莱布尼茨的著作《关于笛卡尔原则的一部分评论》的一段话进行思考并做出解读。
>
> 文科考题：1. 多元文化是否阻碍了人类的团结？2. 认清自己的责任，是放弃自己的自由吗？3. 针对奥地利哲学家和思想家弗洛伊德的著作《一种幻想的未来》的一段进行思考并做出解读。

作者点评：无论理科、商科还是文科考题都是度量考生认知力和认知方法即方法论的考题。这样的考题只有在精神形态人成长到思想层级的个体人所占比例较高的群体里才会有。 此类考题有助于把拥有实事求是思想方法， 有可能创造艺术、 科学与技术的人选拔出来。

8. 哲学、语言、艺术、科学、技术的关系

哲学是抽象认知事物的思想方法， 语言是抽象表达认知的技能， 艺术是事物外显形式的高度抽象， 科学是事物内在本质的高度抽象， 技术是艺术与科学知识的应用。

哲学是艺术与科学的爸爸， 语言是艺术与科学的妈妈； 艺术是哲学与语言的女儿， 科学是哲学与语言的儿子； 技术是艺术与科学的儿子。

十四、逻辑

逻辑是供大脑作定性思考的通用的认知工具。

人们在思维的过程中， 无论思考什么问题都离不开逻辑， 逻辑可以帮助人思路清晰地思考， 否则容易糊涂。 人们在使用语言表达认知时需要逻辑， 否则话说不清楚。 所以， 人们无论从事什么行业、 在什么样的岗位上都需要逻辑， 无论文、 理、 工都有必要学习逻辑知识， 学会借助逻辑工具思考问题。

汉语的“逻辑” 一词是英语的“logic” 一词的音译。 Logic 最早是亚里士多德发明的概念， 如果意译的话就是思维规律， 是供大脑的思考力使用的定性的认知工具。 弗朗西斯·培根被称为实验科学的创始人、 近代归纳法的创始人， 给科学研究程序进行逻辑组织化的先驱。 他的《新工具》一书被科学界认为是人类掌握了科学的思想方法的开山之作。 可见， 从事科学工作需要逻辑。 因为许许多多人的感悟力可以感悟到的显然并不显见的存在， 需要使用逻辑工具来帮助清晰地认知。 科学劳动需要逻辑， 法治社会也需要逻辑。

“Logic” 这个英语词汇和“逻辑” 这个汉语词汇是人的主观发明， 而文明人在思维过程中的逻辑性则是客观存在。 逻辑学是对发现的客观存在的人的认知方法或思维模式总结的产物。 我们中国的文字里过去没有与 logic 对应的语言词汇， 不代表我们的思维里没有逻辑， 实际上， 任何一个人的思维里都或多或少有一定的逻辑性， 差别只是清晰的程度不一样，

差别只是有的人意识到逻辑的存在，有的人没有意识到逻辑的存在。

常有学者呼吁，中国最需要的是逻辑启蒙。实际上，在思想观念流行人分尊卑、思想方法流行迷信权威、社会成员分三六九等的群体里，逻辑无立足之地。一旦实现思想观念从人分尊卑向人人平等、思想方法从迷信权威向实事求是的转变，社会成员实现人格上的平等，蕴藏于中国人心灵之中的逻辑理性自然会释放出来。我们的教学实践证明，如果能在我们中国学校的课堂上实现师生平等，我们中国学生的逻辑理性一定会释放出来。

是先有逻辑学还是先有蕴藏于人心灵的逻辑理性？当然先有蕴藏于心灵的逻辑理性。逻辑学是总结人在社会生活中释放出来的天然理性的产物。

十五、数学

数学是供大脑作定量思考的通用的认知工具，数学是逻辑的另一种存在形态。

2018年4月27日《报刊文摘》刊文，题为“美国小学生怎么学数学”，摘录如下：

> 女儿在美国上小学了。和中国的课程设置类似，两门主课是英文与数学。女儿在国内幼儿园读了一年，对于数学，我们非常自信。出乎意料，学期末的家长会上，女儿的班主任对女儿的数学学习表示了忧虑。她认为女儿虽然能答对试题，但这只完成了数学学习的一个“小目标”；学数学最重要的是知道如何进行逻辑推理，并且清楚地将推理过程向他人阐明。老师反对学数学时背记，甚至包括背记乘法口诀表。
>
> 回家后，我给女儿出了几道数学题，她很快给出正确答案。当我让她告诉我如何计算出来时，她不会解释。原来，如我小时候学数学一样，她是硬背下来的。
>
> 西方教育非常强调“发其音声”（口头表达），并将这一思想贯穿于所有学科，包括数学。在美国，衡量一个科学家的标准不是看你的科研

有多好，而是你的同行认为你有多好，你需要通过各种渠道，竭精驰说，推销你的研究成果。否则即使你在顶级杂志上发表过文章，也会迅速被人遗忘。基础教育最重要的目的是帮助学生学会与人交谈以融入社会。

作者点评：“学数学最重要的是知道如何进行逻辑推理，并且清楚地将推理过程向他人阐明”。可见，在美国的基础教育阶段，老师对一个学生学习数学程度的判断，不会只关注数学题的答案是否正确，而更关注解答数学的方法与过程（逻辑），还要求能够把解答数学题的方法与过程讲给别人听（语言）。通过数学的教学把语言、逻辑与数学三个方面统一起来教学。这正是美国学校教学的先进之处，也是美国执世界软件行业牛耳的原因所在，因为生产软件的过程就是同时使用语言、逻辑与数学知识的过程，或者说把人的结合语言、数学与逻辑的认知“方法与过程”用计算机语言写出来就是软件。

十六、思想、语言、哲学、逻辑、数学与认知

请注意上文中的“世界哲学日致辞”里的关于哲学和语言的关系的一段话——哲学“为我们提供了解读各个学科知识的钥匙，并用我们可以把握的语言对分解成各个学科的知识进行概括，如生物学、遗传学、计算机科学、认知科学、法律经济学和政治科学等学科知识”。

哲学可以让思想更加深刻，让语言更加精炼。逻辑可以让思想更加缜密，让语言更有条理。数学可以让思想更加精准，让语言更加清晰。哲学是认知活动的思想工艺——从方法与过程的角度说道。逻辑是认知活动的思考工具——从定性的角度说理。数学是认知活动的思考工具——从定量的角度说理。

语言是显性的思想，思想是隐性的语言。语言是把思想从一个人的心灵通过大脑传递到另一个人心灵的技能，语言是贯穿人的认知活动全过程的通用技能。无论是哲学“说”的大道理即道，逻辑与数学“说”的中道理即术，还是物理、化学等“说”的专门的小道理即器，都离不开语言技能。

十七、知识点与知识体系

基础层级知识是树根，中间层级知识是树干，应用层级知识是树枝，知识点是树叶。

单片树叶没有生命力，长在树上才有生命力。单独词汇没有确定含义，看上下文才有其确切含义。单一知识点没有确定意义，知识点在知识体系里才有确定意义。

知识的教学要关注的不是知识点而是知识体系，知识体系的教学不是通过书本知识的讲解可以实现的；知识体系的教学是在合适的课堂软环境里，用能够让学生做起来、说起来、写起来的教学方法才可以实现的。我们的课堂就是这样的课堂，请看我们课堂的学生王骏鹏 2011 年 10 月 31 日的课堂日报与老师的点评：

> 在我进入这个课堂之前，在大学前三年的学习过程中，我所掌握的只是些零散的知识，知识的断点实在太多。然而在这一个多星期的学习过程中，我们从如何与客户进行需求的沟通得到原始需求，到初步需求文档，到写需求分析说明书，再到现在的概要设计，形成了一个初步的体系。
>
> 老师点评：骏鹏同学对知识的思考已经不局限于“知识点”了，而是由“点”到“线”到“面”到“知识体系”了，了不得！

十八、上学与读书

人们经常把上学与读书混为一谈，实际上，上学是为了读书，读书则不一定要上学。到底是上学读书好，还是自己读书好，请看美国知名企业家马斯克和中国知名企业家曹德旺是怎么说的。

1. 钱颖一对话马斯克摘录（2015 年 10 月 22 日）

钱颖一：清华大学经济管理学院院长、教授

埃隆·马斯克：特斯拉首席执行官兼产品架构师，Space X 首席执行

官兼设计师，Solar City董事长

钱颖一：火箭技术是非常高尖端的科技，你不仅是公司的CEO，还是CTO（首席技术官），你有以前物理学与商科的背景。你读了三天博士，我非常肯定，你是自学成才的。你自学了所有这些，科学、工程、计算机编程、物理学等。请告诉我们的学生，没有经过在学校的正规学习，你是怎么做到的？

马斯克：自学的速度要比正规学习快得多。

钱颖一：自学要比在学校的正规学习快？和我们分享一下你学习的秘密。

马斯克：就是要读很多的书，还要和很多人交流。

钱颖一：光靠读书就可以成为一个火箭科学家？

马斯克：是的。不过还要实验。既要读书，也要动手实验，因为有时书里的东西未必正确。

钱颖一：通过阅读书籍就能成为高科技领域的专家，就这样？

马斯克：是的。看书的速度要比听课快。“看”可以比“听”快得多，所以看书学东西要快得多。

——摘自2018年2月8日“理想岛”微信公众号

2. 甩开科班那条路，自己去学

曹德旺9岁上学，14岁被迫辍学，他种过白木耳，当过厨师。

仲伟志：你说你是七十从心所欲不逾矩，但我认为这不是一个自然生长的过程，而是一个不断学习和不断提高的过程，你的影响资源主要来自哪里？来自佛教还是圣贤经典？

曹德旺：应该都有，还有更多来自社会。我的特点是什么呢？我不是科班出身的，但又很喜欢读书，又很喜欢钻牛角尖。因此，后来是甩开科班那条路，自己去学的。

在我们课堂上，教师不讲课，教师组织和指导学生自己学习。作为教师的作者经常会和学生们这样说，我的这些知识都不是我自己创造的，都是从书上或网上学来的，你们与其听我讲书还不如自己看书。好有一比，我是摆地摊的西瓜贩子，你们与其在我这里买西瓜，还不如直接到西瓜地里自己摘。

十九、食物、知识、体力、脑力、心力

吃饭绝不只是为了往肠胃里灌满一大堆食物让肠胃有饱腹感， 吃饭更是为了把吃下肚的食物转化成肉体的体力与脑力， 只有吃进肚子里的食物转化成肉体的体力与脑力才没有白吃。

学习绝不只是为了往大脑里灌满一大堆知识让人能应付考试， 学习更是为了把学习到的知识转化成大脑的脑力， 只有学进大脑里的知识转化成大脑的脑力才没有白学。

道理的学习绝不只是背诵道德教条与法律条文就能让人变得有文化而文明， 道理只有学进心灵里形成某种形态的思想意识从而转化成精神之力才没有白学。

睡眠与运动帮助消化食物、 提高食物转化的效率， 生产劳动、 社会活动与科学实验可以帮助提高知识与道理的转化效率。

强迫吃饭不仅不利于食物消化， 还会罹患厌食症， 影响身心健康。强迫学习知识、 强行灌输道理不仅不利于知识和道理的理解， 还会导致产生抵触情绪、 罹患厌学症， 严重影响心灵健康、 妨碍精神成长。

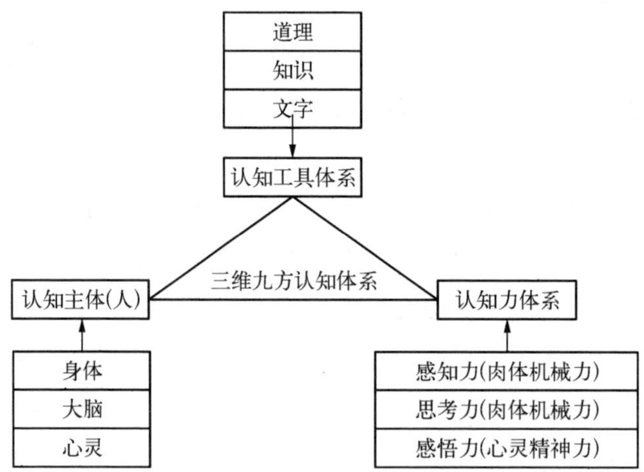

图 2　三维九方认知体系图——教育服务效果图

一、三生万物

老子说，三生万物。认知体系由三个三位一体的维度三位一体生成，故称为三维九方认知体系。

一维：心灵、大脑与身体三位一体生成认知主体即人。

二维：感悟力、思考力与感知力三位一体生成认知力体系。

三维：道理、知识与文字三位一体生成认知工具体系。

认知体系＝认知主体即人＋认知力体系＋认知工具体系。

二、心灵是人的认知活动的中心

心灵在三维九方认知体系里排第一。生活经验告诉我们，身体听大脑的，大脑听心灵的。换句话说，身体围着大脑转，大脑围着心灵转。也就是说，心灵在人的认知活动中处于中心位置。可见，三维九方认知体系理论与生活经验相一致。

三、认知体系与哲学

哲学是专门研究人的认知行为的学问，所以，哲学也可以被认为是研究生成认知体系的三个维度九个方面相互间关系的学问。

第十节　认知体系

一、两种认知体系

在生成认知体系的三个维度里，认知主体即人最重要。

在生成人的身体、大脑与心灵的三个方面里，心灵最重要。

在生成心力的欲望、情感与思想的三个方面里，思想最重要。

在生成思想的思想观念、思想方法与思想力的三个方面里，思想观念最重要。思想观念有人分尊卑与人人平等之分，所以，认知体系有基于人分尊卑思想观念的A型认知体系与基于人人平等思想观念的B型认知体系两种。

A型认知体系，认知能力弱。因为思想观念人分尊卑，思想方法一定迷信权威，思想力就弱；思想力弱，则感悟力弱；感悟力弱，则认知力体系弱。所以，拥有A型认知体系的人认知能力弱。

B型认知体系，认知能力强。因为思想观念人人平等，思想方法能够实事求是，思想力就强；思想力强，则感悟力强；感悟力强，则认知力体系强。所以，拥有B型认知体系的人认知能力强。

A型认知体系因为思想方法迷信权威所以是封闭僵化的体系。

B型认知体系因为思想方法实事求是所以是开放发展的体系。

一个学生拥有A型还是B型认知体系由课堂软环境决定。

二、成长就是成才

三维九方认知体系理论有助于看清成长与成才的关系。

人们习惯于用才能大小描述人做事能力的大小，人所能做的事情的大小不可能超出其认知的范围，人认知范围的大小取决于其认知力的大小。人的认知力由感知力、思考力与感悟力三位一体生成，心灵感悟力认知道理即道，大脑思考力认知知识即术，身体感知力认知文字即器——视力认知书写的文字，听力认知语音的文字，双手认知盲文。感悟力大小取决于心灵精神形态人的成长高度，思考力与感知力强弱取决于肉体物质形态人的成长状态，所以，一个人认知能力的高低取决于身体、大脑与心灵的全面成长状态。可见，成长是成才的前提，成才是成长的结果，成长就是成才。

为什么教育先进国家的学校在基础教育阶段对音乐、体育和美术的重视程度远在数理化等专门知识之上？因为他们明白成长就是成才的道理，明白作为人的学生的成长季节性很强，明白基础教育阶段的青少年学生正处于身心发育最旺盛的季节，明白音体美是直接促进学生心灵与肉体发育成长的课程，明白数理化知识是成熟的人的复杂的劳动工具，明白数理化知识等学生长大再学更好，明白数理化知识在需要用的时候学习效率最高。

教育瞄准学生的成长，学生就能个个成人、人尽其才。

教育瞄准知识的教学，学生不能个个成人、人尽其才。

三、人本主义是科学之根

英国《自然》杂志在最新一期中发布了《自然》年度十大人物，这十大人物是从过去一年中对科学产生重大影响的人物中遴选出来的。引人注意的是，作为科学界的顶尖权威刊物，《自然》所评选的年度十大人物当然是代表了当今科学发展潮流的前沿科学家，但是却不唯科学家，像与白血病搏斗、鼓舞新一代癌症疗法的怀特海德，气候变化的怀疑者、美国环保署署长普鲁特，致力于曝光问题论文、打造检测假论文工具的伯恩，为核不扩散而战、禁止核试验侦察者、地球物理学家泽博，在性骚扰案件激增时致力于追究学术机构责任的律师安·奥利瓦瑞斯等五人。

纵观《自然》评出的年度十大人物，其选取显然是以人本主义为标准的。而人本主义，其实正是科学之根。这五个人当选《自然》年度十大人物的另一重大意义，是显现了哲学、伦理学以及人类精神和道德价值于科学存在和发展的不可或缺的特殊意义。

——摘自 2017 年 12 月 25 日《报刊文摘》

作者点评：在中国古人所说的修身、齐家、治国、平天下里，“修身”排第一。在西方的“人本主义是科学之根”的理论里，“人”排第一。在本书的三维九方认知体系里，“人”排第一。

四、面对同一个事件同一个人或不同的人会有不同的认知

人对事件的认知首先取决于心灵精神形态人成长的高度，其次受肉体物质形态人的感知力与智力以及经验和知识的影响。

面对同一个事件，同一个人，其精神形态人随着年龄的增长，成长在欲望、情感、思想的不同高度，会有不同的认知；精神形态人成长在欲望、情感、思想的不同高度的不同的人，也会有不同的认知。

可见，心外的客观世界只有一个，心内的主观世界各不相同，

社会上常见虽有很多书本知识但精神形态人成长在人分尊卑思想观念、迷信权威思想方法高度的成人，评价精神形态人成长在人人平等思想观念、实事求是思想方法高度的真人所做事业的现象，其评价不仅不可能中肯，而且会混淆视听。

五、不对等的认知

精神成长在思想观念人人平等、思想方法实事求是高度的真人，能认知精神成长在思想观念人分尊卑、思想方法迷信权威高度的成人，反之不行。成人能认知精神成长在情感高度的青年，反之不行。青年能认知精神成长在欲望高度的儿童，反之不行。

真人、成人、青年与儿童在一起相处，很难彼此对等认知，很难进行有效沟通，但又不可能不相处；现代文明要求前者理解和包容后者，而不要求后者理解和包容前者，因为后者的认知能力做不到，并非不愿意。精神成长高度较高的人理应包涵和谦让精神成长高度较低的人，而不

是相反。比如，教师与学生相处，作为成年人的教师应该理解和包容未成年的学生，而不是相反，这就是现代教育。

六、人类文明的进化史也是认知能力提高的历史

2018年5月26日《解放日报》刊文，题为"'认知'的变化写就人类的历史"。摘录如下：

> 认知，就是我们认识这个世界、看待这个世界的方式。那么，这个"认知方式"是怎么一步步变化的？今后又将如何变化？
>
> 被霍金誉为"会讲故事的物理学家"的伦纳德·蒙洛迪诺在《思维简史：从丛林到宇宙》中给出了答案：是好奇心和不断从失败中总结经验的本领，使得科学发展、生活进步，而这在未来依然是人类生存的立足之本。
>
> 从古埃及文明到美索不达米亚的奇妙算法，从毕达哥拉斯到亚里士多德，从伽利略、牛顿到爱因斯坦相对论，科学发展过程中的关键时期和关键事件，都可以揭示这一切背后的发展动力，那就是人类的求知欲和好奇心。
>
> 有很多人认为生产生活方式决定人的思维方式，然后思维方式对生产生活有一定的指导作用。可是仔细考察人类历史，似乎并不是这样。在真实历史中思维方式总是先行，是先有了思维方式的重大改变，才有了生产生活的重大改变。

作者点评：本书观点旗帜鲜明——事情都是人做的，人做事的能力随着认知能力的提高而提高。先有认知活动即思维活动而后才会有生产活动，本书的三维九方理论可以解释此现象，有助于提高认知能力从而加快文明的进化速度。

第二篇　环境

教育是什么？作为内因的人与作为外因的环境相互作用形成了教育。所以要想知道教育是什么，必先知道人与环境是什么。本书第一篇已经介绍了作者个人所认识的人是什么，第二篇将介绍作者个人所认识的环境是什么。

人的生存环境＝硬环境＋软环境，硬环境＝水＋空气＋阳光等，软环境＝家庭软环境＋课堂软环境＋社会软环境，当今网络时代的社会软环境不限于一国而是国际社会软环境。

肉体物质形态人的成长与硬环境相关，心灵精神形态人的成长与软环境关联。

知识与技能的教学可以由学校独立完成，而人的教育则必须依靠家庭、学校与社会三位一体共同完成。学校连接着家庭与社会，所以学校最重要。

爱因斯坦说："学校向来是把传统的财富从一代传到下一代的最重要手段。与过去相比，这种情况更加适合于今天。由于经济生活现代化的发展，作为传统和教育的传递者的家庭已经削弱了。比起以前，人类社会的延续和健康，要在更高程度上依靠学校。"

2014 年《课堂的革命》刚刚出版时，一位民营企业家朋友杨跃明先生看了书以后认为是一本值得推广的好书，主动提出来要帮助推销。他组织他企业的员工去中小学门口向接送孩子的家长们推销，家长们都说，我们听学校的，建议去学校推销。

假如一个学生以小学每天上 6 节课，中学每天上 8 节课，大学每天上 6 节课计算，每年在校时间为 40 周，每周上 5 天课，一个学生在大学毕业前的 16 年的教育人生是由 21600 节的课构成的，可以说学生在学校里接受教育的场所主要就是课堂。

毛泽东说，学校的一切工作都是为了转变学生思想。马克思说，不能用思想代替思想，只能通过改变社会环境转变思想。同理，不能强行灌输学生思想，只能通过改变课堂软环境转变学生思想。

课堂软环境是什么？课堂硬环境＝教学楼＋课桌椅＋教具等。课堂软环境＝课堂文化＋教学模式＋教学内容。学生成长在不同的课堂软环境里，会在环境的浸润下不知不觉间释放出或善或恶的情感、潜移默化成或先进或落后的思想。

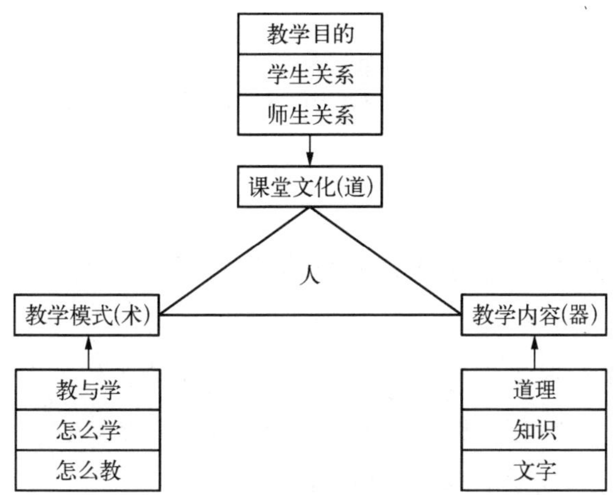

图3　三维九方课堂软环境图——教育服务方法图

课堂软环境是三个三生成的又一个三。

师生关系、学生关系、教学目的，三位一体生成课堂文化。

怎么教、怎么学、教与学的关系，三位一体生成教学模式。

文字、知识与道理，三位一体生成教学内容。

课堂文化、教学模式、教学内容，三维九方生成课堂软环境。

课堂文化提供德育服务，服务心灵，释放人性。教学模式提供智育服务，服务大脑，释放智力。教学内容即认知工具，在课堂上是德育和智育道具。关注睡眠、饮食与运动，服务身体，释放体力。

教育就是从三个维度九个方面搭建课堂软环境让学生自己长。什么土地长什么苗，什么环境长什么人。为学生搭建什么样的三维九方课堂软环境，学生就会在环境里不知不觉间潜移默化出对应的三维九方认知体系，拥有什么样的认知体系就是什么样的精神形态人。

第一节　三维九方课堂软环境

一、三维九方课堂软环境新概念是怎样形成的?

作者居住的小区周围有三所大学，作者时常会去校园散步。最近几年看着一幢又一幢新大楼在校园里拔地而起，作者常想，为什么教学大楼越建越高而人们对教育质量的满意度却没有提高?

忽一日，在校园散步的过程中，作者顿悟——影响教育质量更多的不是学校硬环境而是学校软环境。

学校硬环境是什么? 学校硬环境可以认为是由教学楼、课桌椅与教具等构成。

学校软环境是什么? 作者在前一本书《课堂的革命》里提出的构成“课堂环境”的课堂文化、教学模式与教学内容三个条件都是软条件，在“课堂环境”四个字的中间加一个“软”字，一个相对于课堂硬环境的“课堂软环境”的新概念不就成立了?

北京交通大学宁滨校长在2014年6月2日给作者的邮件中写道:“我在全校大会上推荐你的书，我将会按照书里提出的课堂文化、教学模式与教学内容三个方面推进学校的改革。”宁滨校长在邮件里对课堂文化、教学模式与教学内容三个方面的全面肯定给了作者很大的信心。

课堂软环境= 课堂文化+ 教学模式+ 教学内容。

一个新的“课堂软环境”的概念就是这样形成的：在不断实践的过程中用自己的身体去感知、用心灵去感悟、用大脑去思考，和他人不断地平等地自由地交流，忽一日顿悟。

二、A、B 两种形态的课堂软环境

1. 两种形态的课堂文化

师生关系有两种：传统的师尊生卑，现代的师生平等。

学生关系有两种：有好生差生之分，有不同但没有好差之分。

教学目的有两种：为考试分数教学，为学生成长教学。

师尊生卑的师生关系、有好生差生之分的学生关系、为考试分数而教学的教学目的，三位一体生成传统的 A 型课堂文化。

师生平等的师生关系、有不同但没有好差之分的学生关系、为学生成长而教学的教学目的，三位一体生成现代的 B 型课堂文化。

2. 两种形态的教学模式

怎么教有两种：一言堂、满堂灌，方向上引导、方法上指导。

怎么学有两种：被动学习、关门读书，自主学习、共同学习。

教和学的关系有两种：老师讲、学生听，师生互动、教学相长。

一言堂、满堂灌的教，被动学习、关门读书的学，老师讲、学生听的教与学关系，三位一体生成传统的 A 型教学模式。

方向上引导、方法上指导的教，自主学习、共同学习的学，师生互动、教学相长的教与学关系，三位一体生成现代的 B 型教学模式。

3. 课堂文化与教学模式

在 A 型课堂文化氛围里，只能实施 A 型教学模式。

在 B 型课堂文化氛围里，才能实施 B 型教学模式。

4. A、B 两种课堂软环境

传统的 A 型课堂软环境由 A 型课堂文化、A 型教学模式与教学内容三位一体生成。

现代的 B 型课堂软环境由 B 型课堂文化、B 型教学模式与教学内容三位一体生成。

5. 课堂软环境与计算机软件体系

课堂文化= 操作系统基础软件。

教学模式= 中间软件。

教学内容= 应用软件。

我们知道，应用软件的运行效率基于中间软件，中间软件的运行效率基于操作系统。

同样道理，教学内容的教学效率基于教学模式，教学模式的运行效率基于课堂文化。

6. 课堂软环境与道术器

课堂文化是道，教学模式是术，教学内容是器。

道生术，术生器；术在道上行，器为术所用。

课堂文化决定教学模式，教学模式决定教学内容的教学效率。

一切从教学内容（器）即知识与技能的教学，而不是从课堂文化（道）出发的创新教育的尝试，其作用都是极其有限的。

三、三维九方理论与德智体教育方针

如果说德、智、体教育方针指出了教育正确的方向，可以说三维九方课堂软环境理论提供了教育的方法。

德智体教育方针：德育、智育、体育。

三维九方理论：课堂文化、教学模式、教学内容。

课堂文化培育学生心灵、释放人性——德育。

教学模式训练学生大脑、释放智力——智育。

教学内容是教学工具。

四、三维九方理论与三维教学目标

1. 教育部提出的三维教学目标

一维：知识点与技能；二维：方法与过程；三维：情感态度与价值观。

2. 我们在实践中总结出的三维九方理论

一维：课堂文化。 二维：教学模式。 三维：教学内容。

3. 三维九方理论与三维教学目标

（1）“课堂文化”和“情感态度与价值观”相对应

有什么样的课堂文化，学生就有什么样的情感发育程度与价值观。有什么样的情感与价值观就会有什么样的学习、生活与劳动态度。

学生的“情感态度与价值观”不是靠知识的灌输、道理的宣讲形成的，而是在课堂文化的潜移默化下不知不觉间形成的。

课堂文化理论为达成“情感态度与价值观”的目标提供了具有实际操作功能的手段——有什么样的师生关系、学生关系与教学目的，学生就会在不知不觉间养成什么样的“情感态度与价值观”。

（2）“教学模式”和“方法与过程”相对应

有什么样的教学模式，学生就有什么样的学习“方法与过程”。

教学模式理论为达成“方法与过程”的目标提供了具有实际操作功能的手段——教师怎么教、学生怎么学、教和学的关系形态构成了教学的“方法与过程”。

（3）“教学内容”即认知工具体系，包含“知识点与技能”。

五、作者是如何说服中科院软件所领导合作的

作者在2012年受三江学院领导之托，尝试说服中国科学院软件研究所领导同意和三江学院联合培养软件人才。软件所主要领导一开始不同意，说培养软件人才太难了，搞得不好要砸牌子的。但是，软件所领导最终还是被说服了。

摘录作者与软件所领导在电话里的一段对话如下。

> 作者：教育部有个三维教学目标。
>
> 所长：哪三维？
>
> 作者：第一维，知识点与技能。现在的学校教育都是围绕着这一维展开的。第二维，方法与过程。虽然这一维客观存在，但是现在的学校教育对这一维的认知有待到位。第三维，情感态度与价值观。现在的学校教育在这一维上是负的。

所长：是的。培养人才是中科院的天职，看来没有理由不支持你培养人才的尝试。

中科院软件研究所和南京三江学院的合作，没有权力的干预，没有利益的驱动，只有道理的说服，只有共同的社会责任感。前一本《课堂的革命》和这一本书都是合作的成果，当然一批批因为合作办学改变了人生轨迹的学生是最大的成果。

六、三维九方理论与福泽谕吉观点

1. 福泽谕吉观点

日本思想家福泽谕吉说，一个民族要崛起需要有序地改变三个方面：第一是改变人心，第二是改变制度，第三是改变器物。

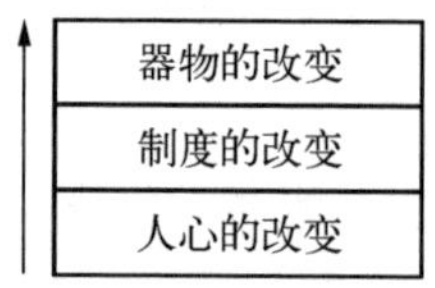

这个顺序绝不能颠倒，如果颠倒，乍看是捷径，其实走不通。

2. 作者观点

一个群体要崛起需要有序地改变三个方面：第一是改变思想即道，第二是改变教育即传道之术，第三是改变制度即治国之重器。

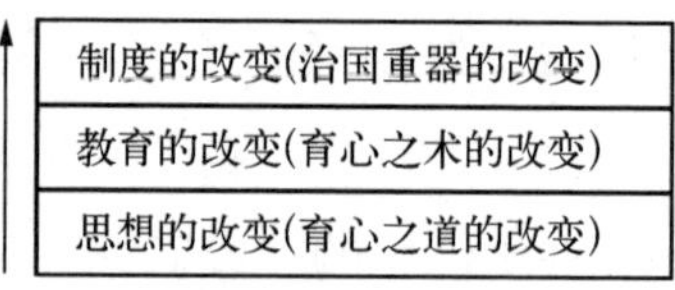

这个顺序绝不能颠倒，如果颠倒，乍看是捷径，其实走不通。

器物强即民富国强靠科技强，科技强靠思想、教育与制度强。

3. 作者的发现

作者在创新教育实践中发现：学生的成长需要有序地关注三个方面：第一是心灵成长，第二是大脑成长，第三是身体成长。

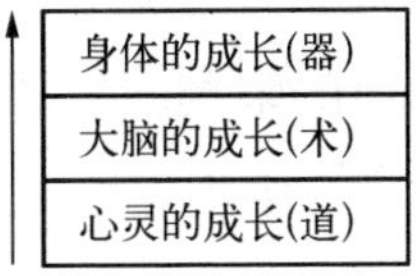

身体的成长(器)
大脑的成长(术)
心灵的成长(道)

这个顺序绝不能颠倒，如果颠倒，乍看是捷径，其实走不通。

作者还发现：学校教育要创新，需要有序地创新三个维度：第一是课堂文化，第二是教学模式，第三是教学内容。

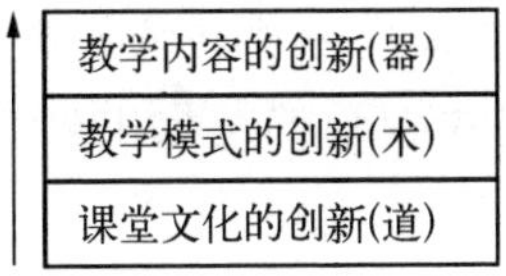

教学内容的创新(器)
教学模式的创新(术)
课堂文化的创新(道)

这个顺序绝不能颠倒，如果颠倒，乍看是捷径，其实走不通。

我们的多年实践证明，教育学生按照心灵、大脑、身体这个顺序走，可以做到学生个个成人、人尽其才。 教育创新按照课堂文化、教学模式、教学内容这个顺序走，创新教育之路一走就通。

第二节　课堂文化与师生关系

一、关于课堂文化的定义

课堂文化被定义为师生关系、学生关系与教学目的三位一体组成的复合概念。 为什么这样定义?

通常人们认为过去的传统社会文化是由君臣关系、夫妇关系、父子关系的三纲为基础，加上金榜题名、荣宗耀祖的人生目的构成，课堂文化的定义就是受此启发。

为什么师生关系在课堂文化的三个要素里排第一?

历史学家都认为英国的宪法政治开始于 1215 年，之所以确定在 1215 年是因为英国大宪章是 1215 年订立的。大宪章要求国王放弃部分权力，以及尊重司法过程，接受王权受法律的限制。这是人类文明史上破天荒的伟大创举，这在根本上改变了社会生活中国王与民众的关系。

在中国社会现代化进程中，1911 年辛亥革命推翻皇帝是一个重要的历史节点，从此以后民众不再被称呼为子民而被称呼为公民。民众与政府的关系，在制度上开始告别已经遵守了几千年的君臣父子的尊卑关系，朝着人人平等的方向前进。

人类文明进化的历史说明，改变皇帝或政府与民众的关系——推动以皇帝为中心的社会向着以人民为中心的社会的转变，是推动社会一切事业进步、提升人类文明的大前提。

我们创新课堂的实践证明，改变教师与学生的关系——推动以教师为中心的课堂向着以学生为中心的课堂的转变，是推动教育进步、提升教育文明从而为现代社会供给现代文明人的大前提。

可以说，创新学校教育的突破口就是创新师生关系。也可以说，创新学校教育的难点也正是师生关系的改变，毕竟天地君亲师的排序奉行了几千年。但是难以做到并不等于做不到，因为渴望平等是包括学生和教师在内的每一个人天生就有的人性。

二、师生关系不变还是旧教育

1. 北洋军为什么是旧军队?

2014 年第 9 期《特别文摘》刊登了一篇题为“不打不骂不升官”的文章，摘录如下:

> 北洋军阀有一个习惯，不打不骂不提升。上司要想提拔谁了，无缘无故就打骂这个人一顿。看其反应，如果服服帖帖，毫无怨言，就提拔，否则就算了。其实这个传统，在李鸿章的淮军时代就有。这样的习惯，从淮军传到了新建陆军，再传到北洋军。谁都知道，无论小站新军，还是后来的北洋六镇，都是淮军的老班底。

虽然说，北洋军跟淮军不一样，不仅服装、装备、操法，连编制都跟西方一样了，但是，北洋军军人之间的关系还是和淮军一样的。所以说，北洋军还是旧军队。

2. 解放军为什么是新军队？

朱德在井冈山写过一副对联：白军中，将校尉薪饷各有不同；红军里，官兵夫，待遇完全平等。2019 年 1 月 30 日《扬子晚报》刊登了一篇题为“解放军‘约法八章’进入北平城”的文章，文中写道：

> 369 团一个大个子副指导员，在解放张家口的战斗中，缴了一支钢笔，顺手揣在衣袋里。结果连部评议会上，旧事重提，通讯员、司号员、卫生员都认为副指导员不够入城资格。稚气未脱的司号员指着副指导员说：“在张家口你能拿钢笔，到北平谁敢保证你不拿？”副指导员检查了两次，战士们还是不同意他入城。

这样的官兵关系在此前的中国几千年历史上可以说是闻所未闻。解放军之所以是新军队，就新在官兵关系上。

3. 我们的课堂为什么是新教育？

记得 2016 年在苏州工业园区外国语学校的冷餐会上，学校教务处长谢琪老师站在“三维九方课堂软环境图”的前面，指着构成课堂软环境九个方面的第一个方面的“师生关系”说，最难做到的是师生平等，这等于是教师自己革自己的命。作者当时就建议学校建立制度推进师生平等。每个学期都由学生选举学生喜欢的教师，然后给予物质的和精神的奖励。

在我们的课堂上，不要求学生尊重教师，只要求教师尊重学生；不希望教师随意批评学生，而鼓励学生勇敢批评教师。为什么这样做？因为我们这个群体按天地君亲师的排列延续了几千年，即便不要求学生尊重教师，学生还是会尊重教师；如果不要求教师尊重学生，教师就不会尊重学生；即便不希望教师随意批评学生，教师还是会随意训斥学生，因为教师训斥学生天经地义的观念早已成为我们这个群体心灵里的基因之一；即便鼓励学生批评教师，学生心灵里固有的基因也让他不敢批评教师。如果批评教师，学生自己会内心不安，就会出现《儒林外史》里的胡屠夫在众人建议下斗胆打他因中举而兴奋得发疯的女婿一样的忐忑不安的心态。

记得 2017 年 11 月应邀参加北京的一场教育座谈会，参加座谈会的主讲老师是中国人民大学的一位年轻教师，他说，他在家乡读高中时，他们的高中教师在课堂上明确宣布，他就是这个课堂的皇帝。这位老师说的是实话。天地君亲师，君是国的皇帝，亲是家的皇帝，师是课堂的皇帝。

记得一次在课堂上问学生，从 1949 年中华人民共和国成立至今，政府领导人换了不止一届，社会经济也发生了很大的变化，有什么口号一直没有变过？有好几个学生同时不假思索地回答："为人民服务。"政府领导人一代又一代地接过"为人民服务"的口号不变，教育领域为什么不能提出"为学生服务"的口号呢？

一支军队，如果服装、装备、操法、编制都变了，但是官兵关系不变，就还是一支旧军队。新时代，旧军队，必然失败！

学校教育，如果教学大楼、教学用具、课程体系变了，但是师生关系不变，就还是旧教育。新时代，旧教育，怎能成功？

创新社会，改变政府与民众关系是纲，其他都是目，纲举目张。

创新教育，改变教师与学生关系是纲，其他都是目，纲举目张。

以教师为中心的课堂，是为以皇帝为中心的社会配套的；以学生为中心的课堂，是为以人民为中心的社会配套的。当下人类社会已进入以人民为中心的现代文明时代，与时俱进地改变以教师为中心的课堂为以学生为中心，对学生、对教师、对社会都好。

4. 初一学生的疑问

以下对话发生在 2019 年 6 月 29 日微信"阿福童悦读交流群"。

> 阿信：朋友孩子上初一没几天，问妈妈，"为什么老师办公室有空调，我们是风扇？"过几天又问，"为什么老师在食堂可以吃小灶而我们只能吃大锅？"两个月之后，"妈妈，我总算明白啦，在学校我们就是最底层，谁都可以管我们。"妈妈说，"上面也要管老师啊。"儿子，"那老师至少还可以管我们啊。"@fenny
>
> 晓米：我儿子哪敢问这些，被教得傻傻的、乖乖的。
>
> 作者：是编的还是真的？
>
> Crystal一石头：是真的，不可怀疑，我儿子学校就是。

基于过去的人分尊卑思想观念，按天地君亲师排序的旧礼教观察，老师用空调、吃小灶，学生吹风扇、吃大锅，合情合理。基于现代的人人平等思想观念，按市场经济规则观察，收钱教学的成年人用空调、吃小灶，交钱上学的未成年人吹风扇、吃大锅，不合情理。

如果认为教育就是知识与技能的教学，这种现象可以忽略不计。如果认为教育主要是心灵精神形态人的教育，而精神形态人的教育主要是情感的培育、思想的塑造，情感的培育、思想的塑造主要是靠以师生关系为主的课堂文化，这种现象就不能不引起重视——我们的学校是在提供旧教育，激发学生恨、塑造学生旧思想，还是在提供新教育，激发学生爱、塑造学生新思想？思想的新与旧，关乎文明与创造。

一个初中生竟然能够注意观察这样的现象，并且向妈妈提出这样的问题，说明我们社会的文化在进步、孩子在觉悟，而学校教育滞后了。

三、关键是师生关系

要想当一个好老师，教出好学生，第一要做的就是让学生喜欢自己；学生喜欢老师就会喜欢学习，喜欢学习就会乐此不疲。老师喜欢学生有助于学生成人，学生喜欢学习有助于自己成才。

老师想让学生喜欢自己一点也不难，只要老师能平等对待学生即可。我们数年的课堂实践证明，一旦教师能够平等对待学生，学生的精神世界就会如同枯木逢甘露，学生的学习热情就会如同火山爆发般喷涌而出。请看一篇学生写的月度总结：

> 中科三江，一个神奇的课堂，老师跟我们平起平坐，老师和我们一起吃饭聊天，老师和我们教学相长，老师帮助我们成长，不是那种口头大道理一讲一大堆，最后我什么也没有改变的帮助，而是通过具体的活动让我们自己教育自己、自己成长起来。
>
> 我感觉这两个月是我大学里最有意义的时光，以前上课除了体育课比较认真，其他课不是玩手机就是睡觉，要么就是旷课。
>
> 并不想贬低传统的教学方式，我只是表达我的感受。进入大学以后就是疯狂地玩，上网，喝酒，我认为这是一种可怕的报复行为，因为我们

被压抑了12年，我要在这4年里补回来，这种快感就像吸了大麻一样，根本停不下来。大学以前的教育应该是人格培养与智力开发，而我们在大学以前都在受压迫。来到了中科三江，我有了改变，我敢对着陌生人唱歌，我敢上台去跳舞，我有了做事要主动的想法。我们开发了一个“天知道”的软件产品，我亲身经历了安卓的开发过程。

我最幸运的是遇到了三位老师：老沈，老朱，华姐，三位老师让我感受最多的不是老师的那种威严，更多的是一种亲近，以前我有事是不可能跟老师或班主任去聊天的，因为我不想跟他们谈心，我莫名地排斥他们。

我真的很开心能遇到这三位老师以及中科三江的所有同学，我不敢说两个月下来感情有多深，但这段时光我无法忘记。

2015年5月13日

请看作者2015年1月15日的教学日记：

有学生在向朱老师道别时说，我真的舍不得离开你们几位老师。朱老师回答，是啊，我们毕竟师生一场。这位学生很严肃地说，老师，我不赞成你的说法，我们从小到大和那么多的老师师生一场，从来没有现在这样的感受。

我们的老师都是一些普通人，也只是做了一个教师应该做的。我们的老师只是时时提醒自己学生是有情感、有思想、有个人意志的人，他们的个人意志需要尊重；学生是学习的主体，应该尊重他们自主学习的权利；学生是交钱上学的客户，老师是拿工资提供服务的工作人员。中国古人云：亲其师而信其道也！良好的师生关系是传道的前提。美国儿童精神科医师James Comer说过，“没有强有力的师生联系，学习就不会有显著的进步。”

作者曾经和班上的学生范浩飞讨论创新教育的话题，范浩飞同学说：“关键是师生关系。”

课堂文化是三维之首，师生关系是九方之要。

四、与众不同只需一两个月

有一年，北京四中一位家长给老师写了一封信，说孩子到了四中后有一件事情特别激动，即在分班测试结束时交卷子，当孩子把卷子递给老师的时候，老师说了一声“谢谢”。孩子回家后告诉父母，上学九年从来没有任何一位老师跟他说过“谢谢”。

刘长铭问老师，说“谢谢”是大事吗？但你平时说了吗？他因此和在场的学校打了一个“赌”。他说，从现在起，号召老师向学生说“谢谢”，他们回答问题后，“请坐下”，以一种平等、尊重的态度对待学生。我敢打赌，只要坚持一两年，那么，无论基础多么差的学校，一定会与众不同。

以上内容摘自三江学院电子工程学院刘维周副院长在微信上发给作者的一篇题为“北京四中校长刘长铭炮轰中国教育：不把学生当人”的文章。作者远比刘长铭校长乐观，以我们的教学经验，如果老师能平等对待学生、真心尊重学生，只要坚持一两个月，那么，无论基础多么差的课堂，一定会与众不同。

不要误以为作者个人对老师有成见，恰恰相反，作者与老师的师生情十分深厚，记得小学时同学都嫉妒地说作者是老师的儿子。

五、2019 年将成为中国教育现代化元年

2019 年 7 月 15 日媒体报道，陕西商丹高新学校的 13 岁初一女生婷婷（化名）因成绩差，遭班主任王某长期辱骂，甚至让其他学生呼应其侮辱行为。 她在 20 天内录下 100 多条遭受辱骂的录音，总时长超过 20 小时。 7 月 14 日中午，商州区政府通报，经调查，教师辱骂学生情况属实，由副区长带领相关部门负责人及涉事教师向学生及家长道歉。 7 月 14 日晚上，处理结果公布，给予王某记过处分并撤销其教师资格。

2019 年 7 月 16 日人民日报《来了！ 新闻早班车》报道，网传河北保定

一体校教练体罚 11 岁学生，致学生多处受伤。警方表示，情况属实，教练员已停职，案件正在调查。

电视剧《共产党人刘少奇》里有这样一个情节：刘少奇的父亲让刚刚入学一年的刘少奇退出在读的私塾。刘母问，为什么？刘少奇父亲说，那个老师是一个经常体罚学生的“虎师”，“虎师”教出来的学生，将来不是羊就是狼！是羊，被人吃；是狼，会吃人。虽然这位老师因为刘少奇成绩好从来没有打过他，但是刘少奇的父亲仍然毫不犹豫地让刘少奇退学，重新选择。作者这一代人小的时候常常听到这样的说法，1949 年以前的旧社会是人吃人的社会，是否旧社会的学校里“虎师”太多是原因之一？

知识的教学是一个概念，人的教育是另外一个概念。辱骂、体罚、训斥、强迫学习，属于人的教育——野蛮的负向的教育。

在我们的课堂上，学习成绩越差的学生得到老师的关爱与鼓励越多，因为成绩差的学生属于需要帮助的弱势群体，因为学生的个子高矮、智力高低不是由自己决定的，因为老师的责任是帮助每个学生身心健康地成长，如同饭店的厨师要努力争取让每个不同胃口的顾客吃好一样。有学生在课堂日报里写下这样的话：“老师不想让一个学生掉队，老师希望所有同学一起进步。”我们老师从来没有说过这样的话，但是学生们能够从老师的一言一行中看出来。

当老师在教育一个学生时，全班学生都看在眼里，想在心里，这就是案例教育，这就是言传身教。所以，表面上老师只是在教育一个学生，实际上是在教育全班学生。这也是虽然那位“虎师”从来没有打过刘少奇，但刘少奇的父亲仍然坚持让刘少奇退学的原因。

媒体之所以密集报道这类新闻，是因为这样的事例普遍存在，只是程度不同，比如“弱智”“笨蛋”“学渣”等侮辱人格的话常见于课堂，人们没有意识到充斥着这些话语的课堂提供的是负的教育。

一个得不到尊重、心灵被恨浸泡的学生，会恨比爱多，没有自信、有自卑，没有热情、有冷漠，没有勇敢、有懦弱，不诚实、会说谎，没有规则意识、习惯被人管理，求知欲遭阉割，好奇心、想象力、自觉等智慧被窒息。换句话说，在常见辱骂、体罚、训斥与强迫学习的环境里长大的学生，其心灵的精神形态人会长成侏儒即小人。

一个得到尊重、心灵被爱滋养的学生，会爱比恨多，有自信、不自卑，有热情、不冷漠，有勇敢、不懦弱，诚实、不撒谎，规则意识容易养成，求知欲旺盛，好奇心、想象力、自觉等智慧能够释放，身心能够同步发育成长，其心灵的精神形态人会长得高大即成为君子。

教育是什么？ 韩愈说，师者，传道受（授）业解惑也。 传道是人的教育，授业是知识与技能的教学。 道是思想，道是课堂文化。 道新，一切皆可新；道旧，一切只能旧。 创新教育，首先要创新思想——转变人分尊卑思想观念为人人平等、迷信权威思想方法为实事求是。 创新教育，首先要创新课堂文化，创新课堂文化首先要创新师生关系——转变师尊生卑为师生平等。

前文提到，北洋军的装备与训练再新，但思想观念依然官尊兵卑，官兵关系依旧，打骂士兵的现象仍然是家常便饭，还是旧军队。

同样道理，学校的教学大楼和教学的知识与技能再新，但思想观念依然师尊生卑，师生关系依旧，辱骂、体罚、训斥、强迫学习的现象仍然常常可见，还是旧教育。

2019 年 7 月 9 日中共中央、国务院印发《关于深化教育教学改革全面提高义务教育质量的意见》，这是新中国成立以来，中共中央、国务院出台的第一个关于全面提高义务教育质量的“里程碑式”文件，而以上两则媒体 7 月 15 日与 16 日的报道紧随“意见”出台之后，可见中共中央、国务院对深化教育改革、全面提高义务教育质量有完整部署，并且把深化教育改革、提高义务教育质量的突破口精准地选择在深化改革师生关系上。 作者以为，以“意见”出台为标志，2019 年将成为中国教育现代化元年。

第三节　人的文化与文明

教育是文化个体人为群体人，或文化自然人为社会人，或文化野蛮人为文明人的专门事业。 教育通过培育情感、传播思想实现人的文化。 教育是文化人的手段，文明人是教育的目的。要想知道教育是什么，不能不知道文化是什么。前文叙述的课堂文化是狭义的文化，社会文化是广义的文化。狭义的课堂文化是广义的社会文化在校园里的延伸。本节专门讨论广义的社会文化。

一、文化是什么？

文，相对“野”而言，相对“武”成立；化，变化，彻头彻尾、从里到外的变化。

文化作动词解是由自然原始向文明的转化。

从个体人的角度观察，文化专门用于指，人通过接受教育，心灵的精神形态人的欲望被转化为情感、情感被转化为思想，从而变得文明起来的专门事业。

从群体人的角度观察，文化专门用于指，人类社会通过接受某种思想从野蛮状态向早期文明社会，又从早期文明社会向现代文明社会转变的专门事业。

文化作名词解是文明，是指人经过文化后的生存形态。

从个体人的角度观察，文明的人是指其言行不只是受欲望控制，而是同时受思想、情感与欲望影响的人。

从群体人的角度观察，文明的人是指人类被文化之后不再是思想为零的野蛮人，而是其行为已经为某种思想所约束的具有某种文明形态特征的人。

二、个体和群体的文化与文明

一部人类群体被文化而文明的历史，可以认为是在重复个体的被文化而文明的历史。孙悟空拔下一根毫毛可以变成一只猴子，在过去是想象出来的神话，在今天可是有根有据的科学知识，人们已经发现一个细胞包含了生命的全部信息。

一个个体，其物质形态人有一个从幼年到青年、从青年到成年的成长过程，其精神形态人有一个从欲望到情感、从情感到思想的成长过程。 这是一个人成长的自然规律。

一个群体，其社会文明形态有一个从幼年（欲望泛滥、冲突不断、个体斗殴常见的野蛮时期）到青年（情感发育、容易冲动、群体动辄武斗即战争不断的早期文明时期），再到成年（思想成熟、比较理性，群体普遍接受合法文斗、对话解决冲突的现代文明）的转变过程。 这是一群人被文化而文明的发展规律。

我们不妨把个体与群体的成长规律比照如下：

个体物质形态人：幼年阶段──►青年阶段──►成年阶段。

个体精神形态人：欲望阶段──►情感阶段──►思想阶段。

群体的成长阶段：幼年阶段──►青年阶段──►成年阶段。

群体的文明形态：野蛮时期──►早期文明──►现代文明。

三、个体被文化而文明的两个阶段、三种形态不可或缺、不能超越

就个体的物质形态人的成长规律而言，先有幼年成长到青年的阶段，后有青年成长到成年的阶段，这两个阶段不可或缺、不能超越，即幼年不可能不经过青年直接成长到成年。 如果幼年长得好，青年和成年也容易长得好；如果幼年长得不好，青年和成年也难长得好。

就个体的精神形态人的成长规律而言，先有欲望转化为情感的阶段，后有情感转化为思想的阶段，这两个阶段不可或缺、不能超越，即欲望不可能不经过情感直接转化为思想。 如果欲望不强烈，情感就不会热烈，思想也难以成熟；如果欲望强烈，情感就可能热烈，思想才有可能成熟。

四、从精神的角度观察人类的两个文化阶段、三种文明形态

一部人类被文化而文明的历史，可以认为是人类的心灵精神形态人从欲望被文化为情感、从情感被文化为思想的历史。

1. 两个文化阶段

第一个阶段，心灵的精神形态人从欲望被文化为情感的阶段。

第二个阶段，心灵的精神形态人从情感被文化为思想的阶段。

2. 三种文明形态

第一种形态，群体由为欲望左右的个体组成，文明形态为零。

第二种形态，群体由为情感左右的个体组成，属于初级文明形态。

第三种形态，群体由为思想左右的个体组成，属于高级文明形态。

第一种文明为零的形态，没有道德，没有法律，没有治理。

初级文明形态：有道德与法律，德以私德为主，治理以人治为主、法治为辅，人性有限释放，有艺术，能学习科学、模仿技术。

高级文明形态：有道德与法律，德以公德为主，治理以法治为主、人治为辅。人性充分释放，有艺术、科学与技术。

五、从思想的角度观察人类的两个文化阶段、三种文明形态

一部人类文明进化的历史，可以认为是人类思想从无到有、从低级向高级转化的历史。从思想的角度观察人类的文化与文明，迄今为止，人类社会呈现出两个文化阶段、三种文明形态。

1. 两个文化阶段

第一个文化阶段，从不知道思想是什么到确立人分尊卑的思想观念与迷信权威的思想方法。

第二个文化阶段，思想观念从人分尊卑转向人人平等、思想方法从迷信权威转向实事求是。

千万不要小看人类被文化而文明的第一个阶段，这可是思想观念从无到有的创造性的文化阶段，这可是人类从野蛮转化为文明的开创性的文化阶段。因为人分尊卑思想观念与迷信权威思想方法的创立和普及，使得原本以血缘为纽带的小群体扩大到以共同接受的或有形（皇帝）或无形（上帝）的权威为轴心的大群体，人分尊卑思想观念为群体虽大但仍然秩序井然奠定了基础。虽然在今天看来尊卑有序是落后文明，但是在当时可是十分伟大的先进文明。常识告诉我们，群体越大越有利于生存。在同一思想观念

的前提下组织起来的人群，大大提高了其和地球上的其他物种进行生存竞争的力量。

更不能小看当下正在进行中的文化的第二个阶段，即思想观念从人分尊卑向人人平等、思想方法从迷信权威向实事求是的文明的转型升级阶段。这个转型升级阶段能否顺利进行，关系到群体创造力能否进一步释放，社会与经济能否持续发展。

总而言之，第一个阶段关乎生存，第二个阶段关乎发展。

2. 三种文明形态

第一种文明形态：原始野蛮人形态。

群体特征：不知思想是什么，群体处于野蛮无序的丛林状态。

个体特征：思想观念= 0，思想方法= 0。 生存靠个体自己。

第二种文明形态：早期文明人形态。

群体特征：确立并普及了人分尊卑的思想观念与迷信权威的思想方法，人们接受了人分三六九等的相处方式，群体在此基础之上建立了尊卑有序的纵向秩序的、人治的早期文明社会。

个体特征：思想观念= 人分尊卑，思想方法= 迷信权威。 生存靠自己，更靠纵向合作起来的群体的力量。

第三种文明形态：现代文明人形态。

群体特征：完成了思想观念由人分尊卑向人人平等、思想方法由迷信权威向实事求是的转化，人们接受了人人平等的相处方式，群体在此基础之上建立了横向秩序的、法治的现代文明社会。

个体特征：思想观念= 人人平等，思想方法= 实事求是。 生存靠自己，更靠横向合作起来的群体的力量。

六、一一对应

个体的物质形态人：幼年形态──→青年形态──→成年形态。

个体的精神形态人：欲望形态──→情感形态──→思想形态。

群体思想形态： 思想= 0──→人分尊卑──→人人平等。

群体社会文明： 野蛮时期──→早期文明──→现代文明。

个体的物质形态人处于幼年形态时，其精神形态人处于欲望形态，其认知力不能认知尊卑，更不能认知平等。

个体的物质形态人处于青年形态时，其精神形态人处于情感形态，其认知力能够认知尊卑，但不能认知平等。

个体的物质形态人处于成年形态时，其精神形态人处于思想形态，其认知力能够认知尊卑，也能够认知平等。

认知力不能认知尊卑的个体，组合成不能被文化为文明人的群体。

认知力能够认知尊卑的个体，组合成能被文化为早期文明人的群体。

认知力能够认知平等的个体，组合成能被文化为现代文明人的群体。

从人类历史的长河看，人类社会花了几千年完成了第一个阶段的文化，在此基础之上的社会组织形态也运行了几千年。第二个阶段刚刚开始，如果从 1776 年美国在《独立宣言》里提出“人人生而平等”（all men are created equal）算起也就 200 多年历史。我们中国人群体开始提出人人平等思想观念，如果从 1919 年五四运动算起，到今年为止整整 100 年；如果从 1927 年毛泽东在三湾改编时提出“官兵平等”开始，不到 100 年。

作者将会在本书中和读者分享这样一个发现——基于人分尊卑思想观念、迷信权威思想方法纵向合作起来的群体，有助于放大个体的体力与智力；基于人人平等思想观念、实事求是思想方法横向合作起来的群体，有助于放大个体的体力、智力与智慧。

学习、模仿、生存需要智力，发现、发明、发展需要智慧。

七、群体被文化而文明的两个阶段、三种形态不可或缺、不能超越

群体是个体的集合。

群体的成长阶段：幼年阶段 ⟶ 青年阶段 ⟶ 成年阶段。

群体的文明形态：野蛮时期 ⟶ 早期文明 ⟶ 现代文明。

就群体人类被文化而文明的规律而言，先有从思想为零的野蛮时期即人类的幼年阶段，到确立思想观念人分尊卑、思想方法迷信权威的早期文明即人类的青年阶段；后有从早期文明，到思想观念人人平等、思想方法实事求

是的现代文明即人类的成年阶段。这两个阶段不可或缺、不能超越，即人类不可能不经过早期文明的青年阶段，而从野蛮时期的幼年阶段直接被文化到现代文明的成年阶段。

群体从野蛮时期的幼年到早期文明的青年阶段发育得好，则从早期文明的青年阶段到现代文明的成年阶段就容易发育得好。反之，就很难发育得好。

纵观人类历史，地球上凡是没有经历过第一个文化阶段的曾经存在的群体，即没有实现从思想为零的野蛮无序的丛林状态，转入确立人分尊卑的思想观念、迷信权威的思想方法从而建立服从威权的纵向社会秩序的群体，都几乎消亡了，只是在非洲或者南美洲的原始森林里还残存着一些原始部落。

思想观念人人平等、思想方法实事求是的实行法治的横向秩序的现代文明社会，只能从思想观念人分尊卑、思想方法迷信权威的人治的早期文明社会转化而来，而不可能从没有思想的野蛮形态的丛林社会直接转化而来。从野蛮向早期文明的转化、从早期文明向现代文明的转化，是人类文明进化的规律，不可或缺、无法超越、不可抗拒。

人类文明进化的大势不可抗拒。如果对人类文明进化的规律有所认知，人们就会主动地促进思想的转化、文明的升级；如果对人类文明进化的规律没有认知，人们只能被动地接受思想的转化、文明的升级。前者成本低、速度快，后者成本高、速度慢。

八、文化的功能

儒家最重要的典籍，叫作“经”。解释经的著作，则叫作“传”或者“传记”。如《春秋》是经，有《公羊》《穀梁》《左氏》三传。西汉时，《公羊传》《穀梁传》都立了学官，公羊学的影响尤其大，但没有《左传》什么事。

从西汉末开始，事情有了转机，不断有人提出，要把对《左传》的研究，也重视起来。到东汉章帝的时候，皇帝本人爱读《左传》，又有个叫贾逵的学者，指出《左传》不光好看，而且有“崇君父，卑臣子，强干弱枝”的优点。尤其是他还抓住了一个关键点：姓刘的尧的后代，别的书都没有提，只有《左传》大大强调了一番。众所周知，大汉开国皇帝刘邦，泗上亭长出身，并不高贵，这下就找到了个显赫的祖宗。

——摘自2018年5月15日《扬子晚报》

作者点评：上述文字给人留下这样一个印象——在过去的帝王时代，教育的目的是为统治者的统治服务，在过去那样做是对的，那样做有利于群体生存。在当下的没有了皇帝的共和时代，教育应该为人民服务或为人服务，具体到学校教育是为学生服务。在现在这样做是对的，这样做有利于社会发展。先解决生存问题，再考虑发展问题，一个人是这样，一个群体也是这样。

人类从丛林中的原始野蛮状态向服从尊卑有序的统治的转变，意味着人类从野蛮人变成了早期文明人。人类从见到国王要下跪到国家领导人有义务为人民服务，意味着人类从早期文明进化到了现代文明。

九、文化的属性

人有物性或兽性，也有神性或人性。人有个体属性或自然属性，也有群体属性或社会属性。

人之为人，因人能被文化而文明，文化归属人的神性或人性。

离开社会，离开群体，没有了人与人之间的交往，文字、写字、语言等与文化相关的工具、技能等都失去了存在的价值，道德、法律等引导和指导人们交往模式的规则也就失去了存在的价值。可见，文化归属人的社会属性，离开社会莫谈文化；文化归属人的群体属性，离开群体没有文化。从人的文化属性的角度观察，关门读书、闭门办学的教学模式，是对文化的反动，是对文明的无知。

十、先进文化与落后文化

“三个代表”，家喻户晓，代表先进生产力，代表先进文化，代表最广大人民的根本利益。先进文化是什么？

认为强者管理弱者天经地义的是落后文化，认为强者服务弱者符合人性的是先进文化。

过去的为少数人统治多数人服务的文化是落后文化，现在的为大多数人服务的文化是先进文化。

为维持纵向的人分三六九等的人治的旧的社会秩序服务的文化是落后文化，为推进横向的人人平等的法治的新的社会秩序服务的文化是先进文化。

生活在同一个群体里的个体在面对冲突时，习惯据“力”力争，比权力大小、身份高低——这个群体的文化落后；习惯据“理”力争，由法律裁定——这个群体的文化先进。

生活在同一个群体里的从事不同职业、扮演不同社会角色的个体在发生冲突时，社会身份低的会不由自主地畏惧社会身份高的人，法律公正的作用自然会被打折扣——这个群体的文化落后；谁也不怕谁，双方都习惯接受第三方依据（法律）的裁定——这个群体的文化先进。

规定弱者尊重强者的礼节是模仿丛林的落后文化，提倡强者尊重弱者的礼节是释放人性的先进文化，比如儿童节、妇女节。

宣传人分尊卑思想观念、迷信权威思想方法的文学、影视等作品，是阻碍人性释放的旧文化产品；提倡人人平等思想观念、实事求是思想方法的文学、影视等作品，是促进人性释放的新文化产品。

家长总想着怎么管孩子，教师总想着怎么管学生，官员总想着怎么管百姓，是落后文化导致的社会现象。父母总想着怎么对孩子尽养育之责，教师总想着怎么对学生尽教育之责，官员总想着怎么尽为人民服务之责，是先进文化影响下的社会现象。

一个人，孩提时代在家里被家长管着长大，学生时代在学校里被教师管着长大，一旦做官就只会管百姓，如果要求他服务民众就为难他了。一个人，孩提时代在家里被父母服务长大，学生时代在学校里被教师服务长大，一旦做官不让他为人民服务都难。

十一、有文化与没文化

1. 摊贩与城管

路边小摊贩甲，看到穿城管制服的乙，会不由自主地心生畏惧；穿着制服的城管乙，看到小摊贩甲，会自然而然地趾高气昂。

忽一日，不知什么原因，甲和乙的身份交换了一下。原先的小摊贩甲，穿上了城管的制服；原先的城管乙，在路边摆上了小摊。此时，乙看到甲立马不由自主地心生畏惧；同时，甲看到乙自然而然地趾高气昂起来——这就是有文化。

这是按照不同社会分工划分尊卑等级的人际关系的文化。

甲和乙都有文化、懂规矩，具体地说甲和乙都接受了人分尊卑的思想观念被文化而文明了，甲和乙都能认知制服所包含的社会身份、尊卑等级的含义，并且能够自觉地遵守。

甲和乙都是有遵守人为制定的行为规则的意识的有文化的人。

2. 羊与虎

有好事者做了这样一个实验：给一只老虎穿上摊贩的衣服，给一只羊穿上城管的制服，然后把虎和羊放在一起，穿着城管制服的羊见到穿着摊贩衣服的虎仍然畏惧不已，穿着摊贩衣服的虎见到穿着城管制服的羊照吃不误——这就是野蛮，这就是没有文化。

虎和羊都不能认知服装所承载的尊卑有序的文化含义，仍然按照其个体自身的本能、群体原始的弱肉强食的丛林规则行事。

羊和虎都是没有遵守人为制定的规则的意识的没有文化的动物。

3. 猴与人

猴群每四年左右会重新产生猴王，产生猴王的方式是其中一只自认为身强力壮的“在野”的年轻公猴挑战“在朝”的年老猴王。朝野两只公猴一番拳打脚踢嘴巴咬的武斗之后，胜利的一方翘起尾巴坐上猴王宝座，失败的一方夹着尾巴灰溜溜地跑开。众母猴无不争先恐后地嫁给新猴王，其余公猴虽然羡慕嫉妒恨，但是照样认账——这就是野蛮，这就是武化，这就是没有文化。

爱新觉罗·溥仪 3 岁时被人披上龙袍抱着往龙椅上一坐就成了皇帝，一不用吵架、二不用打架、三不用流血牺牲，众大臣即便七老八十全都跪在地上心悦诚服地三磕九拜三呼万岁——这就是有文化。

如果让一只幼年的猴子披上龙袍坐在猴王位子上，绝不会有一只猴子买账——这就是没有文化。

我们知道，能有资格在朝廷上口称奴才跪拜皇帝的大臣，都是经过一层层科举考试胜出的大脑智力十分发达的人。用过去的眼光看，这些人都是杰出的人才。用现代的眼光看，这些人都是优秀的奴才——大脑有才，心灵为奴。这些人接受的是旧文化的教育。

十二、一个人的文化程度与其心灵发育程度成正比

1. 欲望、情感、思想与文化程度

心灵发育程度在欲望层级的没有文化，心灵发育在情感层级的有文化但不高，心灵发育在思想层级的有比较高的文化程度。实际上，在实际生活中，人们早已明白这个道理。

人们常会被提醒“不要冲动”，就是提醒不要被欲望驱动；人们常会被提醒“不要情感用事”，就是不要被情感左右；人们常会被提醒“要理性”，就是要思想，要三思而后行。

生活在早期文明形态群体里的个体，按照人分尊卑的思想观念、迷信权威的思想方法“三思”而后动，可以不被动；生活在现代文明形态群体里的个体，按照人人平等的思想观念、实事求是的思想方法“三思”而后动，可以有主动。

以上论点无须作者证明，各位只须静下心来反省自己、观察身边的人即可获得证明。

2. 劳伦斯·科尔伯格的道德水准成长路线图

第一档，我不想惹麻烦——靠惩罚起作用（害，欲望）。

第二档，我想要有奖赏——靠贿赂起作用（利，欲望）。

第三档，我想取悦某人——靠魅力起作用（利，情感）。

第四档，我要遵守规则——靠自律起作用（理，思想）。

第五档，我能够体贴人——靠爱心起作用（情感层级）。

第六档，我奉行既定准则——靠境界起作用（思想层级）。

最高的境界不是外在的褒奖，而是内心的愉悦。外界褒奖带来满足欲望的快感，内心愉悦是心灵释放的快乐。

孟子说："故天将降大任于斯人也，必先苦其心志，劳其筋骨，饿其体肤，空乏其身，行拂乱其所为，所以动心忍性，曾益其所不能。"梁启超说，教育要教人学会用意志控制欲望，做一个顶天立地的人。能够用意志力控制欲望的人，是文化程度比较高的人。

孟子的"动心忍性" = 梁启超的"用意志控制欲望" = 科尔伯格的"靠境界起作用" = 本书的"动用思想力控制情感和欲望" = 文化程度高。

3. 教育手段与文化效果

一个欲望占主导的人，决定其社会行为模式的主要是算计利害得失的欲望因素。反之，用利害得失的手段（奖惩）教育人，只能激发其欲望，不能激发其情感，更不能启发其思想。

一个情感占主导的人，决定其社会行为模式的不仅有算计利害得失的欲望因素，还有好恶亲疏等情感因素。反之，用动之以情的方式教育人，能够激发其情感，但不能启发其思想。

一个思想占主导的人，决定其社会行为模式的不仅有算计利害得失的欲望因素，有好恶亲疏等情感因素，还有是否合乎法理的思想因素。反之，用动之以情、晓之以理的方式教育人，能激发其情感、启发其思想，是理想的教育手段。

十三、用以上理论解释以下现象

1. 人情社会现象

2019年6月14日《作家文摘》报道，题：礼仪背后的罪恶。摘录如下：

> 政治献金、政商人事流动在其他许多国家同样存在，但政商勾结似乎并没有像韩国如此之深，这就不得不提及韩国的社会文化。

在极其重视人情的韩国社会，“学缘”（校友）、“血缘”（亲戚）和“地缘”（老乡）是积累人脉的基础。人们相见总是会以“前辈”“学长”相称。这种韩国社会特有的“前后辈文化”是注重礼仪的良好风气，却也暗藏着各种潜规则。这便是“学缘”，校友在职场中相互提携，以“学缘”为由任人唯亲十分常见。“血缘”顾名思义，就是通过血缘和姻亲结成的亲缘关系，如商界、政坛、媒体、教育、法律界精英联姻。“地缘”则是指同一籍贯的人彼此的缘分。对于想要混熟韩国政商两界的人来说，“三缘”是必须重视的人脉。

作者点评：人情社会是一个主要由精神形态人成长在情感层级的个体集合而成的群体，人情社会用非强迫而又很难不遵循的“礼”规范人的言行。情感是个体的精神形态人成长过程中必然要经历的层级，人情社会是群体文明进化过程中必然要经历的绕不过去的阶段，所以不能简单地用好坏来评价。 各国皆有，程度不同。

随着时间的推移、经济的发展、社会的进步，个体的精神形态人将会从情感层级进一步被文化到思想层级，此时的个体人的认知力将能够超越认知“礼”而能认知“理”，此时的群体社会，人情虽然难免，但是会以法理为基础。

2. 解释部分国家较快实现现代化的原因

以上理论可以解释，流行以汉字符号为代表的东亚文化的国家为什么能够顺利地对接人类现代文明，比较快地发展成现代化的国家。

地处东亚的日本，如果没有从唐朝就开始的从中国溢出的早期文明为基础，日本的明治维新是否能够成功很难说。 比如，如果没有从中国引进的汉字为基础的日文，连翻译欧洲文明的文字工具都没有。 日本明治维新时期提出的“脱亚入欧”的口号，不是不要亚洲，而是在东亚的早期文明基础之上承接在西欧率先发展起来的人类现代文明。 实际上，发端于西欧的现代文明同样脱胎于其自身的基于人分尊卑思想观念、迷信权威思想方法的早期文明，欧洲的法治的共和国脱胎于有国王的人治的王国。

地处东亚的韩国之所以能够成功地实现现代化，也是因为拥有早期的东亚文明。 地处马来半岛的新加坡之所以在现代能取得那样高速的发展，成为世界上的发达国家，同样基于早期的中华文明，其居民超过 70% 是华裔。

3. 解释中国 40 年经济大发展的奇迹

以上理论还可以解释中国人群体在改革开放的 40 年间取得的令世人惊讶、让自己自豪的巨大进步。

中国 40 年经济大发展的奇迹，是十几亿善良、聪明、勤劳的中国人创造的。十几亿人用 40 年时间创造一个国家的经济奇迹是完全可能的，但是，40 年时间不可能把十几亿自然人文化为如此善良、聪明、勤劳的文明人群体。十几亿文明人的群体不可能不是基于自商周以来几千年早期文明的熏陶，以及自 1840 年以来 100 多年的思想转变、文明提升。一个有着十几亿人的群体，如果没有过去的基础与积累，仅仅靠短短的 40 年就能取得如此巨大的经济与社会的进步，无论是从生活常识还是从逻辑理性的角度，都是说不通的。

4. 精神财富与物质财富同步增加

世人都惊叹中国这几十年物质财富的巨大增长，实际上，中国人精神财富的增长幅度也不小，只是前者有形，后者无形。前者从微观的衣食住行的“器”的层面去感受就可以看得到，后者只有从宏观的“道”的层面去观察才能看得清。之所以人们对前者能够看得很清楚，对后者不能看清楚，是因为我们的学校暂时还不能供给社会能够从“道”的层面观察事理的人。

记得作者上世纪 70 年代在农村当农民时，生产队的老队长和作者说过，现在的人和过去不一样了，如果过去的人和现在一样，日本人来了，一人一把锄头就把他们打死了。

现在的人和过去的人有哪些不一样呢？肉体的物质形态人的结构还是一样，但是健康状况不一样了，寿命更长了。往后的日子，人们的身体会越来越健康，寿命也越来越长。心灵的精神形态人的结构不一样了，人们的欲望、情感与思想发生了变化。往后的日子，人们的精神会越来越文明，生活越来越幸福。

皇帝 1911 年被请进博物馆，虽然人们在皇权时代养成的畏惧权威的心理、迷信权威的思想方法仍然存在，但是和过去相比，一天天在削弱。过去流行的“好铁不打钉，好男不当兵”的荣辱观，现在已经变成“当兵光荣”。 婆媳关系也今非昔比。 类似这样的变化很多很多，不再一一列举。千万不要小看这些变化，观念层面的变化，就是道的层面的文化的大进步、文明的大提升。

特别值得专门指出的是，成千上万的、祖祖辈辈生存在同一块土地上的农民，像千沟万壑的水经过黄河、长江流入大海一样，从四面八方的乡村涌向沿海发达城市打工，他们不仅依靠自己无与伦比的勤奋好学、吃苦耐劳赚到了钱，也开阔了眼界。 他们的欲望、情感与思想在新的劳动与生活的大城市环境里不知不觉间发生了变化，虽然他们可能都没有意识到在自己身上发生的变化，但是这些变化实实在在地发生了，而且是内在的不可逆转的变化。 他们返回乡村带回去的不只是有形的能让眼前的生活不再匮乏的物质财富，他们带回去的还有无形的能让将来的人生更加美好的现代文明精神。

当然，现在吃喝嫖赌现象也很普遍，行贿受贿也很严重。 但是这些坏的现象不是我们这个群体所独有的，更不是新生事物，而是几千年以来一直有的沉疴痼疾。 一句话，现在的坏的现象，过去就有；现在的好的现象，有的过去就有，更多的是过去不曾有过的。

中华民族群体是地球上唯一的几千年文明从未中断过的群体，也是地球上人口数量最大的群体，这不是偶然的。 作者以为有两个方面的因素：一个是硬的自然环境因素，有一片大好河山。 一个是软的文化因素，包括以周文王为代表的封建礼教思想，以孔子为代表的传播封建思想的教育，以及基于封建思想的封建制度。 科举制是中国人群体发明的最大的制度亮点——当时的世界上最广泛的、最公平的民主制度。 科举制给传播思想、使人文明化提供了动力，孔子的教育给传播思想、使人文明化提供了工艺。

十四、科举制

地球上所有的文明人群体在几百年前即便互相不知道对方的存在，但是早期的文明形态都是一样的——尊卑有序的纵向社会秩序。 在中国，见到皇帝必须下跪。 在英国，为国王服务的人必须跪着。 在意大利，见到教皇要匍匐在地上亲吻教皇的鞋子。 但中国人群体的早期文明和地球上其他群体相比有一个很大的不同点——中国人群体发明的伟大的科举制度。

魏晋以来采用九品中正制，官员大多从各地高门权贵的子弟中选拔。权贵子弟无论优劣，都可以做官。许多出身低微但有真才实学的人，却不能到中央和地方担任高官。为改变这种弊端，隋文帝开始用科举制来选举人才。隋炀帝时期正式设置进士科，考核参选者对时事的看法，按考试成绩选拔人才。科举制度正式诞生。科举制度在唐朝得到发展，在宋朝得以完善。科举制改革了之前的用人制度，彻底打破了血缘世袭关系和世族的垄断。"朝为田舍郎，暮登天子堂"，让全社会各个阶层的普通人群都享有参与国家管理的机会。

科举制度用现代的眼光去观察有很多弊病，但是在当时却是人类最早的民主制度。科举制度的创立使得中国人群体的早期文明更加的完整与成熟，并因此显示出强大的生命力，以至于外族用武力征服中原之后，没有多长时间就反过来被华夏文明所征服，成为中国人群体的有机组成部分。从这一点看过去，可以发现中国历史有这样一个特点——中国人群体人口的增加、版图的扩大不是靠武力实现的，而是靠文化征服实现的，即靠文化征服了入侵者的思想，从而征服了入侵者群体包括他们原先生活的地盘。元朝是外族用武力征服了汉族而建立起来的，最后还是被华夏文明所文化。清朝是满族用武力征服了汉族而建立起来的，最后满族又被华夏文明所文化，使得中华民族群体人口越来越多、版图越来越大。仔细想一想，无论谁当皇帝，自然都会喜欢如此完整的基于人分尊卑思想观念、迷信权威思想方法的文化，如此井然有序的纵向的社会秩序。

科举制度的民主性质，促进了整个中国人群体的脑力即智力的充分释放，这就是我们这个群体一旦接受工业文明很快就实现经济飞速发展的重要原因之一——中国人群体的大脑智力普遍比较发达，即平均智力程度高。

科举制度渊源于汉朝，创始于隋朝，确立于唐朝，完备于宋朝，兴盛于明、清两朝，废除于清朝末年，历经隋、唐、宋、元、明、清。根据史书记载，从隋朝大业元年（605）的进士科算起到光绪三十一年（1905）正式废除，整整绵延存在了1300周年。

科举制度最大的好处，不是让国家得以选拔大量的优秀人才参与社会管理，不是社会阶层流动性变强，而是全面推动全社会人人勤奋好学，文化普及程度高，群体平均智商高。这个最大的好处在我们课堂的学生的身上得到充分体现——我们课堂的每一期班的每一个学生个个勤奋好学。实际上，勤奋好学是遍布世界的中国留学生群体给世人的整体印象。出于同样原因，当下世界，无论什么行业，只要有中国人参与，中国人很快就可以名列行业前茅，因为我们中国人群体的勤奋好学、勤劳刻苦无与伦比。如果能够创新教育，为中国学生创建B型课堂软环境，中国学生就不只是会勤奋学习已知，而且还会勤于发现未知、创造新知。

回想起来挺有意思的，作者写书之初是抱着批判中国传统文化的初衷动笔的，随着写作时间的推移、思考的深入，作者的认知起了变化，开始崇敬老祖宗创造的早期文明了，因为老祖宗创立的早期文明为子孙后代奠定了迈入现代文明不可或缺的坚实的基础。

2019年7月5日《报刊文摘》刊登题为“1919，杜威先生的中国之旅”的文章，文中写道：1921年8月2日，杜威偕妻女从青岛码头乘船取道日本再回美国。在开往青岛的火车上，杜威写下两年又三个月的中国之行中的最后一封家书。他问身在美国的孩子们：“你们会惊讶，我有多不愿意离开一个将教育学授课都当成新闻来采访的国家吗？矛盾之处在于，这里虽然学校和教育经费匮乏，但人们讨论教育问题的兴致却比其他国家都高。”

杜威先生这位在当时的世界上最有影响力的教育家的观察十分精准——在中国“人们讨论教育问题的兴致却比其他国家都高”的观察结论无疑是十分正确的。中国人群体对教育的重视程度之高、重视教育的人数之多都超过其他国家，这是1300年科举制的功劳。

判断一个群体是否文明，首先看这个群体在思想意识上对教育的重视程度，其次才看为什么教、怎么教、教什么。前者是办好教育的必要条件，后者是办好教育的充分条件。我们中国人群体已经完全具备了办好教育的必要条件，只须与时俱进地重新思考一下为什么教、教什么、怎么教的问题，就可以实现教育的现代化。

2019年2月20日《扬子晚报》题为“美国四位总统笔下的邓小平”一文里写有这样一段话：“与邓小平交往最深的美国总统当属同中国建交的卡特。卡特在回忆录中这样写道：我对邓的印象很好。他矮小、坚韧、智慧、坦率、有勇气、有风度、自信、友好，和他谈判是一种乐趣。他善解人意并善于合作，在这期间我明白了，为什么有人说中国人是世界上最文明的人。”

作者认为，卡特对中国人的赞誉不是外交辞令。看眼前，作者所熟悉的家人、朋友，曾经的学校、农村、工厂、机关里的同学与同事，勤劳、善良、聪明是所有人的基本特点。看历史，中国人群体从未有过侵略其他群体的记录，只有抵抗其他群体侵略的记录。中国人群体曾经两次被刀枪征服，但是两次又用笔墨把征服者征服。

中国人群体之所以是世界上最文明的群体，是因为中国人群体在世界上文化教育普及的程度最高，之所以文化教育普及的程度最高主要是因为持续1300多年的学而优则仕的科举制和以孔子为代表的教育。科举制最大的功效，不只是把智力强的人选拔出来做官，而是通过制度给全社会所有人读书升官的公平机会，用制度的力量把全社会的每个地区每个阶层的每个人都组织动员起来，让人们自愿接受文化的教育，使得整个群体被文化而文明的平均程度高。

中华文明是内生文明，内生文明的群体，心灵里一定蕴藏着从0到1的原创能力，外来文明的群体可能不会有原创能力。

十五、古之“六艺”与现代英国教育

开始于公元前1046年的中国的周王朝的贵族教育体系由六艺组成，六艺是指周王朝官学要求学生掌握的六种基本才能：礼、乐、射、御、书、数。其中，礼，指基于人分尊卑思想观念、迷信权威思想方法的伦理道德。乐，指音乐。射，指射箭。御，指驾车。书，指识字。数，指计算。了不得啊！3000多年前周朝的教育体系和3000年后的现代教育体系几乎一样。礼，是思想教育，是文化教育；乐，是情感教育，是文化教育；射与御，是体育，是学军，是学工；书，是书写、识字、作文，是学知识（书法是美术），是智育；数，是数学，是智育。把思想教育和音、体、美排在知识和数学之前的六艺的教育体系，是不是和现代英国的教育体系一样？

中国现代教育体系不妨沿用老祖宗3000年前的顶层设计——六艺，只须把六艺的内涵作与时俱进的调整、充实、提高。

作者在想，如果当年的科举制度把六艺里的乐、射、御、数也纳入科举考试的范畴，今日之中华民族会是一个什么样的民族？

十六、早期文明与驯化

2017年7月8日《参考消息》刊文，题“科学家提出假设，人类最先驯化的是自己”。摘录如下：

> 早在我们驯化其他动物之前，人类可能最先驯化的是自己。
>
> 一些科学家指出，在很久以前，人类曾在同类中选择驯化对象。最近的一些研究显示，就像其他物种被驯化后发生基因变化一样，这一过程也导致了人类基因的变化。
>
> 哈佛大学进化生物学家、灵长类动物学家理查德·兰哈姆说，驯化可以简单地概括为降低反应性攻击，即降低动物的易怒情绪，否则动物在受到一丁点儿挑战的时候就会暴露自己的牙齿。他说，从这个意义上讲，人类是相当温顺的。

作者点评：康德说：“人要么是仅仅被驯服，被调教，被机械地教导，要么被真正地启蒙。人们驯服狗和马，而且也能驯服人（这个词来自英文 to dress，给……穿衣）。但是驯服无济于事，关键是在于让孩子们学会思想。”人类被文化而文明的历史，可以表述为从野蛮到驯化即“被驯服，被调教，被机械地教导”，从驯化到文化即“被真正地启蒙”的历史。换句话说，人类被文化而文明的过程，即从野蛮到驯化（to dress，给心灵穿襁褓即束缚思想）、从驯化到文化（给心灵脱襁褓即解放思想）的过程。

观察人类被文化而文明的第一个阶段，以人类野蛮时期为参照系看是了不起的文化，用现代的眼光回过头看是驯化。当然，人类社会发展到现在，驯化已经落后，文化正在兴起。所以鲁迅为提醒人们曾经写过这样一段话：驯良之类并不是恶德，但发展开去，对一切事无不驯良，却决不是美德，也许简直是没出息。“爸爸”和前辈的话，固然也要听，但也须讲得有道理。假使有一个孩子，自以为事事不如人，鞠躬倒退；或者满脸笑容，实际上却总是阴谋暗箭，我实在宁可听到当面骂我“什么东西”的爽快……但中国一般的趋势，却只在向驯良之类——“静”的一方面发展，低眉顺眼，唯唯诺诺，才算一个好孩子，名曰“有趣”。活泼，健康，顽强，挺胸仰面……凡是属于“动”的，那就未免有人摇头了……

我们课堂上的学生丛小芳在她写的《课堂的革命》读后感里有这样一段话:“从小到大就跟牛一样被鞭着学的。我一直都觉得被动学习远不如自主学习。我不喜欢闭着嘴巴听课，不喜欢一个人面对着冷冰冰的书本，不喜欢所有的事情都是由老师说了算，不喜欢课堂的空间仅限于教室。”过去用牛鞭驱赶牛耕田、用马鞭驱赶马快跑、用教鞭驱赶人学习；现在耕田用拖拉机、出门坐飞机，人的学习还用教鞭驱赶能行吗？丛小芳同学说：不行！学生们普遍用玩手机、睡觉、逃课等方式说：不行！

话说回来，拖拉机和飞机都不是那些被用教鞭驱赶着学习的人发明创造的。当然，被用教鞭驱赶着学习的学生可以学习怎么制造与驾驶拖拉机和飞机。人类工业革命起始于英国，尊重学生的个人意愿，用制度规范学生的自主学习，而不是靠教师的权威强迫学生被动学习，是英国教育的精髓。列宁在定义人类的共产主义社会时，把英国的国民教育列为共产主义社会条件之一。爱因斯坦对英国教育尊重学生的个人意愿这一点也十分赞赏。我们的课堂之所以办得十分成功也是因为对作为人的学生的尊重，我们要求教师在学生前面引导学生自主学习，严禁教师在学生后面驱赶学生被动学习。

从前往后看，比较野蛮时期，早期文明是伟大的文明；从后往前看，参照现代文明，早期文明是成功的驯化。牛马被驯化，其体力可有效利用；人类被驯化，其体力与智力可有效利用；人类被文化，其体力、智力与智慧都可有效利用。

人类被文化而文明的第二个阶段即从心灵被束缚到心灵求解放的阶段已经开始，其势不可当，能看清者主动，看不清者被动。

十七、矛盾与斗争、野蛮与文明

矛盾始终存在，无处不在，无时不在。有生有死，有正有反，有乐有苦，有福有祸，有白天有黑夜……矛盾是生命的本质，没有矛盾则没有生命。

是否有直面矛盾的斗争精神，是区分人被文化或被驯化的标准。是否提倡积极的斗争精神，是区分文化新旧的标准。畏惧矛盾、躲避矛盾、不敢斗争，是浪费生命的消极人生态度；不畏矛盾、直面矛盾、敢于斗争，是享受生命的积极的人生态度。

不想斗争是自欺，叫人不斗是骗人。好人不敢斗争，坏人必定当道；好人敢于斗争，坏人可能变好。

毛泽东说，“与天斗其乐无穷，与地斗其乐无穷，与人斗其乐无穷”，是专门为提倡直面矛盾、发扬斗争精神，从而加快驯化向文化的转变，即加快早期文明向现代文明的转变而提出的。

创造力与斗争精神成正比，模仿力与斗争精神成反比。

幸福属于有斗争精神的个体，世界属于有斗争精神的群体。

文斗是文明，武斗是野蛮；阳谋是文明，阴谋是野蛮；合法斗争是文明，非法斗争是野蛮。

十八、关于中国人群体文明的转型升级

人们普遍把中国人群体第二个文化阶段的起点定在 1840 年。推动中国人群体文明转型升级的有这么几位代表人物：代表维新派人士的康有为与梁启超，代表国民党人的孙中山，代表共产党人的毛泽东与邓小平，代表新思想、新文化的鲁迅与胡适，这些代表人物以及他们所代表的团队，都为中华民族在经历第二次文化阶段即从早期文明升级为现代文明的过程中做出了卓越的贡献。

当然，我们的第二个文化阶段还在路上。不过就第二个文化阶段而言，地球上的每个群体都在路上，只是有的起步早有的起步晚。

群体文明的进化相对个体生命的成长更加漫长，个体生命的成长周期最多以三位数计，群体文明的进化周期至少以三代人计。所以，毛泽东在 1949 年召开的中国共产党七届二中全会上说：“夺取全国胜利，这只是万里长征走完了第一步。”莫要着急，中国人群体向着现代文明进化的过程已经

在路上而且速度很快。

中华民族群体自 1840 年开始，蕴藏于心灵深处的思想的种子再次被激活，从此这一地球上最早文明起来的、最大的、有着数千年文明史的文明人群体，势不可当地走上了从早期文明向着现代文明转型升级之路，其进程虽不足 200 年但进步足以让自己自豪、令世界瞩目。 中华民族群体一定可以完成华丽的文明转型，从而自立于世界现代文明人群体之林，成为人类现代文明社会不可或缺的组成部分，并且将会在科学、技术、艺术（技能）上为人类做出应有的贡献。

1958 年起竖立在天安门广场的人民英雄纪念碑碑文的最后一段话是这样写的："上溯到一千八百四十年，从那时起，为了反对内外敌人，争取民族独立和人民自由幸福，在历次斗争中牺牲的人民英雄永垂不朽。"外敌是指外国侵略者，内敌是指维护代表早期文明形态的封建思想的人。 不反对外敌，民族不能独立；不反对内敌，文明不能转型升级，人民不能自由幸福。

十九、文明的转型升级将会释放出巨大能量

产业结构转型升级会释放出更大的生产能力，而产业结构转型升级由人来完成，因此必须先提升人的文化程度即实现人的文明的转型升级。 汉字以及汉字所承载的文明体系是中国人群体自己创造的，也就是说中华文明是内生文明，内生文明的群体一定蕴藏着巨大的创造力，并且会随着文明转型升级的过程逐步释放出来。

人的文明的转型升级，是通过人的思想观念从人分尊卑向人人平等、思想方法从迷信权威向实事求是的转型升级，以及伴随着思想的转型升级的人际关系的转型升级实现的。 人际关系从纵向的尊卑排列向横向的平等排列的转型升级，将会释放出巨大的创造力。

我们这么一个小小的课堂，因为实现了师生关系从师道尊严向师生平等的转变而释放出来的能量已经让人惊讶，可想而知，如果是一个有着十几亿人的社会群体实现了思想的转变以及随之而来的人际关系的转变、文明形态的升级，会释放出多么巨大的能量！

中国人群体从早期文明转入现代文明的升级一定会很成功，因为中国人群体的早期文明发育得十分成熟，底子打得好。

二十、中国文化与世界秩序

2015年12月2日，彼岸学社刊文，题为“基辛格：赤裸裸、血淋淋的思考者”。摘录如下：

今年，这位92岁的老人出版了他的封笔之作《世界秩序》。基辛格，不愧为全球国际关系第一老法师，他有独家的均势理论，又梳理出以自家理论为骨架的历史演化脉络，兼以无人可比的从政经验，使得《世界秩序》成为他本人，乃至国际关系领域的巅峰之作。

中国已经崛起，以世界老二的姿态，一步步走向世界舞台的中央。然而，我们关于世界秩序的知识储备配得上自己的经济实力吗？想改变和颠覆世界秩序的大有人在，然而，又有多少人真正了解现代的世界秩序究竟从哪里来，又将到哪里去？

众所周知，现代国际体系起源于17世纪中叶的威斯特伐利亚和约，各国相互承认主权、领土完整，从此基督教神权世界宣告结束，一个以民族国家为主体的新世界来临。基辛格指出：“威斯特伐利亚体系的普遍意义源自它的程序性特征，即在价值观上是中立的。它的规则适用于任何国家：不干涉他国内部事务，边界神圣不可侵犯，国家享有主权，鼓励遵守国际法。正义不再体现为究竟谁代表上帝，而是遵循普遍的程序性原则。这就是威斯特伐利亚体系的核心所在，因而它适应不同的宗教、文明和文化传统所形成的国家间交往。”

基辛格如此分析：“威斯特伐利亚体系的弱点是其长处的反面，尽管这个体系由饱经战乱的国家设计，但它并没有提供一种方向感，它给出了分配和维持权力的方法，但没有解答如何产生的合法性。”这意味着，假如要实现康德的“世界永久和平”的理想，在利益的交易和实力的均衡之外，依然要寻找一种更高的普世价值——这一价值在当今世界，不必是高度分裂的宗教信仰，而是世俗性的人文价值。毕竟18世纪的启蒙运动为世俗的人文价值奠定了全球基础，而且已经在世界各大轴心文明和民族文化之中获得回应。哈佛大学政治学巨擘约翰·罗尔斯在世时写的《万民法》，试图从不同的宗教和文明传统中发掘当今世界的普遍人权法则，就是继承康德壮志未酬的遗志，为世界秩序寻找新的合法性价值。

2019年8月7日《报刊文摘》刊文，题为“费孝通：心态秩序是当今社会的一个大问题”。摘录如下：

> 1993年6月费老接到一封信。发信人是印度已故总理拉·甘地遗孀索尼娅·甘地，邀请费老出席将于1993年11月在印度新德里召开的第四届英迪拉·甘地国际会议。费老说，我准备接受邀请，去会上做一个发言。会议的主题，我把它翻译成“重释美好社会”。
>
> 费老说：“从世界范围看，大家都希望生活在一个美好社会里边。但是现在的社会还说不上美好，还有很多人在饥寒线上挣扎，还有冲突和战争，就把美好社会的愿望寄托在未来。在人们的盼望里面，未来该是一种怎么样的秩序？怎样达到和实现？很多人在讨论。我们中国人还没有在世界上发言。从现状看，我们的经济发展很快，引人注目。新儒家也有一些讨论成果。所以说，中国人有资格对这样的问题说话。中国人要对21世纪世界秩序发表看法。
>
> “世界经济一体化，提出了很多问题，大问题。其中有一个需要在意识形态上沟通、理解、协同努力的问题。经济上休戚相关、兴衰与共了，文化上还是各美其美。也就是说，生态方面已经进入共同网络，心态方面还是没有形成共识，两者不协调，这是当今社会的一个大问题。”

作者点评：基辛格和费孝通关心的是同一个问题，不同的只是表述方式。如果以基辛格的“更高的普世价值——这一价值在当今世界，不必是高度分裂的宗教信仰，而是世俗的人文价值”的观点为参照系来观察，中华民族群体的文明程度早已领先于世界平均值，因为自古至今，中华民族群体的主流文明，从来就不是信奉某个宗教，而是信奉自己创建的世俗的人文价值，比如忠、孝、节、义。

谈论人文价值体系的话题，不能不界定清楚两个相关但不同的概念——

拥有接受人文价值体系的思想意识是一个概念，人文价值体系本身是另一个概念；前者是认知抽象道理的认知能力，后者是说在嘴上的语言或写在纸上的文字。一个群体养成遵循人文价值的思想意识或提高认知抽象道理的能力可能需要几百年、几千年，而制定一套人文价值体系可能只需要几年、几十年。

从前者来说，中国人群体无须再花很多时间来刻意培养自己接受人文价值的思想意识，因为遵循某种人文价值的思想意识早已被嵌入中国人群体的心灵。对中国人群体而言，只是需要将自己习惯了的过去的人文价值体系转型升级为现代的人文价值体系即可。

过去的人文价值体系是在人分尊卑思想观念与迷信权威思想方法基础之上编制的“礼”；天地君亲师，尊卑有序，是“礼”的展开。

现代的人文价值体系，是在人人平等思想观念与实事求是思想方法基础之上编制的“理”；正义、真相与真理，是“理”的展开，民主与法治是“理”在社会生活中的具体应用，科学与技术是生活在民主与法治社会里的人把“理”应用在观察与改造自然过程中的产物。

基辛格关于世界秩序演化阶段的理论，与本书的人类被文化而文明的三个阶段理论不谋而合——原始野蛮阶段，信仰无形的神或迷信有形的权威人物的阶段，信奉抽象道理即普世人文价值的阶段。

此外，本书提出的吃的权利、爱的权利、说的权利三位一体生成的天赋基本人权体系，或许就是“哈佛大学政治学巨擘约翰·罗尔斯在世时写的《万民法》，试图从不同的宗教和文明传统中发掘当今世界的普遍人权法则”。

一个文明的个体，必须同时拥有吃、爱与说的三项基本人权。吃，关乎食欲的满足、肉体物质形态人的成长及体力强弱与智商高低；爱，关乎色欲的满足、心灵精神形态人的成长及情商高低；说，关乎求知欲的满足、心灵精神形态人的成长及思商高低。

一个文明人群体，必须同时具备三个方面要素：思想（道），教育（传道），基于思想的制度。思想、教育与制度三位一体生成群体文明即社会软环境。理想的社会软环境是指能保证其社会成员充分合法行使三项基本人权的环境。

请参考图 4。 图 4 或许能为费老所希望的世人在心态方面形成共识提供帮助，图 4 或可被视为中国人“对 21 世纪世界秩序发表的看法”，图 4 或许还展示了人类最终会在信奉基于人人平等思想观念与实事求是思想方法的、以“理”为核心的人文价值体系上，实现张载的“为万世开太平”与康德的“世界永久和平”的理想。

图4　群体人类被文化而文明进化路线图

回顾人类过去，人分尊卑思想观念、迷信权威思想方法开创文明几千年。

展望人类未来，人人平等思想观念、实事求是思想方法将为万世开太平。

一、图4展示思想路线决定一切

当思想为零时，群体处于野蛮时期（兽道）；当思想观念人分尊卑、思想方法迷信权威时，群体处于早期文明时期（王道）；当思想观念人人平等、思想方法实事求是时，群体处于现代文明时期（人道）。

什么事都是人做的，包括制度的设计与执行。人是被思想（道）控制的，思想是靠教育（传道）传播的。先有思想（道），而后有教育（传道），而后有制度。思想决定教育，思想与教育决定制度，制度反过来塑造思想、影响教育。

如果对思想无意识，对创新教育就会束手无策。如果对思想的客观存在有清醒的认识，就会对创新教育有清晰的思路。

思想、教育与制度三位一体生成群体文明体系即社会软环境。思想指导心灵的言，制度规范身体的行，教育让受教育者成为言行一致、身心统一、遵守规则的社会人。

观察人类历史，不是地球上所有群体都能自发产生思想，从而产生教育，最终在思想基础上建立制度，形成文明人群体。中华民族算一个，而且是地球上唯一的连续5000年文明没有中断的群体。

中国几千年来的改朝换代就社会文明体系而言只是原地打个转，因为只换皇帝，不换制度，不换思想，不换教育。

辛亥革命之所以不同于历史上任何一次换个人做皇帝的改朝换代，是因为清朝末年的中国社会有了许多新思想和新学校，袁世凯复辟帝制失败的原因也在此。

推翻旧制度，建立新制度，不代表就建立了新的文明体系的新社会。所以毛泽东在1949年时说了这样一句话，新中国的成立"只是万里长征走完了第一步"，之所以只是走完第一步，是因为有一批思想先进的人，花一代人的时间可以建立新制度。但是要想建立一个新的文明体系的新社会，还需要全体社会成员在新思想和新教育的方向上继续走下去。走至今日，进步巨大，只是离一个思想、教育与制度和谐一致的，以人民为中心的现代文明体系的新社会还有一段距离，三维九方理论可以帮助加快步伐。

皇帝个个都想万岁但是不可能，而维护帝制的早期文明体系能延续几千年，可见文明的生命力。基于人分尊卑思想观念、迷信权威思想方法的旧思想的文明体系，必然会进化成基于人人平等思想观念、实事求是思想方法的新思想的文明体系，从而实现老祖宗的"为万世开太平"，即康德的"世界永久和平"的理想。

二、以人民为中心

"学习强国"里有这样一段话，"习近平新时代中国特色社会主义思想作为马克思主义中国化的最新成果，提出了以人民为中心的发展思想。把'坚持以人民为中心'作为新时代坚持和发展中国特色社会主义的根本立场，充分说明习近平新时代中国特色社会主义思想是人民至上的科学理论体系。"

图4展示的从没有皇帝，到以皇帝为中心，再到以人民为中心的群体文明进化路径的理论，是作者独立提出的，可见大道归一。

三、图4有助提升文化自信

宇宙本无东南西北，东南西北只是人的主观意志的划分。

文明不分东方西方，东方西方只有文字与发展阶段的不同。

野蛮或文明、尊卑或平等、迷信或自由，全在思想意识。

图4有助于看清"代表先进文化"的文明体系形态是什么，有助于看清"科学发展观"是什么，有助于看清建立人类命运共同体的思想基础是人人平等思想观念、实事求是思想方法，有助于提升我们中国人的"文化自信"——用汉字符号工具、汉语言表达技能、汉语言话语体系解读人类文化现象，阐述人类文明进程。人类社会从原始野蛮时期到早期文明时期再到现代文明时期的进程是必然的、不可逆的。

第三篇　教育

上网查询可以知道，从1949年到2018年，中国钢铁产量与高校毕业生数量之间存在着正相关。这一正相关很有趣，也很能说明问题。

1. 粗钢产量

1949年新中国成立之年粗钢产量只有16万吨，同年，美国的粗钢产量7074万吨，日本的粗钢产量311万吨。

2018年中国粗钢产量92830万吨，美国同年粗钢产量9500万吨，日本同年粗钢产量856万吨。中国的粗钢产量2018年比1949年增加了约5800倍，总量全球排名第一，全球占比约51.3%。

2. 大学毕业生数量

1949年新中国成立之年高校毕业生只有2.1万人，2018年中国高校毕业生已达820万人，2018年比1949年增加了约390倍。

3. 精钢产量

中国粗钢产量全球第一，中国精钢产量只占世界的2.2%，每年从德国和日本进口大量精钢和特钢。估计中国进口的精钢和特钢，相当部分是用中国出口的粗钢进一步加工的。

4. 大学毕业生质量

统计数据说明中国高校毕业生的数量全球第一，著名的“钱学森之问”说明中国学校供给社会的人才质量不高。中国教育部数据显示，2018年出国留学人数突破60万大关，达到60.84万。

5. 工业经济与教育事业

粗钢产量是反映一国工业发展水平的基本指标之一，高校毕业生数量是反映一国教育发展水平的基本指标之一。以上两组数据说明，在70年时间里，教育事业为国家的工业化提供了有力的支撑，无论是工业化还是教育事业都取得了巨大的令世人瞩目的成绩。

当然，以上两组数据还说明，过去几十年钢铁行业与教育事业发展的特点都是数量型扩张。但是，无论什么事物的发展都是先数量后质量、从量变到质变。所以，前70年的钢铁行业与教育事业的数量型发展符合事物发展的规律，是正常的，是好的，是值得自豪的。

6. 人们抱怨当下教育的原因

我们知道，人们对当下的教育赞扬的少、抱怨的多，原因何在？

原因之一，国家的开放，开阔了人们的视野，人们度量自己当下所接受的教育服务的标准，不仅有纵向的参照系，还有横向的参照系。

原因之二，我们的学校在“知识与技能的教学”方面取得的进步巨大，在“人的教育”方面虽也有进步，但是远远滞后于在“知识与技能的教学”方面取得的进步。人们对教育的困惑很大一部分来自“人的教育”滞后于“知识与技能的教学”

的现实。其实，这样的滞后也是正常的，因为人对“人的教育”的认知比起对“知识与技能的教学”的认知要难很多，因为“知识与技能的教学”可以模仿但是“人的教育”不能模仿。所以，“人的教育”是本篇的重点。

7. 转型升级

人们对当下的教育赞扬的少、抱怨的多的现象说明，中国教育事业数量型的发展和钢铁行业数量型的发展一样，已经光荣地完成了阶段性的历史使命，已经不能满足人们日益增长的精神需要，进一步的发展只能是从数量型向质量型的跨越。

事情都是人做的。钢铁行业的转型升级要靠人实现，人要靠学校供给，学校培养转型升级所需要的人要靠创新教育实现。教育如何才能创新?

8. 教育与炼钢

我们可以把学校比作钢厂，把教育比作炼钢。体育是把学生从铁矿冶炼成生铁的第一道工序，智育是把学生从生铁冶炼成粗钢的第二道工序，德育是把学生从粗钢冶炼成精钢的第三道工序。我们可以通过改造高炉、改良炼钢工艺来炼出品质更优的钢材，我们也可以通过三维九方理论创新教育、培养更加优秀的人才。三维九方课堂软环境图、三维九方认知体系图与三维九方德育体系图就是创新教育的三张工艺图。

我们中国每年都进口大量的铁矿石，因为中国的铁矿石先天品质不高。我们中国每年有大量学生出国留学，因为中国学生先天品质很高。如果我们的学校按照三维九方教育理论从三个维度九个方面为学生搭建与时俱进的全新的课堂软环境（新的炼钢炉），从三个维度九个方面重点创新德育的工艺——改变通过灌输道德观念的简单落后的“下德”之育为老子提倡的“上德”之育，即为学生提供三维九方德育体系（德育新工艺）的服务，学生们就可以在自己国家的课堂软环境里不知不觉间释放出各自的包括人性在内的各式各样的潜能，建立起基于人人平等思想观念、实事求是思想方法的三维九方认知体系（优秀人才所具备的认知方式），从而成长为社会各行各业所需要的各有所长的优秀人才，包括智商、情商、思商都很高的，能有所创造或有组织能力也有所担当的“三高”型人才。

9. 教育先进，百业不会落后

学生与教师是办学的两个必需的基础资源，中国是世界上这两项基础资源最丰富的国家，中国还有一个极其宝贵的软资源——孕育了几千年的深入所有中国人心灵的重视教育的观念意识。一旦能够创新办学体制，创新教育思想，中国可以成为世界上最大的教育先进国家。教育先进，百业不会落后，人生更多幸福。

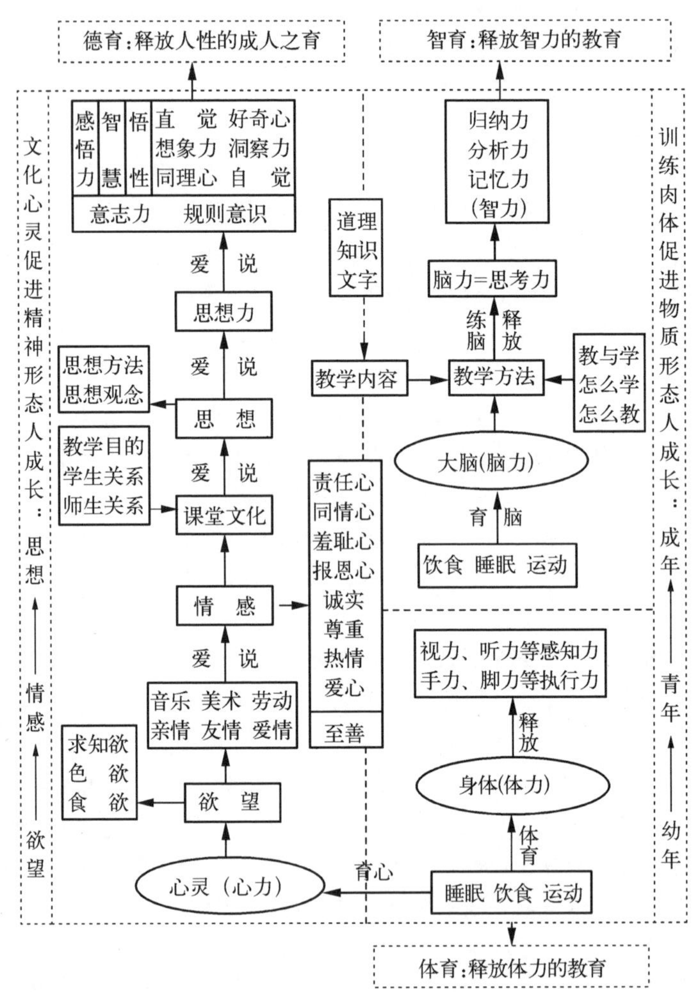

图5　教育(人+环境)图——教育服务过程图

教育图由"人图"与"三维九方课堂软环境图"合并而成。

康德说:"人类应当通过自己努力,把人性的全部自然禀赋逐渐从自身中释放出来,一个世代教育另一个世代。"孟子说:"人人有良知良能,就像四肢一样,先天地存在于我们的内心。"

2000多年前中国孟子说的"良知良能"、200多年前德国康德说的"人性"与本书中的"求知欲、情感与思想力"是指同一个存在。人性=良知良能=求知欲+情感+思想力。

用仁爱之心点灯,用鼓励说话加油,让学生心灵之灯长明,释放人性的光芒。

一、教育的起点、中点与终点

老祖宗言，野蛮其体魄（肉体），文明其精神（心灵）。

教育当以体育增加欲望为起点——野蛮其身体以释放体力。

教育当以智育承上启下为中点——增强其大脑以释放智力。

教育当以德育转变思想为终点——文明其心灵以释放智慧。

体育和智育促进肉体物质形态人成长。体育和智育通过睡眠、饮食、运动与知识和技能的教学实现。（参考图 5 右侧）

德育促进心灵精神形态人成长。德育通过由亲情、友情与爱情，音乐、美术与劳动，师生关系、学生关系与教学目的的三个维度九个方面生成的三维九方德育体系实现。（参考图 5 左侧）

德育要以体育为基础，让身体里有足够的欲望被文化为情感、有足够的情感被文化为思想；德育要以智育为辅助，让内心的欲望、情感与思想能够通过大脑转化成语言清晰地表达出来。

二、爱与说

教育是通过培育情感、启发思想从而文化野蛮人为文明人的专门事业，“爱”是培育情感必需的精神营养，“说”是启发思想必需的基本技能。音乐也是“说”，是用音符述说情感与思想。

三、说与听

麻省理工学院研究表明：“说”的学习效率是 90%，“听”的学习效率是 10%。作者研究发现：教会“说话”有利于塑造人人平等思想观念与实事求是思想方法，强调“听话”有利于塑造人分尊卑思想观念与迷信权威思想方法。

四、吃、爱、说

吃，关乎食欲的满足、体力的强弱与智商的高低；爱，关乎色欲的满足、情商的高低；说，关乎求知欲的满足、思商的高低。

五、人师与业师

俗话说，业师好找，人师难觅。当下的互联网时代，传道的人师和授业的业师都难找。互联网时代需要的不是教学知识和技能的业师，而是教会学生喜欢学习、怎样学习的业师，因为知识与技能的教学可以通过互联网实现。互联网时代需要的，不是塑造学生人分尊卑思想观念、迷信权威思想方法的旧思想的人师，而是转变学生旧思想为新思想即人人平等思想观念、实事求是思想方法的人师。

六、一句话概括现代教育全过程

从母爱开始，由师爱加持，鼓励说话，实现思想的转变，文明因思想转变更上一层楼，人性因思想转变得以充分释放，学生个个成人、人尽其才。

第一节　体育

一、体育服务的对象与目的

体育服务的对象是学生的身体，体育服务的目的是促进每个学生身体潜在的体力尽可能充分地释放出来，逼近他自己体力可能的最大值。

二、体育服务的方法

人们通常只把运动作为体育的内容，实际上对一个人而言，体育的内容应该包括睡眠、饮食与运动，三位一体，一个不能少。如果其中有一个不能做到位，另外两个也难做到位。

常识告诉我们：

如果睡不好，吃饭就不香；只有睡得好，才能吃得香。

如果吃不饱，运动就没劲；只有吃得好，才能动得好。

如果运动少，吃得不会多；只有常运动，吃得才会多。

如果运动少，睡得不会香；如果常运动，睡眠也会好。

三、睡眠排第一

睡眠、饮食与运动三位一体构成体育。

俗话说，民以食为天。为什么把睡眠排第一？因为人们对学生的睡眠太不重视，而睡眠对人的成长的影响超过吃饭。不信可以上网查一下：一个人连续不吃饭的极限是几天？会造成什么样的伤害？一个人连续不睡觉的极限是几天？会造成什么样的伤害？

白天，身体的能量主要供应躯体与大脑活动使用；晚上，身体的能量主要供应消化与内分泌系统等活动使用。长期睡眠不足意味着消化系统长期不能正常工作从而导致食欲下降，没有食欲吃得就少，使得物质形态人不能正常发育成长。2018 年 7 月 12 日《参考消息》的一则报道标题就是：研究表明常上夜班对肠胃破坏极大。可见，科学研究的结果和人们的生活经验相一致。

长期睡眠不足意味着内分泌系统长期不能正常工作从而导致内分泌紊乱，内分泌紊乱导致荷尔蒙分泌不足，荷尔蒙分泌不足影响情感发育，情感发育不良影响思想发育成熟从而导致精神形态人不能正常发育成长。

营养严重不足，物质形态人身材长得矮小；情感发育不良，精神形态人心理就会幼稚。心理幼稚，会妨碍思想力正常释放；思想力弱，认知力只能达到模仿层级。营养严重不足，物质形态人会得“侏儒症”；情感发育不良，精神形态人会罹患“空心病”。

前面提到，欲望是精神形态人的幼年，情感是精神形态人的青年，思想是精神形态人的成年。情感发育不良，意味着精神形态人的成长中途遇阻而不能正常发育成长。情感发育不良会对婚姻、工作有很大的负面影响，情感发育不良导致人最高级的认知力——感悟力不能正常释放从而严重影响认知力的提高。

请不要忽视睡眠，尤其是在教育的初级阶段，在人的成长的青少年时期。

2018年《医食参考》第4期刊文，题：毛泽东保健医生王鹤滨94岁仍出诊。摘录如下：

> 王鹤滨先生是留苏的医学博士，1949年8月任毛泽东主席的保健医生，并兼任周恩来、刘少奇、朱德等国家领导人的保健医生以及中南海门诊部主任。如今94岁高龄的他依然出诊看病，而且眼不花，耳不聋，血压、血糖都正常。其养生之道值得世人借鉴。
>
> 睡一个好觉，胜过吃补药。王老说，最好的睡眠时间是每天23点至翌日7点这个时间段。不要因为任何理由耽误睡觉。人一天不吃饭没关系，但要是一天不睡觉，体力和免疫力都会下降。只有保证了睡眠，才能保护好老天爷给你的天然防御系统，才能有很强的免疫力。

有媒体报道当下有十分之一的女子婚后不孕，须借助人工受孕。建议专业人士调查一下，学生时代长期睡眠不足是不是造成不孕的原因之一。

四、体育与认知力

前文提到身体的感知力是构成人的认知力的三个力之一。感知力= 视觉+ 听觉+ 嗅觉+ 味觉+ 触觉。

无线越野定向运动就是训练人的感知力的体育运动。让学生捉一只虫子放在瓶子里观察，然后写下观察日记的方法，是为了提高学生的观察技能，也可以说是为了训练身体的感知力。

用身体的感官感知事物是人对事物认知过程的第一步，也是让人心里感觉踏实的不可或缺的一步。当下流行网络购物。有些人在看了网络上的文字与图片传递的相关商品信息之后仍然会去实体店体验一下欲购买的商品，才能下最后购买的决心。

体育是提高作为认知力之一的感知力的基础教育。

五、体育是智育和德育的基础

如果体力等于 0，那么脑力与心力也就等于 0。

体育是智育的基础，因为大脑劳动时消耗的能量由身体供应。

体育是德育的基础。欲望是情感的原料、情感是思想的原料，文化欲望为情感、文化情感为思想是德育的工作内容，体育可以增强人的欲望即可以为德育提供更多的原料。

2018 年 5 月 7 日《参考消息》转载美国“纽约时报”网站 5 月 1 日报道，题：站着办公可以让你更聪明。

> 我们早就知道，每天久坐对健康会产生许多影响(比如罹患心脏病和糖尿病的风险会更高)，最终导致更高的死亡率。而一项新研究现在证明，久坐对大脑也有害。如果你闲暇时间都坐在沙发上，那可能大量运动也不足以拯救你。
>
> 加利福尼亚大学洛杉矶分校的巴帕·西达博士进行的一项研究表明，久坐行为与大脑内颞叶的厚度减少有关，大脑内颞叶中含有的海马体是学习和记忆的关键区域。
>
> 尽量少坐多站，这样的微小努力也可能改善大脑健康。
>
> 一项研究让 34 名高一学生使用立式书桌学习 27 周，研究结果显示，他们的执行能力和工作记忆得到显著改善。

六、体育包含智育和德育

俗话说，心灵手巧，反过来手巧则心灵。

比如乒乓球运动，娴熟的击球技能不可能不包括灵活的手、灵活的脑、灵活的心，训练手的过程不可能不包括脑与心的训练，训练击球的过程实际上是训练手与脑、脑与心同步运动配合默契的过程。人们把教育分解成为德育、智育与体育，只是为了便于对教育的认知，实际上，身、脑、心与德、智、体浑然一体不可分。

长跑与冬泳，练的是身体的体力，练的也是心灵的意志力。

足球、篮球等团体对抗的体育运动，对球员的心力要求比较高，心灵幼稚、心胸狭隘、意志力弱的队员会削弱团队的战斗力，心灵成熟、心胸开阔、意志力强的队员会增强团队的战斗力。

第二节　智育

一、智育服务的对象与目的

智育服务的对象是学生的大脑，智育服务的目的是促进每个学生大脑潜在的智力尽可能充分地释放出来，逼近他自己智力可能的最大值。

二、智育服务的方法之一——智育基于体育之上

大脑长在身体之上，脑力基于体力之上，智育基于体育之上。

智育是在体育即睡眠、饮食与运动的基础之上增加知识与技能的教学——教会学生阅读（知识的学习）与劳动（知识的使用）。

大脑质量约占全身质量的 2%，大脑劳动时所消耗的氧气占全身氧气消耗量的 25%，大脑所需氧气全靠身体供应，即靠心脏通过颈动脉泵送血液至大脑，大脑缺氧超过五分钟会造成脑细胞不可逆的坏死，严重时会造成脑死亡，同理，大脑缺氧会造成脑力不足、智力下降。可见，智力基于体力。

我们的生活经验也告诉我们：肚子过于饿时头脑会发昏，肚子过饱时头脑也会发昏。睡眠不足的人头脑会糊涂，睡眠过多的人头脑会发呆。家境

好的人往往智力水平会高一些，因为营养比较好；家境差的人往往智力水平会低一些，因为营养比较差。

为什么教育先进、人才辈出的国家最好的体育设施都在学校里？ 为什么教育先进国家的学校里体育成绩好的学生倍感光荣？ 因为他们比较早就明白脑力基于体力、智育基于体育之上的科学道理。

三、智育服务的方法之二——教学模式

同一个大脑，不同的教学模式训练出不同的智力。

同一个大脑，在教师讲、学生听，一言堂、满堂灌，闭门读书、关门办学的教学模式里，其潜在的脑力只会得到有限释放；其智力结构会形成记忆力比较强而分析力与归纳力比较弱的不协调状态，如同一台存储功能比较强而 CPU 运算速度比较低的电脑。

同一个大脑，在学生自主学习、共同学习，师生互动、教学相长，教学与生产劳动相结合的教学模式里，其潜在的脑力会得到充分释放；其智力结构会形成记忆力、分析力与归纳力同步增强的和谐状态,如同存储功能比较强大同时 CPU 运算速度又比较快的电脑。

四、智育和教学内容

知识，在课堂上是训练脑力的道具，在劳动中是劳动工具。

我们知道，把物品从地面上捡起来放进自己的口袋里需要消耗体力。同样道理，把知识从书本上捡起来放进自己的大脑里记住需要消耗脑力，总结生活与劳动中积累的经验并且存放在大脑里也需要消耗脑力。

课堂上知识的教学，目的在于知识的学习，更在于学习知识的过程中作为认知力之一的脑力的释放。

课堂上的学生无法预知他将来一定会从事什么样的职业，课堂上学习再多的知识都不足以应付将来职业的需要，何况知识永远会在不断的更新之中，但是，只要有足够强的脑力，无论到哪里、无论从事什么样的职业，都可以做到需要什么知识就学什么知识，更何况互联网为人类知识的学习提

供了极其便捷的手段。

为什么西方教育发达国家的学校课堂上教学的知识比我们中国学校课堂上教学的知识少，因为他们清醒地知道知识的教学主要是为了通过知识的学习提高作为认知力之一的脑力。

记得在 2014 年东南大学生物科学与医学工程学院举办的那次国际教育交流会上，那位汉语名字叫高汉的荷兰的大学老师和我说，同样的一门课程，在荷兰的大学里只上 18 个课时，在中国的大学里要上 86 个课时。他们荷兰的学校把教学的关注点集中在怎么教与怎么学即教学的方法与过程上，通过恰当的方法与过程提高学生的脑力，而我们中国学校则把教学的关注点集中在学多少知识点上。

好有一比：健身房的运动器材是用来健身、促进释放体力的有形的器具，教室里教学的知识是用来健脑、促进释放脑力的无形的道具。

所以在制定教学评价标准时要注意：

不要把学生的关注点引导在学多少知识、考多少分数之上。

每个人无论知识学多学少，只要学起来，脑力就会释放；每个人无论考分是高是低，只要参加考，智力就会提高。

五、智育和体育都是肉体之育

身体是肉体，大脑也是肉体，体育和智育都为了释放肉体体力。身体和大脑需要靠睡眠恢复体力和脑力，需要靠吃饭供应能量，还需要靠运动增强体力和脑力。身体运动可以在健身房通过教练指导把玩不同器材实现，大脑运动可以在教室里通过教师指导学习各种知识完成。把玩健身器材是锻炼肉体的体育活动，各种有形的器材锻炼肉体躯干部分的肌肉；教学各种知识也是锻炼肉体的智育活动，各种无形的知识锻炼肉体大脑部分的肌肉。不同器材的不同训练方法训练躯干不同部位的肌肉，比如手臂肌肉、腿部肌肉、腹部肌肉；不同知识的不同教学模式训练大脑不同的肌肉功能，比如记忆功能、分析功能、归纳功能。身体肌肉发达有助于使用有形的劳动工具提高体力的劳动效率，大脑肌肉发达有助于使用无形的知识工具提高脑力的劳动效率。无论身体还是大脑都是肉体，所以智育和体育一样都是肉体之育。

2017 年 8 月 18 日《参考消息》报道，科学家发现，身体更健康的人记忆力更好。为查明这种现象背后的原因，他们利用能够测量器官结实程度和弹性的磁共振弹性成像技术，发现健康的人拥有更结实、更有弹性的海马体。海马体是与记忆有关的大脑区域。

爱因斯坦说：“究竟应当以文科为主，还是应当以理科专业教育为主呢？对这个问题，我的回答是：照我的见解，这一切都是次要的。如果青年人通过体操和走路训练了他的肌肉和体力的耐劳性，以后他就会适合任何体力劳动。思想的训练以及智力和手艺方面的技能锻炼也类似这样。因此，有个才子讲得不错，他对教育下这样一个定义：‘如果一个人忘掉了他在学校里所学到的每一样东西，那么留下来的就是教育。’”

对爱因斯坦提到的才子对教育的定义可以作这样的解释，忘掉的是在学校里训练时使用过的运动器具和在教室里学过的知识，留下来的是在锻炼身体与学习知识过程中被增强的身体肌肉和大脑肌肉即释放出来的体力与脑力。

2019 年 2 月 13 日《参考消息》报道，题：科学巨人兼运动好手。该文列举 11 位爱好运动的世界著名的科学家，摘选几位如下：尼尔斯·玻尔，这位诺贝尔物理学奖得主曾是丹麦哥本哈根大学足球校队队员。恩里科·费米，这位原子能理论奠基人 1938 年获得诺贝尔物理学奖，他还是一位运动达人，是网球高手，还热爱游泳与登山。居里夫人是首位获得诺贝尔奖的女性，她最喜欢的运动是自行车。她和丈夫在蜜月期间就曾骑自行车游遍法国北部。

六、智能的属性

此小节的内容是作者在 2014 年参与东南大学生物科学与医学工程学院创新教育实验期间给张宇老师发的一封讨论“智能的属性”的邮件。

张宇老师好。我觉得下面这篇“智能的属性”的短文对我们理解 DCL 课程中学生合作起来共同学习的意义有帮助。

今天看电视剧《互联网时代》第一集里一位美国科学家关于大脑神经的一番话给了我很大启发。他说，每一个大脑神经元都是愚蠢的，但是这些神经元一旦连接成神经网络那就是另外一回事了，智能将从连接起来的神经元里大量涌出，这就是智能的属性。这让我想起了在我们的课堂上，每一个学生都表现出了很强的智能，因为在我们的课堂上学生不是一个人学习而是合作起来互帮互学的。我那本《课堂的革命》的书里关于"蕴藏于个体人的心中的智慧只有当个体人融入群体的过程中才能够释放出来"的结论，是我在学生的课堂日报中发现的，学生们自己为自己在合作起来学习的过程中大量涌现出来的智能所惊讶，而且他们把这些感受全部记录在自己的课堂日报之中，这些日报有不少被我收录于书中。此实乃学生们真切的感受，也是我独立的重要发现，此发现与那位美国科学家所说的关于"智能属性"的定义相一致，也和我们中国人人皆知的格言"三个臭皮匠一个诸葛亮"意思相一致。真的是：一个人学，想当然；两个人学，知其然；三个人学，知所以然。

在甲骨文中国公司工作的朋友柳胜先生看到我发在微信里的上面的帖子，发来了一个跟帖：斯宾诺莎说过，以前我们认为佛、上帝是一种人格化的他物存在，不对，上帝其实是一个整体存在，而我们每个人乃至世间万物实为上帝的一部分。万物普遍联系，高下相形，长短相比，爱恨相随。自然即上帝，这是一个精妙的结构。唯物与唯心似从两个维度来度量上帝，但都是盲人摸象，因为部分无法获得整体的全部信息。有些有时需要理性分析，有些有时需要感性感知。个体无法独立完成，但群体智慧却可以逼近。因此，万物区别于他物，不在于构成颗粒的成分，而在于颗粒连结的方式。物质分子原子电子如此，国家社会团体个体也一样。

我继续跟帖：上帝只是一个标识符号，斯宾诺莎对这个标识符号背后的含义理解得很正确。人之所以为人，是通过其群体属性而不是通过其个体属性来显现的，或者说是通过人的社会属性而不是自然属性来显现的。人的认知行为同样归属人的群体属性而不是个体属性。

个体的人和动物一样，群体的人才会产生文化从而走向文明。一个真正有知识的人一定会自觉地视自己为群体中有机的一员。判断一个人的文明程度，只须看他融入群体的程度。通俗地说，判断一个人的文明程度，只须看他和家人、同事的关系，看他有多少朋友。话说回来，只有普遍接受人人平等思想观念、实事求是思想方法的群体才有可能最大限度地实现个体之间有机的连接，而流行人分尊卑思想观念、迷信权威思想方法的群体里的个体要想实现有效的连接有点难。

七、两篇与智力相关的报道

1. 孩子智力更多遗传自母亲

【英国《独立报》网站10月6日报道】题：科学家称孩子的智力遗传自母亲而非父亲。

研究人员称，母亲的基因决定她的孩子有多聪明，父亲不起什么作用。

母亲更有可能把智力基因传给孩子，因为智力基因由X染色体携带，而女性有两条X染色体，男性却只有一条。

据认为，被称为"条件基因"的一类基因有些只有来自母亲，有些只有来自父亲才会发挥作用。据信，智力基因是必须来自母亲才能发挥作用的条件基因。

研究人员用经过基因改造的老鼠进行实验后发现，母系基因格外多的老鼠头大、脑大但身子小；父系基因格外多的老鼠则头小、脑小但身子大。

考虑到人也许不同于老鼠，格拉斯哥的研究人员采用了更贴合人类的方法来探究智力。他们从1994年开始采访了12686名年龄在14岁至22岁之间的人，发现由老鼠实验得出的推论在现实中是成立的。尽管把参与者的受教育程度、种族和社会经济地位等因素都考虑在内，团队仍然发现预测智力的最可靠指标是母亲的智力。不过，研究也清晰地证明，遗传并非智力的唯一决定因素。据估计，有50%左右的智力是遗传的，还有50%左右的智力取决于环境。

但就智力的非遗传部分而言，母亲也扮演着及其重要的角色。有研究显示母子间的牢固情感纽带与智力紧密相关。

华盛顿大学的研究人员发现，母子情深对大脑某些部分的发育十分重要。在花7年时间观察分析了一些母亲与孩子相处的方式后，研究人员发现，同那些与母亲感情淡薄的孩子相比，情感上有依靠、精神需求得到满足的孩子在13岁时的海马体要大10%，海马体是大脑中与记忆、学习、应急反应相关的区域。

当然，没理由认为父亲不能在育儿过程中扮演同母亲一样重要的角色。研究人员指出，能从父亲那里遗传的其他很多由基因决定的特征——比如直觉和情感——对于释放潜在智力也非常关键。因此，父亲们不必失望。

——摘自2016年10月9日《参考消息》

作者点评：俗话说，父精母血。孩子肉体遗传自母亲的多，精神遗传自父亲的多。有心人不妨仔细观察，孩子形似母亲、神像父亲。

男人比女人强的是体力与心力而不是脑力，体力强到可以抱动女人的才是男人，心力强到可以包容女人的才是男人。

2. “笨”或“聪明”的口头禅

2018年1月7日《扬子晚报》刊文，题：扬子晚报杯作文大赛，“年度汉字”孩子心声，本报作文大赛佳作背后是很多引人共鸣的故事。

故事一：

小学生抱怨连轴“上班”太累

三个奥数班、两个英语班、一个舞蹈班、一个钢琴班，南京市某小学的陆秋含同学用一个“累”字总结她“连轴转”的2017年。陆秋含认为更累的是自己的妈妈，白天妈妈是工作中的女强人，晚上回家还要抽出时间给她辅导功课。

故事二：

妈妈的口头禅是“笨”

“笨！看看几个条件！”“笨！这是‘完全填空’！”“笨！注意四指、五指!”南京市某小学的祁同学将她的年度汉字定为“笨”。按照她的统计，妈妈一天最多能说她几十个“笨”。

作者点评：

（1）如果让一个成年人刚刚下班回到家里就接到单位加班的通知会是一种什么样的心情？ 如果接到的加班通知不是偶然发生的而是每天发生的会是什么心情？ 如果接到的加班通知是不容拒绝必须执行的会是一种什么心情？ 只要有了这个被逼无奈的心情本身就足以让人心灵痛苦、身体劳累了，更不用说加班本身的付出。 成年人受到的伤害尚且如此，何况儿童?!

（2）“笨”的口头禅真的能让孩子变笨，而且会让孩子感受到学习的痛苦，摧残孩子的心灵。“聪明”的口头禅真的能让孩子变聪明，而且会让孩子感受到学习的乐趣，滋养孩子的心灵。

八、肉体体力与创造性劳动

动用双手的劳动是肉体的体力劳动，动用大脑的劳动也是肉体的体力劳动，前者是简单的体力劳动，后者是复杂的体力劳动。

无论肉体的力量有多大，都只能模仿着做事，而不能胜任创造性劳动，创造性劳动还需要心灵的精神之力，而心灵的精神之力的释放靠德育。

一旦能够代替肉体的智能机器人被广泛地使用，不善德育的群体就会遇到麻烦，而善于德育的群体就会更上一层楼。

德育是什么？ 如何为学生提供良好的德育服务？ 请看下一节。

第三节　德育

2017 年的一次审查作者申报的省级教改课题的会议上，一位会议的参与者说，习近平总书记在一次全国性的教育工作会议上提出要把以德育人贯穿教学的全过程，不止一位会议的参与者认为这是做不到的。 实际上，学生的德育在客观上就浸润在课堂软环境里、贯穿在教学的全过程之中，没有什么做得到做不到的问题，只有在主观上认知有没有到位的问题。

德育的服务对象是心灵的精神形态人。德育的服务目的是文化自然人为文明人，从而释放蕴藏于心灵的人性。谈论德育，不能不先谈论道德；谈论道德，不能不先谈论“上德”与“下德”。

一、上德与下德

《道德经》第三十八章载：“上德不德，是以有德；下德不失德，是以无德。”可见，老子把道德分成上德与下德。

1. 上德是什么？

上德源自道，道法自然，人性亦自然。所以，上德是指源自人性的德。古时候的老子所谓的上德，在现代话语体系里，如果用一个字来表达就是——爱，如果用两个字来表达就是——情感，如果表达得全面一些就是——情感+意志力+规则意识。

2. 下德是什么？

下德是人们常说的道德观念。下德是道在伦理上的发展与延伸。我们这个群体习惯的下德源自天地君亲师尊卑有序的周礼。礼就是规则。礼是人为编制的，礼往往需要借助名利等手段去推广。人为推广下德，存在着塑造为假装有德的伪善之人的风险；用名利等手段推广下德，存在着把人们导向名利之徒的风险。所以老子提倡上德，不赞成下德，庄子甚至认为提倡下德的“圣人不死，大盗不止”。

3. 上德永恒，下德不固

上德是由内向外释放的人性，下德是由外向内灌输的道德。

因为上德是由内向外释放的人性，所以受外部环境影响不大。为什么有些人即便处于战争的残酷环境里都会显现出善良、勇敢并且会遵守战前约定的规则，人性使然也。古人看重的“慎独”，并非下德即道德观念，而是上德即人性。因为用于规范人与人之间关系的道德观念，一旦离开群体就没有存在的价值。

因为下德来自后天的灌输，受外部环境影响很大，所以，在社会动乱之时，稍不加注意，人们会有道德滑坡、世风日下的感慨。

因为下德的道德观念是人为编造的，在社会转型、文明升级之时需要与时俱进地更新，如果不及时更新也会造成思想混乱。

上德永恒，下德不固。 德育当以释放人性、培育上德为主，塑造观念、培育下德为辅。

当潮水退去之时能看到谁在裸泳，当社会处于转型或动乱时期能看清谁真的有德。

4. 下德即“三观”

道德观念是由是非观、荣辱观与价值观三位一体生成的。 因为怎么看待世界与人生是由价值观决定的，所以，价值观= 人生观= 世界观。下德= 道德观念= 三观。

5. 下德有新旧之分

人类早期文明时期遵循的下德即三观建立在人分尊卑思想观念与迷信权威思想方法之上，被称为封建主义旧道德；人类现代文明时期遵循的下德即三观建立在人人平等思想观念与实事求是思想方法之上，被称为社会主义新道德。

人人平等思想观念与实事求是思想方法是在人分尊卑思想观念与迷信权威思想方法基础之上转化而来的，新的道德观念也是在旧的道德观念基础之上经过扬弃而来的。 比如规范亲子关系的慈爱儿女、孝敬父母的亲慈子孝的道德观念，即便在当下的时代也是正确的。 比如过去用来规范男女关系的父母之命、媒妁之言的婚姻观，在当下的时代不再被认为是正确的而被自由恋爱所取代。

6. 下德有创新需求

作者记得曾经在微信群里发表过关于创新道德的言论，不止一个微友抱着疑惑的口吻说：什么，道德也是可以创新的吗？

道路是给物质形态人行走用的，道德是让精神形态人遵循用的。 人人都知道，道路更新升级给人带来的出行便利很大，却很少人知道，道德更新升级给人们带来的幸福感不可估量。 试问，是自由恋爱的过程幸福感强，还是父母之命、媒妁之言的过程幸福感强？

戊戌变法失败以后，梁启超在《新民丛报》上发表了许多文章，对其失败原因进行了一系列的反思和剖析。他呼吁改造国民性，培养和造就一代新民。后来他将当时的20篇论文汇编成册，定名为《新民说》，其中《论公德》《论私德》两篇文章较为集中地阐述了其视角下的道德观。

梁启超认为，在当今社会，应了解世界发展的大趋势，结合中国实情，进行一场“道德革命”，构建“新道德”，以探求使中国社会得以稳定、和谐、进步的途径，而不能以为古圣先贤没有谈及就不能有所突破。梁启超想要构建的新道德是指新的下德，而不是指老子说的上德。前者人们很熟悉，后者被人们忘掉了。梁启超可能也忘了提醒人们，构建新的道德观念须从转变人分尊卑思想观念为人人平等、转变迷信权威思想方法为实事求是开始。

7. 道德观念与法治意识

康德说：“人应当首先发展其向善的禀赋，天意并未把它们已经现成地置于人里面。那是纯然的禀赋，并没有道德性的区别。使自己更善，培养自己，如果自己是恶的就在自己这里产生道德性。”可见，康德认为善是人天然的禀赋，善与道德无关，只有恶与道德相关。德国的康德关于善、恶与道德的观点同中国的老子不谋而合：康德所说的与恶相关的道德就是老子所说的下德，康德所说的作为人的天然禀赋的“善”即人之初性本善，也就是老子所说的上德。

道德观念与法治意识的功能特点相同——都是规范人的恶即欲望，人类无论哪个群体在早期文明时期都把欲望妖魔化为恶，以此在观念上防止人的欲望泛滥成灾。

道德观念与法治意识做功的方法相反——道德观念引导人的欲望在人们认为的正确的方向上释放，而法治意识则禁止人的欲望在人们认为的错误的方向上释放。

8. 德提倡自觉，法必须强制

年轻人给老年人让座，强者帮弱者，有德之举，很好；年轻人不给老年人让座，先来后到，遵守规则，不坏。

老年人被年轻人让座，老年人理应感激，是人皆明此道理；老年人强迫年轻人让坐，无德之举，因为强迫本身不道德。

德，是提倡自觉遵循的规则，愿意做积德之事是好事，不愿做积德之事不是坏事。法，是必须强制遵守的，做事遵守法律理所当然，做事违反法律必须严惩，有法不依等于无法。

德与法，一正一反国之重器，德只宜弘扬提倡自觉遵循，法必须强制遵守。德与法，亲兄弟明算账，切不可一笔糊涂账。德与法不分，人会变虚伪；德与法，桥归桥路归路。德是供每个人用来自省的，法首先是供政府行政遵循的。

9. 关于学雷锋

拥有公共权力的官员，学雷锋为人民服务是岗位责任。

拥有较多财富的富人，学雷锋贡献社会是积德之善举。

没有权没有钱的普通人，自觉学雷锋助人为乐最伟大。

10. 道德观念、法治意识与心灵

我们知道，道德对动物、未成年人和精神病患者不起作用；同样道理，法律对动物、未成年人和精神病患者不能适用。因为动物只有物质形态的存在而没有精神形态的存在，未成年人的心智还幼稚即精神形态人还没有长大，精神病患者的心灵即精神形态人罹患疾病丧失了对道德与法律的认知功能。据此我们可以得出如下结论：

（1）道德与法律的作用对象不是身体与大脑的肉体物质形态人，而是心灵精神形态人。

（2）体育与智育和人的道德观念与法治意识无关，只有德育和人的道德观念与法治意识相关。

（3）道德观念与法治意识和心灵成熟程度相关。心灵幼稚的人，其道德观念与法治意识一定淡薄；心灵成熟的人，其道德观念与法治意识才能健全。

（4）情残比弱智更可怕

2019 年 6 月 14 日《作家文摘》刊登了一篇题为“情残比弱智更可怕”的文章，文中写道：有个学者叫龙勃罗梭（1835—1909，意大利犯罪学家、精神病学家、刑事人类学派的创始人），他告诉我们，有一部分犯罪人相当于一头野兽走进城市，你亮着红灯对他们来说没有意义，他们想怎么走就怎么走。这类人不把社会法律的意义当回事，他们只凭借自己的欲望和冲动行事。这种人如同“弱智”不可开发智力一样，因为“情残”完全没有形成或发展情感的能力（心灵发育止于欲望）。

11. 忽视情感发育、强行灌输道德教条和法律条文是驯化

如果不知道道德观念与法治意识的作用对象是心灵，如果不知道道德观念与法治意识的强弱同情感发育的关系成正比，如果不知道道德观念与法治意识的培养宜从培育心灵、激发情感、提高思想水平出发，而只是一味地在课堂上强行灌输道德教条和法律条文，只会事倍功半，甚至事与愿违。这样的德育不是文化是驯化。这样的德育会导致老子、庄子所说的“下德不德”、“圣人不死，大盗不止”的现象。因为强行灌输的方式本身极不道德、违逆人性，因为道德观念与法治意识这两棵文明之树只能扎根于成熟的心灵。强行灌输的结果很可能让人虚伪——装得有德、表面守法，一旦失去强有力的外部监督，立马原形毕露，甚至表现出加倍的违法乱纪、野蛮残忍。

12. 道德、法律与认知力

课堂上的道德说教是用耳朵的感知力去听的、用大脑的思考力去记忆的，但是道德观念最终是用心灵的思想力来理解的。所以，情感发育不良、心灵幼稚的人，思想力未能充分释放，大脑里道德教条记忆得再多，其道德水平仍然很低。

纸上写的法律条文是用眼睛的感知力去看的、用大脑的思考力去记忆的，但是法治意识最终是用心灵的思想力来理解的。所以，情感发育不良、心灵幼稚的人，思想力未能充分释放，大脑里法律条文背诵得再多，其法治意识仍然薄弱。

总而言之，熟背道德教条与法律条文有身体的感知力与大脑的思考力即可，但要想真正认知教条与条文的内涵并且转化成为相应的道德观念与法治意识，还需要心灵的思想力。

卷面考试可以检查应试者的大脑里记忆了多少道德教条与法律条文，但不可以检查应试者的心灵里道德观念与法治意识的强弱，所以“学霸”不一定就是有道德观念与法治意识的文明人。

13. 欲望、道德、法律

人类编制道德教条、塑造道德观念，不是为了阉割欲望，而是为了引导人们在正确的方向上释放自己的欲望，从而让欲望之势能转化为有利于自己也有利于群体的推动人类文明进化的动力。

人类编制法律条文、养成法治意识，不是为了禁止欲望，而是为了禁止人们用错误方法去释放自己的欲望，从而防止欲望之势能转变为有利于自己但损害群体的阻碍人类文明进化的力量。

随着时间的推移、经济的发展、社会的进步，人们也要与时俱进地修改与完善自己编制的道德教条与法律条文，使其更有利于人的欲望有序地正向释放。

14. 食欲、色欲、求知欲、道德、法律、制度

食欲不能释放，有害于肉体，让人的身体与大脑不能健康成长。色欲不能释放，有害于心灵，精神不能健康成长，让人不能通情。求知欲不能释放，有害于心灵，精神不能健康成长，让人不能达理。不能通情达理之人，知识与技能再多也不能算文化程度高的文明人。

满足食欲第一。在群体大多数人的食欲没有满足的前提下，道德教条与法律条文的编制以及其他的制度安排都要以有利于大多数人有序满足食欲为目的，哪怕道德教条、法律条文以及其他制度安排会遏制色欲和求知欲的释放也在所不惜，以保证所有资源集中于满足食欲之用。在食欲没能满足的前提下，人们会自动降低对色欲和求知欲的关注度，此时色欲和求知欲的不能满足对人的心灵造成的伤害不大。

满足色欲第二。在群体大多数人的食欲得到满足的前提下，原先编制的道德教条、法律条文以及其他制度要有与时俱进的修改，使其有利于大多数人在新道德、新法律以及其他新制度规范下相处时的关系形态有利于色欲有序充分释放。在食欲能够满足的前提下，人会自动调高对色欲的关注度，即所谓“温饱思淫欲”，此时色欲的不能满足对人的精神的伤害会比较大。弗洛伊德之所以出名，是因为发现色欲不能有序满足容易导致人罹患精神疾病的现象。

满足求知欲第三。在群体大多数人的食欲和色欲得到满足的前提下，原先编制的道德教条、法律条文与其他制度要有进一步的创新，使其有利于大多数人在新道德、新法律、新制度规范下相处时的关系形态有利于求知欲的充分释放。具体到课堂上，就是新的师生关系、学生关系与教学目的要有利于学生与教师的求知欲得以充分释放，使得学校可以供给社会繁荣艺术、发展科学技术、推动经济持续发展以及文明持续进步所需的精神独立、

思想自由且各有专长的现代文明人。

15. 关于一个案件的微信对话

2019 年 6 月 12 日微信的 1 分钟早读里有这样一则新闻：“当街殴打 20 年前班主任”将开庭，殴师是重罪。

> 作者：殴打收钱教学的成年人的教师是重罪，殴打即体罚交钱上学的未成年人的学生轻罪或无罪？当然这可能是媒体语言，估计法院不会这样说，因为这不符合法律面前人人平等的精神。
>
> 微友：尊重教师是应该的，但规范教师行为也很重要。
>
> 作者：同样是人的学生不该得到尊重？一个在得不到尊重的课堂上接受教育的学生，长大以后会尊重别人？一个由不懂得相互平等、相互尊重的个体组成的群体会是一个和谐的社会吗？
>
> 微友：都应该尊重。但我们的传统是尊师重教。
>
> 作者：有人为规定的按社会分工不同分尊卑的思想观念，就没有基于人人平等的客观的是非标准；没有客观的是非标准，就不会有真正公平的法治。没有是非，没有公平，教育的作用何在？
>
> 微友：您说得很对，赞成。但现实是我们分等级、分尊卑的思想观念不是短时间可以改变的。
>
> 作者：一旦在认知上到位就好办。我们中国人勤奋好学，只要认知到位，学起来很快。

人们常说外儒内法，实际上内儒外法更准确。儒以道德文化心灵于内，法以法律规范行为在外。古今中外治理国家概莫能外。人是被道德观念控制的，法律是人编制、被人执行的。不改变道德观念，只改变法律条文，想提高法治水平，很难做到。

前文提到，观念体系有两种，一种是基于人分尊卑思想观念与迷信权威思想方法的 A 型观念体系，一种是基于人人平等思想观念与实事求是思想方法的 B 型观念体系，只有在流行 B 型观念体系的群体里才可以真正实现——法律面前人人平等。

二、情感＝至善＝博爱

《礼记·大学》开篇即说："大学之道，在明明德，在亲民，在止于至善。"

明明德，第一个"明"是动词，第二个"明"是形容词。

明明德——释放人性的上德之育。

亲民——推己及人，帮助、教育他人，使他人也释放天性，养成上德。

止于至善——充分释放人性中的至善即情感即博爱。

至善= 情感= 博爱= 爱心+ 热情+ 尊重+ 诚实+ 羞耻心+ 同情心+ 报恩心+ 责任心。古人言，人之初性本善。至善，人生来具有。当然，至善的释放需要合适的环境。

《礼记·大学》相传为孔子弟子曾参（前505—前434）所作，其关于教育的指导思想即便在2000多年后的今天仍然意义非凡。

有大学就有小学。大学之道，是明明德、亲民、止于至善以释放人性的教育。小学之道，是知识点与技能的教学以释放智力获取谋生手段的训练。

1. 爱心

老子说："吾有三宝，持而保之：一曰慈，二曰俭，三曰不敢为天下先。"慈即慈爱，老子把慈爱列为三宝第一宝。儒教说仁，仁者爱人。基督教说爱。慈= 仁= 爱。有爱就有教育，没爱就没有教育。

如果一个人心中的爱只够爱自己，则既非有德也非缺德。

如果一个人心中的爱不仅够爱自己，还够爱有血缘关系的亲人，此乃孝悌之德，小德。

如果一个人心中的爱不仅够爱自己，还够爱亲人、友人，此乃义气之德，中德。

"小德"与"中德"即梁启超先生所说的"私德"。人情社会建立在私德普及的基础之上。在人情社会里，一个人如果手中有权或有钱，不为亲属与朋友办事，会被指责为不讲情义、没有道德。

如果一个人心中的爱不仅够爱自己，还够爱亲人、友人以及和自己不熟悉的国人，此乃忠义之德，大德。“大德”即梁启超先生所说的公德。公民社会或法治社会建立在公德普及的基础之上。

私德与公德都归属上德范畴，公私兼顾合情合理。不过，当一个人面临私德与公德相冲突时，选择私德就是缺德，选择公德才算有德。大义灭亲就是这个理。此外，从科长到总统，称职程度与公德成正比、与私德成反比。公务员有没有公德，民众看得清清楚楚。如果公务员普遍有公德，则民众会普遍勤奋守法。否则，民众会普遍懈怠。

一个人心中的爱不仅够爱自己，还够爱亲人、友人、本国人、外国人——爱人类，此乃高德。

一个人心中的爱不仅够爱自己，还够爱亲人、友人、本国人、外国人、人类、众生，此乃至德。

2018 年 2 月 3 日《参考消息》刊登题为“欧盟或批准更人道家禽屠宰法”，文中写道：一种据说无痛和减轻家禽痛苦的屠宰方式距离在欧盟被采用更近了一步。如果获得批准，这有可能改进全球每年约 600 亿只肉鸡被屠宰的方式。低气压击昏（LAPS）是由美国密西西比州 TechnoCatch 公司研发的一种屠宰方式。欧盟食品安全局（EFSA）目前建议欧盟批准使用这一方式。作为 EFSA 评估的一部分，19 名动物福利专家评估三种屠宰方式的人道性。得分越低越好。LAPS 得分是 3.5，二氧化碳窒息法是 7，电水浴法是 10。

以上报道说明当下人类心中至善即情感的释放程度已经开始直抵爱众生的“至德”的彼岸。爱有如下好处：

男人爱女人，女人爱男人；男女充满爱，生命不停息。

父母爱孩子，孩子爱父母；家庭充满爱，子女必成人。

教师爱学生，学生爱学习；课堂充满爱，学生定成才。

老板爱员工，员工爱企业；企业充满爱，生产效率高。

官员爱民众，民众爱国家；社会充满爱，民富国家强。

人分三六九，只会有嫉恨；人人都平等，就会充满爱。

恨释放兽性，爱释放人性；恨让人愚蠢，爱给人智慧。

爱是美德，释放爱是德育，有多少爱有多大的德。

2. 热情

（1）热情比知识与技能更重要

关于热情，甲骨文中国软件中心高级开发经理柳胜先生在阅读了作者的《课堂的革命》之后与作者有过一次通过邮件的讨论。

柳胜先生发给作者的邮件：

拿到《课堂的革命》这本书，刚翻开几页，就被第一章“什么是人才?”吸引住了。记得去年跟一个资深的HR经理聊起中国员工与外国员工的区别，她说区别主要是两点：一个是语言文化，另外一个是工作热情。多数人都以为语言文化最重要，实际上语言文化的差别可以用外派国外轮岗来改善，大家往往忽略了工作热情。热情一旦随着年龄增长而失去就再也难找回来了，而热情恰恰是生活与工作最重要的品质。有了热情，天空飘来五个字——那都不叫事；没了热情——九九八十一难。

所谓的热情到底是什么东西？一个人如何才能积极地面对生活、有效工作？我感觉《课堂的革命》一书能够给我答案，于是我打算每天早上起来读几页。

正如书中所说，我们的教育太多关注知识和技能，忽视了心力的发现和培养，这样教育出来的人纵然有知识和技能也谈不上人才。在我的工作中，接触很多年轻的同事，知识和技能相当不错，但我更看重的不是他们“能做”什么，而是“想做”什么，后者更体现了一种能够持续发展的创造力。不少精英40多岁理应处在人生智力创造力的高峰，却开始走下坡路，风光不再，英雄末路。为什么会这样？因为心力作为源动力引擎，在学生时代不加以培育，在工作中不加以珍惜，就会慢慢减退，甚至熄火。没有主动的“想到”，哪怕有再牛的“做到”，再多的“得到”，也无法保持人生的生活与工作热情。有了热情，再笨的鸟，最终也会成为翱翔天空的鹰；有了热情，人在社会中不会越磨越滑而失去自我，反而十年磨剑不遮掩自己内心渴望的呐喊。有了热情，中华大地十几亿“神州尽舜尧”，必将一扫朽木之气充满勃勃生机！

有没有办法能让孩子们在学校里就能培育心力激发热情？《课堂的革命》给出了答案。在新课堂上：知识，在项目实践中被用活了；思想，在观察和讨论中开阔了；热情，在表达与反馈中激发了。学生还是原来的学生，仅仅改变了课堂环境，就能发生如此巨大的变化，难以相信这是发生在中国高等教育学校里的真实故事！

作者给柳工回复的邮件：

“在我的工作中，接触很多年轻的同事，知识和技能相当不错，但我更看重的不是他们‘能做’什么，而是‘想做’什么”。您这段话让我回想起在开课之初我和商丽老师之间的一段对话。

作者：您能不能不讲课？商丽：不讲课，我怎么上课？

作者：如果讲课，就不用千里迢迢从北京把您请来，南京能讲课的老师很多。关键问题是要想办法让学生“想学”、提高学生学习热情，如果学生不想学，没有学习热情，您讲得再多也是白讲。您是案例教学，您能不能把案例分解成一个个小单元，让学生们自己备课，然后请学生们自己上台讲课。商丽：我来试试。

商丽老师尝试的具体过程被原原本本地记录在《课堂的革命》一书里。没有想到，这一试，试出了学生们火山爆发般的学习热情；没有想到，深埋于学生心中的智慧随着热情一起喷涌而出；没有想到，喷涌而出的智慧竟能结晶成为《课堂的革命》一书。

（2）热情与冷漠都会传染

经验告诉我们，热情的人会把热情传染给其他人，冷漠的人会把冷漠传染给其他人；团队的领队如果充满热情，整个团队会充满热情；团队的领队如果总是冷漠，整个团队会死气沉沉。

经验告诉我们，热情是一个火炉，冷漠是一锅冷水。用冷水浇灭火炉只需一瞬间，用火炉烧开冷水需要很长时间。同样道理，一个热情的人突然碰到一个冷漠的人、听到一句冷漠的话，热情立马就有可能在瞬间熄灭；反之，热情的人要想把他的热情传递给冷漠的人需要时间与耐心。

从我们的学生在软件企业受到的欢迎程度看，企业无不渴望招收充满热情的员工，企业一旦确定应聘的学生是一个待人热心、做事热情的人时，对文凭、证书、知识与技能都不会太在意。

（3）体力、脑力、热情、冷漠与德育

热情不是体力，热情不是脑力，热情是心力，是精神之力。

机械、电脑与机器人没有热情，机械、电脑与机器人功率再大、功能再强，如果没有人去操控不能正常运转。体力与脑力即便很强，如果没有热情，也不能在生活与劳动过程中充分释放出来。一个体力与脑力都比较强的人如果冷漠，如同机器人。同等条件下，人们宁可选择机器人不会选择冷漠的人。

热情是十分宝贵的人文素质，冷漠是值得同情的人格缺陷。

热情是美德，释放热情是德育。

3. 尊重

（1）师生关于尊重的对话

某日作者和学生共进午餐后散步聊天。

作者：如果老师不尊重你，你会尊重老师吗？学生：会的。比如某老师课讲得不好，对学生态度粗暴，但是我还是很尊重他的。

作者：你对这个老师的尊重是发自内心的吗？学生：不可能！发自内心的尊重我做不到。

作者：那么你对这个老师表现出来的尊重只是出于对师道尊严礼节的遵守？学生：是的。

作者点评：为什么学生尽管不喜欢那位教师但是仍然对那位教师表现出尊敬？因为学生懂得尊师的礼节。为什么学生会说“发自内心的尊重我做不到”？因为真正的发自内心的尊重一定是相互的，只有相互平等的尊重才合乎人性。各位扪心自问，如果你的上级不尊重你，你真的会发自内心地尊重你的上级吗？

综上所述，显而易见，学生对自己不喜欢的教师的尊重是违心的。一个人经常说违心话、做违心事会养成虚伪人格。反之，一个人不说或少说违心话、不做或少做违心事会养成诚实人格。

为什么学生会接受无条件尊师的礼节？因为学生在从小到大所生存的家庭、学校和社会环境里不知不觉间被安装了师道尊严的观念软件，师道尊严的观念软件是基于人分尊卑思想观念与迷信权威思想方法的操作系统软件二次开发的，用以规范师生关系的应用层级的观念软件。

天地君亲师，是早期文明的社会秩序，生存在这个社会里的每个人，第一要敬天，第二要敬地，第三要敬皇帝，第四要敬父母，第五要敬教师。换句话说，人分三六九等，社会身份处于九等的人要尊敬社会身份处于六等的人，社会身份处于六等的人要尊敬社会身份处于三等的人，这是礼节，如果不遵守这个礼节就是没有道德，如果没有道德就会被社会边缘化。这个2000多年前制定的道德标准在其制定之时所处的时代看，比起丛林社会的群居动物通过撕咬武斗的方式排列尊卑秩序，可以说是一项十分伟大的让人摆脱野蛮、跨入文明的创造性的文化工程，随后通过很多年的一代又一代不懈的教育在人们的心灵上普遍成功地安装了人分尊卑的思想观念与迷信权威的思想方法，从而塑造了一个文明人群体，打造了一个纵向排列秩序井然的文明社会。

当下已经是公元21世纪，凡制定礼节或法律规定某些参与社会分工的职业必须受到尊重的做法已经完成了历史使命。真正的发自内心的尊重不可能来自礼节的强制规定，而是来自心灵的平等互敬，正如康德所言的被西方人称为道德黄金律的“你要想别人尊敬你，你就得尊敬别人”，即我们的老祖宗说的“己所不欲勿施于人”。人类的精神发育已经到了应该提倡社会虽有分工但社会成员人人平等、相互尊重的时代了，换句话说，到了提倡老子推崇的法乎人性的上德的时代了。媒体报道，李克强总理考察乡村，走在一个田埂上，迎面而来的一位农民急忙跳下水田给李总理让路，李总理大步上前一把拉住那位农民的手把他拉上田埂。时至今日，凡是和官位的级差、学历与职称的高低、职业的不同以及金钱的多少挂钩的所谓礼节都应该废除，否则文明不能进步。

（2）下德转型升级已是大势所趋

回顾历史不难发现，士兵得到军官稍许尊重的国民党军队打败了士兵得不到军官尊重的北洋军阀军队，士兵得到军官较多尊重的共产党军队打败了士兵得到军官稍许尊重的国民党军队。

面对现实不难发现，盛行学生必须尊重教师的国度的学生，到学生得到教师较多尊重的国度留学的人数很多；反之，很少。

同学的儿子是大学毕业去美国留学读研究生的。一次见面时我问他中美两国的学校教育有什么不同，他想了一会回答说，在美国当学生得到的来自教师的关爱与尊重，是在国内学校里得不到的。

看我们的课堂，我们的课堂不考勤，但是学生没有一个会无故缺席，也没有一个不自觉地认真地学习，原因之一就是我们的教师尊重每一位学生。记得在一次学生结业聚餐时，一位学生举着酒杯和老师动情地说，从小到大作为学生从来就没有得到过老师的尊重，在我们的课堂上来自老师的尊重让他感动不已。接受我们学生的软件企业之一南京新模式软件公司的高管们说，从来没有见过和我们的学生一样充满自信、善于合作、饱含工作热情的学生，因为我们课堂的学生是在老师的尊重下成长起来的。

我们数年来的教学实践明白无误地告诉我们，如果提倡教师尊重学生，学生就不会厌学，学习效率会成倍提升。常识告诉我们，如果学生在教师的尊重下成长，学校就可以供给社会能尊重病人的医生、能尊重民众的官员，医生对病人的尊重能提高治疗效果，官员对民众的尊重能提高民众的爱国热情。

（3）人才与人渣、学霸与学渣

作者在群里看到一篇标题为“大唐留学生：人才看尽长安花，人渣滚回你老家”的文章。有感而发，引发了下面的对话。

沈思：人才，人渣，不好这样称呼的。是人都应该尊重。如果和爱因斯坦这样的人才比，是否也可以称呼某个院士为人渣？

徽州府后扬：进这个群久了，我从没有给沈先生点过赞，这次不应该吝啬。沈先生说得对。窃以为应该尊重每个人(生物的人)，尊敬杰出的人(社会的人)。尺有所短寸有所长，闻道有先后，术业有专攻而已。大学生可能是人才，但建筑工人不是人渣。

沈思：人对尊重的需求并非来自肉体的生物形态人(个体的人)，而是来自心灵的精神形态人(社会的人)。

一个人，心灵、大脑与手脚，各有所用、缺一不可，没有人会鄙视自己的手脚。手脚与大脑、大脑与心灵，分裂开来不行，和谐一致才行。一个群体，心力劳动者、脑力劳动者、体力劳动者，各有所用、缺一不可。心力劳动者没有理由鄙视脑力劳动者，脑力劳动者没有理由鄙视体力劳动者。

心力劳动者、脑力劳动者、体力劳动者，按尊卑排序、分离开来对各自不利，平等相处、互相尊重、分工合作对各方有利。

为什么不叫“财政补贴”而叫“转移支付”？ 因为要考虑相关对象的感受。 为什么不叫“贫穷落后国家”而叫“发展中国家”？ 因为要考虑相关国家的感受。 这样的做法是为了在推动物质富裕之时不能让精神匮乏，推动经济发展之时防止文明落后。

流行“学霸”“学渣”称呼的学校是教育发展中学校，流行“人才”“人渣”称呼的群体是文明发展中群体。

尊重他人是美德，渴望尊重是人性，教会尊重是德育。

4. 诚实

诚实是人的天性。 如果诚实不是人的天性，就不会有测谎器这一测量人的诚实程度的仪器问世。

不诚实是环境使然。 英国有句格言：要想别人不撒谎，就不要去问别人。 所以，没有人会主动做一个不诚实的人。

是否诚实在于环境。 作者送快递小哥一本《课堂的革命》，快递小哥告诉作者很喜欢读。 作者问为什么喜欢读？ 快递小哥回答说，真实。 该书有将近 1/3 的篇幅是收录学生在课堂上写的课堂日报，我们几百个学生写的几百万字的课堂日报可以毫不夸张地说，没有一个字是抄袭的，没有一句话不是他们心里真正想说的话。 也就是说，我们几期班几百个学生在我们的课堂上没有一个不是诚实的。 因为我们教师为学生创建了一个无须说谎、可以自由展现自己的诚实的课堂软环境。 要想知道学生们为什么在我们的课堂上个个诚实，不妨读一读《课堂的革命——师生平等对话录》。

一个家庭，父母霸道，习惯命令孩子做事，孩子不会诚实。

一个课堂，教师强势，习惯强迫学生学习，学生不会诚实。

一个群体，人治的程度越高，诚实的人越少；法治的程度越高，诚实的人越多。

诚实对健康有利，不诚实对健康有害。 不诚实意味着身心不能统一，身心分裂有害于身心健康。 相信每个成年人对此都有体会。

2019 年 2 月 18 日作者在微信上看到一篇文章，题为“美国研究发现：

诚实会让你身体变得健康”。 文中写道：诚实是促进健康的重要因素。 真的吗？ 千真万确，而且是被科学实验证实的！

诚实是美德，释放诚实是德育。

5. 羞耻心

羞耻心动物没有，只有人有，天生就有，羞耻心是人性。

羞耻心不是体力，不是智力，是心力，是精神之力。

人们理所当然地认为，不知羞耻就是缺德，知羞耻就是有德。

培根说，无耻多为无知所致。 可能反过来表述更符合实际——无知多为无羞耻心所致，动物没有羞耻心，动物无知。

2018 年 3 月 1 日《扬子晚报》刊登一篇题为“雄辩的戴高乐生活中却寡言少语”的文章，文中写道：“害羞是人类特有的一种情感反应。 英国学者莫兰调查了各行各业许多名人后发现，原来害羞者的群体是如此庞大！《害羞的潜在优势》一书，通过研究那些伟大的害羞者的诸多个案，让人重新反思害羞这一现象，发现害羞者背后的自我禀赋。 戴高乐的害羞是十分真诚的。 1916 年在凡尔登被俘后，他在接下来两年半的战争时间里，以天生的领导力在俘虏同伴中赢得了声望。 因此，普兰西——戴高乐的一位狱友，感到十分吃惊，因为有一天晚上戴高乐向他坦承自己是一个害羞的人。 普兰西无法将他朋友天生的雄辩口才和威严气质与害羞对上号。”

作者点评：作者宁可相信，强烈的羞耻心让戴高乐无法接受法国投降的现实，强烈的羞耻心推动戴高乐下决心投身解放法国的战斗。 如果你留意观察身边的人，你会发现，人的聪慧程度与羞耻心成正比。 但是，要想释放聪慧得有意识克服羞耻心。

羞耻心是美德，释放羞耻心是德育。

6. 同情心

中国古人言，恻隐之心人皆有之。 恻隐之心就是同情心。

2019 年 8 月 1 日《参考消息》刊登题为“婴儿不到一岁就有同情心”的文章，文中写道：“以色列内盖夫本- 古里安大学和希伯来大学的研究人员说，仅 6 个月大的婴儿就会对遭受欺凌的受害者表示同情。 在《英国心理学杂志》发表的一篇论文中，研究人员通过两项测试驳斥了婴儿只在一岁后才有体恤他人的能力的理论。”

作者的母亲曾经在儿童医院工作，因为她一见到有儿童因病死亡就会陪着家属哭泣，强烈的同情心使然也。医院认为她不适合儿童医院的工作，所以母亲被劝辞职。

同情心人人都有，天生就有，一岁前就能显现。

同情心不是体力，不是智力，是心力，是精神之力，是人性。

人们都认为，没有同情心的人没有道德，有同情心的人有道德，所以同情心本身就是道德，设法释放同情心就是德育。

学生同情心的释放和知识与技能的教学无关，和课堂文化有关。基于师生有尊卑之分的A型课堂文化遏制学生与教师同情心的释放，基于师生平等无尊卑的B型课堂文化促进同情心的释放。排名遏制同情心的释放，所以排名是负的德育或缺德育。

同情心是美德，释放同情心是德育。

7. 报恩心

俗话说，滴水之恩当涌泉相报。报恩心人人都有，天生就有。日常生活中相信每个人都有过这样的体验，当你在困难的时候如果被别人帮助过，你有可能会回报，也有可能没有回报，但是心里总是会惦记着曾经接受过的来自别人的帮助。

报恩心不是体力，不是智力，是心力，是精神之力，是人性。

人们都认为，没有报恩心的人没有道德，有报恩心的人有道德，所以报恩心本身就是道德，设法释放报恩心就是德育。

报恩心不是观念的存在而是人性的存在，报恩心不是靠后天喋喋不休地强行灌输道德观念能奏效的，报恩心的释放取决于社会文化。学生报恩心的释放，和知识与技能的教学无关，和课堂文化有关。基于师生有尊卑之分的A型课堂文化遏制学生报恩心的释放，基于师生平等无尊卑的B型课堂文化促进报恩心的释放。请看在我们师生平等的课堂上学生释放出来的报恩心。

学生汪凯强2011年9月10日课堂日报摘录：

今天是教师节，我们送了一大束花给老师，祝老师节日快乐。老师很辛苦地带了我们两个月，让我们不仅学会了测试的某些基本流程，更让我们在心灵上有了巨大的成长。

学生魏婷婷 2011 年 9 月 10 日课堂日报摘录：

今天，是教师节，老师没有休息，教师真的是很辛苦的职业，感谢老师！老师对我们的教导和培养，我们会深深记在心里。中午，于利奎提议为老师唱首歌，我也答应他了。面对着老师唱着歌的时候，心中真的是无限感激。

商老师课堂日报点评摘录：

说真心话，听着婷婷同学昨天看着我给我唱《感恩的心》好感动！我当时一直在想，你就是在唱一首歌呢，还是在送我一首歌？后来听于利奎说了，才知道你真的在为我唱歌，我真的差点快哭了！好激动啊！下午忍不住给老公和孩子打电话炫耀大家给我的感动，他们好羡慕我，说我好幸福啊！

作者的点评：

读婷婷同学今天的课堂日报，看到同学们在教师节自发的感恩行为，这说明感恩心原本就存在于学生的心灵之中，只要环境适宜就可以释放出来。实际上在许多同学的课堂日报中，对老师的感恩之心早已跃然纸上。但是，在我们的课堂上，从来没有老师向学生灌输感恩之类的话语，我们的老师不是为了图学生的感恩而教课的，只是在尽自己作为教师的职责而已。

只要有耕种就会有收获，只要做好事都会有回报，回报时间、回报地点、回报什么不知道，但是一定会有回报。报恩心人皆有之、始终会有，只是报恩之力并非任何人、任何时候都会有。

8. **报复心**

俗话说，君子报仇十年不晚。谈报恩心就不能不谈与报恩心相反的报复心。2013 年 4 月复旦大学上海医学院研究生黄洋遭其室友林森浩投毒死亡案件，是报复心恶性释放的典型案例。

报复心是德育过程中力求避免释放的，报恩心是德育过程中力求促进释放的。学生在课堂上释放更多的报复心还是报恩心，和道德观念的强行灌输关系不大，和课堂文化关系极大。在一个师生有尊卑之分、学生有好生差生之别以及为考试而教学的课堂上，在一个公开按分数排名、鼓励学生互相攀比的课堂上，学生只会释放更多的报复心，报恩心则会被无情地遏制。

报复心强的人，文化程度低；报恩心强的人，文化程度高。

9. 责任心

责任心不是体力，不是脑力，是心力，是精神之力。

责任心，动物没有，只有人会有，所以责任心属于人性。一个人独处无所谓责任心，所以责任心归属人的群体属性或社会属性。据此，离群索居关门读书、脱离社会闭门办学的教育无助于学生责任心的释放。

（1）责任心与情感发育成正比

法律规定未成年人需要有监护人，父母是当然的监护人；如果父母不在身边，必须有指定的成年人作为其监护人。之所以要这样做，是因为未成年人不具备对自己负责的能力。未成年人之所以不具备对自己负责的能力，是因为情感有待发育、心智尚未成熟。所以，可以认为责任心与心灵的成熟即情感的发育程度成正比。

（2）责任心是爱心的显性存在形态

常识告诉我们，父母对孩子有责任心是因为他们爱孩子，孩子对年老的父母有责任心是因为他们爱父母。一个人对工作有责任心是因为他热爱工作。

（3）责任心与权利意识

我们知道，在我们这个群体里，做父母的在教育孩子的过程中，无论叫孩子学什么、做什么很少有事先征求孩子意见的，多半是父母决定了，孩子按照父母的决定去学、去做就是了，但是父母仍然会要求孩子对自己所学、所做的结果负责任。诸位仔细地想一想，一个人学什么、做什么不是自己能够根据自己的爱好、能力去选择，但是自己却要对所学、所做的结果负责，合情吗？合理吗？孩子的内心会心甘情愿地接受对结果负责的要求吗？这不合人性。所以，只有选择的权利与对选择结果负责是对等的，才合情合理合乎逻辑。如果做父母的在叫孩子学什么、做什么之前，事先和孩子商量，在征得孩子认可的前提下再让孩子去学、去做，此时让孩子对自己所学、所做的结果负责，孩子才会心甘情愿地对结果负责。这应当是合乎情理的推断。常识告诉我们，不要指望在不尊重一个人的权利的前提下要求一个人负责，同样道理，责任心必须与权利意识同步养成才能奏效。

（4）唯自主有助于释放责任心

我们知道，一个人首先是一个对自己有责任心的人，其次才有可能是一个对他人有责任心的人。我们还知道，如果你不让一个人自己做主选择他想做的事情，他就会没有责任心。谁做主谁负责，这是常理。

我们的课堂不考勤，我们的学生有自主选择是否上课的权利。我们的学生在软件企业表现出来的对工作的责任心，是其他学校学生所不能比的。学生责任心的培养，请从让学生自主学习开始。

10. 个体美德、社会公德与思想

社会公德由一个个公民的美德集合而成，个体人八个方面的美德是支撑群体社会公德的八个人性的柱石，人人平等的思想观念与实事求是的思想方法是支撑八个人性柱石的两个思想基石。

11. 结论

爱心、热情、尊重、诚实、羞耻心、同情心、报恩心、责任心，这八个方面的美德，不是体力与智力，而是心力；不是观念的存在，而是人性的存在；不属于人的个体属性，而属于人的社会属性。

八个美德的养成，不是靠智育，而是靠德育；不是靠道德观念的灌输，而是靠家庭、课堂与社会环境的熏陶。

同一个学生，成长在基于师生有尊卑之分的课堂软环境里，其美德会被遏制；成长在基于师生平等无尊卑的课堂软环境里，其美德能充分释放。离群索居关门读书、脱离社会闭门办学无助于学生美德的养成；反之，则可以。

八个美德能否释放，直接关乎情商高低，间接关乎思商高低。

下一节的“三维九方德育体系”理论是释放美德的解决方案。

第四节　三维九方德育体系

教育图（图 5）左侧直观地展示了德育的全部过程，从下往上看依次为：亲情、友情、爱情、音乐、美术、劳动、师生关系、学生关系、教学目的。

一、亲情——德育第一育

亲情的爱是滋养心灵、促进精神形态人成长的第一基础德育。

基于父为子纲、长尊幼卑思想观念的亲情，就是传统旧道德中的孝悌。基于人人平等思想观念的亲情是现代新道德。

1. 爱商决定人生的高度

下面这篇短文系作者 2018 年 3 月 4 日摘录于微信，作者认为无须考证这篇文章所传递的信息的来源，因为作者几十年的人生经历足以让作者相信以下文字所传递信息的真实性——来自亲情的爱对一个人的心灵成长影响巨大。

哈佛大学 75 年研究成果:爱商决定人生的高度

1938 年,哈佛大学医学院开展了一项关于“人怎样才能健康、成功、幸福”的研究,称为“格兰特”研究。

在卫生系主任阿列·博克的带领下,团队追踪了两组人员,一组是 268 名哈佛大二学生,一组是 456 名波士顿贫民窟男孩。

每两年,研究人员就会联系这些被调查者,询问他们的健康状况、家庭氛围、个人成长等情况。就这样,持续了 75 年的时间,耗费了 2000 万美元,整理了几万页调查报告。终于有一天,第四任领导人 Robert 来到了 TED 的舞台,向世人宣告了这项伟大研究的成果。Robert 教授展示了几组数据：

在受访者中，与母亲关系亲密（母慈子孝）的人，每年的收入要多出87000美元；与兄弟姐妹相亲相爱的人（兄弟孝悌），每年的收入要多出51000美元；在“亲密关系”这个类目上得分最高的58人，平均年薪是243000美元，而得分最低的31人，平均年薪不足102000美元。

2. 在爱的沐浴下成长起来的马克思

青年马克思：是什么让他从富家子弟变成革命导师

马克思的成长方式，是现在被奉为圭臬的那一套中产阶级理念：爱与自由。在现存马克思与父母的通信中，他的父母写得最多的是“我爱你胜过一切”，“有了你，我已心满意足”。

1835年10月，马克思前往波恩大学。在波恩大学的第一学期，他经同寝室的老乡介绍，加入了特里尔同乡会。这个同乡会的主要活动就是喝酒。寄回家的账单更是表明，那时的马克思格外放纵自己的欲望——他在一年里花掉了700塔勒（当时的一种纸币，相当于现在的14万元人民币。马克思父母对他的爱到了什么样的程度可见一斑）。

——摘自2018年5月11日《报刊文摘》

作者点评：

（1）对劳苦大众的爱是马克思主义的特点之一，呼吁人人平等与个人自由从而实现全人类的解放是马克思主义的特点之二。谁能说马克思主义的这两个特点不是源自其父母从小给予马克思的爱、平等与自由呢？

（2）在爱的环境里长大的人，自然会习惯爱别人；在恨的环境里长大的人，自然会习惯恨别人。在平等与自由的环境里长大的人，自然会憎恨奴役。在被严加管束的环境里长大的人，自然会习惯被奴役，而其内心深处对平等与自由的渴望只会更强烈。因为渴望平等与自由乃人性也。所以，长期被压抑的对平等与自由的渴望一旦有机会释放，就有可能不由自主地爆发出破坏性的力量。

（3）在1835年的“马克思的成长方式，是现在被奉为圭臬的那一套中产阶级理念：爱与自由”，而在1835年的中国家庭普遍奉行的是“棍棒底下出孝子”。即便在21世纪的当下，“棍棒底下出孝子”的观念仍然统治着我们大多数人的心灵，规范着家庭成员之间的关系形态，指导着人们的言行。我们来看流传的崔永元微信：“每个儿子和父亲都有过肢体交流，结果通常是一段不堪回首的往事。歌曲这样唱：哪个爸爸不打人，哪个儿子不挨打，打是亲来骂是爱，那他也是好爸爸……我们家的这首歌词，爸爸得换成妈妈。我妈妈也是干脆：你爸爸常年不在家，当然得我打。”

某日作者回到插队时的村庄做客。一个孩子告诉作者，她考试考得不好时，她的父亲会打她。作者批评她的父亲，你怎么可以打女儿呢！女孩的父亲说，我上学的时候，考得不好，我父亲把我打得几天不敢回家！作者说，我们中国人从小在家里习惯被父母打，在学校习惯被教师打，外国人看我们被打大的，于是乎动不动也来打我们，因为经常挨打只好建了一个长城。孩子的奶奶在一旁听了说，是的呢！当然，这不是当父母的错，而是孩子和父母共同的不幸！因为建立在我们心灵上的旧的伦理道德赋予父母和教师这样的权利已经几千年，人们早已习非成是、麻木不仁。历史证明，即便建了长城也没有挡住挨打。亚里士多德说，思想是最强大的国防，也是成本最低的国防。长城只有建在心上才能屹立不倒，现代的长城只有通过转变思想、创新教育来建。

（4）学习马克思主义请从学习马克思的父母怎样平等对待马克思、让马克思在爱的呵护下自由成长开始，只有这样才能教育出真懂马克思主义的马克思主义者。孩子在父母爱的呵护下自由成长，有可能成长为像马克思一样的能够自由思想的思想家；孩子在父母的打骂呵斥下被动长大，只可以成长为接受某种思想奴役的人。

3. 温暖的家庭与温暖的课堂

（1）温暖的家庭

2018年10月10日《报刊文摘》刊文，题为“全国家庭教育调查报告显示：‘有温暖的家’排在人生首位”。摘录：

> 据《中国青年报》9月27日报道，9月26日，北京师范大学基础教育质量监测协同创新中心等单位联合发布了《全国家庭教育状况调查报告

(2018)》。该调查覆盖全国31个省(区、市)和新疆生产建设兵团的共计325个区县,11万余名四年级学生、7万余名八年级学生和他们的3万名班主任参与调查。

《报告》显示,"有温暖的家"排在学生认为的人生最重要事情的首位。无论是四年级还是八年级学生,在他们的观念里,人生中最重要的事情均为"有温暖的家",选择比例分别为39.3%和49.4%,远高于其他价值追求的选项。

《报告》同时显示,学生和班主任都认为家长最关注的是孩子的学习情况。四、八年级学生大都认为家长对自己最关注的前三位是学习情况(79.8%、79.9%)、身体健康(66.6%、66.5%)和人身安全(62.2%、52.2%),远高于对道德品质(25.3%、30.7%)、心理状况(6.5%、11.1%)等方面的关注。

作者点评:调查结果告诉人们,"有温暖的家"成为学生们排列第一的渴望。没有父母不爱自己的孩子,但不是所有的父母都能做到给孩子一个温暖的家。一个温暖的充满亲情的家庭环境是孩子心灵的精神形态人健康成长的第一条件。在电视剧《共产党人刘少奇》里,刘少奇的母亲和刘少奇说:"我们刘家在乡里是以和睦闻名的。"

(2)温暖的课堂

2017年11月20日《参考消息》刊登了一篇题为"美记者感受中国'冷酷'幼儿教育"的文章,摘录如下:

当莱诺拉·朱和她的丈夫以及3岁的儿子雷尼来到上海时,他们面临着孩子受教育问题上的两种截然不同的选择。一种是外国人在上海办的私立学校,这类学校更重视孩子的意愿而非教师的权威,禁止体罚学生,认为早期教育学习数学并没有那么重要。另一种选择是中国的公立学校,这些学校要求对教师绝对服从、执行严格整齐划一的规章纪律,用大量的时间让学生死记硬背。

中国传统学校奉行的教育理念几乎与西方教育家的建议完全相反。老师拥有绝对权威,学生与家长必须完全服从老师。在中国教师所受到的尊重超过世界上其他地方。这种权威与许多纪律规定相关,例如学生必须始终保持端正坐姿,只能在固定时间上厕所或者喝水。另外在有需要的情况下,老师还会对学生进行威胁与呵斥。

作者点评：如果让学生们到我们的课堂感受一下，如果也把“有温暖的课堂”作为选项之一，相信“有温暖的课堂”会和“有温暖的家”并列成为学生们排列第一的渴望。《课堂的革命》一书里收录的学生们用心写成的一篇篇课堂日报可以证明。

在温暖环境里长大的孩子，长大后会习惯给别人温暖；在寒冷环境里长大的孩子，长大后会习惯给别人寒冷。

让孩子或学生成长在没有温暖的环境里，不是人们的主观故意，而是人们对人的成长与教育的规律认知不到位造成的。 如果人们知道“温暖的家”和“温暖的课堂”关乎学生蕴藏于心灵的人性即求知欲、至善与智慧的释放，关乎创造型人才的成长，关乎孩子一生的幸福，父母一定会给孩子一个“温暖的家”，教师一定会给学生一个“温暖的课堂”。

“温暖的家”的温度来自父母与孩子、兄弟姊妹之间的亲情，“温暖的课堂”的温度来自师生之间、学生之间的友情。

人们很难主动干预缺少温暖的家庭环境，但是可以主动干预缺少温暖的课堂环境，温暖的课堂环境可以弥补寒冷的家庭环境，因为除去睡眠时间，孩子在学校的时间比在家里长。

4. 严厉管教学习差

美国匹兹堡大学的研究人员对1482名学生连续9年的跟踪调查发现,受到父母严厉管教的孩子,学习差的风险更大。父母严厉管教指的是,利用喊叫、殴打、语言和肢体威胁等行为作为惩罚孩子的手段。研究报告指出,在这样的环境中成长起来的孩子很难在学业上有所建树,他们更可能在中学和大学时期辍学。

专家指出,如果孩子的情感需求无法被父母满足,就会到同伴那里寻求慰藉。这就意味着,他们很可能交到具有不良嗜好的朋友,因此更容易走上暴力和犯罪之路。

专家认为,这项研究发现有助于建立预防和干预机制,以促使学校加强对此类学生的关注,并提高他们的学习成绩。

——摘自2017年2月17日西班牙《阿贝赛报》网站

下面描述的是一件真实的事情。

一天作者的夫人把帮助装修的木匠师傅的孩子带到家里，告诉作者这孩子经常离家出走，他父亲为此忧心忡忡，建议作者和孩子聊聊。通常遇到孩子的问题作者不会直接和孩子交流而只会和孩子的家长或教师交流，因为问题表现在未成年的孩子身上，原因一定在已成年的家长与教师身上。孩子告诉我，妈妈脾气十分暴躁经常打他、骂他，父亲虽然不这样但是父亲经常出差不在家。

要严格不要严厉。严格，孩子会配合；严厉，孩子会抗拒。是严格还是严厉，孩子的内心可以感受出来。

5. 作者成长的家庭

作者成长于其中的家庭是一个普通的但十分温暖的家庭。

就父子关系而言，父亲给他的孩子们的就是“爱与自由”，虽然在那个年代“爱与自由”这样的话连听都没有听过。作者兄弟姊妹六人，从小到大，我们的父亲不仅没有动过我们一个指头，甚至连重话都没有说过我们一句。他认为一个强壮的成年人打一个羸弱的未成年人于情于理说不过去，不公平。父亲对于孩子请他做的事情，只要他力所能及，有求必应。在习惯父为子纲的邻居们的眼里，我们这个家庭里的父子关系是颠倒的——老子是儿子，儿子是老子。

就母子关系而言，可以说是母慈子孝。那个年代物质匮乏，我们兄弟姊妹六个人穿的衣服都是母亲亲手缝制。如果有一个孩子犯错误，骂人或打架，母亲会让六个孩子全部到场，教训犯错误的一个孩子，其他五个孩子列席旁听。可见，我们的母亲教训犯错误的孩子，不是出于犯错误必须受到惩罚的动机，而是出于教育的目的，而且采用的是实时的案例教育的方式，采用的是一个人犯错误大家共享教训的方式。

就兄弟姊妹之间的关系而言，我们六个兄弟姊妹之间亲密的同胞手足情从小到老都没有变化，熟悉我们的邻居与朋友无不羡慕。

就对孩子的期望值而言，我们的父母对我们兄弟姊妹的希望就是身体健康、端正做人、有一技之长、成家立业，从来就没有过让我们出人头地的奢望。所以我们兄弟姊妹是在“爱与自由”的状态下成长起来的。我们兄弟姊妹在学生时代，学习都是自觉的、认真的，学习成绩也都不差。成年之后，无论是在农村当农民、在工厂当工人、在医院工作还是在机关工作，都能够热爱自己的职业，胜任各自的岗位，并且和自己的同事之间都能互相尊重，保持着良好的人际关系；成家之后各自的家庭都很和睦，生活也能小康。

大哥因病去世得比较早。成年后的大哥的女儿说过这样的话："因为我成长在一个充满亲情的大家庭环境里，所以，父亲较早地去世并没有影响我身心健康地成长起来。"

二、友情——德育第二育

友情的爱是滋养心灵、促进精神形态人成长的第二基础德育。

友情在传统旧道德里被称呼为"义"。

1. 马克思和恩格斯的友情

2018年5月4日习近平总书记在纪念马克思诞辰200周年大会的讲话中有这样一段话：马克思是顶天立地的伟人，也是有血有肉的常人。他热爱生活，真诚朴实，重情重义。马克思、恩格斯的革命友谊长达40年。正如列宁所说："古老传说中有各种非常动人的友谊故事"，但马克思、恩格斯的友谊"超过了古人关于人类友谊的一切最动人的传说"。

2. 我们课堂的师生之间、学生之间的友情

尊重学生被列为我们课堂的教师的职业操守，老师因此获得的学生的回报不只是同等的尊敬而是爱戴。每一期班，只要一到教师节，学生们在当日的课堂日报里流露出来的对老师的爱戴之情让人读后感动不已。每一期班的最后一堂课时，学生们对课堂、对老师的恋恋不舍之情让人难以忘怀。

我们的课堂由六到八个人组织成一个学习小组，我们一个班就是一个合唱团，我们还经常开展其他的集体活动，这样做的目的之一就是增进群体学生的友谊、激发个体学生的情感，让学生在友情的滋润下成长。我们的学生在江苏润和软件股份公司实习得比较多，润和公司的人事总监曾经这样评价我们的学生：在公司里来来往往常常是一群一群的、脸上挂着微笑、充满自信，而其他学校的学生基本是一个人独来独往、面无表情。

三、爱情——德育第三育

爱情的爱是滋养心灵、促进精神形态人成长的第三基础德育。

青春期是精神形态人成长的关键节点，也是德育的重要环节。

传统旧道德强调婚姻的家庭与社会责任，较少提爱情；现代新道德强调婚姻的爱情基础，认为没有爱情的婚姻是不道德的。

1. 苹果、树、人

苹果树栽植后，在第三年开始开花，单个花朵花期 4—5 天，全树花期 7 天左右。 苹果园的主人在苹果的花期会雇用很多人帮助人工授粉。 原因一，如果不能充分授粉，结出的果实将会又小又酸。 原因二，如果错过了授粉的季节，别指望苹果又大又甜。

2018 年某日，作者去大别山农家乐小住几天。 看着屋后的一片密密的树林里几乎看不到大树就询问主人，主人回答说：“这些树都是我一棵棵亲手栽种的，十多年后当这些树长到 10 厘米左右粗的时候就应该间伐即砍掉一些，让每棵树之间的距离保持在一丈左右，这样树才可以继续生长，但是我一棵都舍不得砍，毕竟是我一棵棵亲手栽种的。 当然，那个时候我还没有间伐的知识。”作者说，那你现在间伐就是了。 主人告知，过了间伐的树龄段，再怎么间伐也无济于事了。 作者恍然大悟，树已经僵化长成侏儒啦!

作者在农村当农民时养过鸡，在鸡小的时候，无论什么人尝试触碰小鸡，鸡妈妈都会毫不犹豫地冲上前来阻止，是否能够成功阻止它不管。 一旦小鸡长到一定时候，鸡妈妈就会用它的尖嘴巴一个个地把小鸡赶离自己的身边，越是想靠近它的小鸡挨啄得越多。 这是母鸡在给小鸡断奶，因为它不可能永远喂食小鸡，小鸡必须学会独立吃食，而且必须在大自然事先安排的时间节点完成断奶步骤。

人、苹果、树木、鸡，都是大自然的造化，都有大自然事先给定的不可违逆的成长规律。 顺者强，逆者弱。

我们知道，人长到 15 岁左右青春期（花期）的年龄段时，无论肉体还是心灵都进入了快速生长期，食量会变得很大以支持其肉体的个子迅速地窜高，心灵会渴望异性的接触以支持其心灵的精神成长的需要。

一个人，如果因为某种原因，在 15 岁左右青春期的年龄段，持续数年每天都吃不饱，其肉体的物质形态人必然会因为食物营养不良而不能充分成长，其个子会因为食物营养不足而长不到原本可以长到的高度，长期严重缺乏食物营养的人甚至会长成侏儒。假定成年之后，此人时来运转，天天可以大鱼大肉，但是他的个子不可能再补长了！这样的结论相信不会有人质疑。

一个人，如果因为某种原因，在 15 岁左右的年龄段时，被关在房间里几乎不与社会接触，更没有与异性接触的机会，就会出现这样的结果：其心灵的精神形态人必然会因为缺乏必要的社会交往、情感交流而缺乏精神营养导致不能充分成长，其心灵会因为精神营养不足而不能成熟到原本应该可以成熟的程度，即其精神形态人因为精神营养不足而不能长到原本可以长到的高度，甚至会罹患心理幼稚病而长成精神侏儒或“巨婴”。对这样的结果有认知的人不多，因为物质形态人肉眼能看见，精神形态人肉眼看不见。

不过，和肉体的个子一旦错过青春期的年龄段不能再补长不同，成年之后，如果能够让自己勇敢地走出家门与书房、走入社会、融入人群、密切人际交流，心灵仍然可以一天天成熟起来，精神形态人仍然可以一天天长高，这一结论来自我们的课堂实践。《课堂的革命》一书收录的学生课堂日报真实地记录了学生们在我们的课堂上精神形态人的个子补长的实际过程。

我们不妨来看一看教育先进的群体的家庭和学校是如何对待孩子的青春期的。教育先进的群体，科学知识普及的程度比较高，做父母的懂得青春期在成长过程中的重要性，会帮助自己的孩子享受花期的甜蜜，以帮助孩子心智发育促进精神形态人健康成长。

2. 父母开车送上高中的女儿谈恋爱

“我认识一对高中生的父母，女儿跟男孩子约会，因为她自己驾照还没有拿到，于是夫妻俩开车送女儿过去，约会完，再接回来。”徐大伯说，“这在我们中国是没法想象的，但是在老外眼里很正常。”

——摘自 2017 年 6 月 19 日《报刊文摘》

3. 小学三年级开设交谊舞课程

作者侄女的儿子在上海一家招收外籍学生的学校，小学三年级学校就有跳交谊舞的课程。教育先进国家的学校的高中阶段课程内容里有定期的舞会，如果学生自己找不到舞伴，教师会提供帮助。高中的毕业舞会更是十分的庄严隆重。他们之所以会教会男女学生文明相处，是因为他们对精神形态人的客观存在有着清醒的认知，对精神形态人的成长规律有着科学的认知。实际上，西方人群体在过去的相当长的历史时期对待男女交往的方式持有与东方人群体一样的看法，他们对男女交往看法的改变始于几百年前的文艺复兴。

我们中国民间有俗语，哪有吃五谷不生病的，可是人们并没有因此而不吃五谷，因为人们知道不吃五谷肉体不能存活。同样的道理，哪有男女交往不生烦恼的，可是因此被动或主动抗拒男女交往的比比皆是（作者可以肯定，无论被动还是主动都是违心的）。

习近平总书记在纪念马克思诞辰 200 周年大会上的讲话中专门提到了“马克思和妻子燕妮患难与共，谱写了理想和爱情的命运交响曲”。从少年时代起，马克思便得到了特里尔城最美丽的姑娘燕妮的青睐。燕妮是马克思姐姐的闺蜜。马克思小的时候就不是一个对人言听计从的“好孩子”，所以燕妮给他写情书时称他为“小野猪”。马克思的博士论文就是献给他未来的岳父路德维希的。有人认为，马克思、恩格斯和燕妮，离开了这三个之中的任何一个，人类解放的学说都是完全不可想象的。马克思和父母的亲情、马克思和恩格斯的友情以及马克思和燕妮的爱情，三位一体成就了马克思。

4. 青春期就是叛逆期

肉体的物质形态人在成长的过程中有一个脱离母亲哺乳、学会自己吃饭的阶段。要学会自己吃饭必须经历脱离母乳喂养的生理断奶的时期，否则永远不会自己吃饭。物质形态人断奶通常 2 岁左右开始，不会有哪个母亲不让孩子断奶。孩子的断奶都是被动接受的，孩子因为自己不懂断奶的必要性而不愿接受，成年人因为懂得断奶的必要性所以会强制断奶。

肉体的物质形态人在成长的过程中有一个脱离成人的搀扶自己走路的阶段，通常大约在 2 岁左右，当孩子在试图摆脱成年人、学会自己走路的时候，没有哪个父母会反对，因为人人都知道孩子必须学会自己走路。

心灵的精神形态人在成长的过程中有一个脱离成人监管、学会自己思想的阶段。要学会自己思想必须经历脱离父母监管的心理“断奶”的时期，否则精神不能独立，也就不会自己思想。人的这个心理“断奶”的过程伴随着对异性的渴慕以及不再愿意听父母话的现象出现。人的心理“断奶”时期就是所谓的青春期，也是叛逆期。精神形态人的心理“断奶”期是大自然事先安装的“程序软件”，到点自然启动，不以人的意志为转移。这是一款为年轻人切割亲子心理纽带从而为独立成家做准备的精神发育“软件”。父母是否能够帮助孩子、教师能否协助学生顺利完成心理“断奶”，对学生的精神成长十分重要，这关系到学生人格独立、自己思想、独立判断等包括善与智慧的释放。

哺乳期断奶学会走路，青春期“断奶”学会思想。如果注意观察实际生活不难发现，孩子学会自己走路的过程是最顺利的过程，首先孩子自己的内心有自己学会走路的意愿，其次父母能够充分理解孩子学习自己行走的意愿，只会帮助他实现而不会横加干扰。哺乳期断奶也算顺利，但有点残忍，孩子痛苦，大人狠心。青春期精神“断奶”，孩子渴望，成年人不解，不仅不帮而且还会横加干预的例子比比皆是。

5. 结论

不要指望未能充分授粉、错过花期的苹果能结出成熟的果实，不要指望错过间伐季节的树木能够长成参天大树，不要指望没有感受过青春期甜蜜的人心智会成熟，不要指望心灵未成熟的人会有清晰的道德观念和法治意识，不要指望心灵未成熟的人会有至善与智慧，不要指望心灵未成熟的人能感受人生的幸福，不要指望心灵未成熟的人会长成精神高尚的人，不要指望心灵未成熟的人能有所发现、有所发明、有所创造。

6. 亲情、友情与爱情三位一体生成基础德育体系

亲情、友情与爱情是滋养心灵、促进精神形态人成长的“氮磷钾底肥”。

亲情、友情与爱情三位一体构成基础德育体系。

基础德育体系= 亲情+ 友情+ 爱情。

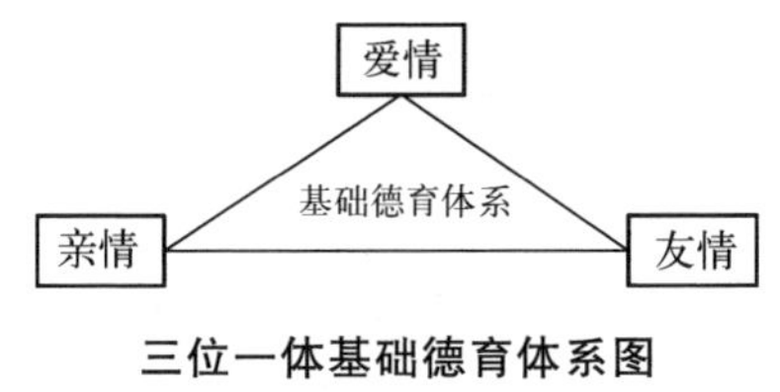

三位一体基础德育体系图

（1）源自母爱的母子情是亲情第一情

亲情有母子情、父子情、兄弟姊妹间的同胞手足情，友情有师生情、同学情、战友情、同事情、朋友情等。

来自母子间的亲子情是亲情第一情，也是德育第一育，是孩子心灵成长的第一精神营养。有心人不妨上网查询一下毛泽东、周恩来、朱德、鲁迅、胡适等人与自己母亲之间的关系，看一看他们与母亲之间的亲情有多感人，对自己母亲的爱戴之情有多深！也不妨查一下美国总统罗斯福与奥巴马和母亲之间的关系，看看他们对母亲的爱戴之情有多深！

（2）虎爸虎妈= 棍棒底下出孝子

时间:2019 年 3 月 4 日

地点:苏州工业园区外国语学校“知行合一微信群”

人物:微信群里的小学生的班主任和父母

班主任:今天盛豪、纪舟、景元三位小朋友都还不错,遵守纪律,课上也比较认真听讲。其中盛豪小朋友可能需要在控制自己脾气方面多努力下,纪舟小朋友在作业方面再认真点,景元小朋友在就餐习惯方面多多改进。

盛豪妈妈:豪豪在控制脾气方面一直欠缺了点,请老师支招。

作者:作为成年人的妈妈和老师在控制脾气方面做得怎么样？当下的“虎爸虎妈”就是过去的“棍棒底下出孝子”的思想塑造出来的父母。之所以被称呼为“虎爸虎妈”是因为教育子女的方式不近人情也。虎爸与虎妈越多,民主与科学越少。

盛豪妈妈:看来首先我要改变,我还真认为是“棍棒底下出孝子”,控制情绪从我做起。

四、音乐——德育第四育

没有500多年前马丁·路德的宗教改革，就没有现代文明。德国的宗教改革领袖人物马丁·路德是思想家，也是歌唱家。1498年马丁·路德的父母曾经将他送到埃森纳赫的方济各会修道院，他在那里受到音乐和诗歌的教育。爱因斯坦和他的小提琴的故事世人皆知。爱因斯坦说："如果我不是物理学家，可能会是音乐家。我整天沉浸在音乐之中，把我的生命当作乐章。我生命中大部分欢乐都来自音乐。"爱因斯坦还说："想象力比知识更重要，正是音乐给了我无边的想象力。"

礼、乐、射、御、书、数，此六艺是中国西周时期贵族的教育体系，音乐在这个体系里排序第二。可见老祖宗在3000多年前就明白音乐在人的教育之中的重要性。诸葛亮、周瑜都是精通音乐之人。

1. 音乐课是德育基础课

音乐是滋养心灵、文化欲望为情感、促进精神形态人成长的基础德育课程之一。

机械与电脑组合的机器人可以模仿人类唱歌、跳舞、弹琴，但是不能欣赏唱歌、跳舞、弹琴，因为欣赏需要用心灵。人唱歌、跳舞、弹琴表面上看是肉体物质形态人的行为，本质上是心灵精神形态人的行为。歌声是心声，舞蹈是表达情感的肢体语言，乐曲的旋律是心灵的振动。大脑是转换振动为旋律、转换情感为舞蹈、转换心声为歌声的转换器，身体是展现旋律、歌声、舞蹈的平台。

综上所述，歌是心在唱，舞是心在跳，琴是心在弹，反之，唱歌、跳舞、弹琴可滋养心灵促进精神形态人成长。统计数据表明，音乐家群体是世界上犯罪率最低的群体。音乐课是德育课。

跑步行为是肉体的行为，是有助于物质形态人成长的体育。音乐行为是心灵的行为，是有助于精神形态人成长的德育。

2. 音乐课是文化课，数理化不是文化课

人们都习惯把数理化课程说成文化课，实际上，音乐课才是真正的具有文化自然人为文明人功能的文化课。数理化是被文化的文明人群体创造的

为人的脑力所使用的劳动工具，数理化课程应该被归属为职业技能培训课程。“学会数理化走遍天下都不怕”是过去的“荒年饿不死手艺人”的现代表述方式。

3. 目的与手段

培育心灵、转化欲望为情感、促进精神形态人发育成长是音乐课的目的，唱歌、跳舞、弹琴的相关知识与技能的教学是音乐课的手段。 所以，只要每个学生能够随心所欲地张开嘴巴唱起来、扭动身体跳起来、使用双手弹起来，作为人的学生其精神就会在此过程中成长起来，唱得怎样、跳得如何、弹得好坏不重要。

音乐课表面上是教会学生表演的课，本质上是教会学生表现情感的课，是转化学生内心的欲望为爱心、热情等情感的课，是防止欲望转变为嫉恨、冷漠等情绪的课。

强迫学习音乐是大忌。 音乐课的教学效果，是转化欲望为情感还是转化欲望为情绪，是滋养心灵、促进精神健康成长还是荼毒心灵、让心灵罹患疾病，取决于教学音乐的方法与过程。 如果方法与过程能让学生喜欢上音乐，并且因为喜欢而自觉学习，教学效果是前者；如果强迫学生学习音乐，教学效果是后者。 前者有可能教育出精神抖擞的音乐人，后者只能训练弹琴机器人，甚至不如弹琴机器人，因为机器人不会恨。 记得有一次一位朋友告诉作者，他的女儿弹琴拿到十级证书时，他问女儿喜不喜欢弹琴，女儿不假思索地回答：“不喜欢！”强迫练琴的方法与过程伤了女儿的心。 得不偿失！

4. 我们一个班就是一个合唱团

我们的课堂，一个班就是一个合唱团，请了专门的老师。 记得六期班的第一堂合唱课，站在教室门口的作者和另一位老师只听见教室里传来一阵又一阵学生们的笑声，持续了比较长的时间。 和作者一起站在门口的老师说，怎么还不教唱歌？ 是不是需要提醒一下教唱歌的老师？ 作者说，不要打扰他们，唱歌的目的就是为了让学生开心，不唱歌也能开心不是更好吗？“开心”——心灵之门开启也。 不开心，情感怎么释放？ 不开心，智慧怎么释放？

5. 学会欣赏最重要

要学音乐知识，更要练音乐技能，但最重要的是学会欣赏音乐。懂得欣赏音乐才会喜欢音乐，喜欢才会自觉学习音乐知识、练习音乐技能、真正理解音乐。

2019 年 3 月 11 日《报刊文摘》刊登了一篇题为“中小学音乐课教育存痛点：会唱歌却缺少音乐鉴赏力”的文章，文中写道：“如今的音乐教育，被不少音乐教师称为整个基础教育课程改革最落后的科目。2018 年教育部基础教育质量监测中心发布了我国首份《国家义务教育质量监测报告》，其中对音乐教育的表述为：学生演唱表现较好，但音乐听辨能力与赏析能力有待提高。”

“音乐听辨能力与赏析能力”怎么样才能提高？让亲情与友情伴随音乐课的教育，严禁强迫学习，可解中小学音乐课教育的痛点，提高音乐听辨能力与赏析能力。如果中小学生成长在一个没有亲情与友情的环境里，如果被强迫学习，教学效果只会事与愿违。

6. 评音乐

乐器是器，乐器的吹拉弹奏是术，乐器发出的乐曲是道。

器，各式各样；术，各有所长；道则归一，贯通人的心灵。

乐曲是从人的心灵里有序流淌出来的喜怒哀乐。即便要用乐曲表现自然的春夏秋冬，表现的也是心灵里的镜像的春夏秋冬。自然的春夏秋冬，在同一个人处于不同的心境时、在不同人的不同的心境里表现出来的镜像的春夏秋冬都是不一样的。所以，同样表现春夏秋冬的乐曲形式千变万化。

人们可以不识乐之器，不善奏之术，但是可以不同程度地用心灵听懂乐曲即乐之道。一个人精通音乐的程度，要看他会演奏多少乐器，还要看他演奏乐器的术的熟练程度，更要看他听懂乐曲即认知乐之道的程度。

不同年龄段的物质形态人喜欢的食物不一样，儿童喜欢吃零食；不同年龄段的精神形态人喜欢的乐曲有不同，儿童喜欢儿歌。

相同年龄段但精神形态人成长的高度不一样的成年人喜欢的乐曲有不同，成长高度停留在欲望层级的人喜欢淫秽小调，成长高度在情感层级的人喜欢通俗音乐，成长高度在思想层级的人喜欢经典音乐。喜欢是因为听懂，听懂才会喜欢，听懂是因为乐曲旋律的振动与听者的心灵的脉动产生了共振。

大米、鸡蛋等是肉体物质形态人的食粮，乐曲是心灵精神形态人的食粮；享用米饭助力肉体成长，享受音乐助力心灵成长。

7. 听音乐分析国运

季札奉命出使北方诸侯，此次外交之行让他名垂千古。

他先来到鲁国。鲁国是当时的礼仪之邦，保存周朝文物较多，文化程度较高，季札特地请求观赏周朝的音乐和舞蹈。观赏时，他随即点评，选取其中的几段——听到乐工演唱《王风》时，他说："美好啊！虽有忧思却没有畏惧的情绪，这恐怕是周室东迁之后的音乐吧！"听到《郑风》时，他说："美好啊！但它烦琐得太过分了，百姓不堪忍受，大概会最先亡国吧。"听到《齐风》时，他说："美好啊！宏大而深远，这是大国的音乐！可以成为东海诸国表率的，恐怕就是太公的国家。国运真是不可限量！"听到《秦风》时，他说："这个曲子应该叫'夏声'。能把古老'夏'的曲调传承下来，这个国家一定会日益壮大，不可估量，能达到周王朝这样的基业都说不准。"听到《陈风》时，他说："国家没有贤明的君主，还能长久吗？"看到舞蹈《大夏》时说："美好啊！勤于民事而不以功德自居，除了禹谁还能做到呢？"他不仅简洁透彻地点评了礼乐的深远蕴涵，还从乐声中听出各国的发展趋势。他预言郑国、陈国的灭亡，齐国的强大，尤其是秦国将会强盛如周王朝，如同坐着时光机器亲眼看到了未来。语惊四座，众人侧目。

他最后说："观止矣！若有他乐，吾不敢请已！"意思是：观赏就到这里吧！如果还有其他乐舞，我也不敢再请求观赏了！隐含的意思是这些乐曲水平最高，到此为止，没有必要再看别的了。《古文观止》的书名"观止"，就是来源于此。季札也因此被尊称为"中国文艺评论的开山祖"。这一年，季札33岁，孔子才8岁。

——摘自2019年5月22日《扬子晚报》

作者点评：我们这个群体的老祖宗真的有大智慧，作为后裔的我们，基因里一定也有大智慧。

音乐是群体精神的显现，听音乐可知群体精神状态；知群体精神状态，可知群体盛衰。有心者不妨听一听上世纪40年代共产党的军队流行什么歌曲，国民党的军队流行什么歌曲。

从人被文化而文明的角度看，音乐课比数理化课重要得多，尤其是在情感发育旺盛的青少年时期即基础教育阶段。情感发育过了季节就不行了，而数理化知识什么时候需要什么时候学都可以，心灵越成熟学起来越容易；在需要的时候学，学习效率最高；结合工作需要学，才能真正地学懂。

五、美术——德育第五育

美术，顾名思义，发现美、展现美、欣赏美之术也。赏心悦目，悦目赏心，悦目的美可以滋养心灵。

美术是文化欲望为情感、促进精神形态人成长的基础德育课程之二。

1. 美术有助于释放人的同情心和想象力

美之于物，指物体外在形象美，形象美因为线条匀称。

美之于人，指人的内在心灵美，心灵美因为心地善良。

生活经验告诉我们，有的人看上去长得不一定漂亮，但是看上去很舒服很有亲和力，那是因为心地善，心地善则心灵美，所谓相（精神形态人的形象）随心生也。

发现美、展现美、欣赏美是只有人类才有的功能，教学美术的目的是释放人原本就有的发现美、展现美、欣赏美的功能。发现美、展现美、欣赏美，需要身体与大脑，更需要心灵。

2018年1月12日《作家文摘》刊登了一篇题为“美育代替宗教”的文章，文中写道，“1938年5月2日，蔡元培应保卫中国大同盟和香港国防医药筹赈会邀请，在圣约翰大礼堂举办的美术展览上发表公开演说：‘全民抗战，必使人人有宁静的头脑与刚毅的意志，而美学上优雅之美与崇高之美足以养成之。又抗战期间最需要同情心，而美学上感情移人作用，足以养成同情心。’蔡元培提倡美育代替宗教，直到晚年也是如此。”被毛泽东誉为“学界泰斗”的蔡元培把美术与宗教相提并论，可见美术的德育功能之强大。

蔡元培先生认为美术有助于释放人的同情心，实际上，美术还可以提高人的想象力。想象力是建筑设计、产品设计、软件架构设计等的第一力，也是发明创造不可或缺之力。

前文提到过，同情心是人的情感即至善之力，想象力是人的思想力即智慧之力，可见，美术有助于释放人的心灵的至善与智慧，或者说美术有助于释放人的艺术和科学潜能。最能证明此论点的代表人物莫过于同时拥有精湛的绘画技能与科学才能的达·芬奇，达·芬奇被全世界公认为文艺复兴时期伟大的艺术家和科学家。

2. 美术课是文化课

前文提到，文化自然人为文明人主要不是通过肉体的物质形态人实现的，而是通过心灵的精神形态人实现的。美术课教学怎么用眼睛的感知力去认知美、怎么用手去描绘美，美术课还可以释放人发现美、表现美的想象力。

美术课与音乐课一样，是真正的具有文化自然人为文明人功能的文化课程，能够释放爱心、促进精神形态人成长。

在芬兰，美术课与音乐课一样，是初级教育阶段的必修课。

3. 目的与手段

提高学生发现美、展现美、欣赏美的能力，促进学生同情心、想象力的释放，是美术教学的目的；教会学生绘画技能，是美术教学的手段。不必苛求学生绘画技能的高低，只要能画起来就行；不要在意学生画得与模板像不像，只要画的是学生自己内心真实的想象就行。美术课的作业没有客观的评分标准，只有主观分数，主观分数的高低考虑画作更要考虑画者用心的程度。

4. 学会欣赏最重要

要学美术知识，也要练绘画技能，最重要的是学会欣赏作品。

懂得欣赏美术，才会喜欢作品；喜欢作品，才会自觉学习美术知识、练习绘画技能。这样还可以在不知不觉间唤醒自觉意识，自觉意识弥足珍贵。

懂得欣赏作品，才有可能真正理解作品，才有可能真正懂得作品传递的心灵之美，才有可能掌握高超的绘画技巧。

常识告诉我们，强迫学生动脑学习美术知识、动手练习绘画技能对考试会有些帮助，但是强迫的方法与过程有害心灵的成长，使得教学效果与教学目的背道而驰。因为欣赏美术作品需要眼睛的感知力，也需要大脑的分析力，更需要心灵的感悟力。

5. 关于攀比

需要特别提醒的是，在教学美术的过程中，务必防止学生互相攀比绘画的技能、画作的好差，如果学生中出现攀比的现象，说明美术课就教反掉了，因为攀比不仅不会促进同情心与想象力的释放，反而会刺激负面情绪的释放和模仿习惯的养成。

6. 情感与艺术

艺术是人类把自己身体感官的感知力感受到的事物，经过心灵的情感反复的浸润之后，再用大脑的智力使用文字、颜料或旋律表现出来的技能。

请看歌曲《怀念战友》的歌词："天山脚下是我可爱的家乡"——亲情；"白杨树下住着我心上的姑娘"——爱情；"当我永别了战友的时候，好像那雪崩飞滚万丈"——友情。

没有情感就没有艺术，没有情感就不懂艺术。反之，好的艺术作品会促进情感正向发育成长。

一个理想的艺术人才，一定有一颗比较成熟的情感丰富的心灵（心力较强），还有一个能把丰富的情感清晰地表达出来的比较强的大脑（智力不弱），还有一副好嗓子或一双灵巧的手能把情感生动地表现出来（体力不差）。

一个人情感有多丰富，欣赏艺术的水平就有多高；一个人情感发育不良，不会有欣赏艺术的功能。

一个群体，情感丰富的人越多，艺术之花越茂盛；一个群体，人们都耻于谈情感，艺术之花则会枯萎。

听一个人唱歌，可以知道这个人情感的发育程度；听一个群体流行的歌曲，就知道这个群体精神的成长高度。

如果教育忽视学生情感的发育，有艺术潜能的学生就不能释放其潜能从而成长为真正的艺术人才。如果想培养孩子的艺术才能，请从给他爱开始，请在亲情、友情与爱情滋养的基础之上训练。

六、劳动——德育第六育

热爱劳动是美德。每个靠自己劳动生活的人都应该受到尊重，无论他是在务农、做工还是经商。培养劳动习惯实乃上德之育。

不劳而获是缺德之人，依靠自己劳动养活自己的人是有德之人，依靠自己的劳动不仅养活自己还能帮助别人的人是道德高尚之人。

现代心理学已经证明：不劳动会罹患心理幼稚病。反之，勤劳动可以养育心灵，促进精神形态人成长。

1. 学生课堂日报和老师的点评

我们课堂有学生在课堂日报中写道，自打上学以来，在课堂上从来就没有人和他们提到过劳动的话题。而劳动的话题则是我们课堂上师生之间讨论的重要话题之一。

《课堂的革命》第 184 页记录了 11 月 20 日那一天师生们在课堂上共同讨论劳动话题的过程。该节的小标题用的是刘丽媛同学当天日报中的一句话"我们不能丢的血性——劳动"。刘丽媛同学在日报中写道："有同学问了沈老师，怎样才算成熟？沈老师对这个问题作了深入的解答，总结为两点：一是需要劳动，二是要把自己融入到集体中。"她还写道："劳动，我们的父辈一直在重复的事，现在，在我们眼里成了最看不上的。""劳动是值得赞扬的、是高尚的，我们却看不上"。"人如果不劳动就会慢慢失去存在的意义"。另外一个学生在刘丽媛同学这一天的日报后作了如下点评：虞美人说得真是太好了。如果我们每个新生代的学子都能认识到劳动的重要性，不好高骛远，踏踏实实，勤勤恳恳，就不会有那么多举着高学历却找不到工作的大学生了。劳动最光荣，劳动不分贵贱，让我们从自己做起，用我们的行动来感染身边的人吧！（学生们相互之间点评课堂日报是我们课堂的教学方法之一。）

老师对刘丽媛同学当日课堂日报的点评如下：

（1）如果不能对劳动有正确的认识，如果不能确立上学读书正是为了让自己成为有觉悟、有文化的劳动者的宗旨，算经济账，无论是国家办学还是个人上学，都是一种浪费；算文化账，是反文化的，因为有理论认为正是劳动让猴子变成了人。

（2）轻视劳动的态度，只能让人生多一些痛苦。因为你需要养活自己，不可能不劳动，而你又不喜欢劳动，这样一来，劳动就成了被勉强的不得不为之事。没有人会在被勉强的过程之中感受到幸福，只能感受到痛苦。成人社会随处可以听到的牢骚，是否是鄙视劳动的价值观与不得不劳动的现实产生冲突的矛盾心理的发泄？

（3）轻视劳动的态度，生产不出高品质的产品。因为在一个轻视劳动的社会环境里，劳动是被迫的行为，不是自觉的行为。自觉的劳动者，工作才会认真；被迫的劳动者，工作必定马虎。

（4）轻视劳动的人，不宜从事软件生产。软件生产的过程是人自由思想的过程，外部监督难起作用，得靠自觉性。不尊重劳动，不热爱劳动，哪里会有劳动自觉性？中国软件企业一条声地喊招不到合适人才，是否和学校不仅不能养成学生劳动习惯、引导学生热爱劳动和自觉认真劳动反而让学生厌恶劳动从而缺乏劳动自觉性相关？

丽媛同学有空时考证一下。读你的日报，发现你是那样的冰雪聪明！

2. 关于劳动态度

关键是劳动态度——是作者见到的每个软件企业老总说的话。

对一个企业而言，装备和工艺重要，操作装备、掌握工艺的员工的劳动态度更重要。员工的劳动态度，内取决于其是否热爱劳动、有劳动习惯、掌握相应劳动技能，外取决于老板对待员工的态度——员工对待劳动的态度就是老板对待员工的态度。

3. 动手与智慧

体力在身体里，智力在大脑里，智慧在心灵里。

如果注意观察不难发现，笨手笨脚的人，有可能显示出智力，比如考试分数比较高；笨手笨脚的人，不可能显示出智慧，比如遇到事情不会拿主意、作决策。手脚敏捷的人，才有可能显示出智慧。实际上，一个人之所以被认为手脚敏捷，是因为其手脚的每一次对于外界刺激的瞬间反应都是及时而准确的。

现代心理学证明，不劳动会得心理幼稚病。 我们中国人也在生活中发现，穷人的孩子早当家。 所谓当家，作决策、拿主意也，作决策、拿主意需要智慧。 穷人的孩子因为很小就动手劳动，所以，心灵成熟得比较早，智慧因心灵成熟得以释放，所以有能力当家。 俗话说，十指连心、心灵手巧，意思是动手即动心也。 教育当以动手为起点，释放心灵智慧为终点。

4. 比较

有比较才有认知。 在英美的教育体系里，十分重视动手劳动。

作者的朋友一家住在新西兰，她的上初中的儿子安迪，推着割草机修整家门口的草坪是每周必需的劳动。 安迪还会在周末去马会捡马粪，一个小时 20 新西兰币。 他 12 岁生日那天，他的父亲（英国人）送他的生日礼物是一把斧头，供他在参加学校露营活动点篝火时劈柴用。

作者在新西兰参加过一次他们家所在社区的童子军组织的校外活动，家长们开车把孩子送到一条河边，小学生、中学生都有。 孩子们七手八脚地从一辆皮卡车上把毛竹和绳索拿下来，然后分成两组开始扎竹筏，竹筏扎好以后，孩子们抬着竹筏下到河里去划，划了不长的时间就上岸了，上岸以后孩子们又七手八脚地把竹筏拆解，然后再把毛竹和绳索放回皮卡车上。 整个过程，在河里划竹筏的时间很短，全部活动时间都花在扎竹筏和拆竹筏上。 可见组织这次活动的主要目的不是划竹筏游戏，而是参加集体劳动。

整个过程，只有一个成年人会不时地指导孩子们，但绝不动手帮他们做，其他的家长都是站在旁边观看，一句话也不说。在英美教育体系里，对学生劳动习惯养成的重视程度不亚于对科学知识的重视。

2019年6月12日《报刊文摘》报道，题：部分青少年劳动价值观异化。摘录如下：

> 据《半月谈内部版》第6期报道，记者调研发现，当前一些青少年产生了好逸恶劳、嫌贫爱富、不劳而获等不良心态。如何教育引导学生崇尚劳动，成为亟待解决的问题。

5. 音乐、美术与劳动三位一体生成德育基础课程体系即中级德育体系

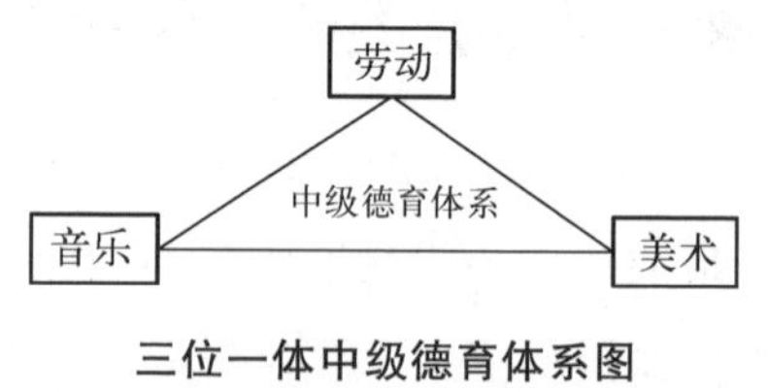

三位一体中级德育体系图

中级德育体系= 音乐+ 美术+ 劳动= 德育基础课程体系。

音乐、美术与劳动三位一体生成中级德育体系。

6. 亲情、友情与爱情，音乐、美术与劳动

请参考“教育图”（图5），在该图中，亲情、友情与爱情三位一体生成

的基础德育体系，被置于音乐、美术与劳动三位一体生成的中级德育体系之下。这样的上下排列传递着这样一个信息——音乐、美术与劳动三门德育基础课程的教学，建立在亲情、友情与爱情的德育基础之上。如果一个人的心灵缺少亲情、友情与爱情的精神甘露的滋润，情感没能充分发育，其认知音乐、美术的能力很难提高到应有的程度，其劳动热情也达不到敬业所需要的程度。

情感发育不良，即便会弹琴也不会懂音乐，就是弹琴机器人。

有爱心的人才会有发现美的感知力。《菜根谭》里有一句话：好人的眼里都是好人，坏人的眼里都是坏人。也就是说，心灵美的人能发现美，心灵丑的人只能看到丑。情感丰富的人心灵美，情绪程度高的人心灵丑。美术的教学建立在情感发育基础之上，否则，即便学会了绘画的技能也不会发现美，即便学一辈子的绘画也只能是临摹他人的画作而不可能有自己的画风。

作者在电视里看到这样一句公益广告词：敬业就是热爱。这句广告词把因果关系写颠倒了，如果写成“热爱才能敬业”更合乎逻辑。如果注意观察不难发现，生活中就有干一行爱一行的人，凡是干一行爱一行的人，往往都是心灵成熟、充满热情的人。热爱才能敬业，热爱来自情感。要想培养敬业的人，请从培育心灵、促进情感发育入手。

七、师生关系——德育第七育

师尊生卑，会在不知不觉间塑造学生的旧思想——人分尊卑思想观念与迷信权威思想方法，阻止学生精神成长，降低学生思商。

师生平等，会在不知不觉间塑造学生的新思想——人人平等思想观念与实事求是思想方法，促进学生精神成长，提高学生思商。

八、学生关系——德育第八育

学生分好生和差生，会在不知不觉间激发学生自卑、嫉恨、冷漠、懦弱等坏的情绪，阻止学生精神成长，降低学生情商。

学生有不同无好差，会在不知不觉间激发学生自信、爱心、热情、勇敢等好的情感，促进学生精神成长，提高学生情商。

九、教学目的——德育第九育

不同的教学目的把学生导向不同的价值观念，会在不同的方向上影响学生的情商与思商。

为考试而教学的教学目的，和24字社会主义核心价值观相背离，会降低学生的情商和思商。

为成长而教学的教学目的，和24字社会主义核心价值观相吻合，可提高学生的情商与思商。

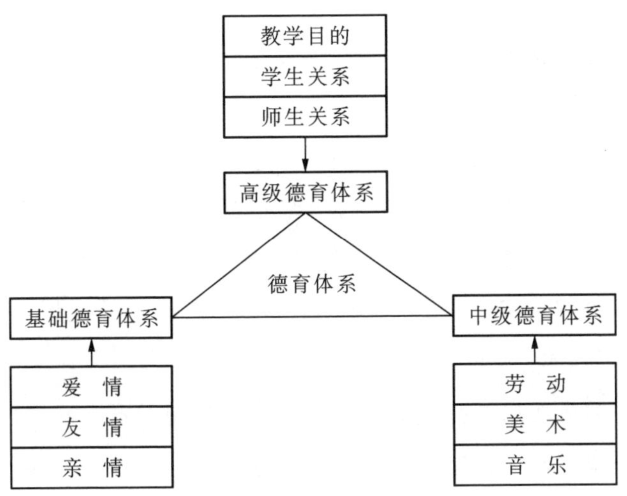

图 6　三维九方德育体系图——德育服务方法与过程图

亲情、友情与爱情，三位一体生成基础德育。

音乐、美术与劳动，三位一体生成中级德育。

师生关系、学生关系与教学目的，三位一体生成高级德育。

德育的目的是释放人性即求知欲、情感与思想力，以提高人的情商与思商。基础德育和中级德育能文化欲望为情感，从而提高情商；高级德育能文化情感为思想，从而提高思商。

高级德育基于中级德育，中级德育基于基础德育。基础德育不扎实，中级德育难实施；中级德育不扎实，高级德育难进行。

亲情、友情与爱情“三情”是心灵发育、精神成长的底肥；音乐、美术与劳动“三课”是心灵发育、精神成长的追肥；师生关系、学生关系与教学目的三位一体生成的课堂文化，是心灵发育、精神成长的“化肥”即文化之肥。

三维九方德育体系适合无论什么肤色、什么国籍、说什么语言、从事什么职业、属于哪个党派的人，所以，三维九方德育体系是普世德育体系。

附 1:剃头的故事

一个六年级学生当着全校同学的面,把校长的头发剃了。

这个学生的爷爷不幸得了癌症,化疗的副作用让爷爷很痛苦,头发也掉光了。为了表达对爷爷的支持,这个学生把自己的头发也剃光了。他对爷爷说:“爷爷,虽然我只有 11 岁,也帮不了你多少,但是我想告诉你,你并不孤单。”

这个学生在剃光头发去上学的第一天遭到了班上同学的嘲笑。校长得知这个事情后,第二天早上九点,把全校学生召集在一起,讲述了这个学生的爷爷,以及这个学生因为光头被嘲笑的故事。接着,校长戴上了围裙,让这个学生在全校学生面前给他剃头。校长接受采访时说:“我想告诉孩子们,要多为他人着想,多帮助他人。”他补充道:“当你的言行能够激励别人,或者伤害别人时,你怎么选? 我希望你们选择去激励别人。”

作者点评:

1. 给患者爱心让患者高兴,给患者鼓励增强患者自信,是治疗肉体或心灵疾患的最有效的第一处方。

2. 有同情心、报恩心、责任心与意志力的强者会有意识地选择激励,反之,会无意识地选择伤害。

3. 校长让一个学生给他剃头,不是知识的教学,而是人的教育;不是提高智商的教学,而是提高情商与思商的教育;不只是在教育给他剃头的一个学生,而是在教育全校的学生。

4. 幸福的家庭都是一样的,“问题家庭”各有各的问题。作者经常在微信里看到这样的言论:对来自“问题家庭”的“问题学生”不严厉管教根本不行。此言差矣! 来自“问题家庭”的“问题学生”,不是学生的错而是学生的不幸。“问题学生”的内心有更多对关爱、尊重与帮助的需求,教育者理应给他们更多关爱、尊重与帮助,并且动员班上的同学关爱、尊重并且给予力所能及的帮助。如果这样做,曾经有过“问题”的学生长大以后，就不会重复父母的老路又建立一个“问题家庭”，再供给学校“问题学生”。如果这样做，给予“问题学生”帮助的其他学生的智商、情商与思商都会得到提高。请给予“问题学生”更多关爱、尊重与帮助吧！“剃头的故事”正是校长在给家庭成员出现严重健康问题的学生提供更多关爱、尊重与帮助，并借此给全校学生上了一堂生动高效的德育课的案例。

附2:英国老牌公学长盛不衰秘诀何在?

英国的公学其实是私立学校。距离伦敦车程35分钟的贝德福德公学建立于1552年,为全英最古老的25所公学之一,是一所招收7—18岁学生的男校。培养年轻人的独立思考能力和社会责任感,是英国传承几百年的私立学校最与众不同的使命。

我直截了当地问:“如何迅速判断一个孩子是否符合学校的录取标准?”米德格雷说,他会从语言能力、数学能力、逻辑推理等方面来分析一个孩子的学术能力,还会通过面试问孩子喜欢什么专业,是否查询了学校的网站并研究过自己的兴趣爱好和学校的契合点在哪里等这些问题,来看学生是否具有独立思考能力。

用米德格雷的话说,学校的目标是培养出可以自信地和各种人对话的人才,“不论面前的是首相还是清洁工”。(与本书的养成平等的思想观念、掌握娴熟的对话技能的教育理念相同。——引者注)

这里的孩子不仅学习好,包括体育和戏剧在内的各项课外活动也十分突出。学校大部分学生至少会一种乐器。

霍格森在大学主修的专业是拉丁文与古希腊语,他知道“教育”一词的拉丁文本意是“引导”,从学生的天性中引导出专长是教育的本意。(与本书的释放学生身体的体力、大脑的智力与心灵的人性是教育本质的教育理念相同。——引者注)

我问校长:“学生们应如何平衡学业和体育?”校长回答:“体育本身也是重要的学业。可以提高一个人的自信、自尊、团队合作精神、意志力等,与各项课程也是相互促进的。”(与本书中体育是智育和德育的基础

的观点相同。——引者注）

——摘自2019年6月24日《参考消息》

附3：奈斯比特论教育

最后，作者想用奈斯比特的演讲作为本节的结束语。

约翰·奈斯比特有哈佛、康奈尔和犹他大学的学历教育背景。奈斯比特先生的《大趋势》在上世纪80年代风靡中国，影响了一代人。

2014年12月14日，他在“中国教育三十人论坛”首届年会上发表演讲，摘录如下：

我曾经是肯尼迪总统的教育部副部长，做了很多和教育相关的事情。我是注重战略思维的人。教育是具有决定性的力量，不但会改变一个人的人生轨迹，也会改变世界的面貌。西方能成为世界的中心，绝对不是因为他们的军事力量，而是因为他们头脑和智慧的力量。过去的200年里，很多技术发明、创新和变革都是由西方发明并且走向全世界的。

传统的教育方式永远会有自己存在的价值，但是到了非常重要的科技和创新边界的时候，仅仅有传统教育方式已经不够了。让我们的孩子，以及我们孩子的孩子不仅学习传统的教育方式，更要让孩子们的心灵中有创新意识。如果我们培养一种鼓励孩子们创新和勇敢尝试的社会风气，就会创造出新东西出来。

一个革命性的教育变革就是从线性的教育体制，转变为一个定制化的教育模式（三维九方教育理论给出的就是一个定制化的教育模式——引者注）。如果新的教育系统鼓励创造性的天才找到自己的生产方式，这种教育系统对政府的需求，对行政命令的要求和依赖就会越来越少。这种教育系统应该鼓励人们自己找到问题的解决方案。

西方有一句谚语，“教育的本质，不是把篮子装满，而是把灯点亮”。如果还是把篮子装满，那只能是渐进型的改革；如果想点燃一盏灯的话，就是一个革命性的变革（我们的学生在毕业典礼的舞台上打出了“点亮心灯，放飞梦想”的横幅，记录我们课堂教学实践的作者的第一本书的书名就是《课堂的革命》——引者注）。

我们毫不惊讶地发现，几乎每个国家都在谈论教育改革，但是教育没有任何实质性的进展。不论是地缘经济的变革，还是文化领域的变革，中国都已经占据了一个非常好的战略性地位。在过去的十几年里，中国已经成为世界上最大最好的经济体之一，被称为制造业的“世界工厂”。但是如果想继续保持和延续领先地位的话，中国必须做出转变，创造出一个可以培养出创造性思维的新环境（本书的B型课堂软环境正是这样的新环境——引者注）。

我们认为，教育的目的和快乐有关。教育的本质不是单纯的灌输，而是让人发现人性的本质（发现人性的本质是什么正是本书尝试做的事情。——引者注）。教育的本质绝对不是把大脑灌输满，而是鼓励和激发他们的灵魂和心智（本书定义了灵魂与心智是什么，并且给出了“鼓励和激发他们的灵魂和心智”的解决方案——引者注）。

最后，我想用达尔文的一句话来结束演讲。达尔文曾经说过，年轻的时候阅读诗歌给我极大的快乐，但是最近几年我连一行诗都读不进去了，大脑似乎变成了一个机器，只会处理机械的事务。如果我可以重新再活过一次的话，我会给定一个规则，每周会读两行诗，每周会听一些音乐。由于我生活中失去了这些快乐，肯定让我的快乐减少，而且一定会导致我的智力、灵感和道德标准下降，因为这些快乐的失去，会使我人性中最充满灵性、充满激情的部分受到损伤。

作者点评：作者在2018年看到奈斯比特的这篇演讲，发现奈斯比特演讲中的与智力无关的心灵、人性、智慧、激情、快乐等关键词，也是本书的关键词。作者接受的学历教育背景与奈斯比特相比不值一提，作者处江湖之远的社会经历与奈斯比特居庙堂之上的显赫的社会地位相比微不足道，但是这一点也不影响作者观察教育的视角与奈斯比特不谋而合。

第五节　昨天的课堂

一、A 型三维九方课堂软环境

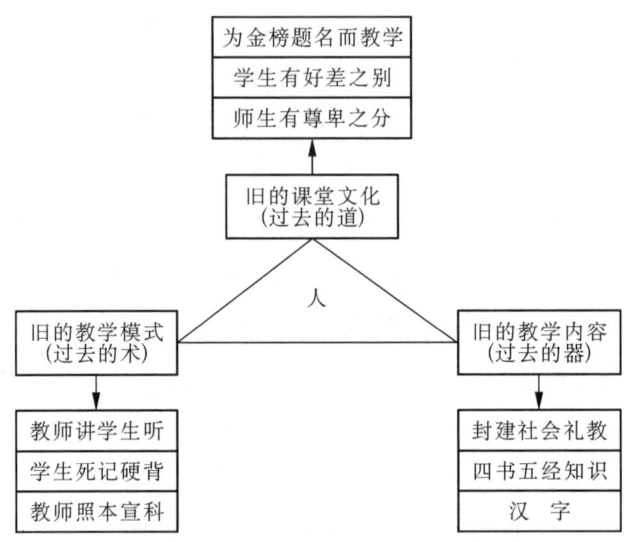

图 3-1　A 型三维九方课堂软环境图

图 3-1 是中国传统社会的课堂软环境，为方便叙述下文称其为 A 型课堂。

1. A 型课堂的三个维度九个方面

旧的课堂文化= 有尊卑之分的师生关系+ 有好生差生之别的学生关系+ 为金榜题名而教学的教学目的。

旧的教学模式= 教师照本宣科地教+ 学生死记硬背地学+ 教师讲、学生听的教和学的关系。

旧的教学内容= 汉字+ 四书五经知识+ 礼即基于人分尊卑思想观念与迷信权威思想方法的做人做事的规矩。

2. A 型课堂三个维度九个方面互相匹配顺理成章

这样的课堂文化，这样的教学模式，这样的教学内容，相互匹配，顺理成章。换句话说，A 型课堂传的是科举时代的道即人分尊卑思想观念与迷信权威思想方法，授的是科举时代的业即四书五经知识及其相应技能。

二、A 型课堂与其所处的社会环境相一致

A 型课堂是一个与以皇帝为中心的社会相配套的，以教师为中心的，塑造人分尊卑思想观念与迷信权威思想方法的，为社会供给早期文明人——皇帝子民的课堂。这样的课堂如果从中国的科举制开始算起，已经存在了 1300 多年。

三、作为人的学生在 A 型课堂软环境里的成长状态

1. 肉体的物质形态人的成长状态

（1）身体与体力

在 A 型课堂上没有体育课，身体与体力被完全忽视。

（2）大脑与智力

释放大脑的智力，是 A 型课堂教学的主要目的之一。

鉴于 A 型课堂的课堂文化与教学模式，生成大脑智力的记忆力、分析力与归纳力三个方面，记忆力得到了比较充分的释放，分析力与归纳力只能是有限释放。如果拿电脑比喻，存储功能比较强，CPU 的运算功能比较弱。也就是说，A 型课堂有助于释放大脑智力，但是智力的质量不高。

2. 心灵的精神形态人的成长状态

（1）欲望转化为情感的阶段

亲情、友情与爱情，是心灵精神形态人在成长的第一个阶段即欲望转化为情感的过程中所需要的基本精神营养。

关于亲情。过去家庭的亲子关系遵循三纲之一的父尊子卑的关系准则，“棍棒底下出孝子”是过去流行的家庭教育大纲，所以，过去的学生在家庭生活中普遍地存在心灵中亲情的营养不良现象。

关于友情。任何一个人，其内心无不渴望被平等相待。任何两个人在一起，如果一个尊、一个卑，不可能产生真正的友情。同样道理，在师生有尊卑之分、学生有好差之别的 A 型课堂上，师生之间、同学之间产生友情是小概率事件。所以，A 型课堂上的学生在成长的过程中其心灵中友情的营养不良。

关于爱情。过去的社会里，异性之爱被旧道德观念妖魔化，人们羞于开口说爱。青春期不由自主萌发的爱心即爱情无不被残忍地扼杀在萌芽状态。A 型课堂上的学生在成长的过程中没有青春期，其心灵在需要爱情滋养的季节里只有爱心的萌动没有爱情的滋养。

A 型课堂没有音乐、美术与劳动课程，即便有也是流于形式。

因为情感的发育被忽视，所以人性中的情感即博爱或至善——爱心、热情、尊重、诚实、报恩心、羞耻心、同情心、责任心等的释放也就无从谈起。也就是说，A 型课堂不能提供给学生上德之育。反之，在 A 型课堂上不由自主地养成学生嫉恨、自卑、冷漠、畏惧、鄙视、虚伪、报复心以及很少羞耻心和同情心、没有责任感等与人性相反的负面人格特征的可能性更大。

综上所述，学生的情感在 A 型课堂上很难正向充分释放。

（2）情感转化为思想的阶段

学生成长在 A 型课堂上会在不知不觉间养成人分尊卑思想观念与迷信权威思想方法。人分尊卑的思想观念导致人与人之间没有发自内心的真爱。一个处于礼节规定的尊的位置的人，有必要真心去爱一个按礼节规定处于卑的位置的人吗？一个人会真心去爱一个不爱自己的人吗？

常识告诉我们，一个迷信权威的人很难有自信的美德，一个畏惧权威的人也难有勇敢的美德；畏惧权威的人习惯于来自外力的管制而不会有自我节制的美德，迷信权威的人更不会有创造力。

感悟力= 直觉+ 好奇心+ 想象力+ 洞察力+ 同理心+ 自觉。从常理就可以判断 A 型课堂促进还是遏制学生的感悟力的释放。

（3）从认知体系观察学生在 A 型课堂软环境里的成长状态

综上所述，在 A 型课堂软环境里，作为人的学生很难正向全面长成，具体长成什么模样可以通过认知体系一窥全貌。

成长在 A 型课堂上的学生会在不知不觉间养成 A 型认知体系= 较弱的认知主体（幼稚的心灵、孱弱的身体、较强的大脑）+ 较弱的认知力体系（较弱的感悟力与感知力、较强的思考力）+ 早期文明的知识体系（汉字、四书五经知识、礼）。 简言之，在 A 型课堂上成长的学生，智商较高，情商与思商低；有学习模仿力，没有创造力。

在过去的以皇帝为中心的社会里，拥有 A 型认知体系就可以成为备选官员，就能满足当时社会生活以及经济发展水平的需要。

四、A 型课堂曾经是很先进的教育体系

用现今的眼光去审视过去的 A 型课堂似乎十分落后，可是把 A 型课堂放在诞生之时的世界范围内观察，则是十分伟大的文化野蛮人为文明人的先进的完整的教育体系。 它能给受教育者一个灵魂，它能促进受教育者精神形态人的成长，虽然用今天的眼光看只是一个幼稚的灵魂、一个不那么高大的精神形态人，但已经足以让思想为零的个体的自然人有了思想而成为群体的社会人，把没有规则意识的散居的野蛮人文化为有规则意识的社会的文明人，从而使得人的生存能力在地球上的所有物种之中遥遥领先。

A 型课堂为人类文化野蛮人为早期文明人做出了巨大贡献。

第六节　今天的课堂

一、AB 型三维九方课堂软环境

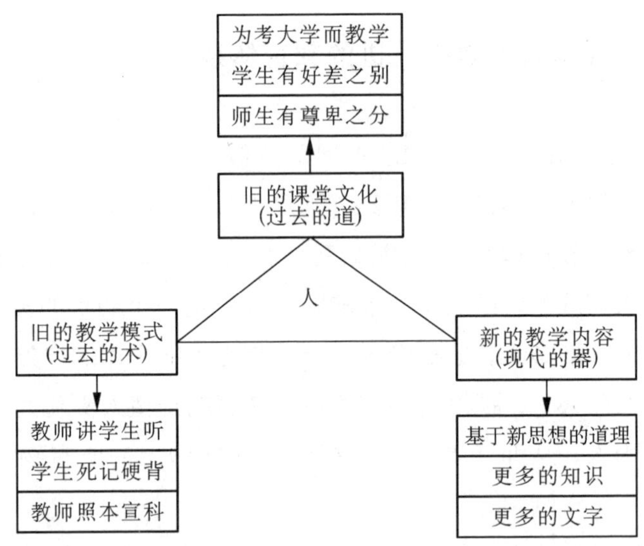

图 3－2　AB 型三维九方课堂软环境图

图 3－2 展示的是处于社会转型过程中的课堂，作者称其为 AB 型三维九方课堂软环境，为叙述方便下文称其为 AB 型课堂。

AB 型课堂的三个维度九个方面：

旧的课堂文化＝有尊卑之分的师生关系＋有好生差生之别的学生关系＋为考大学而教学的教学目的。

旧的教学模式＝教师照本宣科地教＋学生死记硬背地学＋教师讲、学生听的教和学的关系。

新的教学内容＝中文与外文＋语言与哲学、逻辑与数学、心理学与伦理学、物理与化学等知识以及相关技能＋基于人人平等思想观念与实事求是思想方法（新思想）的做人做事的道理。

二、AB 型课堂是比 A 型课堂进步的课堂

1. 在教学目的方面的进步

A 型课堂的教学目的只有一个——学而优则仕即读书做官。AB 型课堂的教学目的不只是学而优则仕，还可以当科学家、教师、医生、律师、工程师等。

2. 在师生关系方面的进步

A 型课堂上的师生关系，无论教师还是学生，无论是观念层面还是实际当中，都严格遵循师道尊严。AB 型课堂上的师生关系，无论教师还是学生，无论是观念层面还是实际当中，正在朝着师生平等、互相尊重的方向转变，平等友好型的师生关系正在一天天多起来。

3. 在知识教学方面的进步

A 型课堂教学四书五经的知识及其相关技能。AB 型课堂教学的知识与 A 型课堂相比要多出很多。

4. AB 型课堂为国家的工业化供给了大量性价比高的劳动力

过去的 A 型课堂，为当时的以农耕经济为基础的社会，供给了大量的能够满足农耕经济社会需求的人才。现在的 AB 型课堂，为当下的以工业经济为基础的社会，供给了大量的能够满足工业经济社会需求的人才。

有一点值得专门提请注意，无论是四书五经知识的学习还是数理化知识的学习，都有一个相同的功效——有助于释放大脑的智力。据此，如果从 1300 多年前的科举制度开始算起，中国人群体接受大脑智力训练的历史已经有 1300 多年，更重要的是科举制度这一当初世界上最先进的社会制度，使得中国社会每个阶层的每个男性都有接受教育的机会，使得教育的普及程度在当时的经济发展水平之下最大化。所以，中国人群体智力的平均水平高于世界平均值。此理论可以解释中国成为世界最大工厂的现象。

2018 年 5 月 11 日《报刊文摘》刊登了一篇尼采论教育的文章，摘录如下：

尼采有一部早期著作，题为《论我们教育机构的未来》，是他在巴塞

尔大学的五次公开演讲。里面讲述了尼采的大学教育观。

当时的德国大学大规模扩招，在教学内容上，人文教育大为削弱，强化了职业培训。对于这个倾向，尼采深感忧虑，他说："普及教育是最受欢迎的现代国民经济教条之一。在这里，利益——更确切地说，收入，尽量多赚钱——成了教育目的和目标。"

尼采反对用职业培训取代和排挤真正的教育。他强调："任何一种学校教育，只要在其历程的终点把一个职位或一种谋生方式树为前景，就绝不是真正的教育"，而只是一份指导人们进行生存斗争的"说明书"，相关的机构则是一些"对付生计的机构"，绝不是真正的教育机构。他心目中的真正的教育，其核心是人文教育，是精神素质的培养和文化的创造。尼采并不反对生计机构，但要求把它和教育机构加以区分，不能把所有学校都办成生计机构。尼采提出的根本问题是：教育有无超出职业培训之上的更高使命？

作者点评："当时的德国大学大规模扩招，在教学内容上，人文教育（做人道理的教育——引者注）大为削弱，强化了职业培训（知识与技能的教学——引者注）。"我们中国当下的学校教育是否和尼采时代的德国一样？ 可见，学校教育随着经济的发展而变化是自然规律。 从这个角度观察，我们当下的被众人诟病的学校教育即 AB 型课堂软环境所展示的教育并非一无是处，而是贡献巨大，为中国在短短的几十年里成为举世瞩目的工业大国供给了数量巨大的性价比很高的劳动者。

当下，我们中国人也开始对现有的学校教育产生了和当时的尼采一样的担忧，开始密集讨论关于人文教育的话题，思考"教育有无超出职业培训之上的更高使命"的问题。 从这个角度观察，我们中国人一点也不笨。 我们知道，在合适的时间段做合适的事情，在合适的时间段思考该思考的问题。从人类历史的角度观察，我们这个群体发展的轨迹与人类文明进步的轨迹是一致的。

至于昨天的尼采、今天的我们共同担忧的人文素质的教育怎么提高，"超出职业培训之上的更高使命"怎么完成，本书图 3－3 展示的 B 型课堂软环境即现代化教育体系有助于提高学生的人文素质，可以完成教育的"超出职业培训之上的更高使命”。

总而言之，AB 型课堂与 A 型课堂比较，在知识与技能的教学方面进步巨大，已经跨入科学时代；在人的教育方面也有进步，但基本上还是停留在科举时代。这种现象很正常，因为知识与技能的教学可以模仿他人，而人的教育只能靠自己的觉悟。一旦明白这个道理，教育更大的进步指日可待。

三、AB 型课堂已经落后于当下经济的发展、社会的进步

如果拿昨天的 A 型课堂作为参照系，今天的 AB 型课堂比 A 型课堂有了很大的进步，尤其是在教学内容方面。虽然在课堂文化与教学模式上没有质的变化，但是量的变化已经开始，从量变到质变只是时间问题。

如果拿今天的社会进步作为参照系，今天的 AB 型课堂已经大大落后。当下的社会已经不再是以皇帝为中心而是以人民为中心，而 AB 型课堂仍然是以教师为中心。今天的社会天天在喊政府为人民服务的口号，而今天的课堂仍然喊不出教师为学生服务的口号。今天的社会人人平等的思想观念与实事求是的思想方法越来越深入人心，而今天的 AB 型课堂上的课堂文化与教学模式仍然基于人分尊卑思想观念与迷信权威思想方法，迷信教师的权威、迷信书本的现象仍然十分普遍。今天的社会天天在强调靠创新推动持续发展，而今天的 AB 型课堂上的旧的课堂文化与教学模式不仅无助于有创新潜能的学生成长为创造性人才，反而会遏制学生创新潜能的释放。

四、比较 AB 型与 A 型课堂的三个维度

两个课堂的生成课堂文化的三个方面全都一样，所以 AB 型课堂的课堂文化在图 3-2 中被标为旧的课堂文化（过去的道）。

两个课堂的生成教学模式的三个方面全都一样，所以 AB 型课堂的教学模式在图 3-2 中被标为旧的教学模式（过去的术）。

两个课堂的生成教学内容的三个方面差距很大，所以 AB 型课堂的教学

内容在图 3－2 中被标为新的教学内容（现代的器）。

五、AB 型课堂的新的教学内容与旧的课堂文化、教学模式相悖

1. 教学道理的初衷与效果背道而驰

在今天的 AB 型课堂上，教师讲的、教科书上写的不可能不是基于人人平等思想观念即新思想的做人道理，而课堂上实际存在的师生关系仍然是不平等的，有尊卑之分，学生关系仍然是不平等的，有好差之别。

在今天的 AB 型课堂上，教师讲的、教科书上写的不可能不是基于实事求是思想方法即新思想的做事道理，而课堂上实际存在的是对教师权威与对书本的迷信——对教师与书本的质疑绝不被允许。

常识告诉我们，道理的教育最好是言传身教，而且身教重于言教。但是，在 AB 型课堂上，学生身心的实际感受与耳朵里听到的道理是相悖的，即言传与身教不仅不能统一反而互相背离。这样的课，教师很难上，学生听不进。实际上，在各个学校的课堂上，教育道理的课大多数流于形式。如果仅仅流于形式、等于没上也就罢了，但问题在于：

从效果看，书本与实际脱节、言传与身教背离的课上多了，久而久之，反而会让学生养成言行不一的习惯——负的德育。

从过程看，书本脱离实际、言传与身教不能统一的课，教师很难合情合理地讲，学生做不到顺理成章地听讲，但制度规定这样的课又不能不上，这个身不由己、身心分离的过程给人造成了沉重的心理负担即让人内心痛苦。学生与教师都痛苦。

“我注意观察了，课堂上 70% 左右的学生不是在玩游戏就是在睡觉。”这是一所 211 大学的图书馆主任和作者说的。

北京交通大学宁滨校长在和作者第一次见面时说的第一句话就是：“我看了这本书封面上写的三句话就决定买了。”《课堂的革命》封面上的三句话：一个学生从厌学变成乐学的课堂。一个学生从自闭变成自信的课堂。一个学生从网游世界自觉回到现实的课堂。可见，这样的问题普遍存在。

“我明明知道学生们没在听课，但我又不能不讲。看着学生们在课堂上的这种状态心里挺难受的，但又不知道该怎么办。”这句话是同一所大

学的两位教师分别和作者说的，一位是年龄大的男教师，一位是年轻的女教师。

“我明明知道没有人在听课，我又不能不讲，学生难受，我更难受。整天让一个人对着空气不停地说上几个小时能不难受吗?”这是另一所大学的一位教师和作者说的话。

“现在的学生都不愿学习，无论本科生还是研究生，我只好拿分数吓唬他们，我知道这样不是办法，但也没有其他办法。”这是一所985高校的教授、博士生导师和作者说的话。

2. 语言、哲学与逻辑知识的教学无法正常展开

在实行旧的课堂文化与旧的教学模式的课堂上，语言、哲学与逻辑等与方法论相关的知识的教学很难正常展开。

在今天的AB型课堂上，语言教学，充其量只能让学生学会在生活与劳动中能够与人大致正常交流，要想学到能够清晰而准确地表达自己的欲望、情感与思想的程度很难，要想学到能够通过自己的语言影响别人的思想根本不可能。因为AB型课堂的旧的课堂文化与教学模式当初是为了教会学生“听话”，并非为了教会学生“说话”而设计的。在社会生活中，要么用自己的语言即思想影响别人，要么自己被别人的语言即思想影响，二者必居其一。

在今天的AB型课堂上，哲学与逻辑课程充其量只能让学生学到背书应付考试的程度，要想真正掌握哲学与逻辑知识工具以端正思想方法、提高认知能力则做不到，只能姑妄教之，糊涂学之。

因为语言、哲学与逻辑是关于认知方法与过程的知识，语言、哲学与逻辑的美妙之处不在结果而在方法与过程之中，语言、哲学与逻辑知识只有在师生之间、学生之间平等讨论、相互批判的过程中才能进行有效的教学。而在AB型课堂上，师生之间、学生之间要想平等讨论、相互批判无疑是天方夜谭。所以语言、哲学与逻辑知识的教学在实行旧的课堂文化与教学模式的课堂上无法正常展开。

对于语言、哲学与逻辑这种作为非定量的方法与过程的学问，人们不能在课堂教学过程中形成共识，只有在实践过程中形成共识。所以，关门读书、闭门办学的学校教不好语言、哲学与逻辑课，这就意味着关门读书、闭

门办学的学校的学生不可能掌握完整的知识体系以及高效使用知识所需要的方法论。

在 AB 型课堂上，教学数理化知识问题不大，因为数理化只有唯一的标准答案，师生之间、学生之间即便暂时产生异议，最终会在定量的标准答案上获得统一。但是，仅有数理化知识，可以支持学习模仿，不足以支持有所创造；可以支持 1 到 9 的延伸，不足以支持 0 到 1 的突破。只有掌握完整的知识体系以及高效使用知识所需要的方法论，才有可能实现 0 到 1 的突破。

总而言之，AB 型课堂传的是科举时代的道即旧思想——人分尊卑思想观念与迷信权威思想方法，授的是科学时代的业即科学知识与相应技能。和过去比进步很大，和当今社会需求比差距很大。

六、作为人的学生在 AB 型课堂软环境里的成长状态

因为 AB 型课堂的课堂文化与教学模式与 A 型课堂一样，所以学生心灵精神形态人成长的高度和在 A 型课堂上的成长相比差别不大，学生在不知不觉间潜移默化而成的认知体系仍然是 A 型。

因为 AB 型课堂的教学内容比 A 型课堂要多得多，所以，学生在 AB 型课堂上学习的知识与技能比在 A 型课堂要多得多，其肉体物质形态人大脑的智力比 A 型课堂上要高。

简言之，在 AB 型课堂成长的学生，智商高，情商与思商不高，有学习模仿力，没有创造力。

七、用三维九方理论诠释“减负”

2013 年 10 月 25 日《作家文摘》刊登一篇题为“减负，真的没有招了？”的文章，文中写道：“上海市教育委员会巡视员、著名教育家尹后庆的统计，新中国成立 60 多年来，历代领导人都曾关注过‘减负’问题，由国家下发的‘减负政令’不下 50 件。但让人尴尬的是，学生负担越来越重，公众因此对‘减负’失去信心。”

2019 年 5 月 4 日，一位小学生的母亲给作者发了一个微信，“学校天天说减负，教育天天说改革，实际情况却是每况愈下。”

为什么“减负”如此难？ 作者的前一本书《课堂的革命》对这个问题已经有所探讨，本书将尝试利用三维九方教育理论工具对“减负”问题再作探讨。

认知体系= 认知主体+ 认知力体系+ 认知工具体系。

认知主体= 心灵+ 大脑+ 身体。

认知力体系= 心灵的智慧+ 大脑的智力+ 身体的感知力。

学生成长其间的课堂软环境= 课堂文化+ 教学模式+ 教学内容。

课堂文化是培育心灵、释放智慧的主要因素，教学模式是训练大脑、释放智力的主要因素。 因为 AB 型课堂的课堂文化与教学模式与 A 型课堂一样，所以在 AB 型课堂软环境里学生释放出来的智慧与智力和在 A 型课堂软环境里释放出来的一样多，也就是说，AB 型课堂上的学生和 A 型课堂上的学生拥有同样的 A 型认知体系即相同的认知能力，但是，AB 型课堂上教学的认知工具与 A 型课堂相比，就数量而言要多出很多很多，就复杂程度而言要高出很多很多，负担沉重的根本原因即在此——认知能力的提高与认知工具数量和复杂程度的提高没有同步。

好有一比，过去的 A 型课堂上的学生，体重有 100 公斤，臂力有能够举起 100 公斤重物的强度；现在的 AB 型课堂上的学生，体重仍然是 100 公斤，相应的臂力的强度仍然是 100 公斤，但是需要举起的重物已经有 1000 公斤。 学生的负担能不重吗？ 学生的负担重，教师的负担也轻不了。

综上所述，只想阐明一个观点，忽视学生作为人的成长，忽视学生成长其间的课堂软环境，忽视人的认知体系的完善即认知能力的提高，只把关注点集中于教学内容即作为认知工具之一的知识的教学，所有减负的努力只会事与愿违、越减越重。 何况，随着社会与经济、科学与技术的不断进步，知识只会越来越多、越来越复杂。 所以，如果不能把减负调整到正确的方向上，减负的努力只能是无用功。 如果能够把减负的努力方向调整到人的成长、课堂软环境的创新以及人的认知体系的完善即认知能力的提高上，减负的目标一定可以达成。 这不是梦想而是经验之谈，不信的话不妨一读《课堂的革命——师生平等对话录》，该书记录了学生在课堂上从厌学到乐学、从沉重到轻松、从痛苦到幸福的全过程。

八、与 AB 型课堂相关的五篇短文

1. 排名是负的教育

排名是 AB 型课堂上惯常的手段。排名在知识与技能的教学方面或许有正向作用，但是在人的教育方面只有负向的作用。

（1）排名引发的焦虑无解

作者在微信群里看到一篇校长日记，日记中写道："昨天，初三年级正式放假了。在学生离校前，我把一个叫文的孩子叫到了我的办公室，与他进行了交流。起因是其母亲打来电话，说在家里与孩子沟通不了，孩子士气低落不思进取，希望我与文聊聊。文来到我办公室后，请他给我汇报一下，文同学很焦虑的是他的成绩老是处于班级 8 名左右，提升不上去……"

作者@这位校长：如果文同学的排名经过您的谈话从第 8 名上升到第 1 名，那就意味着原先的前 7 名学生的排名都会降下来，降下来的 7 位学生会不会都产生焦虑呢？如果 7 位学生的母亲都给您打电话，您怎么办？可见，因为排名引发的焦虑对群体而言无解。

（2）忐忑不安争第一

请看我们课堂的王骏鹏同学在他的课堂日报里写的一段话："在这个课堂上不用再忐忑不安争第一。"我们课堂的学生都是读完大三转过来的大四学生，也就是说，王骏鹏同学在没有来我们课堂之前的课堂上，其心灵一直处于因为排名引发的忐忑不安之中。

（3）加拿大的学校没有攀比现象

作者侄子的两个儿子原先就读加拿大的小学，后来回国就读上海一所只收外籍学生的学校。侄子告诉作者，这所学校从学生到家长都喜欢攀比，而在加拿大学校里没有攀比现象。学生在加拿大的学校里，心灵没有因为排名引发的忐忑不安的焦虑。

（4）就人的教育而言，排名是负的教育

我们的学校与加拿大学校相同的是知识与技能的教学——数理化公式等不可能不同，不同的是人的教育——一正一反。

俗话说，人比人，气死人。我们的学生即便不被排名互相气死，其心灵也会因为从小学到大学的全过程都处于忐忑不安的焦虑之中而受到严重伤害，其心灵的精神形态人会长得矮小猥琐！换句话说，其人文素质只会低不会高！

人的心灵，要么释放爱心，要么释放嫉恨，不可能是零。排名有助于释放爱心还是激发嫉恨?

爱，让人智慧；恨，让人愚蠢。排名让人智慧还是愚蠢?

（5）进步与排名无关

跑步无论跑得快还是慢，名次无论是第一还是第二，只要跑起来，身体就会得到锻炼，体力就会释放出来，人会因为体力释放有所进步。

题目无论做得对还是错，分数无论是高还是低，只要学起来，大脑就会得到锻炼，脑力就会释放出来，人会因为脑力释放有所进步。

合作程度无论高低，合作时心情无论高兴还是沮丧，只要有合作，心灵就会得到锻炼，心力就会释放出来，人会因为心力释放更加文明。

禁止排名，否则“情感态度价值观的教育”即人的教育是负的。

作者欣喜地看到2019年7月9日《扬子晚报》头版大标题：中共中央国务院发出通知，义务教育阶段严禁公布学生排名。动用行政力量在制度上严禁公布排名是必要的。只有在事例上看清楚公开排名对学生在心灵上造成的切切实实的伤害，在道理上说清楚为什么公布排名对作为人的学生而言是负的教育，才能够让严禁公开排名的规定在思想上和行动上同时落实，一劳永逸。

2. 校长日记

鲍成中校长日记:

2016年8月20日晨

昨天一个“待优生”在英语课上被老师批评，正好被我巡课时发现，我就把他喊出来，问他为什么被老师批评？他说听不懂。我问他单词会读吗？他直接说：不会！我让他跟我到办公室。我先教他20个单词，让他在10分钟内熟读。10分钟后，他不仅能熟读而且会背诵部分单词。我当即奖励他一块月饼，他高兴地接过月饼并且连声说谢谢。我让他把月饼先吃了，然后问再把剩下的单词背好怎么样？他连说可以，并且击掌为誓。20分钟后，我抽了5个比较难的单词默了一下，没想到他都会。这告诉我们几个基本教育常识：一是不抛弃、不放弃每一个学生。二是分层分类教学的重要性。一个班里学生不可能都是优秀的，同样要求是不科学的，可根据相近原则，采取对不同类型学生作不同要求的策略，让每个层次的学生都能发展。三是深入了解学生的心理需求和心理动态，让教师的心与学生的心同频共振。四是我们的教学方法要个性化，不能千篇一律。总之，我们面对“待优生”，要有足够耐心和爱心。

上面的湖北大悟书生学校鲍校长的日记发布在“生活实践教育：中国阳光教育”微信群里。作者看了@鲍校长如下：

（1）这个学生有学习能力但是没有学习愿望，之所以没有学习愿望是因为老师不喜欢他，老师之所以不喜欢他是因为他不听话，他之所以不听话是因为他个人意志比较强。个人意志比较强是雄性荷尔蒙比较多的男性的个体特质，这是身不由己但很宝贵的特质。个人意志强的人对事物会有自己的看法，当自己的看法与老师的看法不一致时会坚持自己的看法，坚持自己的看法就会表现出不听话，不听话就不被喜欢，任何一个不被老师喜欢的学生都不会好好学习，就像任何一个不被校长信任的教师都不会认真教学一样。

（2）学生有“优等生”和“待优生”之分，学生会有什么样的感受？教师有“优等师”和“待优师”之分，教师会有什么样的感受？评价学生“优等生”与“待优生”的评价标准本身，有没有“优等标准”与“待优标准”的问题？

（3）任何一个不被领导信任的、被视为“待优师”的教师，其心情一定沮丧，长此以往或跳槽或罹患精神疾病。任何一个不被老师喜欢的、被定义为“待优生”的学生，其心灵一定会受到伤害而严重影响其精神形态人的成长！如果评价标准“待优”危害更大！

（4）如果一个学生“待优”，需要帮助的只是一个学生；如果一个教师“待优”，就会是一群学生“待优”；如果教学评价标准“待优”，所有教师和学生都会成为“待优”。

（5）原本被教师视为不爱学习的“待优生”的学生，遇见鲍校长就变成了爱学习的学生，而且学得很快、很好。到底是老师“待优”还是学生“待优”，抑或是评价标准“待优”？

（6）个人意志强的人往往有主见，个人意志强、有主见是创造型人才的人格特质。同一个个人意志强、有创造潜能的学生，如果成长在B型课堂软环境里，个人意志与创造潜能可充分释放；如果成长在A型或AB型课堂软环境里，个人意志会被压抑、创造潜能会被扼杀。

（7）A型与AB型课堂软环境特别不利于雄性荷尔蒙多、个人意志强、有主见、创造潜能大的男学生的成长。此理论是否可以解释当下普遍的阴盛阳衰现象？

（8）有明确个人意志的、有主见的学生成人成才的潜能大，如果教育得法、潜能释放出来，就不得了。出了校门，个人意志强的、有主见的有可能当老板，个人意志弱的、没有主见的只能当雇员（官员是政府雇员）。个人意志强的、有主见的学生适合软件开发工作，个人意志弱的、没有主见的学生适合生产硬件的流水线。个人意志强的、有主见的有可能有所创造，个人意志弱的、没有主见的只能学习模仿。个人意志强的、有主见的男青年会被女青年青睐，个人意志弱的、没有主见的男青年会被女青年蔑视。

一个人，如果个人意志薄弱、没有主见，很容易被人欺侮。一个群体，如果没有足够比例的个人意志强的、有主见的人，很容易被侵略，知识再多、武器再好也没有用。

3. 不宜宣传高考状元

无论处在什么阶段的学习者，无论考分有多高，毕竟是社会财富的消耗者。宣传高考状元的做法是封建社会科举制度遗留下来的旧思想。

宣传高考状元很可能导致学习止步于考上大学之时。中国教育“玩命的中学、快乐的大学”是否就是这种不当宣传造成的恶果？

宣传高考状元很可能导致重视知识的学习而不重视知识的使用，使得人的学习止于知识而不能进一步往通情达理的方向进步。

宣传高考状元会把读书目的导入歧途，使得学生不考试则绝不读书。可是，终身阅读才是文明人的标志之一。

宣传高考状元，就社会而言，使得“万般皆下品唯有读书高”的理念流行与社会整体的贫穷积弱同在。

塑造正确的荣辱观，定位恰当的荣誉点，不要把荣誉点定位在考上大学上，而应把荣誉点定位在靠劳动自食其力上，把更高的荣誉点定位在不仅能够靠劳动自食其力而且还能对社会有所贡献上。

媒体塑造荣辱观的教育功能远比学校教育强大。

前文提到过丁肇中回答记者的一段话：“我中学班级毕业的时候是第十一名。以后到了美国，我就注意到，成绩特别优秀、每门课都优秀的学生，不保证以后都是很有成绩的。这么多年来拿诺贝尔奖的人，多数我都认识，很少是考第一名的。”

看历史，中国有状元 649 名，有多少状元为中国社会做出了贡献？

看现在，中央教育科学研究院有一个调查结果：我们调查了自 1977 年恢复高考以来的 34 年间的 3300 名高考状元，没有一位成为行业领袖。全国 100 位科学家、100 位社会活动家、100 位企业家和 100 位艺术家，除了科学家的成就与学校教育有一定关系外，其他人所获得的成就与学校教育根本没有正相关关系。高考状元即便成为科学家的，也没有一个称得上是一流的科学家。可见，要想扼杀科学人才、阻止人类进步，一个最简单的方法，就是把诺贝尔奖发给高考状元。

历史上的 649 名科举状元成长于 A 型课堂软环境，从 1977 年算起的 34 年间的 3300 名高考状元成长于 AB 型课堂软环境。古今状元的共同特点是大脑功能的天赋大大高于群体平均值。如果这些古今状元能够成长在 B 型课堂软环境里，能够接受中国古人提倡的“明明德”、“亲民”或“哈佛招生新议案”提倡的“又红又专”的教育服务（参见本书第 329 面），他们成长为创造性人才或行业领袖人物的概率一定大于群体平均值。

4. 关于学霸

在学生分好差的 AB 型课堂上，流行学霸与学渣的称呼。在动物群体里，身强力壮的动物会称霸。人接受文化野蛮人为文明人的教育的初心之一是：有知识但不称霸，有权力但不称霸，很有钱但不称霸。所以，学霸的称呼与教育的初心背道而驰。学霸与学渣的称呼都会伤害被称呼学生的心灵，窒息学生的同情心和同理心，扼杀学生的智慧。

5. 没有自己的观点

在微信上看到这样一篇文章，标题为“35 位美国大学教授：没有自己的观点是中国学生的突出问题”。一个人没有自己的观点是因为不能实事求是地自由思想，不能自由思想是因为精神不独立，精神不独立是因为心灵精神形态人没有长大。中国学生精神形态人没有长大的原因不是先天不足，而是后天成长的环境使然，尤其是在学生时代成长其间的 AB 型课堂软环境。如果为中国学生破除旧的 AB 型课堂软环境，创建新的 B 型课堂软环境，中国学生可以成长为有自己观点的人。怎么样创建新的 B 型课堂软环境，请看下一节。

第七节　明天的课堂

一、B 型三维九方课堂软环境

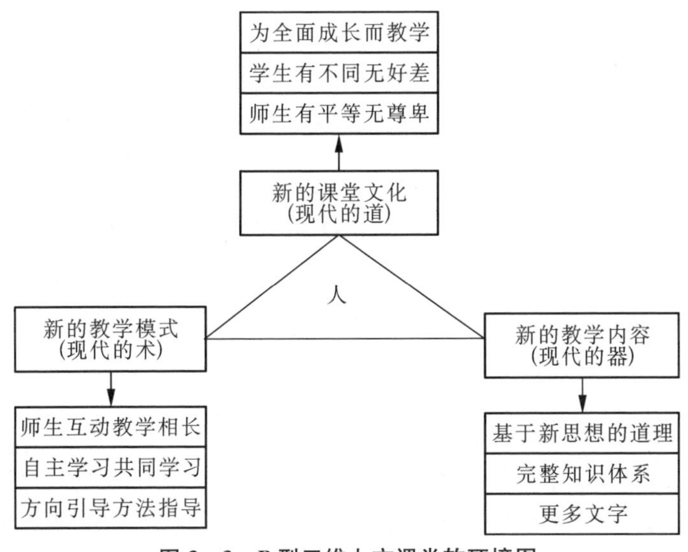

图 3－3　B 型三维九方课堂软环境图

B 型三维九方课堂软环境（为叙述方便下文简称 B 型课堂）是由 A 型课堂经历 AB 型课堂进化而来的。A 型与 AB 型课堂是通过塑造人分尊卑思想观念与迷信权威思想方法从而文化野蛮人为早期文明人的课堂，B型课堂是通过转变人分尊卑思想观念为人人平等、转变迷信权威思想方法为实事求是从而文化早期文明人为现代文明人的课堂。

B型课堂的三个维度九个方面：

新的课堂文化= 有平等无尊卑的师生关系+ 有不同无好差的学生关系+ 为每个学生的全面成长而教学的教学目的。

新的教学模式= 教师在方向上引导、方法上指导+ 学生自主学习、共同学习+ 师生互动、教学相长的教和学的关系。

新的教学内容= 中文与外文+ 完整的知识体系+ 基于人人平等思想观念与实事求是思想方法（新思想）的做人做事的道理。

新的课堂文化（现代的道）、新的教学模式（现代的术）与新的教学内容（现代的器）三位一体生成全新的三维九方B型课堂软环境。

二、B型课堂与A型课堂的三个维度几乎相反

比较课堂文化，B型课堂与A型课堂完全不同甚至相反。

比较教学模式，B型课堂与A型课堂完全不同甚至相反。

比较教学内容，B型课堂与A型课堂相差很大、天差地别。

B型课堂与A型课堂相比是彻头彻尾、彻里彻外的全新的课堂。

三、B型课堂的三个维度九个方面互相匹配整体和谐

B型课堂的课堂文化、教学模式与教学内容，相互匹配，十分和谐。B型课堂传的是科学时代的道即新思想——人人平等思想观念与实事求是思想方法，授的是科学时代新的业即科学知识。

四、B型课堂上教学的道理与课堂文化、教学模式相一致

在B型课堂上，教师讲的、教科书上写的，是基于人人平等思想观念即新思想的做人道理（24字社会主义核心价值观属于这样的道理），课堂上实

际存在的师生关系与学生关系形态与教科书上写的、教师讲的相一致，学生身心的实际感受与耳朵听到的、书本上看到的道理相一致。

在 B 型课堂上，教师讲的、教科书上写的，是基于实事求是思想方法即新思想的做事道理，与课堂上实际存在的不迷信教师权威、不迷信书本，一切从实际出发的教学模式相一致。

在 B 型课堂上，学生会在不知不觉间潜移默化出人人平等思想观念与实事求是思想方法，从而成长为现代文明人。

常识告诉我们，道理的教育最好是言传身教，而且身教重于言教。在 B 型课堂上，学生身心的实际感受与耳朵里听到的、书本上看到的道理是相一致的，即言传与身教统一。

从效果看，书本与实际相结合、言传与身教能统一，有助于释放学生诚实的人性、养成学生言行一致的习惯。

从过程看，书本与实际相结合、言传与身教能统一的课，教师能够合情合理地讲，学生能够顺理成章地听，师生之间可以平等交流。这是一个学生与教师的身心都十分和谐的过程，这是一个学生与教师虽然都很辛苦但是也很快乐的过程。身心和谐的过程有助于肉体物质形态人与心灵精神形态人同步和谐成长。

五、语言、哲学与逻辑知识的教学可以正常展开

在 B 型课堂上，语言、哲学与逻辑知识的教学能正常展开。

语言的学习，不仅能学到在生活和劳动中与人正常交流的程度，而且有可能学到能够清晰而准确地表达自己的欲望、情感与思想的水平，甚至学到能够通过自己的语言影响别人的思想的水平。在 B 型课堂上，通过语言、哲学与逻辑知识的学习，学生有可能掌握比较完整的知识体系以及高效使用知识所需要的方法论。

六、基于 B 型课堂展开的教学模式图

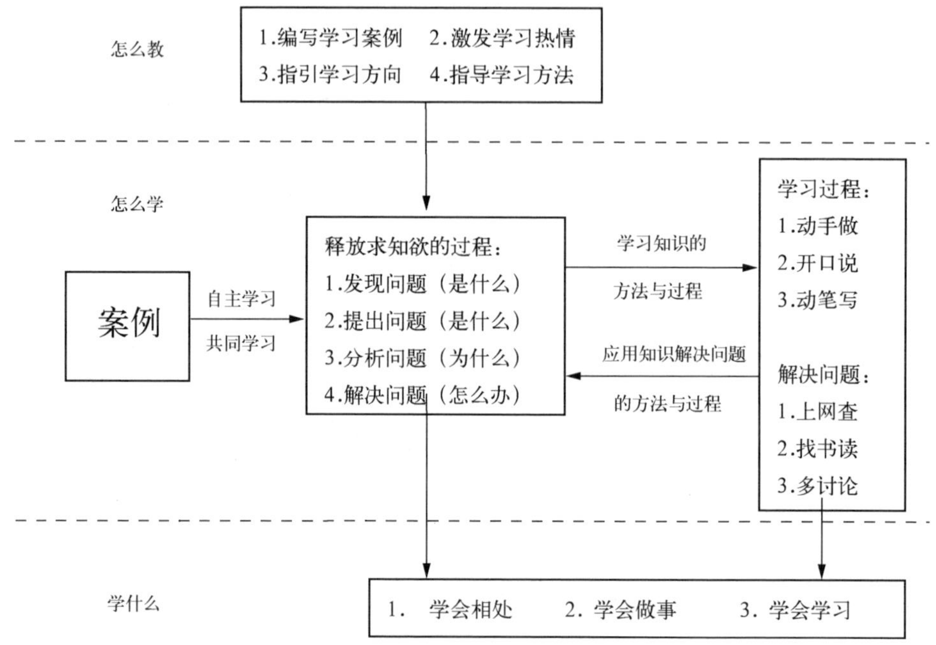

上图所示的教学模式是为学生自主学习、共同学习而设计的。

自主学习与共同学习或被动学习与闭门读书，前者与后者相比，在知识学习的效率上，前者远大于后者；在心灵精神形态人的成长方面，前者是正向的，后者是负向的。

上图所展示的教学模式在 A 型或者 AB 型课堂软环境里都不能展开，只能在 B 型课堂软环境里展开。 这就是为什么在国门大开的今天，无论怎么模仿教育先进国家学校的教学模式都不行的缘故。

案例教学就是让学生在做事的过程中学习。 几个人一起做，心就不能不动，意见相同就高兴，意见不同就生气；几个人一起做，话就不能不说，通过沟通达成思想上的统一，事情才能往下做；有事做，有话说，就有内容写，有内容写就不必抄袭瞎编。

不止一个人同时做、说、写，可以最大限度地同时释放身体的感知力、大脑的思考力与心灵的感悟力，促进全面成长。

七、作为人的学生在B型课堂软环境里的成长状态

1. 肉体的物质形态人的成长状态

（1）身体与体力：在B型课堂上，野蛮其身体、增加其欲望、释放其体力的体育被视为教育的起点。

（2）大脑与智力：在B型课堂上，教学知识与技能以训练大脑、释放智力的智育被视为教育的中点。

鉴于B型课堂的课堂文化与教学模式，生成大脑智力的记忆力、分析力与归纳力三个方面都能同步得到比较充分的释放。也就是说，在B型课堂上释放出来的智力的质量比较高。

2. 心灵的精神形态人的成长状态

（1）欲望转化为情感的阶段

亲情、友情与爱情，是心灵的精神形态人在成长的第一个阶段即欲望转化为情感的过程中所需要的基本精神营养。

关于友情。在B型课堂上，师生之间、学生之间的友情纯洁、深厚、感人。关于这一点，《课堂的革命》一书收录的学生课堂日报里有真实而生动的记载。

关于爱情。在我们的课堂上，学生青春期不由自主萌发的异性之爱即爱情会被理解、尊重，并且加以小心翼翼的呵护。

B型课堂助力释放学生人性中的情感即至善或博爱——爱心、热情、尊重、诚实、报恩心、羞耻心、同情心、责任心。

（2）情感转化为思想的阶段

关于思想观念与思想方法。学生成长在B型课堂上，会在不知不觉间养成人人平等思想观念与实事求是思想方法。

B型课堂有助于养成学生的规则意识，因为B型课堂奉行人人平等的思想观念与实事求是的思想方法，课堂秩序不再需要某个权威的支撑，这就为用规则支撑课堂秩序让出了空间。学生成长在B型课堂上会在不知不觉间养成基于人人平等思想观念与实事求是思想方法的抽象规则意识。

人分尊卑思想观念与迷信权威思想方法不倒，规则意识不立；规则意识

不立，民主法治不立；民主法治不立，科学技术不立。

（3）从认知体系观察学生在 B 型课堂软环境里的成长状态

成长在 B 型课堂上的学生会在不知不觉间养成 B 型认知体系= 身心和谐的认知主体（成熟的心灵、强健的身体、较强的大脑）+ 较强的认知力体系（较强的感悟力、感知力与思考力）+ 完整的知识体系（基础知识、中间知识以及从事某职业所需要的应用知识）。

在 B 型课堂软环境里，有潜能的学生可以成长为智商、情商与思商都高的“三高”人才——钱学森先生期待的杰出的优秀人才。

八、这是一条自己走出来的教育现代化之路

习近平总书记指出我国教育发展要“扎根中国、融通中外，立足时代、面向未来，坚定不移走自己的路”。B 型课堂软环境所展示的教育，正是作者和同事们在南京三江学院与东南大学的课堂上，和学生们一起在教学实践中自己走出来的一条“扎根中国、融通中外，立足时代、面向未来”的通向教育现代化之路。

“通向成功我们还有一条更加美好的路。”这是我们第二期班学生刘丽媛在她 2011 年 11 月 7 日的课堂日报里写的一句话。

这是一个以学生为中心的课堂，这是一个与当下的以人民为中心的社会相匹配的课堂，这是一个让每个学生身体的体力、大脑的智力与心灵的人性都能充分释放的课堂，这是一个让有科学潜能、艺术潜能与技能潜能的学生成长为科学家、艺术家与技师的个个成人、人尽其才的课堂。

这是一个能够供给社会有原创力人才的课堂，因为中华文明是内生文明，中国人群体的心灵里一定蕴藏着从 0 到 1 的原创力，有原创潜能的学生将会在这个课堂上成长为杰出的原创型人才。

这是一个“减负”癌症可以不治自愈的课堂。

九、ESSA 法案与 B 型课堂

2015 年 12 月 12 日《参考消息》转载【合众社华盛顿 12 月 10 日电】，

摘录部分如下：

> 奥巴马总统今天签署了《让每个学生成功法案》(ESSA)。全国教育协会赞誉，两党妥协达成的ESSA将“开创公共教育的新时代”。协会主席埃斯凯尔森·加西亚说：“这样教育工作者就有更多时间做他们应该做的事情，那就是激发学生对学习的终身热爱。”

作者点评：在我们的课堂上已经实施了四年的理念与方法和ESSA法案不谋而合。我们的教师在课堂上只做两件事，一是激发学生热爱学习，二是指导学生学会学习，学习知识的事情则由学生自己去做。我们的实践证明，每一个学生都喜欢这样的教育，每一个学生都获得了成功。四年多的教学实践与400多名学生在课堂上的表现让作者得出了一个结论——我们的教育工作者一旦把激发学生热爱学习作为首要的事情去做，中国的学生一定能够获得更大的成功，因为勤奋刻苦是中国人无与伦比的禀赋。

十、最后一堂课

2016年11月10日，第七期班举办结业典礼，我们课堂教学的最后一堂课都是以结业典礼的形式上的。

整台结业典礼的策划、组织、演出是班上的全体学生，每个节目都是学生自己编、自己导、自己演、演自己，和平时上课以组为学习单位一样，演出者是一个个小组。

老师给出的指导意见是：敢演就好，演真实的自己就好，演自己真实的课堂生活就好。办一台典礼就是做一个大项目，学生们在过程中自我教育、互相学习。

演出结束后照例聚餐，热烈欢快的场面让人十分感动。

学生们高兴啊！他们高兴的是他们敢在大庭广众之下唱歌、跳舞了！他们高兴的是他们竟然敢于当着台下那么多领导和老师的面拿着话筒自由发挥了！他们高兴的是第一次登台演出竟然能够有如此意想不到的表现！不止一个学生在台上汇报学习成果时表达了面临课程结束时的伤感之情。他们舍不得离开这个课堂！

因为在这个课堂上,他们没有被忘记他们是“人”。因为在这个课堂上,他们享受到了作为学校的“客户”应该得到的服务。因为在这个课堂上,他们曾经被无意识囚禁的精神得到了有意识的解放。因为在这个课堂上精神得到解放让他们找回了自己的魂——自信。因为他们的精神状态从74天前的萎靡不振变成了容光焕发。因为他们的行为模式从74天前的紧张拘谨变成了放松自由。因为他们在短短的74天的时间里回归了人性。

朱老师看着学生们动情地和作者讲,学生们从来没有这样释放过自己。从2011年到现在的每期班的最后一堂课都是这样的令人难忘!记得去年四期班的毕业典礼上有学生借助台词表达了这样的心情:女同学杨慧说,这个课堂要办一万年。男同学范浩飞说,这个课堂要子子孙孙办下去。

从2011年到现在软件企业对我们学生的评价一直都是:我们学生的精、气、神和其他学校的学生不一样。也就是说学生在我们为他们搭建的B型课堂软环境里,其心灵精神形态人得以茁壮成长。

以上内容是作者在毕业典礼当日写的教学日记。作者把典礼录像发给学校的一位老师,这位老师看了录像后给作者发微信:

沈老师,您好!看了您的致辞和同学们表演的节目,觉得他们真的很棒,在这短短的时间里既要上课又要准备演出,真的不容易。就像您说的,他们在释放他们的自信、热情、潜能。您的话也同时教育了我,有的时候我也不够自信和勇敢。还有教育自己的孩子,不能管得太死,不然他就被我束缚了,应引导他释放自己的最大能量。谢谢您

十一、同一个学生在不同的课堂软环境里会长成不同的人

1. 原来学生还是喜欢学习的啊!

开课第九天,学生们原来的班主任严老师到我们课堂来看学生上课,当她看到学生一个个专心致志的学习状态时,带着惊讶的口吻说,原来学生们还是喜欢学习的啊,这些学生在以前的课堂上要么玩手机要么

打游戏。她还说,要是学校的学生都这样子学习,那可就不得了啦!

——摘自2014年11月26日教学日记

2. 为什么会这样?

昨天计算机学院一位老师问,这些学生以前上课必须点名,上课中大部分都在玩手机、打游戏,为什么到了你们的课堂上不仅不用点名而且晚上、周末都还要到教室里学习呢?

——摘自2014年11月29日教学日记

3. 十个方面能力的提高

吴荣婧同学在2011年11月7日的课堂日报里总结了她在B型课堂上提高了如下十个方面的能力:

第一,独立自由思考的能力。第二,倾听能力。第三,换位思考能力。第四,处理麻烦事情的能力。第五,沟通能力。第六,观察能力。第七,应变能力。第八,口头表达能力。第九,书面表达能力。第十,学习能力。

4. 一个学生在毕业典礼上的自由发挥

在第四期班的毕业典礼上,在舞台上的高昇同学突然拿着话筒对着台下的观众自由地发挥起来:"请老师们好好想一想,为什么我们以前上课要么睡觉、要么玩手机,压根就不想学?为什么现在我们学习是那样的自觉、认真、刻苦?问题到底出在哪里?"坦率地说,当时作者坐在观众席上听了真的是一喜一忧:喜的是学生心灵真的解放了,思想真的自由了,否则怎么可能会在这样的场合下说出这样的一番话。忧的是我们尝试创新教育的教师的压力一定会增大。当然,作者心里很清楚,学生怪老师不可避免,但是让老师承担责任确实不公。我们的教育,无人有错,人人有责。

5. 一个能够还原人性的课堂

2015年9月1日一个女儿的父亲与作者往来的短信。

父亲:沈老师!真诚感谢您对我女儿的帮助。

作者:不客气!这是我的工作。女儿很可爱!父爱很伟大!

父亲:沈老师,女儿住宿及其他请您帮助协调解决。

作者:我们的父母忽视了孩子心理断奶,我们的教师忽视了学生精神独立。心理不断奶、精神不独立不能成人，不成人遑论成才？一孔之见，供您参考。

父亲：懂了，我中午离校返回。谢谢！

2015年11月8日父亲给作者的短信：

沈老师！看了结业典礼，深有感触！您用这么短的时间，让这些学生脱胎换骨，让她们充满自信与激情，真的难以想象，我为我的选择感到高兴。谢谢您！

故事简介：一位父亲很想让女儿出国留学，女儿不愿意，父女僵持不下。一位朋友建议父亲和作者联系，父亲要来南京面谈，作者表示欢迎，但是希望女儿一道来，因为是谈女儿的事不是谈父亲的事。一番沟通之后，女儿仍然坚持不愿意出国，只希望到我们的课堂。父亲同意了。开学时，父亲送女儿到学校上学，帮着女儿忙前忙后不离开学校，随后就有了上面的9月1日的往来短信。

我们课堂的每一期班都会举办一次结业典礼，结业典礼的节目由全班学生自编、自导、自演，女儿是结业典礼的主持人。作者把结业典礼的录像发给父亲看，随后就有了11月8日父亲给作者的短信。接到女儿父亲的短信，作者心里想，短短两个月怎么可能改变一个人，而且是脱胎换骨的改变?！我们的课堂只是把被父亲沉沉的爱、过高的期望改变了的女儿还原成了她自己而已。

你要想把一个气充得很足的皮球（充满生命活力的年轻人）改变形状要花多大的气力？你要想让被改变的气球还原它原来的样子（让年轻人自主）要花多大的气力？前者用再大的力量都无济于事，后者则不费吹灰之力。

教育不是外部意志的强迫，教育不是满堂知识的灌输，教育是内在人性的释放，教育是为学生长成最好的自己提供服务。

6. 一个转变学生思想的课堂

（1）吴鹏英同学2011年8月5日课堂日报与老师点评摘抄

今天早上的晨会，导师讲了一个新的观念点：学会享受工作，将工作当娱乐。

说实话，我短期内有点难做到！因为在我大脑里固有的“操作系统”中，我一直是将工作和生活分开的。

老师点评：鹏英同学十分的清醒，也十分的诚实，她写道：“说实话，我短期内有点难做到！”是的，提升自己的思想意识，改变观念，的确是一件困难的事。对有些人来说，可能一辈子都做不到。你可以参考一下孙蓉同学同一天的日报，她的看法与你有些不同，她认为：“也许很难，可是唯有这样我们才会有提高。”

（2）孙蓉同学2011年8月5日课堂日报与老师点评摘抄

每个人的童年不一样，养成的习惯也不一样，脑子中的“C盘”区装的“操作系统”也不一样。当我们意识到自己的“操作系统”存在错误、存在不足时就要不时地去格式化，重新安装，也许很难，可是唯有这样我们才会有提高。

老师点评：同学们真的一个比一个厉害！孙蓉同学也注意到了“自己脑子中的‘C盘’区装的‘操作系统’”的客观存在，竟然能够认识到从童年开始就被安装了，并且认识到了自己大脑里的“C盘”区装的“操作系统”“存在错误、存在不足”，需要去格式化，需要重新安装，这可是意味着更新自己的灵魂！她明确地指出：“也许很难，可是唯有这样我们才会有提高。”不管怎样，能清醒地认识到人的灵魂的存在，并且有了更新自己灵魂、提升自己精神世界的想法，这可是一件了不得的事情，这就是觉悟，这才是真正的人的文化。

（3）秦杰同学2011年8月5日课堂日报与老师点评摘抄

再想想自己的行为举止，的确很多地方遗传自父母以及哥哥，比如我父亲穿衣服总是很干净、很正式，我在生活中不会穿花里胡哨的衣服，这样的习惯都是来自从小到大养成的潜意识。

譬如操作系统一样，装在C盘中，你可以格式化C盘重装或升级你的操作系统，你也可以更改与升级你的性格和意识，去除那些不适合你的思想，这样你的人格将会变得很完善。

老师点评：秦杰同学也把人的性格、思想意识，和电脑里的“操作系统”软件等同起来看，并且认为，“你可以格式化C盘重装或升级你的操作系统，你也可以更改与升级你的性格和意识”。

秦杰同学提醒我们大家：“去除那些不适合你的思想，这样你的人格将会变得很完善。”了不得呀，90后！ 居然能清醒地认知到人的思想的客观存在，并且想通过给人安装一款先进的“操作系统”，来转变人的思想，提升人格力量，这不正是教育所要追求的最高境界吗！

（4）陈岳云同学2011年11月20日课堂日报里的一段话

> 今天沈老师又到我们班上给我们讲课了。很多问题我感觉已经上升到了一个哲学层面，教给我们很多道理，我的世界观、人生观、价值观也渐渐地发生了变化。

7. 只有我们课堂的学生会笑

2015年下半年的一天，作者忽然接到总部在武汉的大雅乐盟教育公司人事总监的电话，石总在电话里说想到南京亲眼考察一下我们的课堂。 作者问他为什么？ 石总说，战略投资者进入我们的公司，我们公司最近在全国各地大量招聘员工，我们每天要面试很多学生，大专、三本、二本、一本院校的学生都有，不同学校的学生特点各不相同，但有一点是相同的——在面试过程中没有一个学生会笑！ 唯独你们的学生面试的时候会笑！ 所以，我很想到你们的课堂亲眼看一看。

坦率地说，石总在电话里的一番话，作者完全理解，因为当初推动作者办学的软件企业家朋友也向作者抱怨过现在的学生一不会说话、二不会笑，因为学生们从其他的课堂刚刚转到我们的课堂时也是一不敢说话、二不会笑。 想方设法让学生敢于开口说话、能够笑起来，是我们课堂的教师要做的第一件事情。 一旦学生们敢于开口说话、能够开心地笑起来，就说明我们课堂创新的教育方法开始奏效了，然后才可能有效地展开知识的教学。 按照我们教师的经验，从不敢说话到敢于说话、从面无表情到面带笑容的变化只需要一个月左右的时间。 毕竟说与笑的功能是只有人类才有的功能，毕竟有说有笑人人喜欢，毕竟人性是在说与笑的过程中得以释放的。

不是学生们本性不会笑，更不是学生们内心不想笑，而是不当教育让他们笑不起来。 坦率地说，作者在美国旅行期间最羡慕的就是美国学生脸上天真烂漫的笑容，作者看到我们的学生大多面无表情就为他们扼腕叹息。我们的教学实践证明，我们中国的学校一样可以做到让学生敞开心扉、笑逐颜开、快乐学习。 因为我们中国学生作为人的内在素质不比美国学生低，我们中国人群体从本性上讲，是和美国人群体一样的文明人群体。

我们课堂的师生讨论过这样一个话题："人怎么样最好看？"穿好看衣服？ 用最好化妆品？ 最终结论：人笑起来最好看！ 笑口常开的人，一不用去医院，二不用去美容院。

千万不要忽视笑！ 作者负责任地提醒各位——心灵精神形态人的成长不能没有欢声笑语，欢声笑语是阳光；当然也不能没有哭泣和泪水，哭泣和泪水是雨露。

千万不要忽视笑！ 判断一个学生精神形态人成长的高度——看他笑的方式；判断一个人的智慧程度——看他笑的方式。 端坐大殿、充满智慧的弥勒佛就是整日笑口常开的人，笑得是那样的开怀。

综上所述，同一个学生，AB 型课堂会让他们沉默寡言、不苟言笑，B 型课堂会让他们畅所欲言、会说会笑。 前者意味着心灵精神形态人缺乏阳光停止了成长，后者意味着心灵精神享受的阳光充足正在茁壮成长。

我们中国的孩子在没有上学之前完全可以像美国的孩子一样笑得阳光灿烂，只是上学后接受的不当教育让他们原本爱笑的天性被遏制了。 请看我们中国孩子脸上阳光灿烂的笑容。 如果我们的孩子在初级教育阶段能够一直保持这样的天真可爱的笑容，就为接下来的高级教育阶段奠定了坚实的基础，我们的教育就实现了现代化。

在当下的智能化的时代，主要依靠肉体的体力与智力的劳动将会越来越多地为机器人取代，为作为人的学生的精神形态人的成长提供教育服务将成为教育工作者的主要工作。 活泼可爱、聪明伶俐地入学，寡言少语、呆若

木鸡地毕业的现象，必须改变，刻不容缓。

让学生在课堂上开心地笑起来，让学生心灵精神形态人茁壮地成长起来，不是做不到，为学生创建B型课堂软环境就可以做到。 请看我们的学生在课堂上笑逐颜开的照片。

十二、劳心者治人，劳力者治于人

据《北京日报》9月3日报道，北京大学国际关系学院副院长王逸舟近日指出，我们的发展，可以说物质的力量、硬实力增长是比较快的，而我们的软实力还是相对缺乏的。

他说，有一个不那么精确的说法，在联合国重大决议中间，如气候变化、难民问题、极地公约、贸易规则、海洋保护等，找100项全球最重大的公约、决议，其中美国人自己起草的，或者跟他的盟友一块推出的，占了70%以上，也就是他的话语权占了大多数。

在联合国总部将近4万名国际公务员中间，中国排位落后。中高级干部，我们有80人左右，美国有350多人。发达国家的优势在哪儿？其高级干部越往上面越多。不要忘记我们是13亿人口，美国才3亿人口，法国、英国、德国都不足1亿人口。（在联合国会费缴纳数额方面中国排第二名）这些国家虽然人少，但其在软实力方面、在国际话语权方面、在提供公共产品方面都非常厉害。

再比如维和部队，我们虽然参加的士兵比较多，但却是工兵和医生护士比较多，将领、高管就明显少于法国人，甚至少于印度、挪威这些国家。

——摘自 2018 年 9 月 17 日《报刊文摘》

作者点评：老祖宗说，劳心（心灵的精神之力）者治人，劳力（肉体的体力与脑力）者治于人。早期文明时期，治是管理；现代文明时期，治是服务。为学生搭建 B 型课堂软环境，学生心灵的精神形态人可以自由地成长起来，我们中国的学校就能供给世界很多智商、情商、思商都高的，有服务意识、有组织能力的人才。

十三、B 型课堂可解任正非的困惑

华为现在的水平尚停留在工程数学、物理算法等工程科学的创新层面，尚未真正进入基础理论研究。随着逐步逼近香农定理、摩尔定律的极限，面对大流量、低延时的理论还未创造出来，华为已感到前途茫茫，找不到方向。华为已前进在迷航中。

重大创新是无人区的生存法则，没有理论突破，没有技术突破，没有大量的技术积累，是不可能产生爆发性创新的。华为正在本行业逐步攻入无人区，处在无人领航，无既定规则，无人跟随的困境。华为跟着人跑的"机会主义"高速度，会逐步慢下来，创立引导理论的责任已经到来。我们国家百年振兴中国梦的基础在教育，教育的基础在老师。教育要瞄准未来。让老师成为最光荣的职业，成为优秀青年的向往，用最优秀的人去培养更优秀的人。

——摘自任正非在 2016 年 5 月 30 日全国科技大会上的讲话

作者点评：一个模仿着做事的企业，等到把事情做得比被模仿者更好的时候就会迷失方向。一个国家也是这样，日本之所以被人们认为停滞不前了，原因之一是把模仿着做的事做得比被模仿者更好了。有谁听说日本有多少从 0 到 1 的原创？

为学生打造 B 型课堂软环境，中国学校就能供给任正非所希望的智商、情商与思商都很高的，能洞察未来、引领航向、制定规则、从事基础研究的杰出人才。

十四、哈佛大学如何打造软环境?

中国人民大学经济学院刘守英教授写了一篇题为“哈佛何以成为一流大学”的文章，从该文可以看出哈佛大学是如何打造校园软环境从而让哈佛成为世界公认的一流大学的。摘录如下:

走进哈佛校园,最让人羡慕的是,这里有一种让人精神释放的空气,学子和学者沐浴在不被禁止和排斥的气氛中。在这里思考一件事、求解一个问题,不预设前提,不会被按阵营划分。自由的空气,是一种不受禁锢的环境。只有在这样的环境里,思想才会自由放飞,创新才会奔涌迸发。只有自由的空气,才使一个机构、一所大学、一个国家成为一流。

作者注:哈佛之所以一流，因为有能让人思想自由的环境。

自由的空气,实实在在表现为对权威、权力的警惕。在哈佛,不会因为你被树为权威,就受到特别的对待。我在进肯尼迪学院的第一天就领教了这里对特权的排斥。在发给我们的指南中,明确标明了一条条规矩,约束那些特殊化行为和特权意识。在哈佛,挑战权威的场面比比皆是。我到哈佛第三天,就去听当今制度研究的领军人物——《国家为什么失败》作者阿西莫格鲁举办的哈佛—麻省理工学院发展经济学讲座。大名鼎鼎的阿氏在一个小时的讲座中,被学生打断四次,一位学者还与他展开了针锋相对的辩论。他一堂课下来全身是汗,不知是因为天热,还是因为这种气氛的烘烤。即便是大红大紫的经济学教授昆曼的经济学课,也曾遭遇70名学生有组织离开的尴尬,原因是学生们抗议他只重视增长,不重视收入分配,不正视贫困。

作者注:哈佛之所以有能让人思想自由的环境，是因为有一条条规矩禁止迷信权威。哈佛之所以要制定一条条规矩禁止迷信权威，是因为现在的人是从过去的习惯迷信权威思想方法的人进化而来的。哈佛的人之所以能够接受禁止迷信权威的规矩，是因为多数人接受了人人平等思想观念。

我发觉,在哈佛这样的名校,被个人占据的空间很小,公共空间非常大。这不仅体现在图书馆、教室等，只要在有空隙的地方就会摆上桌椅，供学生之间及学生与老师之间交流。

作者注：哈佛不提倡一个人离群索居关门读书，而提倡学生之间及学生与老师之间的广泛交流。我们的课堂也是这样，不然就不会有前一本书《课堂的革命——师生平等对话录》问世。

一些哈佛学生跟我说，学生的成长，除了得益于教授之间的交流，更多来自学生之间的交流。

作者注：请看我们的学生韩洪燕在 2011 年 12 月 4 日课堂日报里写的一段话，“我们每天看其他同学写的课堂日报，收获很大。就像王永健同学所说，两个人各有一个苹果，交换一下，一个人还是只有一个苹果。但两个人各有一个 idea，交换一下，那每个人就有两个 idea 了。”可见，美国的学生相互学习收获很大，中国学生互相学习收获也很大。我们的课堂硬环境远不如哈佛，但是我们的教师为学生搭建的课堂软环境不比哈佛的差。哈佛大学为学生搭建的课堂软环境就是本书的 B 型课堂软环境。

十五、A 型、AB 型与 B 型三种课堂软环境的特点

A 型课堂围绕着教学“礼”搭建，教会做人规矩。AB 型课堂围绕着教学“知识”搭建，给学生几块大饼。B 型课堂围绕着教学“认知”搭建，教会学生做大饼。A 型课堂能满足农业社会需求，AB 型课堂能满足工业社会需求，B 型课堂能满足服务型和创新型社会需求。

十六、大道归一

800 年前中国的韩愈说，师者，所以传道受（授）业解惑也。道= 思想，传道= 传播思想。韩愈所处的时代是人类早期文明的时代，那个时代的教育是传播人分尊卑思想观念与迷信权威思想方法。

毛泽东说：“学校的一切工作都是为了转变学生的思想。”毛泽东所处的时代是人类文明从早期文明向现代文明转型升级的时代，这个时代的教

育是转变思想——转变人分尊卑的思想观念为人人平等，转变迷信权威的思想方法为实事求是。

邓小平说：“教育要面向现代化，面向世界，面向未来。”

200多年前德国的康德说：“人类应当通过自己的努力，把人性的全部自然禀赋逐渐地从自身中释放出来。一个世代教育另一个世代。”康德还说：“教育计划必须被设计成世界主义的。”

可以通过为学生搭建B型课堂软环境，让学生的思想在新的课堂软环境里不知不觉间潜移默化——实现毛泽东所希望的思想的转变，从而抵达康德所期待的“把人性的全部自然禀赋逐渐地从自身释放出来”的教育的理想境界。所以说，B型课堂软环境就是“一个世代教育另一个世代”的，适合所有派别、所有种族的，在空间上无界（面向世界），在时间上无限（面向未来），在方向上直指人心（面向人的现代化），有助于释放人性的全部自然禀赋的世界主义的教育计划——大道归一。

第八节　教育论文集

一、魂

人的社会行为模式决定于其认知体系，认知体系的第一要素是人，人的第一要素是思想观念。思想观念于人，就像牵着牛鼻子的牵牛绳于牛，就像套住马头的马笼头于马。思想观念是魂。

1. 不当思想观念扼杀人性

如果大街上有一个30岁男子暴打一个3岁儿童，众人一定不能接受而干预；如果告知是父子关系，众人就不会干预。干预，是出于人性中的同情心；不干预，是因为父为子纲的思想观念给了父亲殴打孩子的权利。可见，落后的思想观念会扼杀人性，颠倒人们对是非的认知。

如果作为成年人的教师训斥作为未成年人的学生，众人习以为常；如果作为未成年人的学生敢于对抗作为成年人的教师的训斥，众人不以为然。

因为指导众人观察这一事件的思想观念是师道尊严。

殴打是肉体暴力，训斥是精神暴力，成年人向未成年人施暴是邪恶不是正义。暴力扼杀爱，激发恨。暴力训练奴才。

现代社会提倡人人平等包括男女平等、父子平等、师生平等，这是道德观念在向合乎人性的方向更新；现代国家立法男女平权，禁止父母殴打子女、教师体罚学生，这是法律在向符合人性的方向修正。

2. 先入为主的观念与认知

疑窃斧者

人有亡斧者，意其邻之子，视其行步，窃斧也；颜色，窃斧也；言语，窃斧也；动作态度，无为而不窃斧也。俄而抇其谷而得其斧，他日复见其邻人之子，动作态度，无似窃斧者。

白话翻译：一个人丢失了一把斧子，怀疑是邻居家的儿子偷的，此人看邻居儿子的一言一行、一举一动无不像偷斧子的。后来此人找到了丢失的斧子，此时再看邻居儿子的一言一行、一举一动，一点都不像偷他家斧子的人。

点评：影响人的认知行为的不只是先入为主的观念，还有欲望、情感、观念体系、方法体系等。实际上可怕的不是这些影响认知的因素，而是当人的认知在受这些因素影响时，人对此没有知觉。

在司法实践中，之所以把证据作为定罪的必要条件，正是因为影响人们的主观认知的因素太多。坚持把证据作为定罪的必要条件有可能放过一些坏人，如果不坚持把证据作为定罪的必要条件有可能冤枉更多好人，也会给法官留下太多寻租空间。

3. 审美观与认知

在上世纪我们这一代人的青少年时期，如果裤子的膝盖破了一个洞不能及时补上，会被旁人认为丑陋而说三道四；在本世纪当下的青少年群体里，如果穿的裤子膝盖处有个洞，反而会被认为时髦而被旁人欣赏。可见，人们对物件外在形态美丑的认知，并不取决于认知对象本身的外在形态，而在于认知主体即人的心灵的审美观的一念。改变观念，就能变丑为美；再改变观念，就能变美为丑。

时装表演是塑造审美观念、引导审美认知、促进消费的活动。

4. 消费观念是推动购买行为的第一因素

广告业就是基于对消费观念是推动购买行为的动力的认知而发展起来的，烟酒、化妆品、保健品等终端消费品的市场占有率取决于人的消费观念，而广告是塑造消费观念最有效的手段。

5. 老母鸡还是小母鸡有营养?

老母鸡有营养，是我们中国人的共识。 市场上母鸡的标价，生长期 2 年的比 1 年的贵，3 年的比 2 年的贵。 小公鸡有营养，也是我们中国人的共识。 市场上未开叫的小公鸡比开叫的大公鸡要贵。 仔细地想一想，这两个共识相互矛盾。

我们中国人还有许多其他类似的生活常识。 广东人喜欢吃乳猪。 我的一位担任中药厂厂长的朋友告诉我，同样分量的乳猪和成猪比，乳猪的营养价值是成猪的 20 倍。 邓小平在美国访问期间，美国人天天都用小牛肉招待他。 可见，在人们的观念里，公鸡、猪、牛等都是小的有营养，怎么会唯独母鸡是老的有营养呢? 以我们现在的科学常识来判断，小公鸡、乳猪、小牛肉更有营养的说法应该成立，老母鸡比小母鸡更有营养的观念是在认识上的一个误区。 这个误区是如何形成的?

改革开放以前的中国，无论你上溯到多少年，养鸡都是各个家庭的事。一群小鸡，在喂养的过程中，如果是公鸡，除保留一只做种鸡以外，其余的公鸡将会被陆续地宰杀吃掉，因为公鸡不会下蛋，继续喂下去实属浪费。母鸡将会被保留下来生蛋。 鸡蛋可用来吃，也可用来置换其他生活用品。母鸡只有到了丧失产蛋能力的完全衰退的阶段才会被吃掉。 所以，中国人千百年来吃的都是老母鸡，老母鸡有营养的共识就这样在不知不觉间形成了。 这样的共识在过去的农业社会是有益的，可以避免下蛋的母鸡被早早吃掉。 而在当下有多种选择的时代，老母鸡比小母鸡更有营养的错误观念则引导人们作出了错误的消费选择，花费更多的钱却购买了营养更少的食物。

6. 数字“4”与“13”

数字“4”与“13”原本都是被人们认为吉利的数字，后来由于众所周知的土迷信或洋迷信变成了人们认为的不吉利的数字，以至于在中国各地有些大楼的电梯里都看不到“4”或“13”层的数字。 观念的威力之大可见一斑。 这也说明观念是可以改变的。

二、道

道= 做人之道+ 做事之道。 做人之道是观念，做事之道是方法。

1. 做人之道

（1） 做人之道= 观念体系= 灵魂

大道= 思想观念。

中道= “三观”即是非观、荣辱观与价值观。

小道= 消费观、审美观等。

广告行业是靠塑造、引导人们的消费观念促进销售的行业。 时装行业是靠塑造、引导人们的审美观念推动消费的行业。

思想观念（做人大道）、“三观”（做人中道）与消费观和审美观等（做人小道）三位一体构成做人观念体系即做人之道。

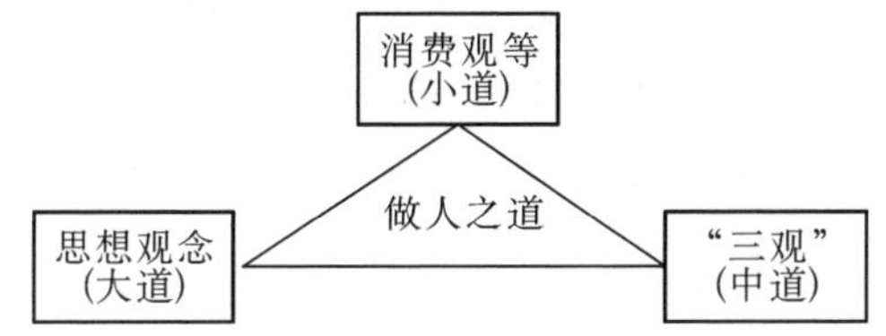

做人之道= 思想观念（大道）+ “三观”（中道）+ 消费观等（小道）。

（2） 大道、中道与小道三者的关系

消费观与审美观等小道基于“三观”（中道）之上，“三观”（中道）基于思想观念（大道）之上。 有什么样的思想观念（大道）就有什么样的“三观”（中道），有什么样的“三观”（中道）就有什么样的消费观与审美观等（小道）。

（3） 两种类型的做人之道

A 型做人之道= 基于人分尊卑思想观念的 A 型观念体系。

B 型做人之道= 基于人人平等思想观念的 B 型观念体系。

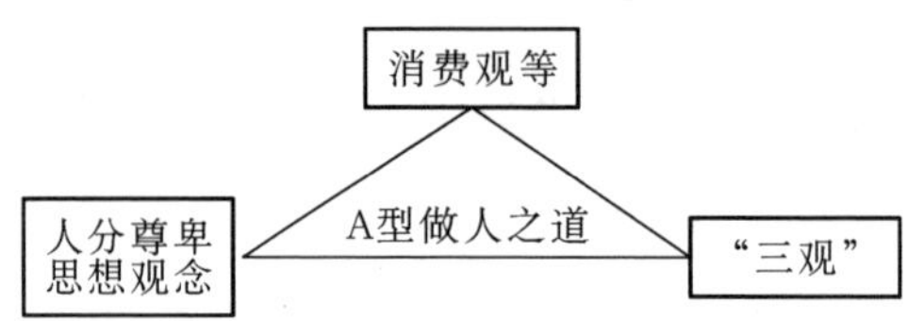

A 型三位一体做人之道即 A 型观念体系图

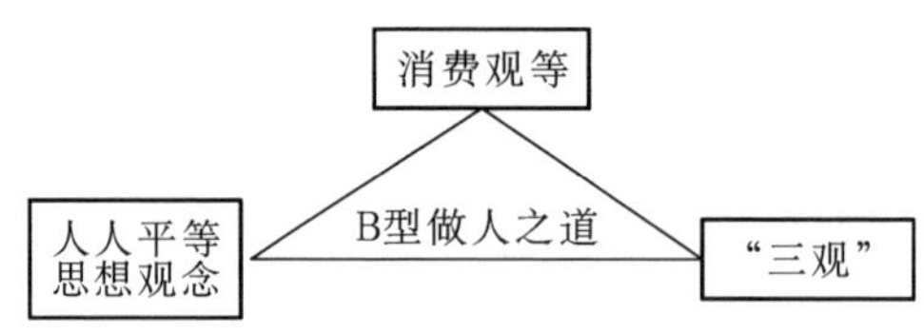

B 型三位一体做人之道即 B 型观念体系图

（4）在 A、B 两种类型做人之道群体里的是非观念刚好相反

a. 在流行 A 型做人之道的群体里判断是非的标准

父母居高临下训斥孩子是“是”，孩子和父母平等说话是“非”。

教师居高临下训斥学生是“是”，学生和教师平等说话是“非”。

上级随心所欲训斥下级是“是”，下级和上级平等说话是“非”。

b. 在流行 B 型做人之道群体里判断是非的标准

父母居高临下训斥孩子是“非”，孩子和父母平等对话是“是”。

教师居高临下训斥学生是“非”，学生和教师平等对话是“是”。

上级随心所欲训斥下级是“非”，下级和上级平等对话是“是”。

（5）在 A、B 两种类型做人之道群体里的消费观念刚好相反

在流行基于人分尊卑思想观念的 A 型观念体系的群体里，多半会自然而然地流行攀比性、炫耀性的消费观念。

在流行基于人人平等思想观念的 B 型观念体系的群体里，多半会自然而然地流行非炫耀性的实用的消费观念。

（6）欲改变消费观与“三观”请先改变思想观念

要想改变人的消费观与审美观等小道，请从改变“三观”（中道）开始；要想改变“三观”（中道），请从改变思想观念（大道）开始。此乃改变观念体系之正道，反其道而行之很困难。

具体地说，在一个流行人分尊卑思想观念的群体里，要想推行基于人

人平等思想观念的新“三观”，必须从转变人分尊卑的思想观念为人人平等开始。思想观念之于人，就像牵着牛鼻子的牵牛绳或套住马头的马笼头，所以，欲改变做人与做事之道，请从转变思想观念开始。如果不关注思想观念的转变就关注“三观”的转变，反而会造成思想混乱、行为虚伪。

著名奥派经济学家米塞斯说过：观念，只有观念，可以照亮黑暗。

本书观点明确：观念，只有人人平等观念，可释放智慧、照亮黑暗。

2. 做事之道

（1）做事之道= 方法体系

大道= 在心的思想方法：或迷信权威或实事求是。

中道= 在脑的思考方法：记忆、分析与归纳的方法。

小道= 在手的做事方法：各种技能。

做事之道= 思想方法+ 思考方法+ 做事方法。

思想方法（做事大道）、思考方法（做事中道）与做事方法（做事小道）三位一体构成做事方法体系即做事之道。

双手听大脑的，大脑听心灵的。双手的做事方法（做事小道）基于大脑的思考方法（做事中道）之上，大脑的思考方法基于心灵的思想方法（做事大道）之上。因为思想方法有迷信权威与实事求是之分，所以做事之道有两种类型。

（2）两种类型的做事之道

基于迷信权威思想方法的思考方法的特点，会表现出如下三个特征：主观、绝对、片面。

基于实事求是思想方法的思考方法的特点，会表现出如下三个特征：客观、相对、全面。

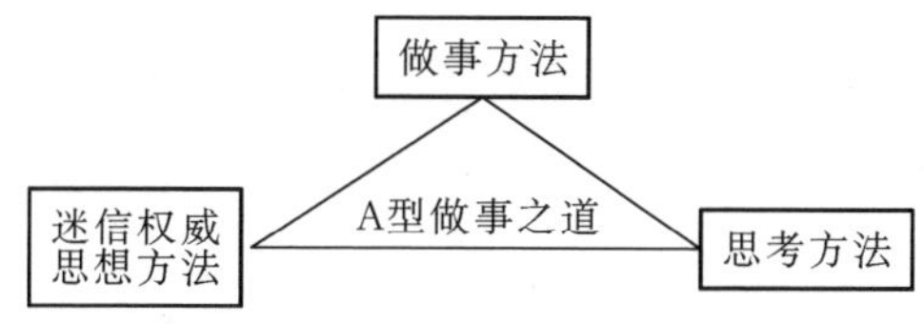

三位一体A型做事之道即A型做事方法体系图

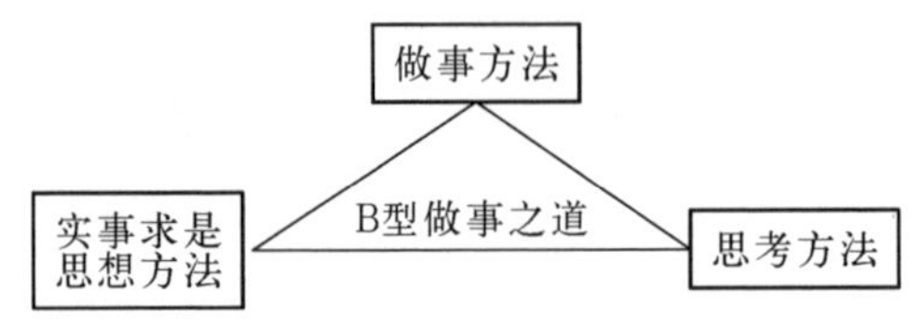

三位一体B型做事之道即B型做事方法体系图

欲改变做事之道，请从改变思想方法开始；欲改变思想方法，请从改变思想观念开始。

三、平等

1. 平等是人类现代文明之母

法国人托克维尔在《论美国的民主》一书里写道，追根溯源，基督教对人类文明的影响甚远："上帝面前一律平等"，种下了现代社会"法律面前一律平等"的种子。佛教也提倡众生平等，佛教的无分别心即平等意识。如果接受老子相对论的思想方法，也就会接受人人平等思想观念。当然，平等并非基督教或佛教提倡才存在，平等原本就存在于每个人的心灵之中。每个人扪心自问，你不渴望被平等相待吗？耶稣创立基督教、释迦牟尼创立佛教的目的，就是唤醒原本就存在于人的心灵之中的平等的思想种子。如果说宇宙现在的物质世界是由一个奇点大爆炸而诞生的，可以说人类现代文明的精神世界是因为越来越多的人的心灵深处平等的思想种子被激活而产生的。

美国1776年发布的《独立宣言》确立了"人人生而平等"的人际关系准则，从此开始了摆脱欧洲旧大陆人分尊卑人际关系的旧文化束缚的进程，充分释放出美国人的创造力，把美国创造成了世界上最富强的国家。

毛泽东在1927年进行的三湾改编中确立了"官兵平等"的官兵关系准则，全新的官兵关系打造出了中国历史上第一支全新的军队，充分地释放出了军队指战员的战斗力，用小米加步枪打败了飞机大炮，打出了一个全新的中国。

我们从2011年开始在课堂上践行"平等"的核心价值观，确立"师生平等"的师生关系准则，极大地激发了学生的学习热情，充分地释放出蕴藏于学生与教师心灵的人性之光，这些人性之光被编织成《课堂的革命——师生平等对话录》，让人看清了《教育是什么》，看清了一条教育通向现代化之路。

2. 平等与科学

自由是什么？ 自己的事自己做主就是自由。 公平是什么？ 公共的事大家公开商量就是公平。 民主是什么？ 国家的事国民一起商量就是民主。法治是什么？ 法治就是从国家元首到平民百姓都要接受法律约束，行政要依法行政，商人要合法经商，过街要走斑马线。

平等是自由、公平、民主与法治的前提，科学技术是自由、公平、民主与法治的结果。 奉行天地君亲师、士农工商三六九等的不平等，也难有自由、公平、民主与法治，也就难有科学与技术。

3. 社会分工与文明

如果一个家庭有兄弟五个，老大务农，老二做工，老三经商，老四当兵，老五读书。 务农的老大为全体家庭成员提供粮食，做工的老二为全体家庭成员提供衣服，经商的老三为全体家庭成员提供流通服务，当兵的老四为全体家庭成员提供安全服务，读书的老五应该做些什么呢？ 是因为识字而自以为是精英、高出其他兄弟一等，心安理得地接受其他兄弟们提供的物品与服务呢，还是应该用自己学到的知识为其他几个兄弟歌、为其他几个兄弟舞、为其他几个兄弟写，以协助他们提高劳动效率、提升生活品质呢？

五兄弟的关系形态，是按不同分工划分为三六九等上尊下卑、合乎丛林规则显得文明，还是虽有分工但人人平等、合乎人性显得文明？

4. 科学、技术与技能

科学是发现正义、真相与真理，创造知识的劳动；技术是发明利用知识的方法的劳动；技能是利用技术的劳动。 科学劳动的价值须通过技术实现，技术劳动的价值须通过技能实现。

知识越高深，实现知识价值的技术越复杂；技术越复杂，实现技术价值的技能越高超。 比如生产数控机床所需知识比生产普通机床的复杂，操控数控机床所需技能比操控普通机床的高超。

综上所述，只想阐述这样一个观点——唯有通过科学、技术与技能（艺术）等各有所长的人才，在人格上平等、在礼节上互相尊重、在才能上互相取长补短，才可以最大限度地实现人类劳动的价值。也就是说，个体所拥有的科学知识或技术或技能（艺术）等才能，只有在平等的社会环境里才能够得以最大限度地发挥作用。

5. 人人平等思想观念是第一推动力

2019 年 10 月 23 日《报刊文摘》刊登题为“养老护理员新国标出台”的文章，文中写道，我国养老护理人员缺口有多大？一边是 2.49 亿老人和 4000 万失能半失能老人，一边是现仅有 30 万名养老护理从业人员。作者以为，养老领域人才紧缺，不是因为缺乏人力资源，也不是缺乏养老的科学知识、技术装备与技能，而是因为没有人愿意干的思想观念问题。我们这个群体的老人面临着因为思想观念未能与时俱进地转型升级而吃苦的局面。如果人无尊卑之分、劳动无贵贱之别的观念能够深入人心，一定会释放出巨量的包括养老在内的各个领域的各种人才资源。科学技术是物质生产第一生产力，平等的思想观念是推动服务业、软件业发展以及科学发现与技术发明的第一推动力。

四、教育与教学

教，是教学，是教学知识与技能；育，是育人，是明心见性、教育通情达理之人。

知识与技能的教学，大、中、小学各不相同；人的教育，大、中、小学都一样。

教学是外显的形式，肉眼能看见，所以“教”放前面；教育是内在的本质，肉眼看不见，所以“育”放后面。

教学是手段，手段因人而异，越多越好；教育是目的，目的只有一个：为了成长。

教学是艺术，教学艺术千变万化——因人而异、喜欢就行；教育是科学，育人科学只此一法——顺本性、按季节成长。

教学是训练肉体，促进释放身体的体力与大脑的智力；教育是培育心灵，促进释放心灵的求知欲、情感与思想力。

教学是职业训练，让学生学习基本常识和常用技能；教育是使命担当，让学生的灵魂一代比一代更加高尚。

形式要为本质服务，手段要为目的服务，艺术要为科学服务，教学要为教育服务，艺术、科学、教学、教育都要为人服务。

教育的道理千头万绪，归根结底就是一句话——为每一个学生的成长提供服务。

五、种田理论与康德的报春花理论

1. 种田与种人

植物、动物包括人都是大自然的造化，人类种植庄稼不能不遵循大自然赋予植物的内在的成长规律，人类实施教育不能不遵循大自然赋予人类的内在的成长规律。作者有几年种田的经历，作者有十几年受教育的经历，作者还有几年教育者的经历，作者发现种庄稼与教育人一样：种田=种人。

（1）怎么种田就怎么种人

教师= 农夫，学生= 庄稼，课堂= 田地，种人= 种田。

种田，要顺乎庄稼生长季节；种人，要尊重人的成长规律。

种田，耕作、浇水与施肥整出适宜生长的田地，不是整庄稼；种人，课堂文化、教学模式与教学内容搭环境，不是管学生。

种田，氮、磷、钾等肥料都被施在田地里，让庄稼自己吸收；种人，观念、方法与知识都嵌入环境之中，让学生自己摄入。

种田，氮肥、磷肥、钾肥等肥料，一样不能少；种人，思想观念、思想方法、专业知识与技能，一个不能少。

（2）课堂软环境= 田地

课堂软环境= 课堂文化+ 教学模式+ 教学内容。

种田三要素= 气候土壤+ 耕作模式+ 各种肥料。

课堂文化= 气候土壤，教学模式= 耕作模式，教学内容= 各种肥料。

（3）种子与学生

一粒种子，结出果实的品质，主要在气候和土壤；一个学生，心灵成熟的程度，主要在课堂文化。

一粒种子，结出果实的效率，主要在耕作方式；一个学生，大脑的成长效率，主要在教学模式。

一粒种子，结出果实的大小，还得看肥料多少；一个学生，成长效率的高低，还得看教学内容。

（4） 农夫与种子、教师与学生、康德论教育

农夫知道每一粒种子都有其自身特有的生命形态和生命力，农夫会用心呵护每一粒种子，让种子自己自由地生长。 农夫会希望他撒下的每一粒种子都能充分地释放它自身的生命形态和生命力从而长成最好的自己。 农夫不会愚蠢地希望小麦的种子长成水稻。 农夫知道，种子不同，自然才会绚丽多彩，生活才会多滋多味。

教师知道每一个学生都有其自身特有的生命形态和生命力，教师会用心呵护每一个学生，让学生自己自由地成长。 教师会希望他所教的每一个学生都能充分地释放他自身的生命形态和生命力从而长成最好的自己。 教师不会无知地要求两个学生长成一个样。 教师知道，学生各异，社会才能人才济济，各业才能齐头并进。

（5） 南橘北枳

一粒种子，长成橘还是枳，主要在气候和土壤；一个学生，长成什么样的人，主要在课堂文化。

一块田地，土壤肥沃或贫瘠，主要看酸碱比例；一个课堂，文化先进或落后，主要看师生关系。

（6） 水与爱

种田不能没有水，没有水，庄稼不能成长；种人不能没有爱，没有爱，心灵不会成长。

教育的方法千头万绪，归根结底就是一句话——为学生搭建课堂软环境让学生自己长。

2. 康德的报春花理论

康德说，以报春花为例：如果人们用根移栽它，所得到的都只是同一种颜色；与此相反，如果人们播种它们的种子，所得到的就完全不同，是极为不同的颜色。 自然毕竟把胚芽置于它们里面，而要把它们里面的这些胚芽发展出来，则仅仅取决于恰如其分的播种和培植。 就人来说也是这样，在

人性中有许多胚芽，把自然禀赋均衡地发展出来，把人性从其胚芽展开，这是教育的事情。

3. 作者注

短文《种田与种人》是作者在2016年写成的，康德的“以报春花为例”的内容是作者2018年在一个大学思政课教师的微信群里看到的，是一位昵称为“琅琊问道”的老师提供的。可见，大道归一，大道永恒，大道无所不在，存在于古今中外人的心灵里，等待着人们自己去发现。

六、关于智慧

智慧= 感悟力= 直觉+ 好奇心+ 想象力+ 洞察力+ 同理心+ 自觉。

1. 智慧、智力与感知力

智慧或悟性或慧眼或心灵的感悟力是高级认知力，智力即大脑的思考力是中级认知力，身体五官的感知力是初级认知力。

感知力与智力是肉体的机械之力，归属人的个体属性与兽性。智慧是心灵的精神之力，归属人的群体属性与神性即人性。所以，离群索居关门读书、脱离社会关门办学不利于智慧释放。

在距雅典150公里的深山中的德尔斐，是古代希腊的圣地，人们在此占卜大到城邦兴衰、小到婚丧嫁娶的一切事情。借神之口发出的“德尔斐神谕”：“童年时，听话（他律）；青年时，自律（听自己话）；成年时，正义；老年时，智慧；死去时，安详。”无论希腊人走多远都会铭记于心。这五行“德尔斐神谕”也可以给人这样的启示：智慧通常在很成熟的老年阶段显现，智慧是人的一生之中认知力所能达到的最高层级。

禅宗五祖之所以传位给没有上过学的慧能，而没有传位给学历高、知识丰富、能诗会文的神秀，是因为五祖认为慧能有智慧而神秀智力强。禅宗五祖知道，作为一个宗派的掌门人必须拥有把握方向所需要的智慧，而仅有智力不足以把握方向。一个宗派一旦失去方向必然会走向衰亡。

“身是菩提树，心如明镜台，时时勤拂拭，莫使惹尘埃。”这是神秀写的诗。神秀只能看到身、树与台等有形的存在，因为神秀有感知力与智力，但没有智慧。

“身非菩提树，明镜亦非台，本来无一物，何处惹尘埃？”这是慧能写的诗。慧能看到了身、树与台等有形的存在，还看到了身、树与台等背后的无形的存在，因为慧能不仅有感知力与智力，更有能够透过现象看本质、洞穿有形看无形、望穿眼前看未来的智慧。

禅宗五祖之所以让慧能带着传位的袈裟、托钵等信物赶紧下山远行，是因为五祖知道这样的接班安排神秀与众和尚都不会服气，神秀与众和尚之所以不会服气，不是他们不讲道理，而是他们的认知力不足以预先认知拥有智慧的慧能。

有智力只能学习模仿，有智慧才可能有所创造。有智力让人有所认知，有智慧才让人清醒地认知。智力强的人能够击中别人击不中的目标，有智慧的人能够击中别人看不到的目标。

判断一个人是否有智慧，看他是否幽默，幽默是智慧的显现。

2. 精神与智慧

维新派领袖康有为曾说：“我信仰维新，主要归功于两位传教士，李提摩太和林乐知的著作。”这位李提摩太曾经在香港建议孙中山放弃武力推翻清朝政府的努力，他认为用武力只能换来武力，只有通过提高精神和智慧才能真正推动社会进步。当然，孙中山面对现实别无选择。不过，李提摩太的通过提高精神与智慧推动社会进步的建议，如果能够做到当然更理想。

要想通过提高精神与智慧推动文明的进步，就得知道：精神是什么？智慧是什么？精神提高到多高才算高？精神与智慧的关系是什么？为学生提供什么样的教育服务才能提高学生的精神与智慧？

精神即心灵的精神形态人。智慧即感悟力。精神形态人从欲望提高到情感，从情感提高到思想，思想观念从人分尊卑提高到人人平等，思想方法从迷信权威提高到实事求是，如此，精神就提高到最高境界，此时蕴藏于心灵的智慧得以充分释放。智慧一旦释放出来，人们就可以发现自然与社会的秘密，利用自然的力量提高自己的物质生活水平，用社会正义的力量提高自己精神生活的质量。

3. 智慧、智力、愚蠢

愚蠢不是智力的反义词，愚蠢是智慧的反义词。老祖宗在造字时就明其理，“愚”字和“慧”字都以“心”为字根。有智慧的人一定不愚蠢，智力高但愚蠢者大有人在，书呆子就是人们对有智力但愚蠢的人的称呼。

恨让人愚蠢，爱给人智慧。 2013 年复旦大学上海医学院研究生林森浩投毒杀害自己室友黄洋的事件，就是林森浩因为琐事对黄洋不满，怀恨在心，干下了让人扼腕叹息的蠢事。 只知大脑智力不知心灵智慧的应试教育，也是让人扼腕叹息的教育。 应试教育扼杀智慧。

罗素说，人生而无知，但并不愚蠢，是不当教育使人愚蠢。 所以，在教学知识的过程中，要注意保护作为人的学生天生就有的好奇心、想象力、自觉等智慧，不要让学生变得虽有知识但愚蠢。

作者曾经问一位清华大学教授：是因为学生聪明被你们招去了，还是学生被你们招去以后教聪明了？ 这位教授不假思索地回答：不教笨就不错了。 从智慧的角度观察，这样的回答不无道理。

考试时能拿高分是智力的显现，对话时妙语连珠、机智幽默是智慧的显现，说话时大段背书、引经据典是愚蠢的表现。

智慧永远不会嘲笑愚蠢，愚蠢则常常嘲笑智慧。

有智慧是好人，是幸福的人；愚蠢不是坏人，是不幸的人。

4. 体力、智力、智慧

体力劳动能糊口，智力劳动能富裕，智慧劳动能富强。

5. 上智、下智、中智

古人言，唯上智与下愚不移。 上智是什么？ 上智= 智慧。 下愚是什么？ 下愚= 没有智慧且智力低。 中智是什么？ 中智= 有智力但没有智慧。 移= 变。

上智之所以不移，是因为有智慧的上智之人能够认知正义、真相与真理，所以能够终身坚守矢志不移。 下愚之所以不移，比较典型的下愚的例子就是智力低下的动物，动物一生的行为模式遵循天生的本能而固定不变。

唯上智与下愚不移，意味着中智会移。 智力强但没有智慧的人既不会受制于不变的本能，又没有能够认知正义、真相与真理的智慧，常常患得患失、犹豫不决、摇摆不定。 实用主义或机会主义者通常都是中智之人。

6. 开采智慧的工艺流程

我们不妨把心灵看成一个球，智慧处于这个球的核心位置。 开采智慧资源的工艺流程如下：

第一步，学会掌控欲望。被欲望控制的人没有智慧。

第二步，学会掌控情感。被情感左右的人难有智慧。

第三步，锻炼意志力。欲望“上流”为情感、情感升华为思想，需要意志力的推动。意志力薄弱的人，欲望会自动“下流”。

第四步，养成规则意识。规则意识，可助力欲望“上流”为情感、情感升华为思想，可防止欲望“下流”。

第五步，转变人分尊卑的思想观念为人人平等、迷信权威思想方法为实事求是，为智慧的自由释放奠定思想基础。

第六步，学会“爱”与“说”。“爱”与“说”贯穿在前五个步骤的过程之中。

参考“人图”结合以上六个步骤不难发现，智慧是心灵的精神形态人成长到最高阶段时释放出来的能够照亮苍穹的精神极光。

七、关于知识

1. 尊重知识

尊重知识，不是号召人们尊重知识本身。知识本身是工具，没有理由号召人们尊重工具，无论有形或无形，工具就是工具。

尊重知识，不是号召人们尊重拥有很多知识的人。一个人仅仅拥有知识不应该号召人们尊重，因为知识的学习与拥有知识本身只是消耗社会资源的过程。如果一个人只有书本知识，知识越多越会表现出自以为是的愚蠢——书呆子。

尊重知识，是号召人们尊重那些能够使用知识创造价值的人，尤其是尊重那些能够使用旧知识创造新知识的人，特别是尊重那些愿意用自己所拥有的知识为众人服务的、精神形态人长得高大的精神高尚之人。

2. 知识就是力量

“知识就是力量”可以说深入人心，但知识就是力量吗?

镰刀本身不是力量，但是镰刀可以放大人的体力。知识本身不是力量，但是知识可以放大人的脑力。

知识掌握在欲望强烈的人手里，有可能放大贪腐谋私的力量。知识掌握在情感丰富的人手里，有可能放大艺术创作的力量。知识掌握在智力强大的人手里，有助于放大其学习模仿的力量。知识掌握在智慧丰富的人手里，有助于放大其发现发明的力量。

实际上，道理是更大的力量，道理可以放大人的心力。

3. 知识越多越反动？

知识越多越反动，是我们这一代人再熟悉不过的一句话。这句话在道理上不成立。反动或落后相对于革命或先进，一个人反动或革命、落后或先进不在知识多少，而在思想状态。

在现代社会里：思想观念人分尊卑、思想方法迷信权威，知识越多越反动；思想观念人人平等、思想方法实事求是，知识越多越革命。

4. 知与不知

孔子言：知知，知不知，为知。意思是，知道自己知道什么，知道自己不知道什么，为知。实际上还存在一种情况，不知不知。意思是，我们不知道我们不知道什么。这是最可怕的。我们怎么样才能避免出现“我们不知道我们不知道什么”这一最可怕的情形出现呢？

八、知识与文化

1922年，梁启超先生在苏州学生联合会上作题为“为学与做人”的演讲时说了如下一段话：

> 如果我问诸君：“为什么进学校？”我想人人都会众口一词地答道：“为的是求学问。”再问：“你为什么要求学问？”“你想学些什么？”恐怕各人的答案就很不相同，或者竟自答不出来了。诸君啊！我替你们回答一句罢：“为的是学做人。”你在学校里头学的什么数学、几何、物理、化学、生理、心理、历史、地理、国文、英语，乃至什么哲学、文学、科学、政治、法律、经济、教育、农业、工业、商业等等，不过是做人所需的一种手段，不能说专靠这些便达到做人的目的，任凭你把这些件件学得精通，你能够成个人不成个人还是个问题。

作者点评：梁启超先生认为一个人是否“成个人”，不由拥有多少知识决定。那么，一个人是否“成个人”由什么决定?

一个人是否“成个人”，由其心灵精神形态人的成长高度决定，具体地说，由其欲望转化为情感、情感转化为思想的程度决定；通俗地说，由其通情（情感）达理（思想）的程度决定。

一个人成为什么样的人，主要由思想观念与思想方法决定。如果拥有人分尊卑的思想观念、迷信权威思想方法，他知识再多还是一个被文化程度有限的早期文明人；如果拥有人人平等思想观念、实事求是思想方法，他就是一个被文化程度较高的现代文明人。

2018年3月9日《报刊文摘》刊登的一篇题为“民国知识分子与‘割股疗亲’”的文章，很能说明知识与文化的关系。

> 割股疗亲，作为一种极端彰显孝心的方式，曾经在中国古代长期流行并受到褒赞。所谓“割股”，一般认为是割取大腿部的肉。从割股实际情况来看，不单是割股，还有割臂、割肝、割胸肉、割乳、割腕等情形。虽然“割股疗亲”明显属于愚昧之举，然而在漫长历史发展过程中，它却并不因朝代更替和时代变迁而衰落，甚至一些近代史上的著名人物也加入到割股疗亲的行列中。如李鸿章之子李经述就曾为母割股疗亲，张之洞之妹张采也曾割臂医母，就连著名的军事理论家蒋百里先生和新文化运动的领导人之一蔡元培也曾为母割股疗疾。
>
> 20世纪中国还有两位学术名人，都曾和这“割股疗亲”有直接关系。这两位就是被梁漱溟称为“千年国粹，一代宗儒”的国学大师马一浮和著名学者罗振玉的儿子罗君楚。
>
> 当时马一浮的父亲久病不治，无奈之下有人提出：“血肉最补形气，不妨一试。”父亲患病，作为家中唯一男丁，马一浮为尽人子之孝理应割股疗亲。不过因为他是家中独苗，他二姐为保护弟弟，主动提出由自己来代替。为父割股后，马一浮二姐患病不起，不久即去世。而马一浮之父最终还是医治无效，很快也离开人世。
>
> 罗君楚，系著名学者罗振玉三子。弱冠即通欧洲各国语文，后追随父亲治学，也曾从日本学者学习梵文，并精通西夏文字及突厥、叙利亚诸文字。可惜天妒英才，体弱多病，1921年9月因病去世，年仅26岁。罗

君楚去世后没有多久，其妻子也抑郁而终。友人王国维在他撰写的《罗君楚妻汪儒人墓碣铭》一文里记下了罗君楚妻子为丈夫“割股疗亲”的情景。

无独有偶，罗振玉的长孙、毕业于西式医专的罗承祖，在罗振玉病危的时候，也有“割股疗亲”的行为：他“在卫生间里自己用刀片在肱二头肌上割下一块肉，放在瓦片上烘干，磨成肉粉兑了黄酒给老太爷喝。可惜，没能让老天爷起死回生”。看来，传统的力量（旧思想）之强大甚至疯狂远远超出人们的想象，而感性与感情的力量也往往可以战胜理性与科学。

“割股疗亲”一文中的各位先生，虽然在国人眼里就知识而言都是学富五车的泰斗级人物，但是其在思想的层面和文盲相比没有不同，其被文化而文明的程度并没有因为其知识丰富而得到提升。其认知事物的能力也没有得到相应的提高，因为决定人的认知力做功方向的是思想观念与思想方法，决定认知力大小的首先是思想力。几乎每个人在思想即道的层面所接受的教育，或者说被文化而文明的程度，都是在家庭、学校与社会三个方面的环境里不知不觉间潜移默化而成的，并非单纯知识的教学可以完成的。

九、科学是什么

1.“科学”这个词是出口转内销的词

我们知道，日本没有自己原创的、与他们的语言对应的承载文化信息的符号即文字，日本最早是从中国进口汉字作为他们的文化符号的。在日本提出脱亚入欧的改革时代，日本启蒙思想家西周在翻译欧洲的“science”一词时，进口了中国汉字里的“科学”这个词来与之对应。我估计，西周看到欧洲人通过学校教育的方式培养 science 后备人才和中国人通过科举之学的方式培养后备官员在形式上差不多，学生都要学习许多相关知识和技能，最后也都要进行考试。所以，西周先生就用汉语“科学”一词去对应英语里的“science”一词。

实际上，欧洲培养 science 后备人才的学校教育与中国培养后备官员的科举之学，在教育思想（道）、教学方法（术）、教学内容（器）上风马牛不相及。

science 培养的后备人才与科举之学培养的后备官员在人的人文素质方面几乎是相反的：前者需要独立人格，后者需要服从意识；前者需要主动意识，后者需要被动人格；前者看重批判精神，后者强调墨守成规；前者培养自由思想能力，后者训练盲目服从威权习惯。

可以说，前者与后者在学习目的、方法以及知识体系的结构上都不可同日而语。不过，用从中国进口的“科学”一词对应从欧洲进口的“science”一词对日本人无大碍，因为日本在学习中国的过程之中，有三样东西没有学，一是女子缠足，二是宦官制度，三就是科举制度。因为日本没有科举制，所以，当西周先生把“科学”与“science”同时对应地引进日本时，在日本人的心里，日语词汇里的“科学”这两个字符，其内涵就是英语 science 的内涵，与中国的“科举之学”的内涵毫不相干。

到了 1893 年，康有为从日本把“科学”这个词带回中国，所以说，“科学”这个词是出口转内销的词。对我们中国人来说，对“科学”的认知就在这个开始环节出现了问题。

作为日语的“科学”一词，在日本人的心里，其对应的内涵就是英语“science”的相应内涵。但是，我们中国人就很难做到让汉语的“科学”这个词与英语的“science”一词的内涵统一起来，因为自隋朝发明科举制度以来，在 1000 多年间，“科举之学”早已深入每一个中国人的心灵。作为汉语的“科学”一词的内涵，在中国人的心灵里，只能是自己原先的“科举之学”加上从西方引进的数理化课程，再背几个英语单词。在清朝末年“科举”被废弃与“科学”被带回中国刚好就在同一个年代，我们中国人自然而然地就把“科学”作为“科举之学”的替代物。胡适在其小传里提到他的母亲就把高中生与秀才、被大学录取的大学生与乡试录取的举人一一对应起来比照着培养自己的孩子。记得前不久和一位国内著名大学的领导一道吃饭，当议论到中国人为什么要上大学的问题时，这位领导不假思索地说，为了金榜题名、夸耀邻里。

2. science 不只是某种知识体系

在百度上搜索或者翻开词典，对“科学”一词的解释之一是：反映现实世界各种现象的客观规律的知识体系。 这一“知识体系”就是科学的全部吗？ 不是。

这一“知识体系”是人类科学劳动的成果，即人类在 science 实践过程中对特殊经验抽象为一般概念的认知过程中积累起来的。 这一“知识体系”是人类进一步探寻客观世界真相、发现客观世界演变规律从而创造新知识的工具库。 这一“知识体系”绝不是 science 本身。

达尔文《物种起源》一书里的关于生命进化的知识体系，就是达尔文在科学实践中对经验抽象认知的集中表达，也是我们后人进行同类研究时发现新的规律、创造新的知识时的工具。 如果科学只是某种“知识体系”的定义成立，那么只须把《物种起源》背下来，就可以成为另一个达尔文了？显然不可能。

伽利略在 1623 年出版的《试金者》(*The Assayer* ）一书中关于科学是这样说的:“直截了当地说，我把科学当作能使人类进行研究的求证和推理的方法。”

科学是人类的一种发挥主观能动性观察事物的存在、发现存在的本质、把本质形成概念从而创造知识的活动。

从事科学劳动，需要学习前人创造的相应的知识，更需要相应的文明精神，这一文明精神包括有：

（1） 以发现真相与真理为荣的价值观。 否则会难以忍受从事科学劳动的相对孤寂的生活状态，一旦以此为荣则另当别论。

（2） 主动意识。 因为一切科学发现都是人的主观意志作用于客观世界的成果。

（3） 独立人格。 因为从事科学劳动所需要的自由思想能力建立在独立人格基础之上。

（4） 批判与批评精神。 相互批判可以激发心灵思想力的释放，相互批评可以激发大脑思考力的释放。 运用已有的知识为工具创造新的知识，需要比较强的思考力，更需要比较强的思想力。

如果把科学定义为某种“知识体系”，对科学人才的培养就会仅限于知识的学习，就会忽略学习知识的方法与过程，也会忽略运用已有知识创造新知识的能力的培养，还会忽略从事科学工作所需要的人文素质的养成，也就无法培养学生成为科学人才。

人们对“科学”崇拜有加，但是如果不想清楚科学（science）是什么，即便人们匍匐在“科学”面前，也无法推动科学进步；如果人们不去想“科学是什么”的问题、不知道科学（science）是什么，即便我们中国学生的资质再优秀，也不可能靠我们中国自己的教育体系把他们培养成科学人才。

3. science 如何翻译更准确

在美国高中的课程设置里，science 课程最早包括物理和化学两门课，后来增加了生物。

物理，是探究客观世界物质存在形态的学科；化学，是探究客观世界物质变化规律的学科；生物，是物理和化学运用在研究生物的生命现象上的学科。

所以，science 课程的学习，就是学习如何去发现物质存在形态的真相，学习如何去发现物质变化的真实规律，学习如何去发现生命存在的真实现象和生命本质演化的真实规律。

据此，把 science 翻译成“实事求是”之学更加达意。实：实体，物质；事：实体存在的状态，物质变化的过程；求：探索、求证；是：真相，真理。

作者后来看到，1888 年，达尔文曾给 science 下过定义：整理事实，从中发现规律，作出结论。

后记：

2014 年的一天，作者有幸在北京和北京交通大学校长宁滨（宁滨校长 2017 年当选中国工程院院士）共进午餐，席间讨论科学是什么的话题。作者把自己对科学是什么的看法讲给宁校长听，宁校长十分赞赏，建议作者写成文章发表。作者在宁校长的鼓励下写了上面这篇文章，但是找不到发表的地方。这篇文章写于 2014 年，作者没有修改就将其收录于书中，如果放在 2018 年的现在写这篇文章会有所不同，但是作者没有修改，因为一个人对事物的认知不会一成不变，总会随着时间的推移、个人与环境的变化而变化。

附 1：论基础科学研究

微信上看到一篇文章，题为“王贻芳：中国基础科学研究在世界上到底处于什么水平？”摘录如下：

> 近几年，“基础科学”被提得越来越多，不仅国务院发布了《关于全面加强基础科学研究的若干意见》，华为、阿里、腾讯等知名企业也纷纷加大了对基础科学研究的投入。
>
> 从根本上来说，科学应该是主干，技术是主干上的枝叶，没有科学只去做技术，最终什么也得不到。
>
> 回顾世界历史，欧美国家的崛起也无不与其基础科学水平的提高有关。没有热力学、牛顿力学以及麦克斯韦的电磁学等科学作为基础，两次工业革命根本无从谈起。只知道烧煤的人是没法做出蒸汽机的，必须要有热力学理论的支撑。不把电磁学搞清楚，也不可能有电的应用。如果你去问麦克斯韦，他的电磁学方程有什么用，他可能没法想到我们今天享有的科技成果与此有关，包括电和电器都是他奠定的基础。

微信上看到另一篇文章，题为“那些‘无用’的思想对人类有多重要？”摘录如下：

> 亚伯拉罕·弗莱克斯纳是美国著名的医学家，他一生更大的功业，则是发展了跨学科高等研究的典范——普林斯顿高等研究院。
>
> 在普林斯顿研究院，据说爱因斯坦和同事们——其中包括20世纪最优秀的一批科学家：维布伦、亚历山大、冯·诺伊曼等等——每天经常做的事，就是端着咖啡到处找人海阔天空地“闲聊”。
>
> 很多人责备院长弗莱克斯纳，认为他花巨资请来的科学家们，每天“无所事事”，做着毫无“用处”的事。
>
> 面对质疑，弗莱克斯纳这样回答：
>
> “先生们，在爱因斯坦诞生前100年，他的同乡高斯出生在普鲁士。高斯发明的非欧几何学，是整个19世纪最晦涩的数学研究，在长达四分之一世纪的时间里，高斯无法发表任何相关研究成果，因为当时人们认

为它们'没有用'。可是今天，全世界都知道，如果没有高斯当年在哥廷根的研究，相对论及其丰富的使用价值恐怕全都是泡影。而在普林斯顿，我希望爱因斯坦先生能做的，就是把咖啡转化成数学定理。未来会证明，这些定理将拓展人类认知的疆界，促进一代代人灵魂与精神的解放”。

作者点评："全世界都知道，如果没有高斯当年在哥廷根的研究，相对论及其丰富的使用价值恐怕全都是泡影"；如果没有康德当年提醒人们关注人自身的认知能力，恐怕也不会有后来的高斯的理论；如果没有 500 多年前马丁·路德破除迷信权威（包括教皇权威）的思想方法的宗教改革即思想大解放举动，恐怕也不会有后来的康德的哲学理论。

从事基础科学研究，具备研究基础科学的才能是必要条件，拥有从事基础研究的像普林斯顿高等研究院那样的软环境是充分条件。软环境可以人工打造，人才只能是发现，不可能是人工打造；从事基础科学研究的人，仅有智力是远远不够的，还要有敏锐的视力、听力、触觉等感知力，更要有强烈的求知欲、想象力、洞察力等感悟力。总而言之，要有比较完整的认知力体系。从事基础科学研究的人，精通一门或数门比如物理、化学等应用层级的专门知识是远远不够的，还要有扎实的语言、哲学、逻辑、数学等知识。总而言之，要有比较完整的知识体系。最重要的，人人平等的思想观念与实事求是的思想方法，是从事基础科学研究的人必不可少的基础人文素养。

附 2：三位一体科学体系

1. 三位一体科学体系

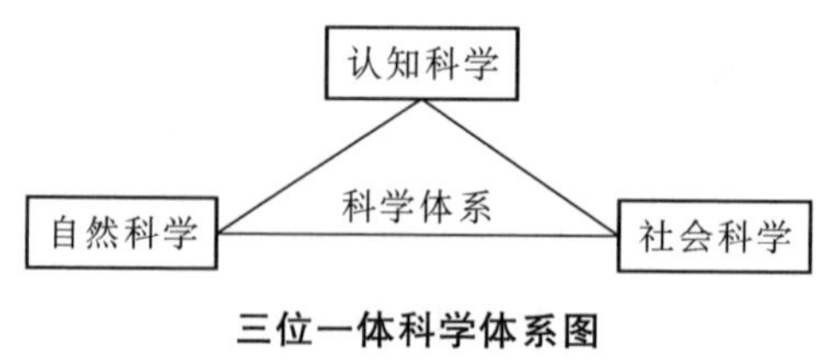

三位一体科学体系图

科学体系= 自然科学+ 社会科学+ 认知科学。

自然科学、社会科学与认知科学三位一体生成科学体系。

自然科学理论的发明创造基于对自然的发现，社会科学理论的发明创造基于对社会的发现。 认知科学理论的发明创造基于对心灵的发现。

自然科学理论的功能在于提高做事的劳动效率，社会科学理论的功能在于提高做人的文明素质，认知科学理论的功能在于提高人类的认知效率。

认知科学是关于人的认知力与认知方法即方法论的学问。

2.艺术是什么？

艺术是技能，艺术是借助笔或刀等各种工具以及人的身体，表达事物存在形态或人的欲望、情感与思想的技能，艺术追求表达形式的千变万化和赏心悦目的唯一效果的统一。

艺术的感染力只有一个字——真。

艺术的生命力有两个字——思想。

艺术的欣赏力有三个层级——与欣赏者的心灵精神形态人成长在欲望、情感与思想三个层级相对应的三个层级的欣赏力。

3. 技能(艺术)、技术与科学

技能（艺术）是实现技术的终端能力，技术是科学知识在工程领域的应用。 技能（艺术）一个人即可掌握，技术需要一群人有所分工、共同掌握。 技能娴熟到一定程度就被人们视为艺术。

4. 工匠(艺术家)、工程师、科学家

掌握技能（艺术）的是工匠（艺术家），掌握技术的是工程师，从事创造新知识专门劳动的是科学家。 对一个群体而言，科学家、工程师与工匠（艺术家）都是宝贵人才，一个都不能少。

5. 艺术与科学

艺术，表现事物外在形式多样性的、能让人赏心悦目的感性美；科学，探寻事物内在本质唯一性的、能让心灵明白的理性美。 艺术需要高的智商与情商，科学需要高的智商、情商与思商。

附 3：科技争鸣

2018 年 3 月 23 日《报刊文摘》一篇题为“让科技争鸣成常态”的文章

里写有这样一段话，“最近出版的 2018 年第 2 期《中国计算机学会通讯》发表了黄铁军教授的文章《也谈强人工智能》，对上期周志华教授的《关于强人工智能》和李国杰院士的《走务实的人工智能发展之路》提出批评和反驳意见。对此李国杰不但没有生气，反而大加赞赏：‘我一直希望 CCCF 成为学术争鸣的平台，期盼多年的局面终于看到一点苗头，感到十分高兴。’科学无禁区，真理越辩越明。”

作者在办学之初走访了十多家软件企业，一圈走下来，软件企业无一例外地都提到，讨论是生产软件不可或缺的生产方式，但是很难讨论起来。我们再来看看被公认为执世界软件行业牛耳的微软公司的企业文化——员工一个比一个自信，争论一场比一场激烈。

为什么我们科技界的争鸣以及软件企业的讨论都很难？为什么美国微软公司能做到争论一场比一场激烈？

原因之一，我们的学校供给社会的学生不会说话。鸣者，说话也；争鸣者，争先恐后、针锋相对地说话也。不会鸣，怎么争鸣？之所以我们的学生不会说话，是因为他们从小到大、从家里到学校接受的都是“听话”而不是“说话”的教育。

原因之二，争鸣是不同思想的交锋。听到不同意见就生气是人的本能。我们的教育关注智商不关注情商与思商。古人言，君子闻过则喜。只有智商、情商与思商都较高的君子才能做到理性接受不同意见，而智商高但情商与思商不高的小人听到不同意见就会不由自主地生气，一生气就不能讨论，更遑论争鸣。

不是我们中国学生天生就不善讨论、不会争鸣，而是他们后天接受的教育使得他们善于讨论、勇于争鸣的潜能被遏制。软件企业对来自我们课堂的学生能够在工作中一遇到不同意见就争得面红耳赤却不生气的人文素养看得目瞪口呆、赞不绝口。

作者和朋友在微信群里有过这样一段对话。

作者：这个群里能够把说话的人和人说的话区分开来对待的人比较多。可能会不赞成某人说的话，但是仍然会尊重说话的某人。能做到就事论事不因人论事、有理说理不以身份论理的人比较多。

徽州府后扬：激情辩论，理性探讨，既不因人废言，又不因言废人，这是起码的原则与前提，否则就没法讨论了。

作者曾经写过这样一段顺口溜：

物质形态人排斥异体细胞，是为了让自己更加健康；精神形态人接纳不同意见，是为了让自己看得更清。

物质形态人生存的最佳状态，是身体没有任何一点毛病；精神形态人文明的最高境界，是内心能容很多不同意见。

十、正义、真相、真理、原创、担当

1. 正义、真相与真理

正义、真相与真理是人类认知的最高境界。

正义是什么？ 一切争取吃饱肚子以满足肉体的基本需求、争取被平等对待以满足心灵的基本需求的言行都是正义的。

正义感是什么？ 正义感是同情心、责任心、同理心、意志力等在群体社会生活中的集中显现。 正义感是人文素养的核心，是人本主义的“本”，是完善“认知主体即人”或“修身”的关键。

“童年时，听话；青年时，自律；成年时，正义；老年时，智慧；死去时，安详。”这是公元前3世纪初古希腊的德尔斐神谕*，其中“正义”是成年人应有之人文素养。

人类对正义、真相与真理的认知有先后顺序：认知正义第一，认知真相第二，认知真理第三。 这个次序不能颠倒，如果颠倒，必不能发现真相与真理。 把新发现的真相与真理用文字表达出来就是原创的科学知识。

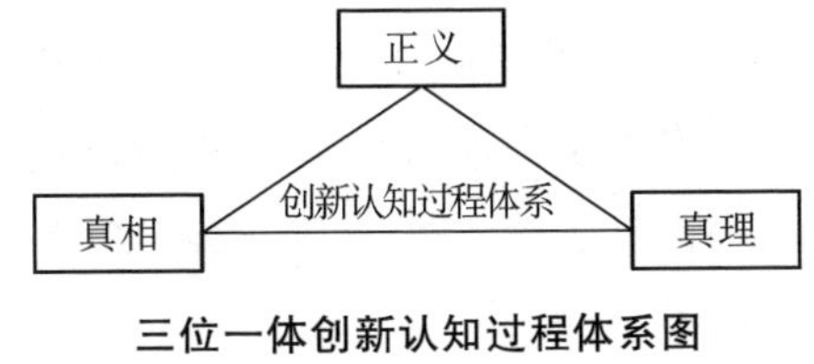

三位一体创新认知过程体系图

* 在阿富汗阿伊哈努姆城遗址基尼斯祠出土的希腊语铭文碑座上的抄自德尔斐神殿的神谕。

正义、真相与真理三位一体生成创新认知过程体系。

明朝开国皇帝朱元璋称赞刘伯温高风亮节、高瞻远瞩。作者不知道高风亮节之人是否能高瞻远瞩，但是作者知道高瞻远瞩之人一定高风亮节,鼠目寸光之人多半奴颜婢膝。能见常人所不能见者，其人必正。一个没有正义感、不能认知正义的人，必不能认知真相与真理。综观人类的大思想家、大政治家、大科学家、大文学家等，无不拥有强烈的正义感。

2. 担当之人、科学人才与中国梦

习近平总书记特别强调官员要有担当。一个官员能否有担当，内因在正义感，是必要条件；外因在制度，是充分条件。一个人是否有正义感在教育；制度是人编制的也是人执行的，是否有好的制度也在教育。能否有担当，归根结底在教育。

一个群体需要科学人才，更需要有担当之人。一个群体没有足够的有担当之人，就不会有科学人才充分发挥作用所需的社会环境。特别是对我们这个勤劳无比的中国人群体而言，有担当之人尤其宝贵。勤劳的效率与社会环境成正比，良好的社会环境需要足够数量的有担当之人。教育要把培养有担当之人作为首要任务。

十一、独立之精神、自由之思想

“独立之精神、自由之思想”语出陈寅恪于 1929 年所作王国维纪念碑铭。今天已经成为中国知识分子共同追求的学术精神与价值取向，而且一定会成为现代化以后的全中国人民的人生理想。

独立之精神、自由之思想，是能够有所发现、有所发明、有所创造的人所必需的人文素质。如果从陈寅恪 1929 年为王国维题写碑文算起，到 2019 年已经 90 年，我们的学校为社会供应了多少创造性人才？现实情况是，模仿型人才很多，创造性人才很少。我们不禁要问，我们是否真的知道独立之精神、自由之思想是什么？

如果没有一个多数人能接受的关于独立之精神、自由之思想的具体的定义，以及关于独立之精神与自由之思想之间逻辑关系的清晰的阐述，怎么去判断某人的精神是否真的独立、思想是否真的自由？ 又怎么去弘扬独立之精神、自由之思想？ 如此，精神之独立、思想之自由就只能成为虽时髦但不能实现的口号，就会出现许多自以为精神独立、思想自由但实际上精神并不独立、思想并不自由的人。

一个人是否有独立之精神、自由之思想，不是由其拥有多少书本知识或实践经验决定的，而是由其精神形态人的成长高度决定的。 请参考图1-1。

（1） 人的成长与独立精神、自由思想

肉体物质形态人独立，行走能自由；连体人行走不能自由。 心灵精神形态人独立，思想能自由；精神有依赖则思想不自由。

精神形态人成长在欲望高度时，精神不能独立。 因为还是儿童，连肉体物质形态人都不一定独立，此时还需监护人。

精神形态人成长在情感高度时，精神不能独立。 因为青年人的精神还处在成长过程中，此时监护人被取消以利于精神自己成长。

精神形态人成长在思想观念人分尊卑、思想方法迷信权威高度的成人时，精神仍然不能独立，思想也就不能自由。 因为虽然已是成人，但在精神上会畏惧与依赖社会地位比他尊的人，在思想上会迷信与崇拜被认为是权威的人，权威对事物的认知就是他的认知。

精神形态人成长在思想观念人人平等、思想方法实事求是高度的真人时，精神才可独立，思想方能自由。

（2） 迷信他人、迷信自己与独立精神、自由思想

一个人精神上不依赖、思想上不迷信权威，还不足以成为真正的有独立之精神、自由之思想的人，只有这个人同时也不希望别人把他自己也作为权威来依赖与迷信时，才是真正的有独立之精神、自由之思想的人。

在现实生活中，反对畏惧、迷信与崇拜权威但不反对把自己作为权威来畏惧、迷信与崇拜的人并不少见，这样的人往往自以为是有独立之精神、自由之思想的人，实际上并不是。 这样的人很可能是有很多书本知识但并非通情达理的性格孤僻、自高自大、自以为是的人。 一个群体，如果这样的人有市场，社会就会陷入用一个权威代替另一个权威的文明的陷阱之中而不能进步。

（3）教育与独立精神、自由思想

成长在一个父母不知帮孩子心理断奶、教师不知帮学生精神独立、奉行人分尊卑思想观念与迷信权威思想方法的社会环境里的人，极难有独立之精神、自由之思想。

离群索居关门读书、脱离社会闭门办学一定教育不出有独立之精神、自由之思想的人。因为离群索居、脱离社会，则心灵不能正常发育、精神不能健康成长。不要把性格孤傲错当精神独立，不要把固执己见错当思想自由。

学生在基于师道尊严的课堂软环境里不可能成长为有独立之精神、自由之思想的人，在基于师生平等的课堂软环境里才有可能成长为有独立之精神、自由之思想的人。

（4）为真理服务的人

1696年，法国哲学家、历史学家拜尔出版了《历史批判词典》一书，在书中对历史学家提出了严格的要求："历史学家应当仅仅注重真理的利益，为此，他应该抛弃受了伤害之后的怨恨，得到宠爱之后的回忆。他应当忘记是在某一特殊信仰的抚育下长大，忘记自己财富的获得应归功于某某个人，忘掉这些是自己的亲戚，那些是自己的朋友。一个历史学家，一个真正有资格的历史学家，应该像梅基兹德克那样，没有父亲，没有母亲，没有血统。如果人们问他'您是哪国人'？他必须回答'我既非法国人或德国人，也非英国人或西班牙人。我是个世界公民。我既不效力于法国的皇帝，也不服务于法国的国王。我只为真理服务'"。

作者点评：拜尔以上的那些要求，用本书的话语体系来表述就是，写历史书的人，要克服因欲望产生的利害、因情感产生的好恶、因思想产生的偏见等种种干扰，如此才能够实事求是地写历史。这样要求历史学家很苛刻，任何一个历史学家都很难完全做到。不过，这样要求科学家并不苛刻，否则科学家很难有所发现、有所发明。

十二、Liberal Arts Education——敢想敢说会想会说的教育

1. 关于 Liberal Arts Education

在前文里提到的来自加拿大的 Anthony 先生和作者说，看到本书的几

幅图，让他想起了正在美国兴起的博雅教育。作者问，什么是博雅教育？Anthony 先生简单地介绍了一下博雅教育即 Liberal Arts Education，回到宾馆以后给作者发了一些介绍博雅教育的文章，作者学习以后受益匪浅。作者发现本书阐述的教育理论包含了博雅教育的理论。反之，有关博雅教育的论述有助于提高对本书教育理论的理解。所以，有必要专题论述 Liberal Arts Education。以下内容是在 Anthony 先生发来的文章里摘录的：

Liberal Arts Education 诞生于由拥有平等权利的个体组成的古希腊城邦社会自由民群体。Liberal Arts Education 这个词，在现代汉语中被翻译为“博雅教育”或“通识教育”。可是，博雅教育在希腊文等欧洲语言中的原意，一直是“自由艺术教育”。

博雅教育让人们知道：人类的政治与社会是极其复杂的。任何个人的看法，总是有局限的、暂时的、会变的。在个人权威之外，还有正义、真理等超越世俗权力的存在。

通识教育是多数美国大学的基本教育方针。以哈佛大学为例，通识教育的学分，又必须平均分布在三个领域：艺术与人文，社会科学，自然科学。换句话说，在四年学习中，学生必须在广泛的知识领域中畅游，从而理解不同学科的认知和研究方法。这种学习的目的，是发展出可以在各个领域之间转换的技能，比如想象力，批判性思考，准确和流畅的表达，对新事物同情的理解，对知识持续的兴趣和系统的学习方法，等等。

虽然通识教育让学生在四年大学生涯中学习了大量看起来和他日后所从事的职业没有太大关系的科目，但是这些看似广博而无用的知识，目的在于培养一种对于人、社会与自然的深刻的体察，让他对于事物和知识之间的联系有更深入的了解，更能从整体上把握社会和人类的规律，从而更快地学习其他门类的知识。

这就是为什么哈佛化学专业的毕业生也可以在保险行业取得成就，一个物理专业的毕业生也可以成为华尔街金融行业的高管的原因。美国硅谷的高科技行业，近年来则越来越多地雇佣艺术专业的学生。因为，通识教育培养的是全面发展的通才。

另一方面，通识教育还要求学生有着“强烈的价值观，伦理观念，和投入社会的精神”，要对他人和社会有强烈的责任感和使命感，用正确、公正、公平的理念来改造社会。

这种对价值观的教养，让哈佛在数量推理之外，要求所有学生选修“伦理推理”（Ethical Reasoning）的课程。伦理推理的学分可以从政治理论、哲学和心理学的很多课程中得到。

博雅教育的意义，可以用《大学的观念》（*The Idea of a University*）的作者约翰·纽曼的话来解释：

> 只有教育，才能使一个人对自己的观点和判断有清醒和自觉的认识，只有教育，才能令他阐明观点时有道理，表达时有说服力，鼓动时有力量。教育令他看世界的本来面目，切中要害，解开思绪的乱麻，识破似是而非的诡辩，撇开无关的细节。教育能让人信服地胜任任何职位，驾轻就熟地精通任何学科。

2. 作者自己对 Liberal Arts Education 的理解

（1）思想与语言、Liberal 与思想、Arts 与语言

思想和语言一体两面，思想是内隐的语言，语言是外显的思想。

思想最宝贵的是内在的一致性，艺术最宝贵的是外显的多样性。

Liberal：针对思想的训练——训练学生实事求是地自由思想的能力，让学生内隐的思想能够实事求是地反映客观存在。

Arts：针对语言的训练——训练学生表达思想即说话或行文的能力，让学生外显的语言能够千变万化以适合不同的听众。

（2）Liberal Arts Education 是什么？

Liberal Arts Education：教会学生以理服人即说服人的教育。

怎么样才能说服人？首先，说话的内容要在理；其次，说话的方式要顺耳。这样才能把话说到别人的心坎上。

说话的内容怎么样才能在理？要会想。怎么样想才算会想？思想方法不迷信，不迷信权威、不迷信书本，而能实事求是地自由（liberal）思想，才算会想。

说话的方式怎么样才能入耳？说话要讲究艺术。无论是口头表达还是书面表达都力求语言优美，有助于人们乐意接受其要表达的思想。你的内心喜欢别人用什么语气、什么方式和你说话，你就用什么语气、什么方式和

别人说话——这就是说话的最高艺术。

（3）Liberal Arts Education 与精神形态人

思想是人之所以为人的第一功能，是精神形态人的第一特性。语言是思想的显性存在，是精神形态人成长必须掌握的第一技能。

前文提到，思想由情感文化而来，实事求是的思想方法基于人人平等的思想观念，也就是说，只有心灵成熟到较高程度、精神形态人成长到相当高度的人，才有可能真正地掌握实事求是的思想方法即有能力自由思想。Liberal Arts Education 的服务对象只能是拥有一定自由思想能力的人。所以，Liberal Arts Education 只适合在把心灵的精神形态人的成长放在应有位置的课堂上展开。同样的原因，即便在美国，Liberal Arts Education 目前也不是大众教育，只是小众教育。

（4）Liberal Arts Education 与课堂软环境

在 AB 型课堂软环境里，Liberal Arts Education 不能展开。只有在 B 型课堂软环境里，Liberal Arts Education 才能够展开。

在 B 型课堂上展开 Liberal Arts Education，可以让拥有相应潜能的学生，成长为创造性人才或领军人才。

（5）与 Liberal Arts Education 相关的课程

与 Liberal Arts Education 相关的必修课程有语言与哲学、逻辑与数学。掌握了这几门课程的知识，再学习和自己的职业相关的应用层级知识，有助于正确高效地思想、精准流畅地表达。

如果从以上与 Liberal Arts Education 相关的课程来看，把 Liberal Arts Education 翻译成为“通识教育”成立，因为哲学与语言、逻辑与数学是通用知识。

（6）敢想、敢说是会想、会说的前提

师生之间、同学之间平等的、民主式的讨论和切磋，被认为是博雅教育的精华。敢想、敢说是会想、会说的前提，要想在学生不敢想、不敢说的课堂上开展 Liberal Arts Education 乃缘木求鱼也。在美国学校的课堂上展开 Liberal Arts Education，只须教学生会想、会说；在中国学校的课堂上展开 Liberal Arts Education，先得教会学生敢想、敢说，然后再教会学生会想、会说。我们每一期班在开学后，首先会花一个月左右的时间解决学生不敢想、不敢说的问题，然后再和学生一起学习怎么想、怎么说。《课堂的革命——师生平等对话录》就是我们课堂上的学生，从不敢想、不敢说、不会想、不会说到敢想、敢说、会想、会说的转变的真实记录。所以，我们的课堂为学生提供的教育包含了 Liberal Arts Education。而这一本《教育是什么》则包含了 Liberal Arts Education 的理论。

（7）Liberal Arts Education 与道、术、器

敢不敢想、敢不敢说，是道的层面的问题。

会不会想、会不会说，是术的层面的问题。

有多少知识可用以表达，是器的层面的问题。

（9）助产士与助产术

苏格拉底说，教师是学生思想的助产士。而作者认为，Liberal Arts Education 是学生思想的助产术。

（10）Liberal Arts Education、对话与创造

有利于人自由思想的状态有三种：第一是躺在床上，第二是散步，第三是对话，对话的效率最高。Liberal Arts Education 可以被认为就是教会学生对话的教育。对话的各方平等，是对话的前提。

哈维的血液循环理论就诞生于在咖啡馆与同行对话的过程中。在科学史上，这样的案例很多，有心人不妨上网一查。

（11）Liberal Arts Education、智力与智慧

Liberal Arts Education 是提高大脑智力，更是释放心灵智慧的教育，因为心灵的智慧只有通过大脑的智力精准地转化成恰当的语言释放出来，才能与他人有效地分享。

（12）Liberal Arts Education 的中文翻译

综上所述，Liberal Arts Education 翻译成“敢想、敢说、会想、会说”或“能言（思）善辩（辨）”的教育比较达意。

十三、孩子教育

1. 幼儿教育

睡眠、饮食、游戏、亲情、友情是幼儿教育不可或缺的，关乎幼儿身

体、大脑与心灵的发育成长。

背诵唐诗宋词和英语单词等，会让幼儿大脑因为超负荷而受伤。如果强迫幼儿背诵还会伤害幼儿心灵，影响其精神健康成长。

2. 幼儿不宜上全托幼儿园

父母的亲情在孩子心灵成长过程中不可或缺、无可替代。常识告诉我们，白天长身体，夜晚长情感。到了晚上，如果没有父母陪伴在孩子身边，对孩子情感发育负面影响很大。孩子不会说话，不善表达，成年人不能不对此有所认知。

孩子在初级教育阶段，不要上寄宿学校，在父母身边有利于心灵发育、精神成长，离开父母有害于心灵发育、精神成长。

孩子不要在从小居住的城市上大学，离家越远对心灵发育、精神成长越有利。

3. 早婚晚育好

哺乳动物有一个特点，肉体的发育早于心灵的发育，只要肉体发育成熟就可以生育后代。但是心灵不成熟的亲代生育的子代，其肉体可以长成，其心灵一生都很难成熟。心灵不成熟就没有智慧。

当今时代，人类已经拥有掌控自己生育的技术，有条件做到早婚晚育，以利于优生。

4. 孩子还是生两个好

记得 2014 年的一天参观苏州德胜公司，陪同参观的公司办公室主任和作者说，德胜公司的员工大部分是安徽休宁县人，都不是独生子女。他自己是苏州人，是独生子女。他发现，非独生子女和独生子女就是不一样，所以，他生了两个孩子。

我们知道，独生子女和多子女成长的环境里，前者没有同胞手足情，后者有。也就是说独生子女比多子女少了一份亲情。

我们知道，物以类聚，人以群分，孩子喜欢和孩子一起相处，没有年龄相仿的伙伴相处，只好黏着成人或者依赖电视或游戏机。所以，独生子女的成长过程多了一些孤独。

少一份亲情，多一分孤独，心灵发育就少一些营养，精神形态人会长得相对矮小。一个小鸡养不活，一个孩子难养好。

5. 打屁股影响孩子社交能力

2018年12月5日《参考消息》转载【美国每日科学网站11月23日报道】题：研究表明，在发展中国家，打屁股弊大于利。

美国密歇根大学的一项新研究表明，从更加广泛的范围来看，打屁股对儿童的危害可能比此前所认知的更大。

打屁股是全世界父母最常用的管教儿童的方式之一。这项新的国际性研究利用了联合国儿童基金会在62个国家收集的数据。

研究显示，无论是孩子自己被打屁股，还是其兄弟姐妹被打屁股，对孩子的社交能力都有影响。

该研究报告的第一作者、研究社会工作和社会学的博士生加勒特·佩斯指出，减少体罚会在很大程度上减轻儿童心理负担。针对这个问题，全球各地都在做出更多努力来制定相应政策。佩斯及其同事说，其实已经有54个国家禁止体罚，这从长期来看只会有利于儿童发展。

2019年12月5日《扬子晚报》报道，日本明年立法禁止父母体罚孩子。打屁股、罚跪、不给吃饭都属违法。该报道还提到，2019年7月3日，法国国会通过一项禁止父母体罚孩子的禁令。此项措施在参议院表决时获得一致性通过。法国这项法令将写入民法，在新婚夫妻交换结婚誓言时向他们宣读，告诉他们"父母行使亲权时，不得对孩子施以肢体或心理暴力"。

6. 母爱可以改变婴儿大脑DNA

精神病学家、神经学和儿科医学领域的专业人士长期以来都认为出生后头几年的经历对儿童认知和情绪的发展至关重要。日前发表在美国《科学》周刊上的一项最新研究指出，婴儿出生后的初期护理会使人发生潜移默化的改变。

美国加利福尼亚州索尔克生物研究所研究人员在对小鼠进行的实验中发现，母亲给孩子的关注甚至可以改变他们的DNA。

研究结果支持了有关童年环境会影响人类大脑发育的观点。

——摘自2018年3月25日《参考消息》

科学家研究证明来自母亲的爱可以改变婴儿大脑，我们的教学实践证明来自老师的爱可以改变学生心灵。

7. 对话与大脑发育

2018 年 2 月 19 日《参考消息》刊文，题为“研究发现，家庭对话有助儿童大脑发育”。 摘录如下：

> 1995 年一项具有里程碑意义的研究发现，来自高收入家庭的儿童在出生后前三年中，会比低收入家庭的儿童累计多听到约 3000 万个单词。这“3000 万单词的差距”与儿童在词汇、语言发展和阅读理解测试中表现出的显著差异相关。
>
> 麻省理工学院的认知科学家现在发现，成人与儿童之间的交谈似乎会改变孩子的大脑，并且与单词差距相比，这种双向对话实际上对语言发展更加重要。研究人员称，父母通过让孩子参与交谈就可以对他们的语言和大脑发育产生相当大的影响。
>
> 这项研究结果发表在《心理学》网络版。哈佛大学和麻省理工学院的研究生、研究报告的作者蕾切尔·罗密欧说：“重要的不仅仅是要对你的孩子说话，而是同你的孩子交谈。这不仅是将语言输入到孩子大脑中，而是真正与他们进行对话。”
>
> 利用功能性磁共振成像技术，研究人员确定了与话轮数量相关的大脑对语言反应的差异。如果经历了更多对话，那么儿童大脑中的布洛卡区在他们听故事时会更加活跃。布洛卡区是大脑中参与言语生成和语言处理的部分。
>
> 麻省理工麦戈文脑科学研究所的脑科学家和认知科学教授、该研究报告的资深作者加布里埃利说：“我们这篇论文真正的新颖之处在于，它提供了家庭对话与儿童大脑发育相关的第一证据。”

作者点评：

（1）请注意，“这不仅是将语言输入到孩子大脑中，而是真正与他们进行对话。”不是单向的父母对孩子讲话，更不是单向的居高临下的训话，而是双向的平等的对话。 我们的课堂实践证明，师生平等对话的效果一样。我的前一本书就是师生平等对话的产物，所以书名就叫《课堂的革命——师生平等对话录》。

（2）在该报道中作者第一次看到一个新词——“话轮”。轮者，循环也；“话轮”者，双向互动说话也；互动一次，一问一答，一个“话轮”。真正的“话轮”只能建立在对话双方平等的基础之上，“话轮”不可能出现在有尊卑之分的对话双方之间。如果一个尊一个卑，只能一个说一个听，话“轮”不起来。

（3）实际上，对话不仅对大脑，更对心灵的发育有良性影响。只是大脑在良性影响的刺激下发生的物理变化可以通过仪器测量，而心灵发生的心理变化目前尚不能通过仪器测量。我们的常识也告诉我们，一句话可以把人说得笑起来，一句话可以把人说得跳起来。

（4）为孩子寻找性格开朗、喜欢说话的保姆，这样孩子会有更多“话轮”的机会，促进孩子智力与智慧的释放。

8. 团体运动、抑郁症、智慧

2019年3月26日《参考消息》报道，题为“研究首次发现：儿童参与团体运动可抗抑郁”。摘录如下：

> 成人抑郁症都与海马体的萎缩联系在一起。海马体是大脑中的一个区域，在记忆以及应对压力方面发挥着重要作用。美国华盛顿大学的新研究发现，儿童参与团体运动与其海马体的体积更大以及9岁至11岁男孩更少患抑郁症之间存在关联。

作者点评：

（1）美国华盛顿大学的研究只涉及大脑海马体体积的大小和人的行为上外显的抑郁症现象之间的关系，没有涉及大脑海马体体积大小的变化和心灵活动之间的关系，没有研究是心灵遭受侵害、长期处于沮丧情绪造成大脑海马体体积的缩小，还是大脑海马体体积的缩小造成情绪的低落？这个因果关系不可以被颠倒。作者倾向于前者。

（2）作者早在许多年前就对遭到心理伤害、患有抑郁症的孩子提出参加户外阳光下的、集体的对抗性运动的建议，这样的治疗效果远比吃药要好，长期坚持可以彻底治愈抑郁症。作者之所以能够提出这样的建议基于社会经历、生活经验。

（3）作者今天还可以和众人分享进一步的发现——参加户外阳光下的、

集体的对抗性运动，不仅有助于治疗抑郁症，而且能促进心灵的精神形态人的成长，增加心灵智慧的释放。

9. 关于陪读

母亲：老师好！ 请问您是否知道有哪所学校有利于孩子成长，并且教学质量高？

作者：孩子初中毕业了？ 到外地上学母亲会陪读吗？ 如果不陪读，孩子的心灵会缺少亲情的滋养。 如果陪读会不会影响正常的家庭生活？ 家庭环境对孩子心灵发育的影响超过学校环境，一个和睦的充满亲情之爱的家庭环境，对孩子的精神形态人的成长、智慧的释放至关重要。

10. 关于补习

同学：我有一个同事，女儿今年高考，数学稍差，请了一对一家教，每年 10 万，三年 30 万。 结果今年高考还是差在数学上。

作者：如果学生不肯学习，就找一个能让他喜欢的老师，他喜欢老师就会喜欢学习，只要学起来就会有提高，因为他以前不学。 如果学生已经在认真学习而被认为没学好，说明他长处不在这里，就不要补了，否则分数没补上，心被补坏了。 通常，男学生数学会比语文好一些，女学生语文会比数学好一些，各有所长。

11. 我们中国会不会“输在起跑线上”？

2019 年 6 月 11 日《参考消息》报道，题：印度三龄童即可享受正规教育。 摘录如下：

> 【《印度教徒报》网站 6 月 10 日报道】随着《国家教育政策》草案计划扩大《教育权利法》的使用范围，使之覆盖一年级前的 3 年学前教育，所有印度儿童不久就能在 3 岁时进入正轨教育体系。
>
> 该政策草案还希望儿童早期教育能被纳入学校体系的一部分，并受到印度人力资源发展部的监督和管理。这可能导致 40 多年来由印度妇女儿童发展部监管的农村儿童托管体系发生巨变。
>
> 印度人力资源发展部官员说，额外费用将以教师招聘和培训、基础设施和学习材料以及营养方面支出（包括为幼儿提供早餐的提议）等形式出现。

政策草案称，私立幼儿园往往由正式教学和死记硬背组成，很少有以游戏为基础的学习。

政策草案提议建立面向3至8岁儿童的全新一体化课程框架。并设立基于游戏、活动和探索的灵活体系。

作者点评：中国更有条件动用国家行政资源赢在起跑线上。

12. 警惕“巅峰学习(Summit learning)

2019年7月1日《参考消息》刊登题为“美国校园刮起反扎克伯格风”的文章，摘录如下：

美国校园刮起反扎克伯格风——学生家长反对过度使用电脑程序教学，更注重学生与老师之间的互动。

硅谷的一项名为“巅峰学习”(Summit learning)的全新学习模式试点项目在校园中引发争议。这是一个基于网络的教学平台，为每个学生免费提供电脑，并利用在线工具来量身定制课程，希望成为“个性化教学”的先驱，最大限度地发挥每个孩子的潜力。然而这一得到扎克伯格夫妇资助的项目在康涅狄格州的切希尔市遭到家长的反对最终无功而返。

切希尔只是一个开始，去年11月，纽约布鲁克林一所学校的学生们离开了课堂以示抗议，并给扎克伯格写了一封信，称该项目使学生们每天花费太长时间坐在电脑前，减少了很多人与人之间的互动。在宾夕法尼亚州的印第安纳，有调查显示，70%的学生不想在该平台上学习，学校也纷纷开始考虑不再使用这种教学模式。几个月前，堪萨斯州的学生和家长组织的抗议活动登上了《纽约时报》的头版。

作者点评：作者读报一看到此则消息立马决定摘录到书中。坦率地说，作者担心在美国的这一遭到学生与家长反对的号称为“巅峰学习(Summit learning)”的洋玩意，很难说不会广泛地出现在我们中国学校的课堂上。无论什么名人发明的、所有的在线人机互动的教学模式，只能是知识教学的补充，绝不能允许它挤压师生、学生之间互动的时间，从而冲击人的教育。此项所谓的“个性化教学”掌握得不好的话，其结果只能是事与愿违、遏制人性的释放。遏制人性的释放意味着什么？本书已有详尽的阐述。

13. 幼年时期与自然环境

2019年8月6日《参考消息》刊文，题：幼时多接触自然环境，长大身心更健康。摘录如下：

> 一项在几个欧洲城市开展的广泛研究已经证明幼年接触自然环境所带来的好处，主要反映在成年期更好的心理健康。
>
> 这项研究指出，自然环境的可及性以及儿童在其中度过的时间，与此后拥有更强的自尊心、更高的生活质量以及更好的肺部健康和更低的体重指数均有关联。此外，与自然环境接触对儿童认知发展有益，同时还能激发创造能力和风险管理能力，改善他们的情绪状态，并使他们有能力应对可能出现的心理问题。
>
> 与之相反，在屋内久坐不动的孩子，通常会有不良的行为表现，自尊心弱，缺乏注意力，而且心理与生理健康状况也更糟糕。此外，童年时期的这些问题可导致成年后身心健康的长期恶化。
>
> 人与自然环境之间日益疏远会导致所谓的“自然赤字紊乱”，这个术语指的是人类自然异化的成本，包括减少使用器官、注意力不集中和更高的身体和情感患病率。

14. 什么样的学校是最好的学校？

苏州工业园区外国语学校创始人张永红女士和作者讲了这样一件事。她问聂圣哲老师，什么样的学校是最好的学校？聂老师说，把别人教不好的学生教好的学校。她当时不能理解，不过，她决定尝试一下。2015年5月，她得知有一个将被劝退的二年级学生，在征得该生家长同意后，她把孩子带回家里亲自教育孩子。只经历了短短的15天时间，孩子发生了很大的变化。孩子告诉她，在他的心里住着一个好人，住着一个坏人，好人和坏人经常打架，好人赢了他表现就好，坏人赢了他表现就坏。可见，孩子的内心有是非观，孩子内心渴望好人赢，渴望有人帮助好人赢。孩子的妈妈对学校万分感激。此后，该学校每年都会招收一些被认为教不好的小学生。

通常被认为是差学生的都是雄性荷尔蒙比较多的男孩子。较多的雄性荷尔蒙让他很难静下来，也让他有主见而很难听进别人的话。前文提到的教皇方济各小的时候就是这样的一个孩子。毛泽东在家里不听父亲的话，在学校里如果不是他的国文老师坚持的话，差点被学校开除。这样的孩子很可能就是创造型人才的苗子，如果成长在 AB 型课堂软环境里，其心灵精神形态人在幼年阶段就有可能夭折，除非遇上贵人相助；如果成长在 B 型课堂软环境里，有可能茁壮成长为软件人才或创造型人才或领军人才。实际上民间也有“小时不调皮、长大没出息”的说法。

十四、干部教育

1. 小人与君子

在微信里看到“中纪委：心理健康作为提拔领导的重要标尺”一文（525 心理产品网 2017－08－03）。摘录如下：

> “根据近年来中央纪委和地方各级纪委查办案件的情况看，一些干部之所以违法乱纪乃至成了腐败分子，一个重要因素是具有严重心理疾患。”中央纪委研究室研究员邵景均在题为《心理健康应成为选任干部的重要标准》的文章中表达了上述观点。
>
> 文章还列举了因心理疾患不适合担任重要领导职务的种类。
>
> 1. 嫉妒心理：这种心理疾患严重的人妒贤嫉能；在同级竞争中会采用不正当手段排挤、诬陷、迫害、打击比自己强的对手。（按分数排名、学霸与学渣的称呼等都会激发嫉妒心理。——引者注）
>
> 2. 暴力心理：这种心理疾患严重的人往往心狠手辣，解决矛盾纠纷或排斥、迫害异己使用极端的或暴力的手段，会导致重大恶性事件。近年来揭露的几起“副职为扶正，雇凶杀正职”，就是典型。（动物的争斗你死我活，因为动物行为受制于欲望。暴力心理与心灵发育成反比，暴力强度与体力、智力成正比。——引者注）
>
> 3. 报复心理：这种心理疾患严重的人一般心胸狭隘，缺乏包容性，会以各种手段报复不同意见的人和与自己有过节的人。（报复心与心灵发育成反比，报复能力与体力、智力成正比。——引者注）
>
> 4. 偏执心理：这种心理疾患严重的人看问题容易极端，固执偏颇，好自以为是，刚愎自用。这样的领导很难听取别人意见，不能正确决策。

（关门读书时间越长的人心胸越狭隘，远离社会、闭门办学的学校供给社会的人罹患偏执心理的概率大。——引者注）

5. 自恋心理：这种人习惯以自我为中心考虑问题，过分注重自己的内心感受，不会换位思考，表达中爱使用“我”。这种人当领导，难以营造和谐的氛围，不能充分发挥下属的积极性。（这种人是肉体长大、心灵幼稚的“孩子”，智商高，情商与思商低。这种人适合当“被领导者”，不适合当领导。——引者注）

6. 依赖心理：领导工作的本质是创造，但依赖心理严重的人不会创造。他们只会唯上是从，自己毫无主见，不敢承担责任，无开拓意识。这种人当官只能是庸官、摆设。（依赖不是指肉体而是指心灵的依赖，依赖不是因为智商低而是因为情商与思商低。——引者注）

7. 奉承心理：表现为只听好话，爱听报喜，厌听报忧。这种心理疾患严重的人当领导，下面的人就会“报喜得喜，报忧得忧”。只能培养出一大批溜须拍马者。所以，他们不能了解下面的实情，容易做出错误的判断和决策，给事业带来损失。（上文中作者与二年级小学生对话一节告诉我们，那个小学生二年级时就在课堂上养成了为奉承老师而学习的学习目的即罹患了奉承的心理疾病。在家长与教师拥有绝对权威的环境里长大的人，当领导喜欢奉承、当被领导者会溜须拍马是很自然的事。——引者注）

8. 物质依赖：近年来在官场中也出现了物质依赖心理现象。这些人对组织，有点成绩就伸手要官；对他人，帮点忙就要好处。

作者总评：邵景均先生文章里列举的嫉妒、报复、偏执、自恋、依赖、奉承心理等种种心理疾患，与本书所定义的至善的反面即情绪的范围完全一样，都不是智力问题，都是非智力问题；都不是体格问题，都是人格问题；都不是肉体疾病，都是心灵疾患。

古人把身体与大脑的肉体物质形态人长大，但是心灵精神形态人没有长大的成年人，称呼为小人。邵景均先生列举的嫉妒、暴力、报复心等通常都会被众人视为小人行径。不过，这不是小人的错，而是不幸。因为心灵未能充分发育、精神形态人矮小猥琐之人表现出来的小人行径是无意识的、不由自主的。怎么办？

要关注智商、情商与思商的共同提高，不要只关注智商。

要走开门办学、教育与生产劳动相结合、“又红又专”的办学道路，不要离群索居关门读书、脱离社会闭门办学。

要为学生搭建B型课堂软环境，不要搭建AB型课堂软环境。

如果能做到以上“三要三不要”，可以避免学生成长为小人，促进学生成长为君子，学校就可以批量供给社会以优秀的干部。

君子是好人，是幸福的人；小人不是坏人，是不幸的人。君子当干部对己对人都好，小人当干部对己对人都不好。

2. 论为人民服务

> 习近平新时代中国特色社会主义思想作为马克思主义中国化的最新成果，提出了以人民为中心的发展思想。《习近平新时代中国特色社会主义思想学习纲要》把“坚持以人民为中心”作为新时代坚持和发展中国特色社会主义的根本立场。人民立场是马克思主义价值观的生动表达，是共产党人成为共产党人的本质要求，也是我们党自建党以来事业成功、人民信任与拥护的根本保证。对于共产党人的这一立场宗旨，毛泽东用中国化的语言形象地将之称为“为什么人”的问题。“为什么人的问题，是一个根本的问题，原则的问题。”“共产党就是要奋斗，就是要全心全意为人民服务，不要半心半意或者三分之二的心三分之二的意为人民服务。”在改革发展新的历史起点上，习近平总书记更是反复强调共产党人这一矢志不渝的宗旨立场。“人民立场是中国共产党的根本政治立场，是马克思主义政党区别于其他政党的显著标志。”“我们要始终把人民立场作为根本政治立场，把人民利益摆在至高无上的地位，不断把为人民造福事业推向前进。”自觉秉持人民立场，要求各级党员干部必须树立正确的权力观与事业观。对此，习近平总书记强调：“马克思主义权力观，概括起来是两句话：权为民所赋，权为民所用。前一句话指明了权力的根本来源和基础，后一句话指明了权力的根本性质和归宿。全心全意为人民服务，是我们党的唯一宗旨。”
>
> ——摘自“学习强国”网站

作者点评：学校能不能供给社会足够数量的全心全意为人民服务的干部人才，关乎党的存亡、国之盛衰、人民幸福。为人民服务的动力来自内外两个方面：内在的动力来自心灵的热情与公心，外在的动力来自制度安排。前者具备，后者完善，会有比较多的全心全意为人民服务的干部；前者具备，后者不完善，会有半心半意的为人民服务的干部；前者不具备，后者完善，只会有假心假意为人民服务的干部；前者不具备，后者不完善，连假心假意为人民服务的干部都不会有，只有贪官污吏。

为人民服务的本领来自高的思商、智商、情商、经验与知识。

群众的眼睛是雪亮的。一个干部有没有为人民服务所需要的热心与公心，是全心全意、半心半意还是假心假意为人民服务，群众看得清清楚楚。

领袖之于群体，相当于心脏之于人；干部之于群体，相当于骨骼之于人。什么样的教育能教出为人民服务的干部？

只关注智商的应试教育，教育不出为人民服务的干部。关注智商、更关注情商与思商的教育，才有可能教育出为人民服务的干部。

老祖宗的“修身齐家治国平天下”的思想有助于教育出为人民服务的干部。修身：体育修身，智育修脑，德育修心，正心第一。齐家：一个充满亲情的和谐温暖的家。治国：传统社会人治，现代社会法治；传统社会统治民众，现代社会服务人民。平天下——努力实现平等、友善、自由的社会。

三维九方德育体系理论有助于教育出全心全意为人民服务的干部。服务人民的热情来自家庭的父母子女与兄弟姊妹间的亲情，课堂内外的师生、同学、战友、朋友间的友情以及男女之间爱情的外溢，很难想象一个在没有亲情、友情与爱情的环境里成长起来的人会有服务人民必不可少的热情与公心。知识只是服务工具。

曾任耶鲁大学校长 20 年之久的理查德・莱文说过：“真正的教育不传授任何知识和技能，却能令人胜任任何学科和职业。真正的教育，是自由的精神、公民的责任、远大的志向，是批判性的独立思考、时时刻刻的自我觉知、终身学习的基础、获得幸福的能力。”莱文校长所说的真正的教育、我们老祖宗所谓的修身齐家治国平天下的教育与本书的三维九方的教育，有异曲同工之妙，都有助于教育出为人民服务的干部。

十五、中国的知识重建与文明复兴

2018年5月23日《参考消息》刊文，题为“郑永年：中国的知识重建与文明复兴”。摘录如下：

“改革开放40年来中国发展迅速，但一个国家的硬实力固然重要，如果没有软实力却很难实现国家真正的崛起。同时，没有一个强大而富有生命力的知识体系，就没有国际话语权。中国文明复兴的关键就在于重建属于自己的知识体系。”5月21日，在全球化智库(CCG)北京总部举办的郑永年最新著作《中国的知识重建》及《中国的文明复兴》发布会上，新加坡国立大学东亚研究所所长郑永年如是说。郑永年指出：西方舆论的强大正是因为它背后有知识体系和思想体系的支撑，媒体只是一个表达方式。

在《中国的知识重建》一书中，郑永年指出，从近代到现在，西方学者一直都在用西方的概念和理论来分析中国，往往产生一种“看着苹果(西方)来论述橘子(中国)”的局面。但郑永年指出，不能过分谴责西方对中国的偏见，主要责任在中国知识界本身，解释自己生活的世界是自己的责任，而不是他人的责任。中国早已摆脱被殖民的命运，但是有些人的思维和思想还处在“被西方殖民”状态下，如果这样，就不可能产生自己的知识体系。一个文明，如果没有自己的知识体系，就不可能变得强大。在能够确立自己的知识体系之前，中国没有可能成为一个真正的大国。没有自己的知识体系，可持续发展也会受到制约。没有自己的知识体系，中国可以应用，但不会创新。一个严酷的现实是，一旦涉及创新，人们在中国看到最多的是山寨文化、山寨概念和山寨理论。中国的知识重建需要靠中国知识分子自己来完成，中国知识分子需要更多文化自觉。他认为，中国学者不应该做照搬照抄西方概念和理论的学术“商人”。他说，所谓社会科学，社会放在首位，改革开放以后，中国也出现了掌握西方社会科学研究技术的人才，包括留学生和中国自己培养的学者。可惜的是，他们学到了西方的研究技术，而非方法论意义上的社会科学。他们的社会科学研究中强调的只是“科学”，或者说只是形式化的科学，而没有“社会”，在这种情况下的研究和对中国的解释也同样在曲解中国本身。

“一定要注意到，软实力一定是首先能自己把自己的故事说清楚，而且自己人——老百姓是相信的，这至关重要。”

西方为什么有那么大的话语权？主要是他们把西方的故事讲得很好。很多价值观是通过“讲故事”表达出来的。中国也必须这样做。中国迫切需要建立完善的知识体系，解释并说明中国的现实，并且也能出口到国外，彰显中国的软实力。

在书中，郑永年强调，世界对中国的故事很感兴趣。西方学者一直惊叹于中国文明和历史所积聚下来的经验故事。对中国来说：“媒体在讲故事方面可以扮演，必须扮演重要的角色。而知识界的责任是在中国故事或中国叙事的基础上把经验材料概念化、观念化和理论化”。

作者点评：作者比较喜欢阅读郑永年先生的文章，郑先生的文章相对理性。作者尝试就郑先生关注的知识体系、文明复兴、话语权、方法论这个话题和郑先生对话。

1. 关于知识体系

地球上的人类只有一种知识体系，如果不是一种知识体系，地球上各个不同群体之间就不能相互交流、互相学习。重建属于我们中国自己的知识体系是指用汉字和汉语来展现知识体系。

作者在 2014 年参加东南大学国际教育交流会期间，有感而发写了一篇题为“语言流”的短文，内容如下：

人们都知道我们中国人在与西方人进行知识的交换或思想的交流时，双方同时存在着一个需要克服的文字以及文字构造的语言的障碍，具体地说，双方用来表述同一个存在时所使用的文字和语言习惯不同。在交流会上，请来的荷兰籍教师高汉博士讲课十分认真，但是听课的老师们找不到感觉。作者之所以能够听懂，原因之一是作者在自己的教学实践中已经明白了其中的道理，高汉博士所讲的教学模式理论也是他们在教学实践中总结出来的。原因之二是作者在青少年时期阅读了很多中文翻译的西方的书籍，比较习惯西方人的表达方式。

为什么高汉讲课，中国的教师听不懂？ 因为高汉讲课使用的是拼音文字的英语以及与英语相对应的表达方式；为什么作者讲课，中国的教师能听懂？ 因为作者讲课使用的是象形文字的汉语以及与汉语相对应的表达方式。

我们不妨把知识或思想比作电力，把文字比作电子，把语言比作电流，把语言叫作“语言流”。 电力通过电流把电灯点亮，知识或思想通过“语言流”把心灵点亮。 电力流动需要电压，美国点亮电灯的电压是 110 伏，中国点亮电灯的电压是 220 伏。 美国用于点亮心灵的“语言流”是英文与用英文构造的话语体系，中国用于点亮心灵的“语言流”是汉字与用汉字构造的话语体系。

这个事例说明，人类只有一个，基于人性的文明本质相同，不同的只是表述文明的文字与文字构造的语言。 否则翻译就不存在，因为翻译的作用是用不同语言描述同一个存在。 否则，产生于西方世界的马克思主义理论就不可能引入东方的中国，否则共产主义在全世界实现的理论就不能成立。

综上所述，可以得出这样一个结论：象形文字与拼音文字作为两种不同的文字符号工具，有着相同的承载人类知识或思想等文明现象的功能，虽然不同群体的文明有先进与落后，但是就文字符号工具本身而言不存在哪种文字先进、哪种文字落后的问题。

“中国的知识重建需要靠中国知识分子自己来完成”。

用象形文字与用象形文字构造的话语体系表达的知识，把故事说清楚，让使用象形文字的群体的老百姓相信，这是使用象形文字群体里的知识分子应当做的事情，使用其他文字的人无法取代。

“西方舆论的强大正是因为它背后有知识体系和思想体系的支撑。”思想体系的转型升级即从人分尊卑思想观念转为人人平等、迷信权威思想方法转为实事求是，远比知识体系重建重要得多。

人类的知识体系始终在不断的充实完善之中。 我们中国古代创造了许多知识，近代较多地是进口知识，自己较少创造知识，这种现象不宜长期存在，中华民族应该也能够自己生产知识，为人类的知识体系的不断充实完善做出自己应有的贡献。

我们中国人能否不仅进口知识，而且能够自己创造知识，乃至能够出口知识，取决于我们的学校是否可以供给社会有创造新知识能力的人。怎么样才能供给社会有创造新知识能力的人？为学生从三个维度九个方面搭建B型课堂软环境，提供三个维度九个方面的德育服务，就能够让学生在不知不觉间实现思想的转变，重新建立基于新思想的三维九方B型认知体系，从而让有创造知识潜能的学生成长为能够创造知识的人。

2. 关于文明复兴

作者在前文里关于文化与文明的阐述中，没有提“文明复兴”，而是提“文明的转型升级”，并且认为中国人群体文明的转型升级已经在路上，速度还很快。我们中国人群体原本就是世界上最大的历史最悠久的文明人群体，在地球上的人类都处于早期文明时期时中华文明相对成熟，因为底子厚、基数大，所以中国人群体文明的转型升级很可能后来居上。世界无须担心中国人群体后来居上，因为文明的转型升级是指从基于人分尊卑思想观念、迷信权威思想方法的文明形态向基于人人平等思想观念、实事求是思想方法的文明形态的转型升级，所以只会有益人类、造福世界。看中国过去几千年虽有内部斗争、对外一直友善的历史即可确信此论点。

3. 关于话语权

郑先生问，“西方为什么有那么大的话语权？”

话语权是什么？话语权是解释道义、制定规则的权力。作者以为，之所以西方有那么大的话语权有如下两个原因：

原因一，教会学生说话，是西方学校的教学重点；教会学生听话，是我们中国学校的教学重点。

原因二，敢想、敢说、会想、会说，是西方学校评价好学生的标准；循规蹈矩、十分听话，是我们中国学校评价好学生的标准。不会讲话，习惯听话，谈何话语权！

应为学生搭建B型课堂软环境，注重提升学生敢想敢说的精神、提高学生会想会说的能力，让有掌握话语权潜能的学生的潜能得以充分释放，从而成长为能够掌握话语权的人。作者深信，有此潜能的中国学生很多。

4. 关于方法论

郑先生说：“改革开放以后，中国也出现了掌握西方社会科学研究技术的人才，包括留学生和中国自己培养的学者。 可惜的是，他们学到了西方的研究技术，而非方法论意义上的社会科学。”无独有偶，2019 年 4 月 25 日《报刊文摘》刊登的一篇题为“胡适讲实话”的文章，也提到为什么没有进口“方法论”的问题。 摘录如下：

> 有一次何炳棣在美国见到胡适说，傅斯年是你的好朋友，傅斯年把欧洲的语言学、哲学、心理学等学科引入中国，你为什么不指点傅斯年，把欧洲流行的科学的治学方法，也引入中国，不注重方法，这在史学研究上是一个大的缺憾。胡适说，你给我指出的这一点，不只一次两次，每一次你谈到这儿，我总是说这事谈何容易。今天我非要向你说一句实话不可。你必须了解，我在康奈尔大学头两年念的是农科，后两年才改为文科。在哥伦比亚大学念的是哲学，但是也不过两年，我根本就不懂得多少西洋史学上的研究方法。我自己做不到的事，怎么要求傅斯年去做呢？

胡适先生 1910 年留学美国，郑永年先生在 2018 年提出留学生和中国自己培养的学者学到了西方的研究技术而非方法论，为什么 100 多年过去了，留学欧美的学生与访问学者不计其数，竟然没有一个人把方法论带回中国？

方法论可以进口吗？ 方法论我们自己没有吗？ 方法论是什么？

十六、方法论是什么

1. 方法论是道的层面的方法

数学知识是一个概念，学习数学知识的方法是另一个概念，使用数学知识解决问题的方法又是一个概念。 但是，无论是学习知识还是使用知识的方法都不是作者这里要讨论的，它们是“术”的层面的方法。 作者要讨论的是上文提到的“科学的治学方法”——能认知正义、真相与真理，从而有所发现、有所发明的“道”的层面的方法。

2. 认知力与方法论

本书第一篇的“认知力体系”一节里提到，一个人要想认知正义、真相与真理，需要拥有由感知力、智力与智慧生成的完整的认知力体系，其实，还需要供认知力做功时遵循的实事求是思想方法。实事求是思想方法即所谓的“科学的治学方法”——方法论。

3. 方法论＝实事求是思想方法＝自由思想

掌握方法论的人，是指能够实事求是认知事物的人，是指能够自由思想的人，是指能够清醒地区分人的认知活动过程中的主观与客观、绝对与相对、片面与全面的人。一言以蔽之，掌握方法论的人，是指拥有实事求是思想方法、能够自由思想的人。

掌握方法论的人，如果从政，很可能是成功的政治家，比如毛泽东和邓小平；如果从事科学研究，很可能是成功的科学家；如果做企业，很可能是成功的企业家。企业家在自由市场打拼，思想不能不自由，必须掌握方法论。任正非邀请北大哲学教授到华为讲哲学，表明他懂方法论，他想让他的高管团队中有更多人也懂方法论。

4. 方法论与精神形态人

方法论也可以认为是指，关于如何克服来自欲望的利害得失、情感的好恶亲疏以及迷信权威思想方法的干扰，从而能够实事求是地认知事物的方法的学问。所以方法论不可能为精神形态人成长在欲望或情感层级的人所掌握，也不可能为思想观念人分尊卑、思想方法迷信权威的人所掌握；方法论只可能为精神形态人成长到思想观念人人平等、思想方法实事求是高度的真人所掌握。肉体物质形态人的智商再高也不能掌握方法论，只有心灵精神形态人的情商与思商也高的“三高”之人，才有可能掌握方法论。

5. 方法论与课堂软环境

成长在A型或AB型课堂软环境里的学生绝无可能掌握方法论，成长在B型课堂软环境里的学生有可能掌握方法论，我们的课堂就是这样的课堂。我们课堂上的陈岳云同学在2011年11月20日的课堂日报里写有这样一段话，“在中国，学生时代更多的是给我们灌输一些知识，很少告诉我们一些道理和方法论，让我们学会学习。很庆幸我现在能有这个机会在这个课堂上跟大家一起学习方法论。”

6. 为什么方法论不能引入中国？

100多年前何炳棣问胡适：“你为什么不指点傅斯年，把欧洲流行的科学的治学方法，也引入中国”？ 实际上，“傅斯年把欧洲的语言学、哲学、心理学等学科引入中国”就是在把方法论引入中国的努力。 只是傅斯年引入中国的只是知识即器的层级的方法论，而不是道理层级的方法论。 语言、哲学、逻辑、心理学等承载方法论的知识可以照搬照抄、可以进口，但是作为道理的方法论不能照搬照抄、无法进口。 方法论的知识在书本之中，方法论的道理在书本之外，在生产劳动、社会生活与科学实验的实践之中。 当然，如果拥有相关知识可以帮助提高认知方法论道理的效率。 方法论的道理只能自产自销，道理层面的方法论无论自产还是进口都一样，只是所使用的文字和语言习惯不同，但是自产自销的容易消化。

7. *为什么科学思想不能在中国社会扎根？*

台湾的“中央研究院”副院长李济先生曾经提过这样一个问题：为什么科学思想不能在中国社会扎根，优秀学生总是要送到西洋去再深造？ 知道方法论是什么就可以回答这个问题。

因为“科学的治学方法”即方法论= 自由思想= 实事求是思想方法，因为思想观念人分尊卑则思想方法必然迷信权威，思想观念人人平等则思想方法才能实事求是，因为中国社会奉行了几千年的人分尊卑思想观念、迷信权威思想方法。 虽然自 1919 年五四新文化运动至今 100 年间，中国社会已经发生了翻天覆地的变化，人们的思想也有了长足的进步，但毕竟江山易改本性难移，100 年比起几千年只是短短一瞬间，人分尊卑思想观念、迷信权威思想方法仍然是中国社会的主流思想，所以研究科学所必需的方法论尚未能在中国社会扎根。

要想让科学思想在中国社会扎根，让更多人掌握方法论，请从转变课堂上的师道尊严为师生平等开始，请推动转变社会上普遍的人分尊卑思想观念为人人平等、迷信权威思想方法为实事求是。 实际上这一思想的转变已经在路上，而且速度也不慢。 毕竟帝制被推翻才 100 多年，毕竟一直到抗美援朝战争结束后的上世纪 50 年代，中国才结束内战外战，初步建立一个完整的国家，才安定下来开始建设经济、整理思想、提升文化。60 多年的经济建设成果有目共睹，很容易认知；其实 60 多年的思想与文化的进步也很大，只是人们熟视无睹而已。 当下中国社会的男女平等就领先世界。 事情都是人做的，经济的发展不可能不是思想进步、文明提升的人推动的。只不过经济成果是有形的，容易认知；而人的思想进步、文明提升是无形的，较难认知。当然，革命尚未成功，同志们仍须努力。

十七、软件与软件人才

记得2005年的一天，在北京中关村翠宫饭店，一个偶然的机会，作者有幸和国内软件行业的一位权威人士共进午餐，作者和这位权威人士有过一段关于思想和软件的对话。

> 作者:我们没有真正意义上的生产软件的行业,我们只能使用软件为工具为其他行业提供服务。
>
> 权威人士:你这话是什么意思?
>
> 作者:因为软件是人的思想技术化的产物。我们连思想是什么都不知道,怎么能够生产软件呢?
>
> 权威人士:哎!基础软件我们开发不出来,我们只能用基础软件做二次开发。

坦率地说，这位权威人士面对一个软件行业之外的人对软件近乎妄议的举动，居然没有生气，大大出乎作者的意料，让作者对他倍加尊重，对他的诚实、认理不认人的理性以及自知自明的认知能力倍加赞赏。知知，知不知，知也。这位新结识的朋友实乃真知也！

13年后的2018年4月27日《报刊文摘》刊文，题为“中国计算机教育现状：头重脚轻”。文中写道：“人才培养总量严重不足。本质上都是在教学生怎么用计算机，而不是教学生怎么造计算机。就像汽车专业教了一堆驾驶员一样。”

近日，作者在微信里看到金牛财经的一篇文章，摘录如下：

> 2018年12月23日,著名经济学家、中国农业银行前首席经济学家向松祚在四川成都出席某论坛,并作了一番演讲,他在演讲中说了这么一段话:“我们的劣势和弱项在哪里呢?第一个软肋,我们缺乏掌控世界产业命脉的真正的核心技术。这个核心技术是什么呢?我请教过华为

创始人任正非先生，任正非先生讲，我们中国和美国最大的差距是两个字，各位朋友听清楚，这两个字叫——软件。”

软件是什么？

某日，一位软件行业权威人士考察我们课堂，作者在汇报过程中提到，在我们的课堂上，师生会在一起讨论“软件是什么”的问题。这位权威人士既惊讶又坦诚地说，我都搞了20多年软件，从来没有想过“软件是什么”的问题。

作者以为，软件是大脑进行合乎逻辑的思考过程产品化的产物，而大脑合乎逻辑的思考基于心灵的实事求是思想方法，而实事求是思想方法基于人人平等思想观念。据此，在奉行人分尊卑思想观念、迷信权威思想方法的群体，软件产业发展不起来。当然，使用别人生产的软件为工具提升传统制造业或商业另当别论。

我们中国学生可以成长为软件人才吗？

当然可以！我们当下软件人才的缺乏，不是因为我们中国学生先天禀赋差而不能成为软件人才，而是因为我们中国学生后天接受的教育差，妨碍了有软件潜能的学生成长为软件人才。

记得2011年我们第二期班开始报名期间，一位老师出于善意提醒作者有几个学生不能要，因为他们经常旷课，沉溺于网络游戏。作者和负责招生的商老师建议，如果这些学生不报名就算了，如果报名还是接收为好。这几个学生报名了，因为他们发现第一期班的学生实习单位都很好。在开课的第一天，作者在课堂上和这几个学生说，听说你们都是游戏高手，我认为你们天生就是软件人才。为什么？因为你们顶着父母和老师巨大的压力做自己喜欢做的事情，说明你们有主见，有主见就是有头脑，软件产业就是头脑产业，所以你们天生就是搞软件的料。在接下来的学生自我介绍过程中，其中被同学称呼为“网虫”的王骏鹏同学在讲台上自我介绍时主动表态，从现在开始，我暂时不玩游戏了。这个曾经在老师的眼里被认为十分糟糕的差生，这个在学校现有的评价体系度量下很不合格的学生，在到我们的课堂之后发生的巨大变化，让熟悉他的老师和同学感到不可思议。骏鹏同学在离开课堂进入软件企业实习时，只一个月后就被派往外地独立开展工作。要想知道王骏鹏同学在到我们课堂之后变化到什么样的程度、变化的详细过程以及变化的原因，请阅读《课堂的革命》，该书收录了王骏鹏同学在课堂上写的几乎全部课堂日报，组成了专门的标题为“一个真实的爱好网游的大学生”一节。该书还收录了他在第一次出差时给商老师写的信。相信读者看了王骏鹏同学的读来令人不能不动容的课堂日报以后，自己会得出王骏鹏同学到底是一个好学生还是一个差学生的结论。请不要以为王骏鹏同学只是一个个案，只要随手翻几页《课堂的革命》就可以知道这不是个案。

软件人才怎样才能成长起来?

软件产业是头脑产业，软件人才的大脑智力必须强。

软件产品是大脑逻辑思考过程的产物，而逻辑思考基于实事求是思想方法，实事求是思想方法基于人人平等思想观念。所以，软件人才必须是拥有人人平等思想观念与实事求是思想方法、能够自由思想的人。也就是说，软件人才必须掌握方法论。

中国学生群体一定拥有成为软件人才的潜能，只要为学生搭建 B 型课堂软环境，就有可能转变学生习惯了的人分尊卑思想观念为人人平等、迷信权威思想方法为实事求是，从而让有软件潜能的学生充分释放其潜能，最终成长为真正的能够生产软件的人才。

Liberal Arts Education 有助于培养优秀软件人才。基于语言与哲学的完整的知识体系是优秀软件人才需要掌握的。

十八、三维九方认知体系与心之官则思

2019 年某日，作者上百度查询“心之官则思”的出处时发现，老祖宗早在 2000 多年前的战国时期就已经对心灵在人的认知活动中处于中心位置有着明确的认知。作者还惊喜地发现心灵在三维九方认知体系里所处的位置，与老祖宗 2000 多年前提出的“心之官则思”的理论不谋而合，可以用三维九方认知体系理论解释老祖宗“心之官则思”理论的合理性。以下内容摘自百度。

（战国·邹）孟轲《孟子·告子上》云：

公都子问曰："钧是人也，或为大人，或为小人，何也？"孟子曰："从其大体为大人，从其小体为小人。"曰："钧是人也，或从其大体，或从其小体，何也？"曰："耳目之官不思，而蔽于物。物交物，则引之而已矣。心之官则思，思则得之，不思则不得也。此天之所与我者。"

把上述对话翻译成白话如下：

公都子问道："同样是人，有的成为君子，有的成为小人，这是为什么呢？"孟子说："注重身体重要部分的成为君子，注重身体次要部分的成为小人。"公都子说："同样是人，有的人注重身体重要部分，有的人注重身体次要部分，这又是为什么呢？"孟子说："耳目之官能，无思虑之功，只可接应外界事物，且往往为外物所诱，因其不能控制物欲故也。心之官能则有思虑之功，对外界物诱有控制之能，以其有是非取舍之辨，此乃人之所赋予天而独具者也。"（"人之所赋予天而独具者也"与本书前言里的"能欣赏抽象的正义、真相与真理的'美'，能认知并乐于接受正义、真相与真理的'理'，是上天赋予人类独有的能力"相同。——引者注）

"心"是体之大者，其他器官如眼睛、耳朵等都只是体之小者，所以要树立心的统帅作用，只要心的统帅作用树立起来，其他感官就不会被外物所蒙蔽而误入歧途了。

另一点值得重视的是心与耳目等感官的关系问题。耳目等感官由于不会思考，所以容易为外界所蒙蔽，心灵由于会思想，所以不容易为外界所蒙蔽。所以，只要"先立乎其大者"，把心树立起来了，"则其小者不能夺也"，其他次要的部分，比如耳目等感官就不会被外物所夺、所蒙蔽了。这实际上已经接触到感觉与理解、感性认识与理性认识这些现代的概念。

作者点评：

1. 人性唯一，大道归一

黑格尔说，心灵的功能是认知真理。200多年前的黑格尔对心灵认知功能的认知，与2000多年前的孟子一样。他们虽然在时空上没有交集，但是这一点也不妨碍他们在认知上有交集。

在三维九方认知体系里，作为认知主体的人排三维之首，心灵排九方第一，来自心灵的感悟力被列为认知道理的第一认知力。

2. 人对心灵认知功能的认知不能通过书本知识获得

人对心灵认知功能的认知，不是通过肉体的大脑对书本知识的学习可以获得的，只能靠自己的心灵在社会生活、生产劳动过程中的感悟来获得。书本知识可以起到佐证认知的作用。正如叔本华所说：“独立思想的人只是在形成自己的见解之后才知道与权威暗合，此时的权威也同时增加了他们二者的力量。”现实情况是，学校要求学生把太多的时间用在书本知识的学习上，严重挤压了学生使用心灵认知的时间与空间。

3. 心灵是人类认知活动的中心

哥白尼把天文学的中心从地球转为太阳，纠正了人们对太阳与地球关系的错误认知。相信人类也会将自身认知活动的中心从大脑回归心灵，纠正对心灵与大脑的错误认知。本书的三维九方认知体系理论与老祖宗的“心之官则思”理论，都有助于人们把认知活动的中心从大脑回归心灵。

4. 心之力

宇宙即我心，我心即宇宙。细微至发梢，宏大至天地。世界、宇宙乃至万物皆为思维心力所驱使。博古观今，尤知人类之所以为世间万物之灵长，实为天地间心力最致力于进化者也。

…………

天之力莫大于日，地之力莫大于电，人之力莫大于心。阳气发处，金石亦透，精神一到，何事不成？……人活于世间，血肉乃器具，心性为主使，神志为天道。血肉现生灭之相，心性存不变之质，一切有灵生命皆与此理不悖。盖古今所有文明之真相，皆发于心性而成于物质。德政、文学、艺术、器物乃至个人所作所为均为愿、欲、情等驱使所生。

故个人有何心性即外表为其生活，团体有何心性即外表为其事业，国家有何心性即外表为其文明，众生有何心性即外表为其业力果报。故心为形成世间器物之原力，佛曰：心生种种法生，心灭种种法灭。……耶稣明之故说忏悔，懂耻而不恶；孔子明之故说修心，知止而不怠；释迦明之故说三乘，明心而不愚；老子明之故说无为，清静而不私。心为万力之本，由内向外则可生善、可生恶、可创造、可破坏。由外向内则可染污、可牵引、可顺受、可违逆。修之以正则可造化众生，修之以邪则能涂炭生灵。心之伟力如斯，国士者不可不察。

……

故当世青年之责任，在承前启后继古圣百家之所长，开放胸怀融东西文明之精粹，精研奇巧技器胜列强之产业，与时俱进应当世时局之变幻，解放思想创一代精神之文明。破教派之桎梏，汇科学之精华，树强国之楷模。正本清源，布真理与(于)天下！……

故吾辈任重而道远，若能立此大心，聚爱成行，则此荧荧之光必点通天之亮，星星之火必成燎原之势，翻天覆地，扭转乾坤。……养万民农林之福祉，兴大国工业之格局……创中华新纪之强国，造国民千秋之福祉；兴神州万代之盛世，开全球永久之太平！也未为不可。

作者点评：上文中的“心之力”，是指心灵精神形态人的思想之力也，是指认知正义、真相与真理的高级认知力也，是指创造之力也。

百度上说“心之力”乃 24 岁的毛泽东写成于 1917 年，他的老师杨昌济给了满分。作者没有细细考证是否真的是毛泽东年轻时的作品，就摘录了部分内容。作者有这样一种认知习惯——“说话的人”是谁不重要，重要的是“所说的话”是否有道理。

上一代和我们这一代人见证了“翻天覆地，扭转乾坤”，“养万民农林之福祉，兴大国工业之格局”的实现过程。进一步转变思想、创新教育，即可实现“兴神州万代之盛世，开全球永久之太平！”

5. 思想力是特殊视角？

2017 年 6 月 7 日《参考消息》刊登题为“思想力是特殊视角？”的文章，文中写道：

心理学家刚刚解密“个性”的概念，这是一种非常重要却又模糊不清的个人特征。研究表明，个性特质不仅影响你对人生的态度，而且会影响你认知现实事物的方式。

今年早些时候在《个性研究》双月刊上发表的一项研究甚至提出，经验开放型个性可以改变人们在世界上看到的东西。它让这种人更容易体验到特定的视觉。在这项研究中，来自澳大利亚墨尔本大学的研究人员招募了123名志愿者，并对他们的五大性格特质测试，即外向型、亲和型、尽责型、神经过敏型和经验开放型。最后一种性格特质与创造力、想象力和愿意尝试新事物有关。

作者点评：上文的“外向型、亲和型、尽责型、神经过敏型和经验开放型”特征与本书描述的精神形态人发育到情感阶段的特征雷同，上文的“创造力、想象力和愿意尝试新事物”的特征与本书描述的精神形态人发育到思想阶段的特征雷同，上文的“经验开放型”的人不是指拥有人分尊卑思想观念与迷信权威思想方法的旧思想的人，而是指拥有人人平等思想观念与实事求是思想方法的新思想的人，上文的“特定的视觉”不是指人的肉眼的视力而是指佛教所谓的“天眼”即心灵的智慧。上文说明，现代科学已经在往探究“心之官则思”的方向进军。

十九、三维九方认知体系与格物致知

《礼记·大学》*：“古之欲明明德于天下者（文化民众、提升文明），先治其国；欲治其国者，先齐其家；欲齐其家者，先修其身；欲修其身者，先正其心（修身先修心）；欲正其心者，先诚其意（先端正思想意识）；欲诚其意者，先致其知（先提高认知能力），致知在格物（格物即认知客观地存在于事物之中的道理）。物格而后知至，知至而后意诚，意诚而后心正，心正而后身修，身修而后家齐，家齐而后国治，国治而后天下平。”

格物致知是中国古代儒家思想的一个重要概念，乃儒家专门研究“物之理”的学科，后失传。（“为往圣继绝学”是本书的目的之一。如何“格物致知”即提高人的认知能力、认知客观存在于事物之中的道理，本书的三维九方理论给出了解决方案。）

格物是推究事物的道理（道理＝正义＋真相＋真理），尊重客观规律，实事求是的基本态度，俗称懂道理讲道理。这是在身正诚意的行为上用功，这和在知识积累上下功夫比较，相差甚远。（“在身正诚意的行为

* 此处关于格物致知的内容来自百度，括号内的文字是作者加注的点评。

上用功”即在提高人自身上用功，此理论与把作为认知主体的人列为三维之首的三维九方认知体系理论不谋而合。）

从宋代程颐开始，“格物致知”便作为认识论的重要话题讨论。他认为“格犹穷也，物犹理也，犹曰穷其理而已也”，其做法“须是今日格一件，明日又格一件，积习既多，然后突然自有贯通处”。（从日积月累到豁然贯通、从量变到质变是认知规律。）

朱熹在程颐思想基础上提出了系统的认识论。他说，知在我（我＝作为认知主体的人），理在物（物＝作为认知客体的事物），这我、物之别，就是其“主宾之辨”（辨识认知主体与认知客体），认为连结认知主体和认知客体的方法就是“格物致知”（朱熹认为格物致知是方法论）。

朱熹训“格”为至、为尽，至：谓究至事物之理，尽：穷尽之意。朱熹训“物”为事，其范围极广，既包括一切自然现象和社会现象（把认知客体作为认知对象），亦包括心理现象和道德行为规范（亦把作为认知主体的人当成认知对象。这与康德的震动欧洲思想界的对人的认知能力本身也做一番考察功夫的观点接近）。

他认为格物的途径有多种，上至无极、太极，下至微小的一草一木一昆虫，皆有理，都要去格，物的理穷得愈多，我之知也愈广。（大道无所不在、无所不包。）由格物到致知，有一个从积累到豁然贯通的过程。朱熹认为，要贯通，必须花工夫，格一物、理一事都要穷尽，由近及远，由浅而深，由粗到精。博学之，审问之，慎思之，明辨之，成四节次第，重重而入，层层递进。穷理须穷究得尽，得其皮肤是表也，见得深奥是里也。人们必须经过这样由表及里的认识过程，才能达到对理的深刻体认。（得其表靠感知力，得其里靠感悟力，把感官得到的表传递给心灵、把心灵认知的理转换成语言清晰地表达出来靠大脑的思考力。）

明代王阳明反对程颐、朱熹通过事事物物追求“至理”的“格物致知”方法。他秉承陆九渊的学说，从“心即理”学说出发，认为格物的着手处，应是体认本心（人性）。正如陆九渊所言“心即理也”（人性即理也），何消外求？明“本心”则明“天理”。故王守仁强调：“心一而已，以其全体恻怛而言谓之仁，以其得宜而言谓之义，以其条理而言谓之理。不可外心以求仁，不可外心以求义，独可外心以求理乎？外心以求理，此知行之所以二也。求理于吾心，此圣门知行合一之教，吾子又何疑乎！”

王阳明的心学凝成四句话：“无善无恶心之体，有善有恶意之动。知善知恶是良知，为善去恶是格物。”格物便是立明本心，为善去恶，知行合一。到清代，陈沣既概括了朱熹的思想又加以补充，将“格物”之意解释得比较完善、系统。他认为“格物”既是对事物本源的精研细查还是知识增长的过程，在这个过程中个人的亲身实践最重要。

本书的三维九方教育理论不仅可以解释格物致知是什么，而且可以提出实践格物致知的方法。

王阳明的“心即理”和程颐、朱熹的“通过事事物物追求‘至理’的‘格物致知’方法”是认知活动的一体两面。王阳明的“心即理”，康德的“人性的自然禀赋”，本书对人性的解释，有异曲同工之妙。

综上所述，不难发现，时间过去了 2000 多年，表达方式变了，但是表述的内容即道理没有变——大道永恒。

二十、用三维九方认知体系理论解释“非智力因素”

人们隐隐约约地感觉到，在人的认知过程中，还有智力以外的某些力量在起作用，但这是些什么样的力量暂时还说不清楚，所以就创造了一个“非智力因素”的概念。

用“非智力因素”这样一种否定的表达方式来肯定一种存在，不失为一种认知方式——初级的模糊的认知方式。作者尝试用三维九方认知体系理论解释“非智力因素”是什么，让“非智力因素”这一模糊的概念能够清晰。

认知体系= 认知主体即人+ 认知力体系+ 认知工具体系。

认知主体= 心灵+ 大脑+ 身体。

认知力体系= 智慧+ 智力+ 感知力。

身体的感知力= 视觉+ 听觉+ 触觉+ 味觉+ 嗅觉。身体的五种感知力无论缺少哪一个，都会影响人的认知。

大脑的智力= 记忆力+ 分析力+ 归纳力。大脑的三种思考力无论缺少哪一个，都会影响人的认知。

心灵的心力= 欲望+ 情感+ 思想。 常识告诉我们，欲望、情感与思想个个影响人的认知行为。

欲望= 食欲+ 色欲+ 求知欲。 食欲和色欲的满足与否会在相反的方向上影响人的认知，求知欲的强或弱更会影响人的认知。

情感= 爱心+ 热情+ 尊重+ 诚实+ 羞耻心+ 同情心+ 责任心+ 报恩心。情绪= 嫉恨+ 自卑+ 冷漠+ 鄙视+ 虚伪+ 畏惧+ 贪婪+ 报复心。 情感与情绪会在相反的方向上影响认知。

思想= 思想观念+ 思想方法+ 思想力。 思想观念或人分尊卑或人人平等，思想方法或迷信权威或实事求是；思想力= 意志力+ 规则意识+ 智慧，意志力= 自信+ 勇敢+ 节制，规则意识= 契约精神= 道德意识+ 法治意识，智慧= 直觉+ 好奇心+ 想象力+ 洞察力+ 同理心+ 自觉。

综上所述，影响人的认知行为的因素：

智力因素有 3 个：记忆力、分析力与归纳力。

非智力因素有 39 个：来自感知力的有 5 个；来自欲望的有 3 个；来自情感的，正的有 8 个，负的有 8 个；来自思想观念的，落后的有 1 个，先进的有 1 个；来自思想方法的，落后的有 1 个，先进的有 1 个；来自思想力范畴的，意志力的有 3 个，规则意识的有 2 个，智慧的有 6 个。

二十一、用三维九方理论分析对教育认知的偏差有多大

作者在微信上看到一篇题为“钱颖一：我们对教育从认知到实践都存在着一种系统性的偏差”的文章，文中写道：“2017 年 6 月 9 日，国务院参事、清华大学经济管理学院院长钱颖一先生作为主讲嘉宾，以‘创新人才教育’为主题，参加了由国务院参事室公共政策研究中心和新华网思客共同主办的《参事讲堂》首期录制。 在主旨演讲环节，钱颖一说，‘为什么我们的学校总是培养不出杰出人才？’自从钱学森提出这个问题，它就一直困扰着每个关心中国教育的人。 钱颖一认为，其中一个关键问题，在于我们对教育从认知到实践都存在一种系统性的偏差，这个偏差就是我们把教育等同于知识，并局限在知识上。”

作者点评：对教育从认知到实践存在的系统性偏差有多大？

（1）从环境的角度观察：如果以三维九方课堂软环境理论度量这个偏差，知识只是生成课堂软环境九个方面的一个方面——知识只占教育的 1/9 即 11%。也就是说，如果把知识的教学等同于人的教育的话，对教育从认知到实践存在的系统性偏差高达 89%。

（2）从人自身的角度观察：如果以三维九方认知体系理论度量这个偏差，知识只是生成认知体系九个方面的一个方面——知识只占教育的 1/9，约 11%。也就是说，如果把知识的教学等同于人的教育的话，对教育从认知到实践存在的系统性偏差高达 89%。

（3）把人自身与环境叠加起来观察：如果把生成课堂软环境与认知体系的三个维度九个方面叠加起来作为参照系度量，因为教学内容等于认知工具体系，所以叠加之后和教育相关的方面有 18 - 3= 15 个，知识就只占教育的1/15，约 7%。也就是说，如果把知识的教学等同于人的教育的话，对教育从认知到实践存在的系统性偏差高达约 93%。

学习知识很重要，提高学习知识的认知力更重要，通过知识的学习养成终身学习的习惯、促进人的全面成长最重要。

2019 年 9 月 22 日《扬子晚报》报道，2019 年 9 月 17 日被授予“人民科学家”国家荣誉称号的程开甲院士，大学里学的是物理专业，他 1950 年从英国爱丁堡大学毕业回国后，一生四次改变专业。第一次转向新专业，是 1952 年参与创建南京大学金属物理教研组。第二次转向新专业，是 1958 年参与创建南京大学核子教研组。第三次转向新专业，是 1960 年参加第一颗原子弹的研制。第四次转向新专业，是 1962 年进入了更加陌生的研究领域：核爆炸试验。

程开甲院士人品好，认知力强，需要什么知识很快就能学会。

2019 年 10 月 26 日，作者在朋友圈里发表上文，作者的侄女看到以后给作者发来下面的内容。她的正在上小学五年级的儿子卓越刚刚转入一所新学校，她把这所学校的教育目标和学校对他的儿子两个月的学习生活的评价发给作者，作者发现这所学校的教育目标和本书所提倡的教育服务内容不谋而合、惊人一致，清晰地阐述了学校除了教学知识之外，还要教育学生什么，便将其收录书中。

教育目标

询问者：培养他们天生的好奇心。帮助他们获得进行调查和研究所需要的技能，并在学习中表现出独立性。让他们积极地享受学习，这种对学习的热爱将贯穿他们的一生。知识渊博：他们获得深入的知识，并在广泛和平衡的学科范围内发展理解。

思考者：他们主动运用思维技巧。批判性和创造性地认识与处理复杂的问题，作出理性的、合乎道德的决定。

传播者：他们以一种以上的语言和各种交流方式，自信和创造性地理解与表达思想和信息。他们与他人合作，自愿和有效地工作。

原则性：他们以正直和诚实的态度行事，具有强烈的公平、正义与尊重个人、群体和社区尊严的意识。

思想开放：他们理解与欣赏自己的文化和个人历史，并对其他个人与社区的观点、价值观和传统持开放态度。

关怀：他们表现出同理心、同情心和尊重他人的需要和感情。他们对服务有个人的承诺，对他人的生活和环境有积极的尊重。

冒险者：他们以勇气和先见之明来处理不熟悉的情况和不确定性，并具有独立的能力。他们在捍卫自己的信仰方面是勇敢和能言善辩的。他们是精神探索的新角色，勇于探索新理念和新策略。

平衡：他们理解知识的重要性，身体和情感的平衡，以实现个人幸福——为自己和他人。

反思：他们会总结自己的学习和经验。

我们相信你的孩子是个个体，我们相信每个孩子都有自己的发展速度，进步的速度也不同，我们鼓励与合适的老师讨论报告。

关于学生卓越的评价报告：卓越在短期内已经完全融入了学校的生活。他是个喜欢反省的学生，容易接受别人的经验和想法。写作中他可以使用短的、中等的和部分稍微复杂的文字描述。他在一对一的沟通时很愿意分享自己的想法。我们会继续鼓励他在课堂上多分享自己的想法。这个学期，他希望自己能给予别人更多的关心。他写道："我喜欢帮助别人。关心是尊重和帮助。我希望更有责任心，对别人好，多鼓励别人。"

二十二、三维九方——防治“空心病”良方

徐凯文先生是北京大学副教授，临床心理学博士，精神科主治医师，北京大学心理健康教育与咨询中心副主任、总督导。作者把在微信上看到的2016年11月徐凯文先生在第九届新东方家庭教育高峰论坛上发表的主题演讲《时代空心病与焦虑经济学》的部分内容摘录如下，作者之所以摘录其演讲，有如下几个原因：

（1）因为该演讲不是在背书，而是在描述一个事实，作者两本书中收录的学生写的课堂日报可以证明。徐凯文先生描述的不是个别现象而是普遍现象，不是危言耸听而是事实真相。

（2）因为徐凯文先生演讲伊始即开宗明义地说：“我今天讨论的核心问题是关于‘空心病’的问题，这是我杜撰出来的一个词语。当然作为精神科医生，我似乎有权利去发明一种新的疾病。”而本书封面的第一句话就是：提醒一个客观存在——精神形态人。“精神形态人”是作者在发现客观存在着的人的心灵的基础上发明的一个词语，指相对于肉体的身体与大脑的物质形态人而言的“心灵的精神形态人”。发现和发明是每个人的权利。

作者与徐凯文在不同时间、不同空间，各自独立地发现与发明，不约而同地从不同的角度指向同一个客观存在——心灵。

（3）因为徐凯文说“传统的西方的药物治疗、心理治疗”对“空心病”都没有治疗效果，即便对治疗抑郁症最有效的电抽搐治疗对“空心病”也不起作用。作者相信《课堂的革命》与本书可以防治“空心病”，本书的三维九方教育理论就是专门防治“空心病”的良方，两本书里收录的学生写的课堂日报就是防治效果的有力佐证。

功利的教育、焦虑的家长、空心的孩子三败俱伤*（节选）

我今天讨论的核心问题是关于“空心病”的问题，这是我杜撰出来的一个词语。当然作为精神科医生，我似乎有权利去发明一种新的疾病，

* 微信版的发布者给其整理的徐凯文的演讲加的标题。

这种疾病跟每个人大概都有关系。

不是学生空心了，是整个社会空心了

我要说的是，我现在所有说的学生在大学都是特别好、特别优秀的学生。有一个理工科的优秀博士生，在博士二年级时完成了研究，达到了博士水平，这是他导师告诉我的，他屡次三番尝试放弃自己的生命。他两次住院，用了所有的药物，所有电抽搐的治疗方法。出院时，我问他情况怎样，他说精神科医生很幼稚。我表现开心一点，他们以为我抑郁就好了。我要讲的是，他不是普通的抑郁症，是非常严重的新情况，我把它叫做“空心病”。

什么是“空心病”？

我先简单说一下什么叫“空心病”。“空心病”看起来像是抑郁症，情绪低落、兴趣减退、快感缺乏，如果到精神科医院的话，一定会被诊断为抑郁症，但是问题是所有的传统的西方的药物治疗、心理治疗对他们都没有效果。作为精神科医生，我们有个拿手的撒手锏，就是任何抑郁症患者如果用电抽搐治疗，他都可以在短时间内迅速恢复，但是电抽搐治疗对“空心病”也没有用。

（作者点评：“空心病”，顾名思义就是没有心。药物与心理治疗的对象是罹患疾病的心，没有心治什么？“空心病”，就是民间所说的丧魂失魄。三江学院科技处曾凡捷处长说我们的课堂是为学生招魂的课堂，中航江苏动力控制公司总经理薛银春说我们的课堂不仅是“健脑房”，更是“健心房”，心智会遗传下一代。能防治“空心病”的三维九方教育理论是我们在课堂教学实践中总结出来的。）

北大一年级的新生，包括本科生和研究生，其中有30.4%的学生厌恶学习，或者认为学习没有意义，40.4%的学生认为活着人生没有意义，其中最极端的就是放弃自己。他们有强烈的孤独感和无意义感，他们从小都是最好的学生，最乖的学生。他们这种情况并不是刚刚产生的，他们告诉我，从初中的时候就有这样的疑惑了。

（作者点评：“大学四年，只有这些天好像才真正活过来了。”这是学生

常如龙在进入我们课堂一周后写在课堂日报里的话。“心理幼稚是我们大学生一块最大的心病。”这是学生吴淞在课堂日报里写的话。可见，“空心病”不是北大校园才有的病。记得《课堂的革命》刚出版时，作者送了一本给一位企业家朋友。一周后这位朋友让作者再给他一本。他告诉作者要送给他妹妹看。他说：“我今年春节把母亲和妹妹的一家都接到家里过节，我妹妹的儿子在南京一所著名的中学读高中，而且在该校的实验班，在这个实验班上排名前十。我这个外甥在我家里三天几乎没有说三句话，我看他都有点呆了，可我妹妹一天到晚还非北大、清华不上。”可见，“空心病”的病根不一定是在北大落下的。）

我们的教育是在帮助孩子成长，还是在毁掉一代孩子？

中国人精神障碍是怎么变得那么糟糕的？实际上我们并不是得了什么生物性疾病，像精神分裂症这样的发病率始终保持不变。在过去30年当中，什么东西变大了，焦虑症和抑郁症。我们可以看一下这个数据，焦虑症的发病率，上世纪八十年代大概1%到2%的样子，现在是13%，我现在用的数据都是世界卫生组织发表在最高等级医学刊物上，全国流行病院调查的数据。目前，至少每100个中国人当中有13个人是焦虑症患者。还有一个更糟糕的情况是抑郁症障碍发病率。我做了20年精神科医生，我刚做精神科医生时，中国人精神障碍，抑郁症发病率是0.05%，现在是6%，20年的时间增加了约120倍。这是个爆炸式的增长。过去30年是中国经济高速发展的30年，焦虑、抑郁的发病率也高速发展，发生了什么？

我们来看看现在的教育，对不起，我接下来要说的话可能要得罪各位，我们的教育是在帮助孩子成长，还是在毁掉孩子？大约从2000年开始，每当寒暑假的时候，大量的学生会来住精神病院，他们网络成瘾，焦虑，强迫，他们和父母关系出现了严重的破裂，父母有勇气把孩子送到精神病院去，可见真的没有办法收拾了。我们的处理问题方式是什么呢？把他们送到网瘾学校，让他们接受电击的惩罚。这是教育吗？这是推卸责任。本身父母和教育是问题的根源，我们不看到自己的根源，只看到他躲到网吧去打游戏；他为什么要躲到网吧打游戏，是因为教育的失败。

（作者点评：不要把他们送到网瘾学校，也不要送到精神病院，更不要电击！ 请把他们送到我们的课堂来吧！ 我们的课堂就是《课堂的革命》封面的三句话概括的课堂：一个学生从厌学变成乐学的课堂，一个学生从自闭变成自信的课堂，一个学生从网游世界自觉回到现实的课堂。 北京交通大学宁滨校长说他就是看到这三句话就买了这本书，并且在全校大会上推荐了这本书。 这三句话可以概括成一句话：一个让学生从“空心”变成“实心”的课堂。《课堂的革命》真实地记录了学生从“空心”变成“实心”的全部过程。）

我们教育的最大成就是学生做试卷，有句流行语：提高一分干掉千人。我做心理咨询最大的挑战就是怎么把同学这样的价值观扭回来。你周围的同学是你的敌人吗？他是你人生最大的财富啊！

（作者点评：作者个人认为上大学有两个作用：一个是拿一张文凭当作初次就业的敲门砖，一个是同学。 最宝贵的是同学。）

我们的课堂是什么样子，为了好的成绩甚至可以不惜生命。我们来看看有些学校应对的措施是什么？所有的走廊和窗户都装了铁栅栏，我在精神病院里面工作，精神病院是这样子的。我的博士论文在监狱里做的，监狱是这样子的，但是我们居然有本事把学校变成了监狱和精神病院。只要看住这些孩子，让他们考上大学，然后让他成为我的来访者。

（作者点评：走廊和窗户不装铁栅栏就不是监狱了？ 学生就不再压抑了？ 作者抄录《课堂的革命》第 215 页的一部分内容来回答这个问题——孙蓉同学在她 2011 年 8 月 15 日的课堂日报里写道：“记得以前上课，虽然每节课就 45 分钟，可总感觉过完这 45 分钟像过了一个世纪一样，每次掏手机看时间以为过了很久其实才一两分钟而已。”老师点评：各位，一天有多少节课？ 一个学年有多少节课？ 十几年的课堂生涯有多少节 45 分钟的课？ 可怜的学生，竟然也就熬下来了！ 这样的课堂，这样的心态，长此以往，学生的“心”不被挤碎是小概率事件，被挤碎是大概率事件。）

我接下来要谈的问题，会让大家更加沮丧。在一个初步的调查中，我对出现自杀倾向的学生做了家庭情况分析，评估这个孩子来自于哪些家庭，什么样的家庭，父母是什么样职业的孩子更容易尝试自杀——中小学教师。

我觉得，一切向分数看，忽视对学生品德、体育、美育的教育已经成为很多教师的教育观——他们完全认可这样的教育观，对自己的孩子也同样甚至变本加厉地实施，可能是导致教师家庭孩子心理健康问题高发的主要原因。

（作者点评：本书旗帜鲜明地指出，教学目的是为分数还是为作为人的学生的成长，这是一个区分旧教育和新教育的标志。分数高低取决于考生学习了多少知识。清华大学经济管理学院院长钱颖一教授认为，我们对教育从认知到实践都存在着一种系统性的偏差，这个偏差就是我们把教育等同于知识。作者在本书里计算了把教育等同于知识的教学即一切向分数看的教育，所造成的对教育在认知上的系统性偏差高达约93%。）

请许给他们一个美好的人生

我跟那些“空心病”的学生交流时，他们为什么找不到自己？因为他们自己的父母和老师没有给他们应有的尊重，这个大概是根本原因。所以作为一个高校的心理咨询师和心理科医生，我呼吁：真的要救救孩子！他们带着严重的问题进入大学，他们被应试教育，被掐着脖子的教育摧残了人格、摧毁了创造力。

（作者点评：“被掐着脖子的教育”非文化也，实驯化也！）

有一位研究生导师给我讲了一个真实的故事。他说一个学生做研究老出问题。这个导师找他谈话，问他为什么出现这些问题，怎么办？这个学生是笔试第一进来的，他说：“老师，那我把我犯的错误重抄一百遍。”一个研究生，用重抄一百遍的方式改正他的错误。我们这些孩子根本没有长大，还在小学阶段。教育干什么去了？我觉得我们无论是家长还是老师，要去做值得学生和孩子尊重的人，我们要身体力行，为人师表，我们要给他们世上最美好的东西，不是分数，不是金钱，是爱，是尊重，是智慧，是创造和幸福，请许给他们一个美好的人生！

作者点评：

（1）徐凯文说，“我要说的是，我现在所有说的学生在大学都是特别好、特别优秀的学生”，如果把罹患“空心病”的学生认定为特别好特别优秀的学生，那么发生在这些学生身上的再大的问题也会被认为是小问题，从而造成认知上的极大误差，问题就得不到解决。本书观点，人与动物的区别就在心灵，人“空心”，用人的标准衡量就是废品，哪里还有什么特别好特别优秀可言！看来，教学评价标准需要送到标准计量局校准一下。标准一错，全错！

（2）作者清楚地记得，在2016年的苏州园区外国语学校的交流会上，该校教务处长谢琪老师指着作者绘制的“人图”坦率地说：“我们知道身体与体力的存在，但是我们轻视身体与体力；我们知道大脑与智力的存在，我们重视大脑与智力；我们不知道心灵与心力的存在，我们对心灵与心力的认知是零。”据此，我们是否可以得出这样的结论：学生罹患“空心病”的原因是接受了没有心的教育，教育之所以没有心是因为人们对心灵的认知有待到位。不知者不为过。所以学生罹患“空心病”不是哪个人的错，而是需要大家一起努力予以解决的我们共同的不幸。

（3）空心与实心

同一个学生，在得不到尊重的环境里成长会“空心”，在受到尊重的环境里成长可“实心”；没有爱会“空心”，有爱可“实心”；只会听话会“空心”，学会说话可“实心”；成长在旧的三维九方AB型课堂软环境里会“空心”，成长在新的三维九方B型课堂软环境里、接受三维九方德育体系的教育服务从而建立三维九方B型认知体系可“实心”。

人“空心”，心灵发育不良，精神形态人长成侏儒，人性不能释放；人“实心”，心灵发育良好，精神形态人长得高大，人性即求知欲、情感与思想力充分释放。

蕴藏于心灵的人性被遏制、不能释放的过程，是人感受痛苦的过程，这个痛苦不是电抽搐治疗能够奏效的。人性释放的过程，是人感受幸福的过程，幸福与智慧同在。

三维九方——防治“空心病”的良方，有病治病，无病防病，不信请看《课堂的革命》。

二十三、三维九方——提升“感性素质”良策

中央音乐学院副院长周海宏教授在他的《音乐何须懂》的演讲中，提出了一个他认为十分重要的新概念——“感性文明”。以下内容是作者归纳的周海宏教授演讲的要点。

在人类文明发展进程之中还有一个感性文明，我在过去20多年的学术生涯里提出过很多新的概念，我认为我的最大贡献是提出感性文明的概念。我一直希望大家和我一起呼吁把感性文明作为国策级、纲领性的概念提出来，因为感性文明关乎民族生死存亡。

感性文明是对群体社会而言，对个体的人而言则是“感性素质”。人的感性素质有什么用呢？

商品的功能由两个方面构成，一个是使用功能，一个是感性功能。据此，商品的品质也是由两个方面构成，一个是使用品质，一个是感性品质。一个杯子，其使用品质，在于满足喝水的使用功能的程度；其感性品质，在于拿在手上是否有舒适的触觉感受，在于看在眼里是否有赏心悦目的视觉感受。当下的市场，商品定价的决定因素已经不是使用品质，而是感性品质。同类商品在价格上的差距，不是被使用品质拉开的，而是被感性品质拉开的。在这方面，苹果最具代表性。苹果把产品当作品，把工艺当艺术，苹果挣钱主要是靠感性素质高的苹果人所赋予的感性的智慧。

俗话说，文若其人。实际上，物也若其人。商品都是人做的，什么样的人做什么样的商品。商品使用品质的高低，和生产商品的人的智力高低相关；商品感性品质的高低，和生产商品的人的智力以及感性素质相关，尤其与感性素质相关。在世界市场上，我们的商品定价偏低的主要原因是商品的感性品质低，虽然使用品质并不低。之所以感性品质低，因为我们人的感性素质低。

人的感性素质的高低，不仅会在制造行业的产品制造上表现出来，而且会在社会的各行各业、方方面面表现出来。

感性素质低，是造成环境问题最直接最重要的原因。因为感性素质低的人，对脏乱差的环境感受程度低，不会因为环境的恶化而感到不适。感性素质低的人，工作越努力对环境造成的破坏越大。提高环境文明的难点，在于人们的感性素质低，其不珍惜环境的行为是无意识的、不自觉的。

感性素质低，旅游品质不会高。旅游过程无非上车睡觉、下车撒尿、疯狂购物，对自然风光毫无感觉，对人文历史毫无兴趣。去旅游胜地的感性素质低的人越多，其环境脏乱差的现象越严重。

感性素质低，是造成凡是需要感性品质、人性关怀的医院、学校、酒店、汽车等行业落后的最直接、最重要的原因。

感性素质低，一旦物质生活富足之后，很多贫穷时代没有的坏现象就会接踵而至。暴富起来的富二代，吃喝嫖赌抽的人多了起来。官场大吃大喝的现象司空见惯，因为官员感性素质低，享受生活的感受力停留在满足原始的食欲层级。

我听过吴敬琏的一次报告，他如数家珍般历数从80年代初开始一直到现在，政府为呼吁从加工型经济转型升级为知识型经济所开的会以及下发的文件，三十多年过去了，就是转不过去。吴敬琏从政治、经济方面分析其原因，而我更看到我们没有支撑知识型经济所需要的国民素质即感性素质普遍低是根本原因。

我过去每年去一次华为，前年去了六次，全部讲产品的感性品质。后来华为一个领导告诉我说，他们开始重视产品的感性品质，决定把质检中心放日本，研发中心放法国。为什么？当我们的高层意识到我们战略核心的弱点是什么的时候，就会绝望地发现没有支撑实现战略改变理念所需要的感性素质高的人。

作者之所以把周教授的演讲放在徐凯文教授的演讲之后，是因为徐凯文教授观察到的较多学生罹患“空心病”，和周海宏教授观察到的人们感性素质普遍比较低的现象，是同一个客观存在的不同方面。

之所以把周教授演讲的内容纳入本书，是因为作者接受其“感性文明关乎民族生死存亡”的观点，是因为作者愿意响应周教授把感性文明作为国策级、纲领性的概念提出来的呼吁，是因为周教授创造的引以为自豪的“感性文明”的概念恰好与本书提出的“精神形态人”成长的“情感”阶段相同，是因为周教授关于音乐对人的情感发育即感性素质影响巨大的观点恰好与本书相同，是因为周教授认为音乐教育在初级教育阶段比数理化知识的教学重要得多的观点恰好与本书相同，是因为本书的三维九方教育理论尤其是三维九方德育体系给出了提高人的感性素质、提升国民感性文明、为经济转型升级供给所需人才、变绝望为希望的切实可行的解决方案。

有必要专门提醒，商品的使用品质是有形的、可测度的，是可以模仿的“形”；商品的感性品质是无形的、不可测度的，是不可以复制的“神”。一句话，形状可以模仿，神韵不可复制。

商品的神是附着在商品上的、制造商品的人的精神即魂。 人有没有魂，有多少精神，在于教育。 三维九方教育理论可招魂、可提神。

当然也可以认为感性文明就是精神文明，感性素质就是人文素质，不过作者觉得感性文明与感性素质的表述方式相对精准一些，而本书的精神形态人的表述方式可能更全面、更精准一些。

二十四、三维九方理论与“哈佛招生新议案”

1.“哈佛招生新议案”

2016 年哈佛大学教育学院发布了一份名为“扭转趋势”（Turning the Tide）的报告，提议改变美国大学对申请的评估方式和衡量标准。 这篇不足千字的英文报告定义了包括哈佛大学在内的 80 所美国名校今后的招生标准。

这篇由哈佛大学教育学院公布的关于顶尖美国本科最新录取标准的报告，主题是“让关爱他人之心（雷锋精神——引者注）在年轻人心中普及”。 这篇报告不仅提示了未来美国大学录取的新方向，也对未来申请者给出了具体、明确的操作建议。 更令这篇报告显得特殊的是，包括常春藤盟校、麻省理工学院、斯坦福等绝大多数名校都表示支持这一招生理念改革。

这篇报告并非针对以高分出名的中国学生，对美国本土学生和其他国际学生同样适用。 以往的美国教育理念培育出了许多“优秀”的功利主义者。 他们从最好的大学毕业，从事薪资最高的工作，活跃在美国政界和商界，成了所谓的社会精英，但他们却并没有为社会创造有益价值。 从 2008 年的美国金融危机到臭名昭著的“安隆事件”，这些受过高等教育、站在金字塔顶端、操控美国商界政界大局的“精英”们处处体现了功利主义教育的弊端。 而扭转功利主义的社会现象是教育者的责任。 教育界期待培育出来的未来精英们充满同情心、报恩心与社会责任感。

作者点评：本书的教育理念与“哈佛招生新议案”不谋而合。 本书观点很明确，如果不是有意识地培养学生爱，就会无意识地培养学生恨。 爱让人智慧，恨让人愚蠢。

这篇提示美国教育界招生取向变化的报告主要传达了以下几点意思：

第一，关心他人和公益将成为学校的主要录取条件。

大多数亚裔专家对这个全新的大学招生理念表示质疑。 他们认为，作为教育机构，招生官理所应当首先考虑学生的学术水平，这样强调关心他人的理念，会削弱申请者的“硬实力”，甚至很多亚裔家长认为这项报告是针对以考分高而闻名的亚裔学生的重磅炸弹。

作者点评：亚裔家长如果知道“关心他人和公益”行为有助于滋养心灵促进精神成长，从而有可能让学生成长为一个智商、情商与思商都很高的杰出人才，就不会误解“新议案”了。

第二，倡导持续、有意义的社区服务。

为了大学申请，许多高中生会有目的地参加义工和社区服务，以此来丰富自己的简历和大学申请材料。 不过，今后这种社区服务经历的操作性会越来越小，我对未来中国赴美申请者表示担忧。 我们都清楚，申请美国留学的中国孩子大多数家庭比较殷实，父母有能力和资源带孩子去异地甚至异国做慈善者志愿活动，这样的经历看起来很高端，但并不能真正体现孩子的爱心。 从今以后，招生官对学生做义工的时间长度有要求。 蜻蜓点水式的志愿者服务不会被考虑，持续一年以上的社区服务才更有实质意义。

作者点评：如果人们接受本书的“教育是文化个体人为社会人即文化自然人为文明人”的定义，就能接受“新议案”里“持续一年以上的社区服务”的制度安排。“新议案”关注的不是知识的教学，而是针对精神形态人的德育，具体方法是开门办学，即利用招生制度推动青少年时代的学生走出教室的狭小空间环境，走向社会的广阔空间环境，从而促进学生与社会各个不同阶层人士近距离接触，激发学生释放出超出血缘关系的更大的爱。如果人们接受本书关于“说话= 思想”的定义，就能明白“新议案”是在为学生学会和不同的人说话创造条件，从而让学生的思想更加开放与自由。人活动的空间环境越大、交往的人越多、做的事越多、说的话越多，心就越大、情感就越成熟、思想力就越强大，心灵精神形态人就会长得越高。所以，“图 5”即教育图的左侧方框内展示的德育的全过程都被一个“爱”字和一个“说”字所贯穿。

第三，强调活动是质量而非数量，领导力不再是重点。

这份哈佛议案指出，长长的炫耀式的志愿者清单将不再为申请者加分。相反，大学招生办倾向于学生在申请材料中陈述不超过四段志愿者经历。这几段为数不多的志愿者经历应是对申请者有特殊意义的，并从申请者的个人角度分享这个经历给自己带来的意义。

在陈述这些志愿者服务的过程中，学生应该意识到一味强调自己的领导力未必会被招生办看重，招生官将更加看重这些经历和感受的真实性、多元性和道德性。

作者点评：作者能够根据学生写的课堂日报判断学生是否写的是心里话，判断学生将来是否适合从事软件工作。同理，称职的招生官能够通过阅读申请材料判断申请者是否是他们想招的人。招生官可以通过阅读申请材料中的陈述判断出“这些经历和感受的真实性、多元性和道德性”。“真实性、多元性、道德性”是我们的学生所写课堂日报的特点，也是前一本《课堂的革命》一书让社会各阶层人士喜欢读的原因。

第四，培养孩子对他人贡献的感恩以及对未来一代的责任心。

除了在志愿者经历中体现学生关心他人和公益，学生对前辈们为社会所做的贡献表示感恩，并对为未来一代创造更美好的世界怀有责任心，将尤其受到招生官垂青。

作者点评：感恩心与责任心是本书描述的八个美德中的两个。对前一代人的感恩心与对下一代的责任心，意味着承上启下，意味着文明进化的连续性。我们中华文明之所以连续 5000 年没有中断，主要原因之一就是费孝通先生所说的我们中国人群体一代又一代坚守的“敬祖宗（报恩心），为后代（责任心）”。

第五，降低标准化考试的重要性，大学申请拼“人品”。

目前，这是受到华人家长特别抨击的一点。华人学生一向以考试高分而闻名，降低标准化考试成绩等学业硬指标，强调学生“人品”等软指标的举措，在很多华人教育专家看来是极度不公平的。

作者点评：大学申请拼人品“是受到华人家长特别抨击的一点”的现象并不奇怪。首先，前文提到苏州园区外国语学校的谢老师说，他们对大脑与智力有认知、很重视，但对心灵与心力认知是零，而人品即心力。其次，看“人品”里的“品”字——众人口碑。华人的孩子多半是在关门读书、闭门办学的环境里长大，与人相处是弱项，不善与人相处也就难有人品。

常识告诉我们，正义感强烈的人，人品一定端正。前文叙述了个人的正义感与认知社会正义的关系，以及认知正义与认知真相和真理的关系，即人必先认知正义而后才能认知真相和真理。如果人们认识到人品有助于提高认知能力到认知真相和真理的高度，就会接受“大学申请拼‘人品’”的制度安排。

其实，“哈佛新议案”看重人品的理念和我们老祖宗的理念相一致。古人言：德者才之王，才者德之奴。世间技巧无穷，唯有德者可以其力。世间变幻莫测，唯有人品可立一生。

此外，“哈佛新议案”看重人品的理念与本书三维九方教育理论相一致。人品，在本书的话语体系里就是心灵精神形态人的成长高度。在三维九方认知体系里，决定认知能力大小的是作为第一维的人的成长状态即人品，人品关乎高级认知力——智慧的释放。三维九方德育体系的三个维度九个方面全部是围绕着心灵精神形态人的成长即提升人品展开的。在三维九方课堂软环境里，课堂文化是三维之第一维，课堂文化的功能就是以德育心、提升人品。

如果排除因为欲望导致的利害、因为情感导致的好恶、因为思想导致的偏见的干扰，从而能够全面、相对、客观地进行理性的观察，不难发现，做人厚道，做事精明，是成功商人同时具备的两个必要条件，也是各行各业成功人士具备的两个必要条件。

科学人才、技术人才、艺术或技能人才，长处各不相同，但是都需要相同的“人品”支撑。如果在制度上有保证，在技术上能实现，大学申请拼“人品”当然好，对学生好，对家庭好，对社会好。

2.“哈佛招生新议案”与《礼记·大学》、“又红又专”

（1）“哈佛招生新议案”与《礼记·大学》

2000多年前中国的《礼记·大学》开篇即说：“大学之道，在明明德，在亲民，在止于至善。”

2000多年后美国的“哈佛招生新议案”所倡导的教育精神与《礼记·大学》开篇里所倡导的“大学之道”相一致。

明明德——彰显人品的软实力。

亲民——开门办学，实实在在的社区经历，与广大民众打成一片。

止于至善——充满同情心与社会责任感等大仁大爱之情感。

人心都是向善的。记得南京理工大学谢云云老师和作者说过这样一段话：“你说的都是我心里想说没能说出来的话，如果需要我协助做点什么，我一定会全力以赴。”人之初，性本善。教育的功能之一就是释放人心灵里原本就有的至善。

（2）“哈佛招生新议案”与“又红又专”

作者这代人在上世纪六七十年代读中学阶段时流行的教育口号是——又红又专。在当时能够理解并接受“又红又专”这一教育思想的人很少，包括作者本人。作者现在认识到，“又红又专”的教育思想实际上与“哈佛招生新议案”的教育思想是一致的。

“红”就是“哈佛招生新议案”里所谓的“软实力”。“红”的具体内容可以被归纳为两点：一是学雷锋即新议案里的“关心他人”，二是关心集体即新议案里的“关心公益”。

“专”就是所谓的“硬实力”即各种各样的专门知识与技能。

在中国的那个时代是把“红”置于“专”之上的，在美国现在的“哈佛招生新议案”里是“将关心他人和公益放在个人成就之上”的，两者虽然在时空上毫无关联，但是惊人的一致。

如果人们认识到知识是人创造的用来认识世界、改变世界的工具，如果人们认识到使用知识工具认识世界、改变世界的效率和知识工具的多少相关更和人的认知能力相关，如果人们认识到人的认知能力的大小与人自身的肉体物质形态人相关更与心灵精神形态人的成长状态相关，人们就不会嘲笑中国曾经的“又红又专”，也不会质疑美国现在的“哈佛招生新议案”。

2019年4月1日出版的第七期《求是》杂志发表中共中央总书记习近平的重要文章《关于坚持和发展中国特色社会主义的几个问题》，文章强调，衡量一名共产党员、一名领导干部是否具有共产主义远大理想，是有客观标准的，那就是要看他能否坚持全心全意为人民服务的根本宗旨，能否吃苦在前、享受在后，能否勤奋工作、廉洁奉公，能否为理想而奋不顾身去拼搏、去奋斗、去献出自己的全部精力乃至生命。一切迷惘迟疑的观点，一切及时行乐的思想，一切贪图私利的行为，一切无所作为的作风，都是与此格格不入的。习近平所强调的客观标准没有一条属于肉体的体力与智力的机械之力的范围，条条都属于心灵的精神之力的范围。要想让干部达到这些客观标准，不是背诵圣贤语录和灌输价值观可以实现的，不是A型或AB型课堂可以培养成的，不是教室范围里的课堂环境可以教育出来的，唯有老祖宗时代的“明明德”、毛泽东时代的“又红又专”、“哈佛招生新议案”等提倡的教育思想与教学方法以及本书的B型课堂软环境，可以养成学生日后达成这样的标准所需要的人格特质即人品。

3. 亲民、情感、思想、群众观念与群众路线

本书关于情感由欲望文化而来、思想由情感文化而来以及思想是构成人的认知体系的基石的理论，可以具体解释“哈佛招生新议案”为什么如此高度重视考生社区服务的“亲民”经历。

因为青少年时代扎扎实实的社区服务的“亲民”经历，会带来情感与思想朝着有益社会、服务大众的方向的转变。青少年时代情感与思想的转变将会影响人的一生。

因为青少年时期长期深入的社区服务的“亲民”经历，会加深其与群体的情感，情感的转变会带来思想观念从人分尊卑向人人平等的转变，思想方法也会随之从迷信权威转变为实事求是，从而有助于蕴藏于心灵的人性的释放。

思想上的群众观念、工作中的群众路线，是中国共产党能够成功夺取政权的诸多思想法宝之一。当初的共产党之所以能够让大多数干部真正确立群众观念、走群众路线，原因之一是率先觉悟的领袖人物的教育，原因之二是干部队伍中有相当比例的青少年，原因之三是环境因素——当时的生存环境决定了如果不能确立群众观念、走群众路线就不能生存更莫谈胜利。共产党在夺取政权之后也一直在坚持提倡群众观念与群众路线。如果说在夺取政权之前提倡群众观念与群众路线是生存需要，是获取胜利的需要，可以说在夺取政权之后仍然提倡群众观念与群众路线则是圣人之举，是持续发展的需要。如果说过去可以利用教育和环境因素让足够多的干部确立群众观念、走群众路线，可以说现在必须依靠教育和制度保证——中国曾经实行过的有两年的农村、工厂与军营经历才能够获取上大学起码资格的规定（开天辟地以来从未有过的很少人能明白其中道理的原创之举）与“哈佛招生新议案”的相关规定，即利用招生制度保证将来最有可能成为社会精英的人不要成为“精致的利己主义者”，而是成为在心灵上有群众观念、在工作中能自觉地走群众路线的人。

在中国，1977 与 1978 年入学，1982 年毕业的两届大学生，被认为是最优秀的大学生群体，这两届大学生是支撑中国近 40 年各行各业高速发展的脊梁。这两届大学生之所以相比各届大学生优秀，不是因为他们在入学以后接受的相关专业知识的教学，而是因为他们在入学以前接受的心灵的精神形态人的现代化的教育——思想观念从人分尊卑转化为人人平等、思想方法从迷信权威转化为实事求是的提升文明程度的教育。这一代人的现代化的教育是通过成长环境的改变引发情感的转变与意志力的磨炼，以及由此引发的思想的转变实现的。

作者之所以会对“哈佛招生新议案”有如上认知，是因为作者在读初中阶段的时候，每逢农村夏收夏种、秋收秋种季节，学校都会组织学生和农民一起劳动——深入农村社区。作者还清楚地记得，在夏季抗洪季节，在倾盆大雨中和成年人一起参加南京秦淮河筑堤抗洪的情景，下午每人一块油炸的饼，吃起来特别香，香味似乎至今还在。读高中时，每个学期都会有一个月的时间被安排去工厂和工人一起劳动——深入城市社区。高中毕业之后五年插队农村当农民的经历——全身心地融入农村社区和农民一起劳动、共同生活，更是让作者终生难忘。回顾人生，教室内外、天地之间、人群之中的开放空间里所接受的文化个体人为社会人的教育，岂是只在教室内狭小的封闭空间里所接受的有限的知识与技能的教学能够相比的！

可能有人会问，不上学了，还能读书吗？能读。那么多劳动，还能读书吗？只要喜欢读，任何时候都可以读。当时作者自己读书不仅不少反而更多，因为那个时代没有大学可以考，所有的阅读都是不带功利心的随心所欲的自由阅读。高中毕业之前读遍所能找到的世界各国文学名著，高中毕业插队农村之后已经对文学类书没有兴趣，更多的是读与历史和哲学相关的书。仔细想来，如果没有青少年时代广泛而自由的阅读，今天就不可能写书。从媒体报道的习近平插队陕北时期大量的阅读或许可以看出，在当时，不带功利心的自由阅读流行于全国各地喜欢读书的无论城乡的青少年群体之中。

当下的习近平新时代中国特色社会主义思想就是“以人民为中心的发展思想”。习近平总书记指出：“以人民为中心的发展思想，不是一个抽象的、玄奥的概念，不能只停留在口头上、止步于思想环节，而要体现在经济社会发展各个环节。”作者深信，习近平总书记的“以人民为中心的发展思想”真真切切地来自他对人民深厚的感情，习近平总书记对人民深厚的感情来自他青少年时代长达七年的社区服务“亲民”的经历。按照当时的规定，至少要有两年以上的农村、工厂或军队的经历才能获得被推荐上大学的资格。现在看来，这一规定比“哈佛招生新议案”在时间上早几十年、在程度上更加严格、在范围上更加广泛。完全可以说，“哈佛招生新议案”所倡导的教育思想与作者这一代人在中学时代所接受的教育思想是一致的。

我们的课堂之所以能够深受学生的欢迎，甚至没有考勤，正是因为我们的教师在思想上有明确的群众（学生）观念、在教学中坚持走群众（学生）路线，课堂上所有与学生相关的事情都和学生商量着做。

仔细想想，在青少年时代所接受的与“哈佛招生新议案”教育思想相同的教育让作者养成了三项终身受益的爱好：

爱劳动——家务、种田、做工、服务他人的劳动都热爱。

爱阅读——古今中外、文史哲、数理化等都爱读。

爱交朋友——不管什么阶层、无论什么身份都可成为朋友。

一个人一旦爱上劳动，一生肚子不会饿着，还不易得“三高”。

一个人一旦爱上阅读，一生脑袋不会空着，做什么事都行。

一个人一旦爱交朋友，一生心灵不会空虚，始终有路可走。

在当时肯定不会知道，现在回过头去看，知识青年上山下乡，深入农村社区，为日后农民工大规模进城打工奠定了良好的社会基础。回城的知识青年很多都走向了各级领导岗位，基本上都是社会各个阶层、各个单位的骨干力量。有下乡经历的知识青年以及他们的家人对待在城里打工的农民，不仅没有陌生感而且有亲近感，不仅不会歧视而且会尊重。他们对待农民工的态度，也会影响自己周边的人。毕竟平等待人的行为源自人性、符合现代文明。

人类享有的物质文明一旦高级起来再想回到低级很难，比如已经开上汽车再赶马车就很难；人类享有的精神文明一旦高级起来再想回到低级也很难，一旦养成平等待人的习惯是不会改变的。

4. 生产建设兵团知青与插队知青的差异

这两年做知青岁月口述历史节目以来，对于插队知青和兵团知青有了比较的机会，让我思考，为什么同是上山下乡，但是兵团知青和插队知青无论在整体上还是个体上都存在不小的差异。

兵团发工资，准军事管理，吃食堂，生活的基本需求能够得到保障。插队知青收工回来自己做饭。绝大多数插队知青的插队所在地生活境遇十分差，一年收入的钱不够回家路费，甚至不够口粮。

兵团知青在文艺活动中的组织，成为一笔宝贵遗产，使得大批文艺人才脱颖而出。（精神形态人成长在情感层级。——引者注）插队知青在接触中国底层社会的过程中，面对广大农民的苦难，引起了深刻的思考，在思想上产生了升华，相比较兵团知青更关注国家命运、农民命运，更理解中国农民的苦衷；在情感上，很多人不由自主地把自己的命运和农民的命运连在了一起。（情感因环境而变，思想由情感升华。——引者注）

两种不同土壤，撒下同样的种子，但收获了不同果实。两种不同环境，同样的知识青年，但成长为不同的人。

高强度的体力劳动是一样的，兵团知青在被严格管理的环境里成长，插队知青在自由的状态下成长。兵团知青相互间交往多，相互间感情深；插队知青与农民交往多，得到农民较多的尊重与爱护，所以与农民的感情深。兵团知青的情感发育超出家庭小环境，进入兵团大环境；插队知青的情感发育则是在更大的没有边界的社会大环境里。兵团知青是圈起来养的，插队知青是在广阔天地里散养的。兵团知青想探亲必须打报告申请领导批准，插队知青随时自己批准自己做自己想做的任何一件事。兵团知青养成让别人做主的服从习惯，插队知青养成自己做自己主的自主习惯。

回城之后，兵团知青达到国家领导高层的（政治局委员以上）极少，而插队知青则占据了半壁江山，在常委中兵团知青无一人入选，插队知青则超过半数。

以上内容摘自微信上的《兵团知青与插队知青的差异》一文。此文证明本书“环境教育人”的论点，以及“情感发育受环境影响、思想转变受情感发育影响”的理论。此文说明同样一个人在严格管理与自由成长状态下会有不同的成长。前者的精神形态人最高只可能成长到情感层级，所以出现了大批文艺人才；后者的精神形态人有可能成长到思想层级，成长为拥有人人平等思想观念、实事求是思想方法的，有独立精神、能自由思想的领袖级人物。此文让人对美国的“哈佛招生新议案”与中国的在人类文明史上独一无二的知识青年上山下乡运动多一个观察的视角。此文描述的兵团知青与插队知青的差异现象以及我们多年的课堂实践证明，如果能够为学生搭建B型课堂软环境让学生自主学习，学校就可以供给社会各行各业以拥有人人平等思想观念、实事求是思想方法的，有独立人格、能自由思想的领军人物。

5. 精致的利己主义者析

请注意观察，儿童心理发育的第一个阶段就是自我意识的确立，这个阶段的儿童的行为模式一切都是指向自己的。如果不止一个儿童在一起吃饭，会抢着吃；如果不止一个儿童在一起玩玩具，会抢玩具。心灵发育停留在这个阶段的成年人在一起共事，很难合作，很会争名夺利。这些都是很常见的社会现象，对这些现象可作如下理论上的解释：

肉体的物质形态人的成长三阶段：幼年、青年、成年。

心灵的精神形态人的成长三阶段：欲望、情感、思想。

认知体系= 认知主体即人+ 认知力体系+ 认知工具体系。

欲望利己，情感利他，思想理性。精致的利己主义者的成长状态如下：

某人的肉体的物质形态人成长到成年阶段，肉体的大脑的智力比较发达，且大脑里装了比较多的某一个领域的专门知识，但是心灵的精神形态人的成长比较多地停留在欲望阶段，其智力与知识都在欲望的推动下不由自主地只为自己服务，这样的人就是精致的利己主义者，在古代被称呼为小人——心灵幼小的成年人。

英国著名哲学家罗素曾经在上世纪 20 年代访问过中国，受到当时中国学术界一流学者的无比殷勤的接待。罗素在其后的文章中写道，他十分不理解为什么他的中国同行对他们自己的处于水深火热之中的同胞麻木不仁、毫无同情之心。

上世纪 20 年代爱因斯坦曾经短暂访问过中国，他在其后的文章中写道，当他坐在黄包车里由和自己一样的同类拉着满街跑的时候如坐针毡。爱因斯坦的同情心之大之广可见一斑，爱因斯坦拥有与毫无同情心的精致的利己主义者截然相反的人格特点。

实际上，自古以来，升官发财、成名成家，做一个精致的利己主义者，就是读书人毕生的追求、精神的图腾，并非现在学校才有的现象。

所以说，毫无同情心与社会责任感的精致的利己主义者并非当下的时代特产，“哈佛招生新议案”的出台说明精致的利己主义者的现象也并非中国才有，“哈佛招生新议案”为的正是避免教育出精致的利己主义者。

按分数高低公开排名、“学霸”“学渣”的称呼等是把人加工成精致的利己主义者的技能，离群索居关门读书、远离社会闭门办学的应试教育是把人加工成精致的利己主义者的工艺，人分尊卑思想观念、迷信权威思想方法是精致的利己主义者的思想基础，A 型或 AB 型课堂软环境是培育精致的利己主义者的温床。

三维九方理论能为避免培养精致的利己主义者提供解决方案。

6. 论士

在我们这个群体里，士农工商的社会阶层排序已经延续了几千年，士的社会地位最高，士可以不尊重其他阶层的人，但其他阶层的人不能不尊重士。一句话从身份为士的人嘴里说出来，相信的人就多。可见士的重要性。所以，一个群体的命运如何，这个群体中士的数量与质量是决定因素之一。

但作者认为，士者，追求正义、真相与真理之人（公共知识分子）也，而非写字、行文、画画技能娴熟，学富五车，高中榜首，高官厚禄，成名成家之人（精致的利己主义者）也。对个体来说，能当后者很幸运；对群体而言，没有前者很不幸。一个群体所认可的士是前者还是后者，关乎这个群体的思想（道）、教育（传道之术）和制度（器）——文明体系形态。一个群体的生活方式、思维方式与经济发展模式都是由这个群体的文明体系形态决定的。

三维九方理论能为培养追求正义、真相与真理的士提供解决方案。

二十五、三维九方理论与斯坦福教授的思维理论

去年，全球奖金最高的教育奖项“一丹奖”公布首届获奖者名单，斯坦福大学教授卡罗尔·德韦克摘获一丹教育研究奖。德韦克提出了人的思维方式分为两种：一种是成长型思维，一种是固定型思维。在她看来，一个人拥有成长型思维，将乐于接受挑战，并积极地去扩展自己的能力，而这是未来发展最需要具备的能力。

固定思维的人：规避挑战。成长思维的人：欢迎挑战。

固定思维的人：痛恨变化。成长思维的人：拥抱变化。

固定思维的人：抗拒批评。成长思维的人：闻过则喜。

固定思维的人：墨守成规。成长思维的人：乐于迎新。

固定思维的人：只关注限制。成长思维的人：喜寻找机会。

固定思维的人：努力无用。成长思维的人：失败就是一堂课。

固定思维的人：毕业后不再学习。成长思维的人：终身学习。

德韦克提出的成长型思维是从人的角度探讨不同思维方式，在她看来人的思维方式蕴含了无限的能量，而一个拥有成长型思维的人，未来更有可能取得成功。这个结论，甚至被美国大西洋月刊等媒体评价为“考试驱动型社会的一股清流”，因为孩子学习的内驱力被忽视了太久，而德韦克的这个观点，恰恰让孩子将重点重新放到自己的学习动机和心态上。

怎么培养孩子的成长型思维？德韦克教授说，不困难，一些小的干预，就能产生塑造成长型思维模式的作用。

要明智地表扬孩子，但要表扬过程而不是结果。关键要让孩子相信，他拥有让自己变得更好的力量。停止夸孩子“你真聪明”，对孩子的表扬要具体明确。

1. 你很努力啊（表扬努力）。2. 尽管很难，但你一直没有放弃（表扬毅力）。3. 你做事很认真（表扬态度）。4. 你在__上进步了很多（表扬细节，越具体越好）。比如，你现在游泳时手的姿势更标准了，换气频率更均匀了！5. 这个方面真有新意（表扬创意）。看到孩子奇思妙想，最容易让人跟“聪明”挂钩。可是奇思妙想真的是“聪明”吗？它应该是创意和思考的积累。所以，表扬“有创意”就对了。6. 你和小伙伴合作得真好！（表扬合作精神）一定要抓住一切机会肯定孩子的合作沟通能力。7. 这件事情你负责得很好（表扬领导力）。做得好是因为他有很强的责任心和组织能力。8. 你一点也不怕困难，太难得了（表扬勇敢）。表扬勇敢是最能帮助他涨“自信指数”的时候。9. 你帮__完成了她的任务，真不错（表扬热心）。10. 你把自己的房间/书整理得真好（表扬责任心和条理性）。11. 我相信你（表扬信用）。比如，“我相信你，因为前几次你说话都算数。”12. 你今天参加活动时表现很好（表扬积极参与）。参与活动，能扩大交往、开阔视野、吸收更多精神养分。只要孩子参与，就及时给予鼓励。13. 你很重视别人的意见，这点做得非常好（表扬开放虚心的态度）。14. 真高兴你做出这样的选择（表扬选择）。学会选择即学会自己决策，是培养成长型思维的关键呢。15. 你记得__！想得真棒！（表扬细心）。细心不仅体现在谨小慎微，更体现在孩子考虑问题的全面性和多角度。

以上这15句话几乎囊括了孩子日常行为的方方面面，所以，遇到孩子任何一方面表现突出时就不妨先抛上这样一句。

作者点评：

以上为2019年8月19日一位素未谋面的朋友在微信里给作者发的一篇题为“斯坦福教授的最新发现：普通孩子和学霸的真正差距”的文章。作者发现斯坦福教授的观点与本书不谋而合。

（1）斯坦福教授思考教育的出发点与本书一样，立足人的成长，尤其立足人的思维即认知能力的成长，关注孩子学习的内驱力。

（2）斯坦福教授提醒人们，不要把孩子所有好的表现都往“聪明”一个篮子里装，孩子很多好的表现并非因为让人聪明的智力因素，更多的是因为让人智慧的非智力因素即心力因素。

（3）斯坦福教授提出的“固定思维”，正是本书阐述的拥有A型思想体系的人在认知活动中表现出来的封闭僵化的思维方式；“成长思维”正是本书阐述的拥有B型思想体系的人在认知活动中表现出来的开放发展的思维方式。

下面的题为“思想观念与思想方法决定一切”的文章，作者原本将其放在本书中的“思想”一节，后来将其挪到这里便于读者比较。

思想观念与思想方法决定一切

思想观念人分尊卑、思想方法迷信权威，知识越多，不自觉地妨碍社会进步的作用越大；思想观念人人平等、思想方法实事求是，知识越多，自觉地推动社会进步的力量越大。

思想观念人分尊卑、思想方法迷信权威，学文科只会背书，学理工只能模仿；思想观念人人平等、思想方法实事求是，学文科可受启发，学理工可能创造。

基于人分尊卑思想观念、迷信权威思想方法的早期文明是旧文化，描写帝王将相、才子佳人的文艺作品宣扬旧文化；基于人人平等思想观念、实事求是思想方法的现代文明是新文化，描写普通男女、刻画人性的文艺作品宣扬新文化。

在人分尊卑思想观念与迷信权威思想方法占主导的群体里，个体不可能享有真正的平等、友善与自由；在人人平等思想观念与实事求是思想方法占主导的群体里，个体才可能享有真正的平等、友善与自由。

平等、友善、自由有先后顺序，先平等而后友善而后自由，如果颠倒肯定行不通。

孙悟空本事再大也跳不出如来佛的手掌，人的认知无论怎样也跳不出自己的思想。人的认知要么限制在人分尊卑思想观念与迷信权威思想方法的框框内，要么建立在人人平等思想观念与实事求是思想方法基础之上。前者是封闭僵化的思维，后者是开放发展的思维。

只有实现思想观念从人分尊卑向人人平等、思想方法从迷信权威向实事求是的转变，才能实现真正的民主与法治。唯有实现真正的民主与法治，科学技术才能发展。因为在非民主与法治群体环境里的个体只能学习模仿很难有所创造。所以，毛泽东说，思想路线是决定一切的。思想路线是由思想观念与思想方法决定的，学校教育是实现思想转变重要的场所之一，所以，毛泽东强调，学校的一切工作都是为了转变学生的思想。

（4）一个人是“固定思维”还是“成长思维”的决定因素，不是大脑的智力，而是心灵的心力。所以斯坦福教授的15句表扬孩子的话，就教学内容而言，无一属于知识，句句属于道理；就认知能力而言，无一属于身体感知力与大脑智力，句句属于心灵心力；就人的成长而言，无一直接作用于肉体物质形态人的成长，句句直接作用于心灵精神形态人的成长。

（5）斯坦福教授的15句表扬孩子的话，用道、术、器的分类法认知，是教育技能即教育之器，三维九方德育体系是教育之术，三维九方课堂软环境是教育之道。如果德育不到位，心灵没有发育，精神没能成长，15句话说给石头听？如果学生成长在基于师道尊严的AB型课堂软环境里，即便有150句金玉良言也不可能塑造学生的“成长思维”。学生只有成长在基于师生平等的三维九方B型课堂软环境里、接受三维九方德育体系的教育服务，15句话的教育技能才能发挥作用，有助于塑造出学生的“成长思维”。

附录 1　东南大学生物科学与医学工程学院创新教育实验概况

一、作者与汪丰副院长往来邮件

汪院长的邮件:

感谢沈老师。您的教育思想和方法对我们开展相关工作具有重要的指导意义。希望我们的尝试对学生的成长能有所帮助。我们初步考虑一个方案后请您指导。6 月上旬我们组织一次教学研讨会,请您参加。

2014/5/23

作者的邮件:

汪院长,您好。

感谢您对我的信任,让我参与你们教学改革的尝试。我个人认为中国的教改是一件意义重大的事情,也是一件艰难无比的事情。但是,在当下的公开社会里,在当下的信息流通全球化、便捷化的时代,通过一个个教改的实验实现中国教育的进步已经可能。教改要做的事情只是把世界各国包括中国自己的与教育相关的信息组合起来重新集成新的教育体系。建立一个完全属于中国人自己的,大多数中国人可以理解并实施的,从理念到方法都是全新的教育体系,客观上已经具备条件,只剩下主观的努力了。

2014/5/24

汪院长的邮件:

沈老师,您好。昨天交流非常好,感谢支持。非常同意您的看法。我们借鉴 DCL 教学组织思想,结合东南大学的学生特点,探索行之有效的方法。现在的很多教学改革为改而改,未能真正提升人才培养的效果。初步考虑，6月上旬我们再组织一次教学研讨会，第一天主要交流DCL，第二天讨论我们怎么做。希望您的指导可以使我们在人才培养方面真正取得效果。当然，这是一件很艰苦的事情，需要团结一批骨干教师才能有效实施。祝好，汪丰。

作者的邮件：

汪院长，您好。感谢给了我参加这次教学研讨会的机会，让我结识了许多新朋友、学到了许多新知识，同时也增强了我对《课堂的革命》一书里所阐述的教育理念和教学方法的信心。

请来讲课的高汉先生无论是职业素养还是业务能力都是一流的，他对DCL课程了然于胸，思路条理，表述清晰。最难得的是他的汉语能力，提升了这次交流的有效性。通常，抽象的理念和方法的交流，即便本国人之间用母语交流也会比较困难。

13日下午的模拟课堂一开始，高汉老师给每一个组员发了两张小纸条的游戏，算是课程开始的一个序曲。这个序曲虽然很短，已经隐含了课程的教学目的：

(1) 用游戏的方式激发学习的意愿。

(2) 培养主动发现问题的意识。

(3) 训练提出问题的勇气。

(4) 学会解决问题的方式之一即讨论。

在发现问题、提出问题和解决问题的过程中都需要借助与问题相关的知识点，如果知识点不够，组员可以相互询问，可以翻书或上网查找，知识点就在不知不觉间积累起来了。

讨论的过程就是不同看法交流的过程，过程中说话的内容、形式包括语气，都会影响交流的效果，口头表达的技能在此过程中得到训练，合作的能力在此过程中得到加强，团队的意识在此过程中得到提升。

仔细想想，无论是工作、生活还是从事科学研究等，凡以脑力劳动为主的工作过程基本都由发现问题、提出问题以及解决问题三个步骤组成，过程中的每一个步骤都需要借助相关知识点为工具来实现。所以，DCL课程关注的不仅是学生学到了多少知识点，而且关注学生是否掌握了学习的方法即学会学习，以及学生是否掌握了运用知识解决问题的方法即学会做事。学生在DCL课程中获取的知识点无论是在数量上即知识的广度上，还是在质量上即对知识的理解程度上远非传统课堂所能比。这样的课程能够让学生具体学到些什么，《课堂的革命》一书中第60页到62页里收录的3篇学生课堂日报有详尽的描述。

发现问题需要主动意识的培养(高汉老师把"主动"意识的养成放在首位，"被动"人格是中国学生的特点)，提出问题需要勇气的提升，解决问题需要能力的训练，所以DCL课程也是一个全面育人的课程即学会做人。

联合国教科文组织提出的教学宗旨"学会做人，学会相处，学会做事，学会学习"，通过DCL课程可以全部实现。

换句话说，无论什么样的课程安排，对学生而言有这样三个方面的问题要考虑到：

(1) 是否有学习意愿？

(2) 学什么？

(3) 怎么学？

对教师而言同样有三个方面的问题要考虑到：

(1) 如何激发学生的学习意愿？

(2) 教什么？

(3) 怎么教？

在我们习惯的课程安排里，通常第(2)点即"教什么"和"学什么"得到了应有的重视，其他几点没有得到应有的重视。DCL课程的设计，这几点全部都被考虑进去了。

DCL课程的教学效果与传统课堂不可同日而语，从DCL课堂走上工作岗位的学生，很快就能够适应工作岗位而且极有可能成为所在单位的骨干力量，我们课堂上学生的经历足以证明这个结论。

DCL课程还有一个好处是，无论学生个体的差异如何，能够做到让每一个学生都得到长足的进步，可以实现"一个也不拉下"的教育口号。

关于tutor(导师)的作用我是这样理解的：tutor的作用不是答疑，更不是讲课，而是引导以小组为学习单元的学习过程能够在正确的方向上进行，指导以讨论为主的学习方法能够充分地展开，使得学生的思考不断地深入。还有一点，自始至终让学生感觉到他们才是学习的主人，驾驭学习过程的正是他们自己。

此外，一开始就邀请南京大学专门研究教学评估的吕老师加入是一个周到的安排，将有益于项目得到比较专业规范的总结。是否有必要在开始的阶段就弄清楚现行的教学评估有哪些业内认同的关键指标，以便在课程实施的过程中往这些指标靠拢？

通过一天半的研讨会，相信与会者对DCL课程的形式有了一个初步完整的印象，至于对DCL课程形式所隐含的教育理念和方法，以东大教师的品质在今后课程的实践中很快就会明白。

以上内容就算我在模拟课堂后交出的一份模拟家庭作业，请汪老师批改。

沈思 2014/6/17

汪院长的邮件：

沈老师，您好。感谢您的全面和深入的思考。坦率地说，我目前是希望先尝试起来，看学生们的反应。DCL课程如何和传统课程结合，激发学生学习有难度和深度的知识，仍是我们需要思考的问题。希望月底的交流会可以让老师们先动起来。要想让中国的教师把关注点扩散至思想方法和思想力不是一件容易的事情，得有巨大的耐心。

汪丰　2014/6/20

二、学生们的感想

2015年4月，南京理工大学图书馆张主任邀请作者办一个讲座，听众是新招收的新教师。考虑到我们这个习惯以身份论价值的群体的思维习惯，仅有属于民办三本院校的三江学院的创新教育成功的案例不足以让属于官办的211高校的南京理工大学的教师听众信服，作者就把在属于985高校的东南大学生物科学与医学工程学院协助教改期间积累的材料做成了PPT带到讲座上去。其中，载有部分东南大学学生感想的

PPT1 的内容如下：

1. 这个课程确实为我们打开了一个不同于传统教育的新世界。

——摘自三年级一个学生小组的总结报告

2. 一句话概括之，这个课程让我们学会了如何真正学习。

——摘自二年级一个学生小组的总结报告

3. 这样的课程让我们花费同样时间可以学的东西变成了四倍。

——摘自闫子玥同学课堂日报

4. 这是我们以前从未接触过的课程，在这样的课程里老师只是一个引导的作用，不负责传授知识，这样的课程给人耳目一新的感觉。这样的课程优点很多：

(1) 可以充分调动学生的自主性，一堂课一个半小时经常感觉过得非常快。

(2) 可以让学生锻炼获取资源和信息的能力，这种能力对于未来的工作、学习、生活都有很大的好处。

(3) 让学习的效率更高，在一个月里，学生就可以通过每周两节课大概了解一门学科的框架，而在原来的一个学期的课程最终也只是让学生了解学科框架而已。

(4) 增加学生有意义的阅读量。

——学生徐韵婉

5. 课程开始前免费得到一本《课堂的革命》，我只是挑着自己认为有用的重要的部分读了读，觉得有一句话特对：

对知识的学习，其过程必须是自觉的；对道理的认知，其思想必须是自由的。

确实如此，在这次课程中，我也渐渐认识到这一点。只有学生自己想学、要学，课堂才是成功的，学习才是有效的，我们才能主导知识，而非是知识的奴隶！

——学生赵新雷

三、和老师、学生的部分往来邮件

1. 东南大学生物科学与医学工程学院张熠同学与作者的往来邮件

沈老师好。

首先我想就张宇老师开设的DCL课程谈谈自己这两天的亲身体验。这样的课程形式确实让同学们有耳目一新之感。这个课新在我们可以围绕一个大的方向，学习自主确定研究课题，自主设定解决问题的方案，还有就是学习怎么有效地管理团队使之激发出每个人的潜能，最重要的是锻炼我们在真正解决实际问题时所需的各种综合能力，而这样的能力的获得对于我们以后的工作、生活都是十分重要的。这样的课程使同学们终于可以high着学习了。

从个人出发，因为有了自己的课题、自己的团队，我会不自觉地想去多了解一些，好让自己的方案更加完美一些，我会主动查阅各种文献，甚至有一次熬夜到凌晨3点依然没有困意。我认为这就是自己做"老板"的好处，自己所做的努力全是为了自己团队的方案能够比其他的团队好，这样一种对于荣誉感的期盼会调动整个团队的求知欲和冲劲儿，而最终的结果就是每个人都学到了不同程度的解决问题的能力与专业知识。

相对于传统的课程模式，DCL课程使得学生能够主动解决问题，整个学习的过程都将由最后的presentation展现出来。哪个团队下的功夫最多，一目了然；哪个同学收获得最多，一目了然。换句话说，DCL课程给人的感觉是干好干坏都是咱自己的事儿，怎么干也全靠咱自己，所以哥儿几个赶紧brainstorming出一个解决方案出来，然后看看怎么使之既新奇，又靠谱。在学习的过程中，往往是突然蹦出个自己的idea，然后就开始纠结，这方法好虽好，但如何证明其可行性？或者说我怎么让它变得具体可行？这样的学习过程我想就是所谓的创新！试想如果当年没有爱迪生的胡思乱想，哪有现在的繁华都市？所以保不齐我现在脑子里的这个想法就会在未来服务整个世界了哈。其实一个人想搞创造就得这么自恋才行！

中国是一个国情复杂的国家，最主要是人多资源少，所以中国的学生从小就要学会怎么在各种考试中取得优势，而这一切其实仅仅是为了生存。中国的孩子很苦，苦在心里。从各种标准化的考试中脱颖而出，这是我们从小到大一直在做的事儿。好的成绩可以证明我们比竞争者更优秀；可以让我们的父母开心，因为父母也是被这么教育长大的。

同样的方法，在中国用如履薄冰，而在美国、德国等发达国家却用得不亦乐乎。俗话说得好，凡事从娃娃抓起。美国的孩子从小学就接受这样的训练。在中国人看来，也许他们的孩子只是胡闹，不学无术，都上大学了懂的还没咱国家初中生的知识多哩！可在我看来，这就像孙悟空在评价如来佛。美国的孩子在18岁前可以对自己有一个全面客观的认识，中国的孩子就不行。美国孩子不学具体知识，但他们从各种游戏中学到了各种解决实际问题的能力，不断地认识自己的各个方面，以至于到高中毕业时就能清醒地认识到自己的特长、天赋与不足。他们习惯了天马行空地想象，各有所长地合作。总而言之，他们了解了自己，有了发自内心的梦想，就像是整装待发手握地图的探险家，他们的人生之路还会难走吗？

我们再看看我们中国的小白菜们，终于上了大学，为什么上了这个大学？为什么学了这个专业？以后想成为什么？下一步想做什么？诸如此类的问题开始让我们惶恐不安，就像是海上的暴风雨把我们不知怎的送上了一个不知是啥的岛上。高中学的那些东西基本在大三前就会忘光，剩下的只是无尽的迷惘。随着课业负担的减轻，我们会渐渐发现自己的悲哀，我们不认识自己，因为我们并没有真正意义上探索过自身。我们的梦想都差不多，也不知道到底是怎么想的，因为我们压根儿就没有干过什么真正让自己热血沸腾的事儿。我们都差不多。

我想说，在中国，越是从小到大都听话的孩子，到了大学越是迷惘，因为他真的没有给自己留下时间去探寻自己内心的声音，他听到的永远是别人的声音，而我自己就是一个典型代表。许多人习惯了被动接受，即使想开始主动学习，也要下意识地问一句：怎么开始？

其实也是最近我才认识到，转变是必需的，即使它很痛苦！我用了大二一年的时间终于真正意义上第一次开始审视自身，我回忆自己的各种经历，试图找到自己真正爱的东西，找到自己真正擅长的东西，看各种如何更好发现自己的书，做各种人格测试、职业规划，看各种经典励志、思想深刻的电影。但是很可惜，我只能说：我还是不太认识真实的自己。我也知道这很难。所以我珍惜像DCL这样的课程，我把它看成一次能够了解自己、锻炼自己的机会。只要是能够自主做的事情，我都会去尽量将它做好，因为我相信不断地这样做能使我渐渐地不再迷惘，渐渐地使我找回丢失的灵魂。但我不确定其他人是否也是这么想的。

无论阻力有多么大，我想这样的教学方式还是极有必要推广的。

21世纪，我们一起加油！

by 张熠　2014年9月20日

张熠同学，您好！

很高兴看到您的邮件。您的名字里那个字我不认识，请您教我认一下，该如何拼音？

学生是教学的天然的最有权利的评判者，您是否可以让您认为也对DCL课程有深切感受、有深入思考的其他同学也写一篇呢？世上事有难易之分乎？不动者难，行动者易。事在人为，众人拾柴火焰高。

有同学对DCL的认识还没有到位，因为思维惯性的缘故，加速度为零的惯性思维比较普遍，让我们共同努力给惯性思维一个外力。

2. 南京大学教育研究院吕林海老师给作者的邮件

沈老师，您好！

邮件收到。学生们写得很好。教学方式一变，学生的变化也跟着发生了。学生的潜力何其大也，被动教育模式对学生的压抑何其大也。

吕林海　2014年10月22日

注：吕林海老师专门研究教育评估课题，被东南大学生物科学与医学工程学院邀请参加创新教育实验项目。

3. 作者在2014年10月18日学习成果报告会上的致辞

尊敬的同学们，尊敬的各位老师：早上好！

十分感谢生物科学与医学工程学院邀请我参加这次报告会，给了我一次向同学和老师们学习的机会。我们知道，当下的大学都重视科研项目，我个人认为没有什么科研项目其意义、其价值能够超过创新教育的科研项目，因为人的一切活动都是为了人自身，而创新教育科研项目的成果可以直接为人服务。

我个人认为没有什么科研项目比生物科学与医学工程学院这一次的教育科研项目更有趣，因为这项教育科学实验的主体是学生自己，实验的对象也是学生自己，坚持下去不仅有可能发现新的教育路径也有可能发现自己。

我十分地期待着同学们即将开始的以实验担当者和实验对象双重身份所做的报告。我相信，同学们的报告，一定能够一展他们自主学习激发出来的精神风采，一定能够尽显他们合作起来互帮互学释放出来的许多智慧，一定能够为这一次创新教育的科学实验提供许多宝贵的一手资料，一定能够为这一次创新教育的科学实验进一步地深入展开提供许多宝贵的建议，一定能够让我学到许多知识，一定能够让我受到许多启发。期待着同学们精彩的报告！

谢谢大家！

4. 作者给学生张熠的邮件

张熠同学，您好。

听同学们的成果报告，我注意到报告有三种类型：

第一种类型：报告的关注点局限在所做的事情上。

第二种类型：报告的关注点不仅在所做的事情上，也在怎么样做事的方法与过程上。

第三种类型：报告关注点不仅在所做的事情上，也在怎么样做事的方法与过程上，还在做事情的人在做事过程中的成长上。

第一种类型没有错，第二种类型比较好，第三种类型最全面。

第三种类型报告中提及的事情、做事的方法与过程以及做事的人，正是教学过程中需要关注的三个方面，三位一体，缺一不可。

实际上，就中国眼下的教育现状而言，同学们正在进行的创新教育的尝试不仅关系到自己的成长，而且是在重新书写中国教育历史的大事。用万遂人老师常常挂在嘴边的一句话来讲，这是一件天大的事，我们要改变的毕竟是形成于一千多年前的教学习惯。以上一点个人感受供参考。如可能请将我的这点感受转告您认为会感兴趣的同学。谢谢！

5. 教育部生物医学工程教学指导委员会主任委员、东南大学博士生导师万遂人教授给作者的邮件

沈老师，您好。谢谢您以老师的身份、以教育者的身份给同学写了这么好的信！

我看完信后的第一个感觉是：我们正在实践的教学方法是非常好的一件事，无论从学生的角度还是从教师的角度都体会到这一新的教学方法所带来的甜头，师生都将从这一新方法中受益。

第二个更重要的感觉是：您从教育全局角度的总结特别有深度。这一点非常重要，不但是我们自己，特别是我们学院尝试这些教学法实践的老师们要有体会，要有深刻的认识。否则无以继续！当然，只有我们都能够像您一样有深刻认识后，我们才能说服别人，才能更好地宣传这一新的教学法。

由衷地感谢您对我们的帮助和支持！我已经在我们教学指导委员会试点推广这一教学法。您的大作我准备在培训会上向大家再做推介。祝好！

遂人　2014 年 10 月 25 日

6. 教育部"新世纪优秀人才支持计划"入选者、江苏省生物材料与器件重点实验室副主任、东南大学生物科学与医学工程学院博士生导师张宇教授给作者的邮件

沈老师，您好！

学生写得很好啊，这也是我第一次在创新课程过程中读到的学生的心声。我有一种感觉，您对教育的热情和贡献，一定会让创新课程在中国成功、发展。

祝好！

张宇　2014 年 9 月 22 日

附录 2　关于前一本书《课堂的革命——师生平等对话录》

《课堂的革命——师生平等对话录》是作者参与的三江学院创新教育实验的纪实，该书的特点是真实。书中提到的每个人都是真名实姓，书中描写的每件事都是真人真事，只有作者用了“沈思”这个笔名。作者希望读者集中关注该书的内容即深入思考该书阐述的教育思想以及教学经验而不要关注写书的人。作者十分赞赏这样的观点：认理不认人，人才；认人不认理，奴才。无论民主与法治社会的运行还是科学与技术的发展，都基于这样的认知方式。

该书之所以能真实，是因为该书是在学生们每天写的课堂日报基础之上写成的。该书有近一半篇幅是收录的两期班 63 个学生写的课堂日报，每个学生至少有一篇课堂日报收录其中，无一遗漏。从 2011 年 7 月到 12 月间，两期班 63 个学生，每一个学生在每一天都会写一篇课堂日报，总计写了 150 多万字的课堂日报，可以毫不夸张地说，150 多万字的课堂日报没有一个字是抄的，没有一句话不是从学生们的心灵深处自由地流淌出来的，真的是字字珠玑、句句真言——这正是该书读来让人感动、令人深思的原因所在。安徽《艺术界》杂志社社长周志友先生之所以评价该书此前的中国从未有过，可能是因为课堂上的每一个学生在每一天都会写一篇课堂日报，而且是自觉地写，从课程开始一直写到课程结束，这在教育史上可能从未有过。

该书之所以能真实，不得不说得益于网络工具的普及。学生们写的课堂日报、老师写的日报点评以及老师之间关于创新教育的讨论都是在线上线下同步进行的，无意间留下了大量的宝贵的一手资料，用当下时髦的话来讲就是大数据——从每一个学生心灵深处自由地流淌出来的涓涓细流汇集而成的心灵之声的大数据。

《课堂的革命》是作者的处女作，该书在出版之后获得的社会各界人士的评价是作者万万没有想到的。该书编辑戴亦梁女士在出版过程中就曾评价说："只要看就会喜欢"，"越看越觉得意义重大。"该书出版之后社会各界读者的反应果然如同戴亦梁编辑的判断，从大学校长到快递小哥都喜欢看。

一、社会各界部分读者的评价

1. 两位耄耋之年的老教授的评价

（1）丁承懋老教授的评价

2014 年 4 月 11 日三江学院计算机学院举办读书节活动，作者在该活动上为三江学院图书馆捐赠一批《课堂的革命》。80 多岁高龄的三江学院创始人之一、南京大学原教务处长丁承懋老先生闻讯前来参加。丁老教授在赠书仪式结束后发表讲话，他说："校办前段时间给我送了这本书，我读了，给了我极大的冲击，十分震撼。我是原中央大学教育系毕业的，毕业以后一直从事教学工作，我们搞了几十年的教学改革，搞来搞去都是教师讲学生听。……我十分赞成毛泽东说过的'学校的一切工作就是为了转变学生的思想'，校长、教师等教育工作者就是应该为学生服务。"丁老先生在离开时握着作者的手言情恳切地说，一定要把这项创新教育之事坚持做下去。当时作者心里只有一个感觉——面对的是一位让人不得不肃然起敬的教育界的老前辈，这样的老前辈的嘱咐是无法辜负的！

在这次赠书仪式活动中，应丁老先生的要求，学校随机邀请了四位毕业于我们课堂、已经工作了两年多的学生参加丁老先生的座谈会。这是自同学们毕业以后作者第一次见到他们。活动结束后胡剑峰同学和作者讲，在我们的课堂上学到的东西对他的职业生涯帮助很大，这样的课堂无论对个人还是对社会都意义重大，希望继续办下去。他的话令作者感慨万分，作者再也没有想到这样的话会从一个"90"后的学生口中说出来，会从一个离开课堂两年后的学生口中说出来，原以为他们离开课堂之后会蜕化的。

（2）张伯华老先生的评价

另一位毕业于原中央大学英语系、南京工程学院 80 多岁高龄的老教授张伯华先生在看了这本书后问作者："学生们学习的热情怎么会这样的高？"作者回答：学生在他们的课堂日报里回答了您的问题——因为我们这个课堂没有师道尊严只有师生平等，没有师道尊严也就没有学生对教师的畏惧，有了师生平等也就有了学生对教师发自内心的爱戴。心中没有畏惧，学习就会轻松；心中有爱，学习就有热情。张老先生沉思了一会自言自语地说了一句耐人寻味的话："他（毛泽东）可能是对的。"紧接着表情严肃地给作者提了一个建议："你今后不要提'师道尊严'，只提'师生平等'。"

张老先生还说，你这本书很少引经据典。作者以为，用事实说话胜过引经据典，任何经典本身都是从大量事实中高度抽象出来的。事实是经典的经典。

张老先生还在给作者写的一封信里写道："你写东西的特色是举重若轻，有着平静的观察、冷静的分析、科学的认知和理智的'沈思'（在古汉语里'沈'与'沉'同字——引者注）。看来这样的教学不失为一条为国家培养人才之路。好的开头是成功的一半，希望此书的出版是一项全新的教育事业的开始。"

作者原以为《课堂的革命》的书名会引起两位老先生的不快，因为作者知道，他们曾经在为中国社会进步的探索过程中被动地吃了很大的苦。结果恰恰相反，无论是丁老先生还是张老先生，他们给作者留下了这样一个深刻的印象：个人曾经的苦难没有影响他们对真理的尊重、对教育进步的期待，他们都是值得尊重的前辈！

作者万万没有想到的另外一点是，这本书竟然转变了两位耄耋老人持续一生的思想观念。社会学有一个普朗克定律——一个新的观念只有在老一代死掉以后才能为新的一代所接受。这两位老先生在读过《课堂的革命》之后发生的观念转变的事实，说明普朗克定律不一定适合每一个人。

2. 与北京交通大学宁滨校长往来的邮件

2014年5月6日宁滨校长给作者的邮件：

> 沈先生，您好。今日将您的大作基本读完，我在学校的人才培养大会上推荐您的著作给我校老师。希望能从课堂文化、教学模式和教学内

容上进行改革，提高学生的学习兴趣，提高人才培养质量。很高兴认识您，希望能多交流，您在书中的许多见解让我很受启发。祝好。　　宁滨

6月9日作者给宁滨校长的邮件：

宁校长：您好。向您请示一下，我是否可以把您5月6日给我的邮件公开发表？我想借助您的身份推广书中的教育思想和教学模式而不是推销我的书。教育是千家万户、千秋万代的事业，比起中国的教育创新事业，任何个人的名利都是微不足道的。

6月12日宁滨校长回复的邮件：

沈先生您好，没问题，您可引用我在学校大会上说的话，那是我真实的想法和愿望。祝您顺利。

3. 安徽《艺术界》杂志社社长、《德胜员工守则》主编、中国作家协会会员周志友先生2014年5月1日给作者的邮件

沈先生：幸会。返回合肥途中，粗读了大作，感觉非常好。如果能按照先生的方法教学，中国教育幸甚！这类书中国此前从未有过，值得大大推广。衷心希望该书能够成为畅销书！

4. 作者与美籍华人、美国普度大学IUPU校区EE系主任、校长席位教授、国家"千人计划"引进人才、中国华电科学技术研究总院副院长陈耀斌教授的对话

陈教授：我看你的《课堂的革命》一书时，边看边笑。为什么笑？我笑的是你书里的教育理念与教学方法和我在美国执教几十年所遵循的理念和方法是一样的，我可以在英语里找到相应的单词与之一一对应。你又没有在美国教过书，你是怎么知道这些的？

作者：英国的苹果树上的苹果往地上掉，中国苹果树上的苹果也往地上掉。地球引力各处都有，大的道理到处一样。不一样的只是，当初英国有人想苹果为什么会往地上掉，而我们没有人去想这个问题，没有想不代表不会想。如果我仅仅听你讲课、读你写的书、到你学校参观，我是无法真正知道这些的。我在书里所阐述的教育理念和方法，是我在教学实践过程中从经验里抽象出来的。正确的思想、恰当的方法，只有通

过身体的感知、大脑的思考、心灵的感悟，在实践中总结、在经验中抽象而成，只此一途，别无他法。

陈教授：这本书自由的写作风格、深入浅出的表达方式让我印象深刻。我估计这样的书中国只有这一本，这本书指出了中国教育改革的方向。

陈教授还告诉作者，他们中国华电科学技术研究总院每个人都发了一本《课堂的革命》，并且组织了一次读书讨论会。

5. 华东理工大学80多岁的沈若莲教授的评价

这本书指出了中国教育改革的方向。

6. 南京敏捷智库总裁张卫先生的评价

这本书对大、中、小学包括职业教育都有指导意义。

7. 江苏电视台体育频道总监张建伟的评价

这是一本子子孙孙都可以看下去的书。

8. 中国大唐电力江苏公司副总经理周全的评价

这本书最宝贵的是学生写的课堂日报，都是一手资料。

9. 中国科学院软件研究所科技处藤东兴处长的评价

我夫人是教师，我和我夫人都很喜欢看这本书，还会参考这本书教育女儿。

10. 南京祥瑞新能源科技有限公司董事长彭承鹏

昨晚拜读《课堂的革命》，不知不觉到了凌晨两点，浮在脑海里的只有四个字“呕心沥血”。老师对学生倾注了一片爱心，令人感动！老师对学生的爱心塑造了全新的师生关系，值得敬佩！同样一个学生，在不同的课堂上表现出的几乎截然相反的心态，让人感慨万分。耕耘与收获是成正比的，学生被企业高度认可顺理成章。教育兴则国家兴！创新教育功莫大焉！

11. 一位快递小哥的评价

一位快递小哥在一次上门收我寄出的书时，我送了一本给他。 在又一次上门收取物件时他告诉作者，他很喜欢阅读这本书。 问他为什么会喜欢。 他回答，因为真实。

12. 江苏国信地产公司副董事长、党委书记袁裕法

书中的师生平等、让学生参与、关注成长、启发智慧等思想都是创新精神的体现。

二、一个中国大学生给作者写的读后感与苹果公司CEO库克的讲话

沈爷爷，您好。

看完《课堂的革命》至今已经有很长一段时间了。看完这本书确实有很多的感触，但当时并没有以文字的形式记录下来。看到朋友圈里您发的各种动态，其中有您的个人感悟也有学生自己的感悟与体会，结合我自己成长的经历，我觉得有写点文字的必要。

这本书给我的第一感觉就是震撼，因为在传统的教育模式下，我已生活得太久太久，这本书传播的理念无疑是对我固化了的思维的一种颠覆。在这样一个科技飞速发展的时代，很多传统行业受到冲击，企业不得不转型，否则将面临亏损倒闭的风险。人也一样，很多工作被机器所取代，人如果不学着改变，也将面临失业的风险；而人的发展则与我们的教育息息相关，教育模式如果不能很好地改善以适应时代的发展，很多人将会在激烈的竞争中被淘汰。

我想以后可能更多的领域将由机器代替人来工作，机器与人最大的不同就是思想与心，这是人所独具的，机器再优秀也达不到人的这种高度。所以，最具有价值的东西会是一个人的作品（一本书，一部电影、动画、影视作品，等等）。因为它包含的是人的思想与心，这是一个用心去思想所获得的成果，它凝聚了一个人的社会阅历、成长体悟，与他人交流所获得的种种，这些都是冰冷冷的机器无法办到的。正如陈寅恪

先生所说："唯此独立之精神，自由之思想，历千万祀，与天壤而同久，共之光而承先。"人要具备这独立的精神、自由的思想，就应该让人从小能够自由地发展与成长，而我们的教育却背道而驰。我们的教育要整齐划一，死记硬背，不断做题目，这恰恰违背了让孩子随着天性去发展。如果把人教成了整齐划一的机器，那是教育最大的失败。因为这样一个"伪机器"永远也做不过真正的机器。真正的机器可以不吃不喝，不会向老板抱怨，但"伪机器"却不行。教育的导向应该是让人成为一个人，一个真正的有血有肉、会思想的健康完整的人，而不是去和机器比熟练度、精确度的"伪人"。

——刘昊　2015 年 9 月 7 日

上文是南京审计大学大三学生刘昊同学来信的全文，作者一字未动。刘昊同学是作者 40 多年前插队农村时的农民朋友的孙子。

2017 年 6 月 11 日《参考消息》刊文，题：应以人文精神指引科学——苹果公司 CEO 库克在麻省理工学院毕业典礼上的讲话。 摘录如下：

库克告诉麻省理工学院的毕业生，科学如果不是以人类基本价值观和帮助他人的愿望为动机，将一文不值。

库克说，"不管你在一生中会从事什么，不管我们苹果公司会做什么，我们都必须在其中倾注我们与生俱来的人文精神。"

库克说，"科技本身没有好坏之分，它一无所求。"库克还说，他并不担心人工智能会让计算机获得像人类一样思考的能力。他说，"我更担心人类会像计算机那样，进行没有价值观、没有同情心或者不计后果的思考。这就是我们需要你们帮助我们避免的情况。因为如果科学是黑暗中的探索，那么人文精神将是让我们看清自身所处环境以及为我们照亮前方危险的一盏烛光。"

作者点评：(1) 刘昊同学为自己有可能被变成机器人而烦恼，库克先生在担心人像机器一样思维。(2) 刘昊同学是中国南京审计大学的大三学生，库克先生是美国苹果公司 CEO，两个人距离相隔很远、年龄相差很大、职业完全不同，但是，观点惊人一致、烦恼全都一样。 可见人心相通、大道归一，更可见中国学生资质之优、潜能之大。 有这样的学生资源，教育就有希望。（3）为学生搭建B型课堂软环境就可以避免刘昊同学和库克先生所共同担心的现象发生。

附：机器人

对于机器人（robot）最常见的解释可见《牛津英语词典》："一种智慧的人造生物，一般由金属组成，某种程度上类似于人或其他动物"。机器人第一次出现在英语中是在维多利亚时代：第一条引用来自1839年，但它指的不是后来科幻小说中那种像人的机器，而是"中欧农奴系统，佃户以强迫劳役支付租金"（《牛津英语词典》）。这个词通过德语进入英语，虽然这个词追根溯源来自捷克语"robota"，意味"强迫劳动"或"奴工"或"劳工"。

被强迫劳动的劳动者被定义为机器人，被强迫学习的学习者是否也可以被定义为机器人？

综上所述，是否可以得出制造机器人的两条路径：一是制造机器与电脑，然后把它们组合起来造出机器人；一是遏制人的欲望、情感与思想，不让精神形态人成长？

如果一个人从幼儿园到大学，其接受教育的过程几乎都是被强迫的而非主动的，其接受的教育是只关注肉体的大脑智力的应试教育，而其心灵的欲望、情感与思想都被忽视，会不会长成机器人？2019年4月13日《扬子晚报》刊登的题为"医学院研究生开水烫小狗还拍视频"的报道回答了这个问题。

三、部分三江学院计算机学院学生的读后感

人们认为，评价饭菜好坏应该食客说了算；同样道理，评价教育好坏应该学生说了算。作者给一个班级50多位学生每人赠送了一本《课堂的革命》，并且和学生们说，有来无往非礼也，请每个人写一篇读后感，哪怕写一句话，只要是真心感受就行。同学们按照约定写了读后感，以下的内容是作者从中挑选摘录的部分。

1. **陈黄**：这几天利用休息时间看了《课堂的革命》。此书聚焦课堂教学实践，以现场素描的方式真实再现了教师们多样的教学实践和学生们多彩的学习生活。这种革命不但是师生的共同愿景，也是学校整体变革的基点，变革的基点是尊重和信赖每一位学生。作者通过自己的经验总结出，在教学中是否能做到合作学习很大程度上取决于能否尊重每一位学生的尊严，只有尊重和信任每一位学生的多样性和可能性才能使他们轻松自如地参与、交流、自由地思考。如果教师能够发自内心地尊重与信任学生，能够认真细致地与学生对话，那么他们不仅能够应对新课程改革的挑战，也能够帮助学生找回学习的乐趣！

2. **季文**：这是一场思想的革命。经过一段时间对本书的学习，受益匪浅。在我看来，那里的学习不是为了考试，而是为了更好地走向社会，走向工作岗位。

"学习的目的是为了考试"，一个人们早已习非成是的观念。现在的中国式教育亦是如此。学生，教师，甚至是学校，把学习作为考试的工具，使学生成为一种工具，所以学习也就失去了它本身应有的意义。学习的目的怎么能是考试呢？这是多么愚蠢的认知！

考试是手段，不是目的！考试的本意是促进学习的手段。学习的目的是为了人的身心能够充分地发育、健康地成长。考试如果变成了目的，对人的身心的发育和成长会起到完全相反的作用。

3. **戴立豪**：用一个月的时间读了一遍《课堂的革命》，对课堂模式的革命、学生实习月报、新课堂上有意义的发现等章节还再次翻阅。关于课改实践成果的表述，我想主要还是平等意识、思维习惯和合作精神的培养，从课堂日报、周报的内容可以看出，经过你们团队的打造，这些学生真的是非常优秀和惹人喜爱。中西方人文环境的区别就在于平等意识、思维习惯与合作精神。

您的思考中关于全社会"改变旧课堂，创建新课堂，'窝里斗'的秉性将无扎根之处"等思想显得尤为重要，而这就更需要许许多多像您一样的有识之士呼号、实践与推动，甚至需要几代人的不懈努力，或许根本就不可能。

4. **王璐**：《课堂的革命》在我看来是一本回忆录，充满着浓浓师生情。

整本书虽然没有那种华丽的字眼，但是处处充满着淳朴的非常真挚的情感。老师不再是传统观念中那种高高在上的老师，让我很羡慕学长们能有这样一次永生难忘的经历。

我觉得这本书很好，它能让正处于大学迷茫中的我看清自己的目标，学习到有效的学习方法，同时它也让我了解到不是考试成绩好的未来就一定有很大的成就，要学会与人交往，要有好的人际关系，所以不能总是一个人闷着，应该加强交流，这样才会有思想的碰撞，才会激发出思想的火花。学习不仅仅是学专业知识，还有比专业知识更重要的品行。我们要有道德，而不是成为一个自私的拥有丰富知识的“人渣”。

5. **高泽文**：看完这本书，感触颇多。上了十几年学，一直以来填鸭式的应试教育对我乃至我们这一个时代的人们来说几乎是学习的全部。几乎没有培养学生自己的学习兴趣从而让学生自己在学习中满足、在学习中快乐的。古人云：学习有三个境界——苦学、自学、乐学。我们当下的教育还几乎停留在第一个苦学阶段，老师教，学生在下面苦学，也有极少部分好的老师可以很好地引导学生去自学。而《课堂的革命》恰恰说的就是这个问题，并且已经着手于教育的改革，先不说实验结果的好坏，这种勇于创新的精神就值得每个人学习。

书里着重于培养新时代人才，将传统课堂变成一个充满新意、提倡创新的新课堂，将学生们的“要我学”转换到“我要学”的环境里；另外还发现书里全都是培养学生做人的准则，终生受用的做人智慧，而不是一味的专业知识。书里多次提到“合作”，毕竟一个人的智慧是有限的，大家的智慧才是无穷的。

6. **戴梦玲**：这本书有很多让我深思的东西。比如，这个大学我读了有什么用？至今为止我在这个大学里学到了什么？以后的我该怎么用我学到的东西实现我的价值……很多很多。

我觉得总结经验也是二次学习的过程，写日报就成了总结经验的一种好手段。写日报本不需要很多精力，想什么就写什么；也不需要你刻意去做，或者仅仅把它当成一项任务、一项家庭作业。中国的孩子对于家庭作业这个词是很反感的，往往联想到熬夜这个词。学习本该是快乐的事情，却在很多时候给孩子和家长造成了很大的压力。

这个课堂让学生快乐地学习、主动地学习、积极地学习。 这样的课堂是很多人心目中理想的课堂。

你不是被强迫去学，而是你肯学，你主动学，有学习的热情，有积极的心态，即使你什么都没有，也可以成为出色的人。

其实这本书我并没有读完。 它睡在我的枕头边，睡觉的时候翻上个几页，然后睡觉。 我很随意地翻。 翻到哪看哪。 只是觉得书里的课堂我很喜欢，希望有一天我也可以经历一下吧！

7. 朱广艳：认真读完这本书，你可以发现真的是受益匪浅。 在这个创新的课堂上，大家可以充分地释放自我，不再只是闭着嘴巴坐着听课，不再是一个人面对冰冷的书本，而是自由讨论、自由表达自己的所想。 如今的普遍现象是：学生在课堂上不敢大胆表达自己的观点，对老师所讲的不敢提出质疑，同学间的交流合作不积极。 这本书就是要让我们突破自我，既要学会独立思考又要有团队意识。

其实每个人对于任何一个问题都会有自己的想法，这个无关对错，只是代表个人的看法，所以不要怕说错，关键在于我们思考了，我们表达了，我们被捆绑的心灵解放了，我们的心智成长了。

8. 陈月月：我个人觉得这本书写得真好，它让我对学软件又重新有了兴趣。 本来嘛，家里人是很反对我学习这个专业的，因为都认为这个专业很难学，不适合女孩子，可是我从小到大看各种黑客帅气的操作手法，让我对这个专业有着浓厚的兴趣。

好景不长，当我真正投入这个学习中的时候，我才发现并不是我想象的那样，以前那根本就是天马行空的幻想。 每次的考试或者习题都会遇到各种困难，虽然都已经坚持过来了，可是还是觉得从以前的自愿学习，到现在已经变成被动的了。 这不是我想看到的。 但是，自从看了这本书，我感觉自信感重新回来了。 那些学姐学长的经历告诉我，我们也可以像他们一样，一起学习一起帮助。 这样就是最棒的感觉了！

9. 唐磊：读完书，我思考了很久。 从小学到高中，我们教学的模式是一成不变的——老师讲，学生听。 这也许是中国固定、默认的教学方式。书中提到的新颖的教学方式、学习方法让我耳目一新。 说实话，我不是个爱学习的学生，也许我不是那种能接受老师强制灌输知识的教学方式的学生。这种以学生为中心、老师学生教学相长的方式真的是一场教育界的革命。不过现有的模式都存在那么多年了，想改变也不是一时半会能成功的，希望老师继续努力，为国人开拓一条新的教育道路。

10. 李秋阳:读了这本书，我感触很深。从这本书中不难看出作者希望学生主宰课堂，当课堂的主人。可是我们这些孩子在中国教育的熏陶下，向来都是按部就班，老师都是以快进度、高难度、多知识点的模式噼里啪啦倒给我们，然后我们就在不停记笔记、背书。想想还是挺难过的，竟然这样过了20年!

11. 杨杰:读了这本书之后，我真的很怀疑里面讲的是不是真的，这讲的可谓是最理想的课堂效果。如果我们以前的课堂也能有这么好的效果的话，肯定能改变我们所有人的人生轨迹。

四、我们课堂的录像

请读者用手机扫一下本书封底的二维码，您可以看到学生制作的记录课堂教学活动的“中科三江特色课堂”的录像。这个录像是学生们自己主动做的，不是被老师要求做的，老师事先并不知情。您会看到一个真实生动的课堂，您会发现学生主动地做自己内心想做的事就能做得很好，您还会相信我们中国大学的课堂一样也可以做到学生出勤自由。唯有出勤自由的课堂才能教育出创造型人才。